Crossing the Gate

跨越门闾

宋代福建女性的日常生活

许 曼 著

刘云军 译

上海古籍出版社

图书在版编目(CIP)数据

跨越门间：宋代福建女性的日常生活 ／（美）许曼
著；刘云军译. —上海：上海古籍出版社，2019.6（2023.4重印）
ISBN 978-7-5325-9219-7

Ⅰ.①跨… Ⅱ.①许… ②刘… Ⅲ.①女性—社会生
活—研究—福建—宋代 Ⅳ.①D691.968

中国版本图书馆 CIP 数据核字(2019)第 078510 号

Crossing the Gate: Everyday Lives of Women in Song Fujian（960－1279）
by Man Xu，was first published by the State University of New York Press，
New York，USA，in 2016.
The Simplified Chinese translation of this book is made possible by
permission of the State University of New York Press ©2016，and may be
sold throughout the World.

跨越门间：宋代福建女性的日常生活
［美］许曼 著 刘云军 译

上海古籍出版社出版发行
（上海瑞金二路 272 号 邮政编码 200020）
（1）网址：www. guji. com. cn
（2）E-mail：guji1@guji. com. cn
（3）易文网网址：www. ewen. co
上海展强印刷有限公司印刷
开本 890×1240 1/32 印张 14.125 插页 3 字数 289,000
2019 年 6 月第 1 版 2023 年 4 月第 4 次印刷
ISBN 978-7-5325-9219-7
K·2649 定价：68.00 元
如有质量问题，请与承印公司联系
电话：021-66366565

谨以此书献给我的父母

中文版代序

也说不清事实是不是就是这样，反正在有意无意中烙上心版的记忆，往往是经验掺入想象的混合体。我记得第一次遇见许曼时，我和她的老师邓小南正坐在北大未名湖岸边一块大石上聊天，身材高挑的许曼，穿着一条细花裙子，带着微笑，引了一众女同学，不慌不忙地向我们迎面走过来。当年的燕园西角，还未建起庞大的新楼房，我们可以尽情地经营一种幻觉，优游地边说边走，走进了 20 年代建校初期的燕京大学校园，甚至一直走到城东，在沙滩红楼前面那条大街，找回那群呼啸而过的青年学子，一起谱写那场将要改变历史叙事的新文化运动。

十七年后的今天，事实证明，在燕园水塔下，文雅素净的邓老师和她的女弟子们所发动的无声革命，也许比不上五四的慷慨激昂，但对当代中国文化的重建，有着同样深远的启蒙意义。男女平等，是早在晚清便提出的口号。1920 年秋季，北大开始招收女生，象征了男性文人以学术自私的科举旧时代的彻底终结。历经一系列社会运动之后，妇女跨出家庭门槛、投身社会，已经不再受人非议。只是在历史课本里，女性依然是缺席为多，充其量只是以受害者的身份昙花一现，去见证封建社会的残酷。在唐宋史的领域里，邓小南率先质疑以男性为本位的史学传统，从发掘史料到阐释，策略性地开创了一条新路。许曼和她的同学，都被邓老师的学养所感染，纷纷投身唐宋妇女史这一开山事业。

邓老师早就意料到，许曼是适宜出国的人选，因为她天性能"顺应环境"，果然如是。初来哥大报到的许曼，说话不多，但很有主见，她师从韩明士先生读宋代社会史，从韩文彬先生读艺术史，跟我读妇女性别史，都一丝不苟。记得她已经修了课程，正写论文时来旁听我那门"视觉文化与物质文化"课，总是比正式注册上课的同学还要早到，一进门便坐到课室的后排座位上，默声少言。课上讨论的话题，不少在后来她的论文中得到响应。心思绵密的许曼，爬梳档案史料的能力惊人。我和系里的同事，都巴不得她能腾出多一点的时间，来当我们的研究助理。

才华与胆识兼具的许曼，选博士论文题目时坚持要继续她在北大念硕士时未竟的研究，从"空间"的角度去探索宋代妇女的日常生活。为了言之有物，她把地点锁定在福建一路。这题目的难处，不光是文献史料缺乏，更因为过去研究者往往对理学的伦理规范过于重视，抱了先入为主的成见，无法对妇女在实际生活中所享受的自由空间有正确的认识。许曼从墓葬壁画、陪葬品等图像和实物材料，结合大量零散的各类文献，清楚显示了宋代女性实际生活和儒家理想之间的落差，也让读者认识到文献史料本质上的局限。

这部专著的重要发现之一，就是大户人家妇女不能逾越的"中门”，其实是一个颇有弹性的维度。同样地，儒家伦理本身，也存在不少的松动、矛盾，在实践中给妇女们造就了自主空间。她发现，在中门内外，都能找到不少妇女活动的具体例证。尤其在被认为的“公众”领域，比如交通旅游、地方事务和宗教生活，妇女都可以消极甚或积极地参与。最耐人寻味的是，福建的墓葬形式，从南北宋之交便开始流行夫妇合葬多室墓，和理学家所服膺的“男女有别”理念恰好背道而驰。而朱熹对这关键性的礼仪问题所作的权宜议论，显示了这位理学先生其实颇懂酌情考量、顺应民俗。无论在方法上或论证上，这些都是发人深省的。

我对宋史是外行，有幸适逢其会，见证了许曼和中国妇女性别史学科一起茁壮成长的过程。《跨越门闾：宋代福建女性的日常生活》一书中文版面世时，许曼已成功在塔夫茨大学获取终身教席，也成了一子一女的母亲。祝愿他们一家，和中国妇女史同步向前，开更香的花，结更鲜的硕果。

哥伦比亚大学巴纳德学院
历史系教授兼系主任

高彦颐

二〇一八年六月二十四日
于纽约长岛钟港湾游鱼庄

鸣　谢

　　十八年前，我还是北京大学历史系一名大三的学生，当时邓小南教授开设了一门关于唐宋女性的新课程。这是中国高校的首门中国古代女性史的课程，也是一次绝佳的历史学习体验。它引入了国际上中国史研究的崭新视角，也让我了解到了女性史和性别研究的学术前沿。正是在邓老师的课堂上，我第一次接触到女性史的原始材料。这些关于女性的记载零散且不成系统，在我曾读过的正史中往往无迹可寻。它们有些与众不同，却又让人感觉似曾相识。这些来自一千多年前的女性传记深深打动了我，其中的一些叙述和我祖母以及母亲的生活经历有着惊人的相似，这些都激发了我去进一步探索那些湮没于古文献中的女性历史。邓老师手把手地指导我，教我如何找寻和分析史料。同时，她还给我提供了一份详细的阅读书单，其中包括了20世纪90年代出版的一系列美国学者研究中国古代女性史有影响力的专著。那个时候研究人文学科的英文著作在各大图书馆都少有收藏，邓老师慷慨地将自己的藏书借给了我。沉浸在丰富的学术著述中，我惊讶于这个领域在西方学术界的蓬勃发展和丰硕成果。2001年，作为"唐宋妇女史国际研讨会"的秘书，我负责邀请了数十位中国女性史研究领域的国际知名学者，包括曼素恩（Susan Mann）、伊沛霞（Patricia Ebrey）、高彦颐（Dorothy Ko）、柏文莉（Beverly Bossler）和柏清韵（Bettine Birge）等，来到北京大学。和她们面对面的交流让我兴奋不已，而她们也鼓励我去美国继续发展我对女性史的兴趣。

2002 年秋天，我入读哥伦比亚大学，有幸被分派给两位敬业的指导老师——韩明士（Robert Hymes）和高彦颐。在我们初次会面时，韩明士老师送给我他最新出版的《道与庶道》一书。两年后，该书荣获了列文森图书奖。韩明士老师是一位久负盛名的社会史学家，他很欣赏我对地方史研究的兴趣。他给我介绍了自己在这个领域的研究经验，也和我交流了他对女性史的精辟见解。高彦颐老师早年致力于文学史，后来对文化研究产生了浓厚的兴趣。因为选修她的课程并担任其研究助理，物质文化的魅力给我留下了深刻印象，我跃跃欲试，想要将它应用到自己的研究中。除了这两位导师之外，我撰写博士论文，还极大受益于哥伦比亚大学的若干中国史学者。韩文彬（Robert Harrist）老师教我艺术史方法论，金滋炫（JaHyun Haboush）和商伟老师训练我用文学材料来复原历史，李锋老师让我了解到考古发现的价值，谢康伦（Conrad Schirokauer）老师则传授给了我思想史研究的智慧。在这些来自各大领域的专家学者的启发和指导下，我有幸采用了一种独特的跨学科方法，来进行自己的研究。

女性史研究能否置于地方史背景下，很大程度上取决于可用史料的范围。对女性相关史料的初步考察，将我的选择范围限定在宋代一些经济文化发达地区。福建之所以引起我的注意，是因为它有极为丰富的地方原始材料，但在很大程度上却未被人们发掘利用。我在写硕士学位论文时开始收集这类历史资料，后来为博士论文的写作又进一步扩大史料搜寻的范围。其间，在北京大学、哥伦比亚大学、美国国会图书馆、哈佛大学、日本东京大学和日本东方图书馆的史料收集工作，得到了图书馆员的大力协助。此外，因为有来自美国图书馆与信息资源委员会（CLIR）的梅隆博士后奖学金资助，我去了福建省图书馆和博物院进行实地考察。在福建博物院，我遇到了当地一些经验丰富的考古学家，他们特许我参观其档案室。在笨重的老式橱柜里摆放着成堆的褪色文件夹，它们在 20 世纪六七十年代被封存，从那以后就再也没有人打开过。当地考古学家在"文化大革命"时期的执着与奉献精神令人动容。我曾希望通过出版我的研究成果向广大读者介绍这些地方学者在那个特殊年代的付出，而现在，很高兴，这个梦想即将成真。

　　修改手稿的过程漫长而又充满挑战，我非常幸运地获得了高彦颐老师一直以来的倾心指导和支持。在我毕业后求职的困难时期，是她的体贴和鼓励让我有动力继续前行。她逐章阅读了我的修订稿，并将真知灼见迅速回复给我。在此我还要感谢多位历史学家：薛凤（Dagmar Schafer）、宋汉理（Harriet Zurndorfer）、包弼德（Peter Bol）、田浩（Hoyt Tillman）、魏文妮（Ankeney Weitz）、刘静贞、钱南秀、李国彤和罗伯特·格雷厄姆（Robert Graham）——他们对我的研究很感兴趣，并慷慨给予我关于书稿修改的建设性建议。2014 年夏天，在哈佛的中国中古史会议上，我向包括贾志扬（John Chaffee）、柯胡（Hugh Clark）和柏清韵在内的福建地方史专家介绍了自己的工作进展。他们富有洞察力的反馈意见，使本书得以成为一部真正意义上的福建地方研究成果。我还要特别感谢柏文莉老师，她主动阅读了整部手稿，而她的参考意见也让本书的价值得以最大程度地展现。此外，我非常感谢两位匿名特约审稿人，他们的评论发人深省。其中一位审稿人倾力阅读手稿，并在打印稿上留下了大量手写的评论意见，而另一位审稿人则给了我一些关于如何改进和加强手稿的奇思妙计。

　　本书的出版，我还要感谢南希·埃勒盖特（Nancy Ellegate）、杰西卡·基尔施纳（Jessica Kirschner）、劳里·瑟尔（Laurie Searl），以及纽约州立大学出版社的安妮·瓦伦丁（Anne Valentine），他们工作效率极高，处理问题灵活机动。本书写作过程中同样得到了一些机构的支持，这也让我心存感激。塔夫茨大学（Tufts University）历史学系慷慨地为我提供了一整年的休假，让我对手稿加以修订，而教员学术奖励委员会则给我以资金支持，用来支付插图、版权和索引的费用。本书第六章的部分内容曾经以《中华帝国的性别与葬礼：福建宋墓中女性空间的调查研究》为名发表在《男女》2011 年第 13 期，第1—51 页。承蒙莱顿布里尔出版社（Brill in Leiden）的惠允，这些内容得以转载于本书中。

　　最后，我要对家人致以最诚挚的谢意。我的父母对学术界知之甚少，而丈夫周翔是一名工程师，但他们对我工作的热情和期待从未消减。我非常感激他们对我事业追求无条件的信任和始终如一的支持。在我完成博士论文之际,爱子周和言出生了。现在,本书得以付梓之际,全家人正因为妹妹周和悦的到来而欢欣鼓舞。本书就像我的第三个孩子,它凝聚了我在过去 20 年间所做的历史研究的成果,同时也预示着我研究中国中古史的新尝试即将开始。

目 录

中文版代序 高彦颐 *1*

鸣 谢 *1*

图表目录 *1*

导 论 *1*
   女性与儒家思想 *10*
   宋代地方史中的女性 *12*
   内与外：寻找门间之外的宋代女性 *15*

第一章 进出之门 *19*
   门间 *23*
   中门 *38*
   献给母亲的门额 *54*

第二章 在旅途：家外的短暂停留 *63*
   出行工具 *67*
   行迹 *90*

第三章 居处一方：地方社区中的女性 *107*
   内事与外事 *110*
   家庭经济 *114*
   地方福祉 *124*
   公共项目 *138*

第四章　女性与地方政府 ·········· *151*

　　参与地方政务　*154*

　　女性与官署　*167*

　　女性与诉讼　*171*

　　地方政府管理下的女性　*180*

　　公共领域内的性别考量　*188*

第五章　信仰：性别化的宗教空间 ·········· *193*

　　儒家视野中的女信徒　*197*

　　日常修行　*213*

　　宗教交流：与亲属或外人　*225*

　　宗教远足　*231*

　　佛教葬礼　*245*

第六章　归宿：女性与墓葬 ·········· *251*

　　墓室结构：从单室到多室　*254*

　　合葬：隔墙与通道　*264*

　　从内外到左右　*270*

　　一夫多妻问题　*274*

　　随葬品　*277*

　　三座南宋末年墓葬　*286*

　　壁画墓　*295*

结　语 ·········· *307*

注　释 ·········· *313*

附　录　福建宋墓发掘报告目录 ·········· *379*

参考书目 ·········· *384*

索　引 ·········· *415*

译后记 ·········· *432*

图表目录

地 图

地图 1　南宋福建路　　　　　　　　　　　　　　　　　　　　　　5

表

表 6.1　福建宋墓结构表　　　　　　　　　　　　　　　　　　　257

表 6.2　福建宋墓的类型　　　　　　　　　　　　　　　　　　　263

表 6.3　随葬品比较　　　　　　　　　　　　　　　　　　　　　279

表 6.4　个人随葬品的比较　　　　　　　　　　　　　　　　　　286

图

图 1.1　《营造法式》中乌头门图解　　　　　　　　　　　　　　24

图 2.1　轿子中的女性　张择端（活跃于 1000—1130）长卷
　　　　《清明上河图》局部　北京, 故宫博物院提供　　　　　70

图 2.2　轿子前的婢女　张择端（活跃于 1000—1130）长卷《清明
　　　　上河图》局部　北京, 故宫博物院提供　　　　　　　71

图 2.3　左墓室壁画中的轿子　　　　　　　　　　　　　　　　76

图 2.4　右墓室壁画中的轿子　　　　　　　　　　　　　　　　77

图 2.5　两辆牛车　张择端（活跃于 1000—1130）长卷《清明上河
　　　　图》局部　北京, 故宫博物院提供　　　　　　　　　83

图 2.6　骑驴的女性　张择端（活跃于 1000—1130）长卷《清明上
　　　　河图》局部　北京, 故宫博物院提供　　　　　　　86

图 6.1   23 号墓布局（单室墓）   255

图 6.2   25 号墓布局（双室墓）   256

图 6.3   8 号墓布局（三室墓）   256

图 6.4   25 号墓人像与房屋结构壁画（摹本）   296

图 6.5   32 号墓左室的后壁（摹本）   300

图 6.6   32 号墓右室的后壁（摹本）   301

图 6.7   30 号墓卧室壁画（摹本）   302

导　论

福建路，盖古闽越之地。其地东南际海，西北多峻岭抵江。王氏窃据垂五十年，三分其地。宋初，尽复之。[1]有银、铜、葛越之产，茶、盐、海物之饶。民安土乐业，川源浸灌，田畴膏沃，无凶年之忧。而土地迫狭，生籍繁伙；虽硗确之地，耕耰殆尽，亩直寝贵，故多田讼。其俗信鬼尚祀，重浮屠之教，与江南、二浙略同；然多向学，喜讲诵，好为文辞，登科第者尤多。[2]

公元 960 年，一位节度使以"宋"为国号重新统一了中国，和此前以华北平原为统治基础的五代诸国一样，宋也定都开封。福建路距离宋朝政治中心约一千英里（约 1 609 千米），位于宋帝国的东南角，[3]在宋初皇帝眼中，这是一个荒蛮的边陲之地。然而，令人惊讶的是，福建路的经济、文化迅速发展，在宋朝成为一股新兴的力量。1127 年，华北平原被游牧的女真人征服，这标志着宋朝历史新时期——南宋的开始。南宋朝廷放弃开封，迁往杭州，以维持其对华南的控制。福建没有卷入战争和动乱之中，都城的迁移也缩短了福建与南宋中央政府之间的距离，增强了其政治和军事的重要性。数百名宋朝宗室难民涌入福建，这些人原本在开封过着养尊处优的生活。他们带来的旧都时尚给当地民众留下了深刻的印象，而他们也开始适应当地的风土民情。此外，北方移民的大量涌入，带给福建新的人力、技术和经济资源，这些都极大地促进了福建在 12、13 世纪的繁荣。

福建的地理差异使得不同地区的发展更趋多样化。福建路包括一个府——建宁府，[4]五个州——福州、泉州、漳州、南剑州和汀州，以及两个军——兴化军和邵武军。（见地图 1）福州、泉州、漳州和兴化军构成沿海地区，被称作"下四州"。肥沃的土地和富饶的海洋资源，以及来自中国北方的大量移民，推动了这些地区自 9 世纪以来的快速崛起。相比之下，山峦叠嶂是建宁府、南剑州、邵武军和汀州这"上四州"的主要特点，与近海州县相比，自然资源相对贫乏，交通网络相对不足，这些地区的农业发展滞后了大约一个世纪。然而，经济上的劣势并不一定导致文化的贫瘠。经济上的先天不足似乎激发了这些地区的人们对教育非比寻常的热情，而教育则向人们提供了农、工、商以外的机会，并有望给人们带来更好的发展前景。有趣的是，位于福建北部穷乡僻壤的遥远山区建阳县，在 11 世纪成为宋帝国最富生产力的印刷和图书贸易中心之一。[5]它提供的价格低廉的书籍，行销福建内外。

佐竹靖彦和柯胡（Hugh Clark）分析了科举考试中宋代福建举子的资料，证实他们在全国范围内的应试比拼中空前成功。[6]在这些地方精英中，涌现出包括朱熹（1130—1200）在内的众多理学家，朱熹的

地图1 南宋福建路

思想后来逐渐成为明清中国历史上的正统意识形态。[7]1130年,朱熹出生于南剑州尤溪县,当时他的父亲朱松(1097—1143)待阙寄居在福建。1143年父亲去世后,朱熹和母亲搬到建州崇安县,在那里,他们得到朱熹父亲的朋友刘子羽(1096—1146)的照顾。朱熹对他的第二故乡有着深厚的感情,他住在武夷山附近,美丽而神秘的武夷山可能激发了朱熹关于自然和宇宙的思考。朱熹在当地接受的教育,以及他与刘子羽家人的亲密关系,将他带入了理学家的圈子,这些对朱熹后来的官员、学者和教育家的职业生涯产生了重大影响。此外,朱熹与母亲、刘子羽的妻子、他自己的妻子,[8]以及其他许多当地女性的日常交往,毋庸置疑地塑造了朱熹对女性和家庭的看法。后来,他将这些融入自己的著作《家礼》以及撰写的女性墓志中。

朱熹18岁时科举中第,3年后,他获得泉州同安县主簿一职,开启了宦游生涯。在9年任职期间,朱熹忧虑人们道德上的蒙昧无知,不遗余力地改善地方风俗习惯,但他从来没有强硬干涉男女个人和家庭事务。逐渐地,朱熹对学术表现出比仕宦更多的兴趣,并将学术追求认定为其毕生的事业。此后,他到处游学,在建宁、福州、泉州和漳州给许多福建弟子传道授业。作为一位启发心智的师者,朱熹向弟子解释抽象的哲学,与他们讨论诡谲的政治,还陪同他们赏玩当地风景名胜,留下了一些题记铭文。同时,作为一位富有爱心和同情心的良师益友,他倾听弟子的沮丧和抱怨,并向他们就如何与家中的女性相处,提供切实可行的建议。这些学生是宋代福建理学家的前驱,他们促成了理学在一个远离其源头的地区繁荣兴旺,也推动了朱熹的思想和名望在 13 世纪宋帝国的广泛传播。

生活在一千年前的作者,如同朱熹一样,已经留给我们丰富而且 5 体裁多样的与女性相关的文献记载。我们在朱熹所撰的《家礼》、墓志、信件、与弟子交谈的语录,以及正式奏议中所见到的宋代女性形象,在某些方面颇为相似,但绝无雷同。体裁在很大程度上塑造着书写的内容,赋予了女性主人公各种各样的、甚至相互矛盾的特征。考虑到体裁传统的多样性,这些不同的文本向我们展现了多种视角,不断趋近历史上女性的"真相"。

对于研究中国女性史的学者来说,史料匮乏一直是一个严重的问题。社会史学家指出,关于女性生活的史料支零破碎且不成系统。研究明清史的学者有丰富的女性作品可以利用,而宋史学家却不得不倾尽全力去广泛搜集尽可能多的现存史料,包括正史、政府文献汇编、法典、地方风俗志、墓志铭,以及各种笔记小说、诗词和绘画作品等。为了考察宋代女性的日常生活,但凡有史料留下了任何女性活动的蛛丝马迹,笔者都加以留意。为了了解正统观念如何规范女性,笔者查阅了儒家经典著作和家规家训;为了想象个体女性的人生历程,笔者翻阅了诗歌、传记、墓志和家谱;为了寻找女性参与社区活动和国家治理的踪迹,笔者参考了地方志、乡约、笔记小说、法律案牍汇编以及石刻碑铭。这些史料关注的内容五花八门,或互为补充,或相互冲突,呈现出了女性人生经历的方方面面。而文本之间的不一致性,实际上揭示出的既是史实的也是史料编纂学的问题。

除了少数由女性创作的文学作品外,所有现存的宋代书面材料都出自精英男性之手。柏文莉（Beverly Bossler）在她最近出版的《妓、妾与女性贞节观》一书中，已经指出了史料的这一特质。考虑到这一点，她的书"更多是关于男性对女性的书写，而不是关于女性自身的经历"。[9]相比之下，本书除了讨论精英男性对女性的看法外，更多的笔墨是用来探讨女性的生活经历和能动性。男性作者很自然地将自己的性别意识投射到他们对女性生活的叙述中，或者调整女性的形象以符合其创作的文学类型。考虑到作者身份对作品的影响，我们无法重构"绝对"的历史事实，但这些作品为我们考察精英男性对女性流动性的态度，都提供了有价值的视角。同时，在这些原始文本中，精英男性不仅有意识地构建了他们理想中的世界，也在无意中留下了事实性的资料。这些材料有助于我们了解社会现实，包括女性在宋朝的日常经历。

福建在教育、科举和文化方面的繁荣促进了地方社会的发展，使当地形成大量的精英家庭，并为女性发挥能动性营造了宽松的氛围。除了文字资料外，福建也给我们留下了丰富的物质资料，以揭示女性的生活经历。在本书的写作过程中，笔者细阅了有相关记载的文本文献，以及考古报告——其中记录的一些物品曾经是她们生活经历中的一部分，它们极大地拓展了我们现有的博物馆和别处的宋代制品收藏。

与女性有关的物品分为两类：一种是"制造"女性的，一种是女性制造的。在第一种类别中，房屋、闺闱、家具、浴室和女性日常用具都是灌输思想的强有力的物质媒介。它们塑造了女性的身体习惯并促成了性别的建构。至于第二种类别，女性创造了各式各样强大的物质产品，如食品、衣服、刺绣、绘画、书法和手抄佛经。无论女性自身出席与否，也不管她们来自哪个阶层，这些范围广泛的文化材料的传播都可以被看作是女性空间的延伸。因为有关下层女性的文本资料不足，目前大多数宋代女性的研究都集中在精英家庭的女性身上。本书通过使用实物资料来弥补文字资料的局限性，使讨论范围涵盖了普通女性和精英女性，以期呈现出一幅相对广阔的宋代女性日常生活画卷。

　　除了寻找和解读与女性生活经历直接相关的材料外，本书在女性物质文化研究中采用了新方法以考察来自地下世界的物品。1975年10月，时值"文化大革命"的尾声，那些因竭力保护"旧文化"而身心俱疲的中国考古学家得知，在福州郊区发现了一座古老的石墓。他们抢救性发掘出赵与骏（1222—1249）及其两任妻子的一座一穴三圹合葬墓，这座石墓展示了宋朝灿烂的物质文化。在赵与骏第一任妻子黄昇（1226—1243）的墓室中，考古学家们发现了436件物品，其中包括201件服饰、153件丝织品、48件梳妆用品、25枚铜钱、1合墓志、1件买地券和其他用品。[10]这些大量且精美的丝质、木质和金属质地的物品，生动地展现了一名来自福建官宦家庭的年轻女子短暂而奢华的生活，她的服制与禁奢令背道而驰。

　　黄昇的父亲黄朴和赵与骏的祖父赵师恕曾在朱熹的弟子兼女婿黄榦（1152—1221）指导下学习理学，两位家长在学习中结成了同窗之谊，[11]此后便安排了他俩的婚事。黄昇在婚后一年内过世。赵师恕在悲痛中为她撰写了墓志，并了解到她殡葬中的一些细节。黄昇大部分随葬品是她曾任泉州知州兼提举市舶司的父亲提供的妆奁，作为宗室的赵氏家族则提供了其他物品，包括皇家宗正坊制造的纺织品。

有意思的是，浓厚的理学家庭氛围和人际关系，宗室背景，众多精美的服饰，如同掌上明珠的女儿和孙媳的身份，作为孙媳而受到的私有财产的尊重，对女性来世衣食无忧生活的美好愿望，对禁奢令的违背……所有这些看似不兼容的主题在这名 17 岁年轻女子的墓中并行不悖，并被封存在地下七个多世纪。性别研究学者已经推翻了中国精英男性在 20 世纪初所塑造的那种关于女性作为受害人的刻板印象，而现今考古学家的工作也不再像 20 世纪 70 年代的中国学术那样被政治意识所左右。我们能够在对留传下来的文本和实物遗存进行重新全面审视的基础上，以一种更严肃的方式重建并理解宋代女性的生活经历。

女性与儒家思想

8　　研究从古代到 20 世纪的女性和性别的中国历史学家，将"前现代中国的女性和儒家文化"[12]作为一个核心议题，并提出了多种方式来理解"儒家视野下"的女性。[13]早期儒家经典规定了严格的两性身体和职责的区隔，权威的说法是"男主外，女主内"。宋朝致力于儒家复兴的士人为了在动荡的五代之后重建一个有序的社会，重申了这一说法。尽管最近的学术研究在很大程度上揭示出宋代女性在闺闱内生活的复杂性，但现实中，在当时并不存在一个统一的、占主导地位的隔离女性或者束缚女性的意识形态。性别区隔的原则由男性设计，却由女性实践，这一事实表明，男女之间的互动和交流虽然没有明言，但其实不可避免，因而颇具讽刺意味地挑战了原则本身。宋代精英男性，包括在后来历史中被描述为顽固不化和教条武断的虔诚的理学家，在现实生活中与女性打交道时显得灵活而务实。他们尊重早期古典文献中的性别理念，但其对女性的态度更多地取决于他们与女性交往的个人经验。家庭是人们社会化的最初场所，这对于男人和女人都一样。男性在日常生活中对女性家庭成员产生的感情——尊重母亲、伉俪情深、关爱姐妹和照顾女儿——都使得儒家对家庭生活的理解更加复杂化。精英男性对于生活在同一屋檐下的女性怀有情感依恋，因此未能完全致力于严格的性别区隔。此外，当他们为同侪的女性家庭成员撰写墓志，为居住在邻里的女性作传记，或者在为官职权范围内处理陌生女性的问题时，他们对女性亲属的同情心可能就扩展到了更广阔的情境中。与此同时，目睹女性在不同领域扮演着非传统的角色，儒家道德之士忧心忡忡地表达出他们的困扰，并感到有必要重申古代的性别原则。带着五味杂陈的失落感，这些学者不得不妥协并接受不完美的社会现实。他们认可女性深居简出，避免直接干预女性事务，并诉诸道德说教和经济杠杆，鼓励女性追求合适的生活方式。

宋代精英男性留下的记录显示，没有女性个人宣称自己是或者被认为是儒家学者。宋儒所宣扬的是一种男性专属的方式，尽管他们在构想一个理想的有序社会时，从来没有忘记为女性安排合适的空间。他们在继承古典观念、承认女性在家庭中重要地位的同时，也广泛传播了女性在实现道德完美方面处于劣势的假设。[14]在一个多元文化社会的背景下，无论男女，人们的日常生活都会受到五花八门的思想和规范——如儒家、佛教、道教、大众宗教和当地习俗——的深刻影响。精英男性在儒家话语中并没有刻意去包容女性的需求和能动性，但是他们对女性的人道和现实关怀引发了他们宽容，甚至提倡女性在儒学之外寻求精神安慰和自我实现的努力。尽管对佛教和道教怀有特别的敌意，但事实上，一些士人并不干预女性的宗教实践。

　　一般来说，无论身为官宦还是学者，精英男性往往接受女性的个人追求，承认她们在家庭内外的能动作用，并且不鼓励对女性事务的直接干涉。虽然我们可能会预设死后的世界会给男性实践性别区隔和等级制度的传统思想提供一个理想环境，但事实上，像家一样的坟墓揭示出他们对于男女之间平等、和谐与交流的更加人性化的态度。人们在家训中所提出的严格的内外有别，并未在关于来世和地方实践的儒家话语中找到一席之地。

宋代地方史中的女性

　　基于地方史丰富的学术成果，韩明士（Robert Hymes）研究提出，士大夫建立的文化（"士取向文化"）在南北宋交替之际，在宋帝国的一些地区逐渐超越了"朝堂取向文化"。[15]这解释了整个宋帝国"地方主义转向"——这个术语是包弼德（Peter Bol）用来指代始于 11 世纪并持续到明清中国的社会变革——的崛起。[16]在自我认同和相互认同的过程中，无论他们的意识形态取向和政治主张是什么，精英男性都越来越多地承担起建设地方社会的责任。地方主义的意识渗透到男性士人生活经历的方方面面，并促成了明清中国精英文化的形成。这幅图画长期以来一直被认为是男性的创作，女性通常被视而不见。 10然而，女性占人口的一半，她们中的大多数人缺乏跨地区的人际关系网和资源，这使得参与地方事务成为她们日常生活的重要组成部分。在地方史语境中进行长期以来被学者忽略掉的女性研究，丰富了我们对于女性在地方社会中的自我意识和能动作用的理解。

　　用包弼德的话来说，在宋代精英中，许多理学家是"创造地方士人共同体想法"的先驱。[17]有意思的是，他们对"地方志愿主义"的推广并不排斥女性的参与，尽管这并不是针对女性的。理学家们既不打算招揽女性进入他们的群体，也不关心她们的哲学或者政治取向。因此，他们既没有向女性传递理学，也没有期望她们实现男性在公共领域所取得的成就。然而，他们积极参与地方社区的建设，为渴望自我实现和个人声誉的当地人——无论男女都是如此——树立了榜样。他们与其他许多没有明显理学倾向的男性一起，赞扬女性在地方福祉方面的仗义疏财，并承认她们在公共建设中偶尔担负的领导地位。他们对地方发展的抱负超过了他们对于女性财产权和自主权的担忧，虽然他们往往将女性财产权和自主权视为对有序的家长制社会的威胁。[18]

由于从制度上被剥夺了在公共领域的权利，女性缺乏强有力的资源来挑战男性在家庭之外的主导地位和权威。只要符合儒家思想的目标和利益，她们在地方社区发挥能动性就不会惹恼儒学道德人士。在儒家话语中，相比于其他方面，比如阶层和年龄，性别一直是次要的问题。当不同原则之间发生冲突时，性别理念很可能是第一个为了维护阶层等级而被牺牲掉的。因此，精英男性从未期望性别规则能普遍适用于不同阶层背景的女性。

在中国地方史的话语中，福建传统上被认为是一个独特的、浑然一体的地理文化单位——闽。[19]然而，地理、生态、民族、语言、风俗、经济和文化等方面的巨大差异，使得关于其中某些地区的学术研究成果非常密集。一些宋史学家将"闽南"（包括兴化军、泉州、漳州）视为"内在整合地区"来研究中国沿海的人口、亲属关系、网络和商业繁荣。[20]一些研究则集中在相对偏远和孤立的"闽北"（建阳的一部分、邵武军和南剑州），详细探究其繁荣的出版业与儒学复兴。[21]不同的发展模式，特别是闽南、闽北的经济模式，以及相关原始史料的相对充足性，使得对于这两个亚区的考察研究既必要又可行。然而，考虑到宋代女性史料的普遍不足，本书的范围与作为一个行政区域而存在的福建保持一致。福建的女性形形色色，有些是出生在那里，有些是旅行到此地，有些是嫁到当地，还有一些在那里亡故，本书均为囊括，以期最大化地呈现在这片土地上女性日常生活的复杂性。尽管本书着眼于对一个特定地区的深入研究,但在其他地方类似资料的发现使笔者确信,许多结论可以适用于整个宋代中国。

内与外：寻找门间之外的宋代女性

研究明清女性史的学者,对内外之际的弹性界限已经进行了深入的探讨。受女性留下的大量文学作品的启发,他们专注于考察写作中性别空间的创造。在明清性别研究学者的话语中,空间性这一组织概念,"既包括闺阁这一性别化书写活动的场所,也涉及她们在闺阁内外制造的智识层面的、想象性的与社会性的空间"。[22] 通过她们的作品,明清女性"动摇并越过了看似坚不可摧的壁垒"。[23] 然而,很少有宋代女性的作品保存至今。由于缺乏原始史料来复原这一时期女性写作的声音,笔者于是采用了另外一种更直接的方法,通过仔细考察女性的身体运动来展现内外界限的灵活性。本书将阐明,学者们所表述的"由内向外的空间延伸,对个人、社会及公共领域界限的跨越",以及"女性空间具有历史意义的扩大与拓展",[24] 不仅仅是少数能读写的明清精英女性所实现的。尽管表现形式各不相同,这样的能动性仍适用于整个帝制中国所有的女性,无论其所处阶层与时期如何。

在结构上,本书根据寻找宋代女性出现的场所,并追寻她们所到之处的踪迹,来揭示她们多维社会生活的细节。今天福州的市中心,[12]

有一处古迹叫"三坊七巷"，被现代摩天大厦所环绕。虽然现存的建筑大多是明清遗存，但这个遗址的布局继承了宋代原有的设计。该地区被主干街道分成多个居住区，标志着每一个岔路入口的门都沿着主街矗立着，巷陌穿过这些住宅区，个人住宅则沿着小巷排成一排。让我们想象大约一千年前的某一天，当地女子在这里所做的事情。她走出闺闱，穿过家中的几扇门，跨越大门的门槛，遇到了住在同一巷陌内的邻居。或在同伴陪同下，或者孤身一人，她步行，坐轿，乘车，或者骑驴直奔闾门，在那里，她可以判断出目的地的方向，那可能是她同伴的住宅、某处景点、田地、市场、公共项目建筑工地、政府衙门、温泉、寺庙、当地节庆场所、墓地等等。回来时，她经过了闾门，又穿过家门，再重新进入闺闱。虽然在乡村的女性住宅中，闾门并不存在，但在女性的眼中，个人的家门通向一个广阔的世界，无论她住在哪里，可能都会对这个世界充满好奇。对于大多数宋代女性来说，家庭住宅是她们的日常居住所在，但她们在其日常生活中会出于诸多原因，或多或少地有机会去探索外部世界。

为了重建宋代女性身体的可移动性、活动轨迹，以及从内到外的可见性，本书从每个女性在日常生活中所熟悉的家门入手。第一章仔细考察了女性在闺闱和外部空间之间来回进出的多重门。对家门、闾门、中门和献给母亲的门额的探究，揭示了女性如何在内外之间周旋，将对个人价值的承认刻写在公共建筑上，赋予私人建筑以性别的含义，同时展示她们在家庭中的主导地位。

第二章跨越了诸门，到达了外界的开阔地带。女性的形象要么隐藏在出行工具中,要么在大街上公开可见,她们在公共场所留下的物质痕迹,再现了女性在路途上的短暂停留和行动,并揭示了她们的流动性和局限性。

无论她们身在何地,不管是积极主动还是勉为其难,女性在地方社区中都是能动力量。第三章首先分析了宋代精英男性对"内事"和"外事"这两个概念的重新阐释,进而解释了当人们期待女性成为——并且她们实际上也自我定位是——有责任的家庭成员,女性如何将她们的生活空间扩大到更广阔的地方社会。尽管女性或多或少享有出入家庭内外的自由,但她们还是遇到了一些在原则上无法涉足的禁区,例如,国家官僚体制。尽管如此,还是可以见到宋朝女性与地方政府的广泛互动。第四章根据女性的家庭背景,将她们分为两类:精英女性和平民女性。生活在精英家庭中的女性通过个人亲属关系试图影响地方行政,但她们也很容易被地方政府用来宣传他们所宣扬的家庭道德。相比之下,来自平民家庭的女性则服从于地方政府的管理,但她们也可能会刻意地接触地方长官,以此来争取她们本应得到国家保障的权力。

如第五章所示,宋代女性有相当大的自由得以频繁地出入宗教场所,并展现出为争取性别化的宗教空间而努力的能动力量。她们中的许多人对各种宗教教义表现出兴趣。她们亲自践行宗教仪式,偶尔参拜寺庙。作为虔诚的传道者、朝圣者和布施者,她们为宗教繁荣做出了贡献。

本书的结尾着眼于女性的人生终点与共同归宿——坟墓。第六章考察了宋朝人如何看待女性在来世的位置。尽管儒家学者青睐现世生活中的性别区隔，但从文本和实物资料来看，日益根深蒂固的性别等级制度并没有延续到来世。女性在来世的地位并不是人世间等级制度的反映，而是一种新的建构。

第一章

进出之门

　　"家"——也称作房屋、住宅、家庭,是宋代女性在其日常生活中最重要的地方和别无选择的场所。它是女性的出生地和日常居住地,在她们的一生中,女性对它的解读五花八门。作为一种建筑结构,"家"是由墙、门、门槛,功能多样的房间、家具、日常用品等组成的。在女性的社会化过程中,这种物质设备的文化内涵被内化,并塑造了她们的生活习惯。作为一个社会组织,"家"由家庭组成,在这个家庭中,女性履行角色任务,积聚身份和权力,建立社交网络,同时经历着限制和保护。宋朝的"家",既是房屋,亦为家族,从来没有以一个孤立单元的形式存在过:一所房子被周围的邻居包围着;一个家庭是纵向世系的延续,同时也与居住在其他地方的族亲和姻亲有着横向联系。因此,"家"是一个复杂的概念,对生活其中的女性而言有多重含义。[1]它的社会内涵,如家庭、住宅、血统和亲属关系,都体现在一个物理实体——房子里,房子实际上是家庭生活的物质外壳。

　　正如桑德·乔丹(Jordan Sand)所解释的那样,一所房子是"一个地方,一个家庭的庇护所,一个社区的界限和焦点",同时也是"一个

16　物品，一个人类制造的产物，一个居住者生命的物质延伸”。[2]它也是一种强有力的社会化工具。用白馥兰（Francesca Bray）的话来说，在明清中国，建筑空间“本身成为一个文本，将主流的儒家社会价值与大众的观念交织成一个强有力又有灵活性的结构”。[3]她把中国人的“家”视为一个有围墙的领域，或者说“房子周围的墙把内部和外部世界分隔开来”。[4]在这样的闭居环境中，包括供桌、炉灶和卧室在内的各种各样的房屋构件，都打上父权制的印记，并将女性定义为男性的附属。然而，“家”并不仅仅是这些拥有不同功能的稳定结构的组合。“家”中人、物和信息的流动依赖于一个可动的建筑部件——门。除了白馥兰简要提到的“沟通家庭和外部世界之间”的门，家庭中的多扇门对于成员从一个位置移动到另一个位置至关重要。位于“家”内的或者处于“家”和外部空间之间的门，意味着机动性和流动性。因为在家庭角色上有着不同的分工，女性必然以一种与生活在同一屋檐下的男性截然不同的方式来体验“门”。竖立在主入口并分散在房子各处的一扇扇的门，提供给女性身体走出去的出口，她们越过房子的界限，构建不受闺闱限制的广阔空间。笔者赞同文化历史学家对房子的看法，将“家”的门视为特殊的“地点”“物件”以及“文本”。在本章中，笔者探讨了这些门是如何与女性的日常生活联系起来的，审视女性和男性居民在房屋中如何移动，并根据宋代儒家思想阐释门是如何被性别化的。

门　间

在传统中国的房屋建筑中，一堵墙，加上一扇门，便构成了一个隔离物，用以定义"家"的范围。门不仅是把家与外界分隔开的物质界限的一部分，在这个限定的范围内，它也是一个特殊的突破点。与一堵固定的墙相比，一扇门可以被打开和关闭。因此，它成为连接内外空间的重要通道，使人与物在内外之间流动。在宋代类书《古今合璧事类备要》中，对"门"有这样的理解："夫门之设，所以限内外，通往来，畿出入，而时启闭者也。"[5] 学者对传统中国"门"的研究，揭示了其"隔离"与"联系"的双重功能。正如历史学研究者刘增贵所言："家门既是家族与社会的分界，也是二者的接触点。"[6] 因此，"家"的外部空间通常被描述为"门外"。这个词在宋代文本中的存在也意味着，宋人意识到"门"在内部的"家"与外部社会相互作用间的重要性。因此，门是所有房屋建筑中第一个重要的结构，我们可以通过它来研究"家"是如何被性别化的。

从建筑上来说，宋朝时家门的不同设计和功能在很大程度上取决于它们在房子中的位置，以及居住者的社会地位和生活状况。[7] 由于宋代福建民居的门并未保存下来，所以我们不可能去探讨门及其附属品的设计和制造过程，并进而探究其所蕴含的性别意识形态——就像研究明清历史的学者所做的那样。[8] 幸运的是，除了那些已经不复存在的具体的视觉材料之外，丰富的地方志中记录着门上所刻的文字，也为我们提供了一个珍贵的视角，来理解在家内成员与家外之人或者机构之间的互动中，"门"是如何被性别化的。（见图 1.1）

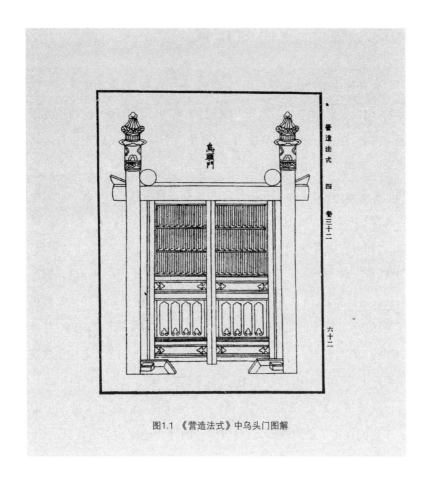

图1.1 《营造法式》中乌头门图解

在宋代风俗画中，居民住宅的门上很难找到显示居民身份特征的例子。然而，在文字资料中，有很多关于旌表居民家门的相关叙述。在宋代，这些带有文字的匾额只能由政府颁发，而这种代表政府权威的传统，可以追溯到中国上古时期。[9] 在宋代，这类匾额以两种方式与"家"中女性居民发生关联：一种方式是表彰家庭成员对于女性长辈恪尽孝道，另一种方式是赞美女性居民的妇德。

孝是一种被中国早期思想家广为赞誉的古典儒家美德。[10] 遵照宋朝政府对孝的推广发扬，颁赐匾额表彰特定"家"中居民的孝行是地方主政者的普遍做法。在邵武军光泽县，"母病笃，(上官超)刳左肋，取肝饲之，病遂愈。县令张硕名其门曰'孝感'，因以名坊"。[11] 因为上官超对母亲恪尽孝道，他家的门被命名为"孝感"。在这个故事中，母亲当然是一个必要的先决条件，并为她"家"性别化的荣誉称号做出了贡献，尽管她在事件中没有扮演任何主动的角色。

除了在为门额正名叙述中扮演不可或缺的被动角色外，足不出户的女性也是表现能动性、积极赢得门额、为家挣得骄傲的直接主角。泉州府晋江县吕氏的故事与上官超的故事非常相似，只是它表现的是女儿对父亲而不是儿子对母亲的孝道。根据田浩的叙述，朱熹(1130—1200)理学学派"下一代领军人物中……最突出的代表"真德秀(1178—1235)在这一时期知泉州。[12] 他写了一篇文章宣扬吕氏的孝道，并在文中记载为她立懿孝坊的事情。吕氏 18 岁时，父亲患病，生命垂危。她日夜悉心照料，但父亲的病情并没有好转。吕氏找不到父亲生病的原因，认为父亲患病是因为她已故的祖父母思念自己的儿子。于是她向祖父母的在天之灵祷告，恳求他们让她代替父亲去阴间服侍他们。她割股肉做成粥给父亲吃。第二天父亲感觉病情好转，短短十天就完全康复了。[13]

吕氏的孝行与上官超的做法极为相似。尽管吕氏身为女子，但因为她的孝行，吕家和上官家一样，也接受了类似的门额。很难区分授予这两户人家的两块门额之间的不同含义，因为"孝感"和"懿孝"都是颂扬孝的文学赞美之词。因此，这两块门额似乎没有体现性别歧视。在宋代福建，居民不分性别，可以通过他们的个人德行为"家"赢得声望，并得到地方政府的认可。然而，真德秀关于"懿孝坊"的记文，从作者的道学视角赋予吕氏坊额更复杂的内涵。真德秀以政治才能和学术精进而闻名，他在中国南方各地宦游，并在 1215 年之后在地方行政中实践他的理学思想。1219 年，当撰写《懿孝坊记》一文时，他被公认为是朱熹学派的代表人物。[14] 他采用了独特的理学语言，使这篇文章带有鲜明的风格，而这与他对朱熹思想的全盘接受是一致的：

　　吕氏女生深闺中，未尝从师友讲问学……（其孝行）顾不异哉！君亲之身重于其身，无哲愚咸知也。物欲昏焉，利患怵焉，始丧其本真尔。惟诚于孝者心纯而虑一，心纯而虑一则其天者全，天者全则其心与圣贤之心一也。夫以女子而能致其一日之诚犹若是，况于道学之君子，终其身而从事焉，则其进于圣贤之域，庸可御乎？[15]

　　根据柏文莉的观点，真德秀是使用"典范传记来传布理学启示"的宋代理学家之一。[16] 根据真德秀的理解，吕氏是儒士的女儿，禀性纯良。通过真诚的行为，她得到了"道"，这源于她的本心。人性、道、心的概念是理学家形而上学词汇中的典型关键词。他以吕氏——一个深居闺阁且目不识丁的,正值豆蔻年华的女性——作为体现理学哲学和道德的范例,以鼓励男性学者对"道"的追求。真德秀的以文载道,正如柏文莉在其同时代的许多同类作品中所发现的那样,"当然是为了改善社会道德","而不是为了相应地促进女性的忠贞"。[17]

精英士人称颂的男性和女性典范人数相当可观,但性别歧视在他们的诸多叙述中仍然依稀可辨。正如吕氏的故事所显示的那样,真德秀认为生活在闺闱内的女性和研习儒学的男性在知识层次结构中处于不均等的水平,他因而利用女性的道德例子来敦促男性读者。此外,真德秀还巧妙地利用女性主角的事例来赞扬男性精英亲属——比如吕氏个案中吕氏的父亲。与地方志中上官超的母亲被动的形象相比,吕氏的父亲被单独予以称颂:

> 父洙,字鲁望,世儒。家居贫,自立于学。视其女可知其父云。[18]

因为接受了政府的表彰,善良的女孩吕氏被向公众大肆宣传,成了当地名人。而吕洙,身为儒士同时可能是一个公众人物,作为他女儿孝行的受益者则隐身于幕后。他在这个故事中所扮演的角色并不比上官超的母亲在故事中所扮演的角色更积极。然而,真德秀似乎对这种女性主导的局面感到不安。为了弥补精英男性能动性的缺失,尽管真德秀很可能对他不太了解,但在总结性的评论中,真德秀仍然记录了吕洙的个人信息,并赞扬了他的德行。

在《懿孝坊记》一文中,虽然吕氏在主要情节中扮演着重要角色,但在真德秀对这个故事自始而终的评论中，精英男性对于自我修养和道德成就的兴趣代替了女性主角（通过她父亲的例子），成了作者真正关心的主题。真德秀将吕氏的孝行与古代圣人周公的德行进行了比较，声称："以身代君者，'金縢'之事也……其请父之辞，乃与'金縢'之义叶。"[19]此外，真德秀通过引用柳宗元（773—819）发起的文学传统，来证明他对吕氏的赞美合乎情理——柳宗元是倡率古文运动的先驱，[20]促成了晚唐新儒学的初兴。[21]

　　昔柳子厚作《孝门铭》，曰："懿厥孝思，兹惟淑灵。"予谓"懿孝"之名，施之吕氏为宜称，故以是表其间。[22]

　　"金縢"和"孝门铭"的典故，展示了古典文学传统历久弥新的力量，但它将目不识丁的女性排除在外。从大多数宋代文章传播的通常情况来看，这篇文章最初可能在真德秀的个人社交圈中流传，其中包括他的同仁和朋友，然后通过出版传播，最终被整个宋代精英群体所接受。对于同僚，包括那些不知道真德秀本人或者未曾亲眼目睹"懿孝坊"坊额授予仪式之人，这篇《懿孝坊记》不仅提供给他们找寻和表彰地方典范的实用行政策略，[23]也引导他们以理学方式思考和处理地方事务，这正是真德秀本人在对朱熹的形而上学进行深入的学术研究之外孜孜以求的事业。

　　作为一名地方官和热忱的儒士，真德秀通过文本传播和视觉表现，对吕氏的故事进行了宣扬。他的《懿孝坊记》的读者与欣赏"懿孝坊"额这一实体的观众大相径庭,而这些观众的社会地位与这块坊额的物理位置"间"密切相关。[24]地方政府把旌表的匾额置于间,而非放在吕氏的家门,这可能与宋代福建城市的布局有关。真德秀文章中所提到的"坊""间"显示吕氏居住在城镇,因为"坊"是宋代城市布局中的基本居住单位,而"间"意为坊门。唐宋转型时期,城市规划"坊"体系的崩溃,褪去了"间"原有的政府监管和官方特色。[25]矗立在住宅区的入口处,间在宋代是个人家门的物理延伸,以及同一坊内几户"家"所共享的集体出口。历史学家苏基朗(Billy So)重构了宋代晋江县坊的布局,[26]虽然他的地图并没有标明各个坊,但显示了间正对着城市中连接着不同地区居民的主街,[27]门则开在坊内的巷道上。[28]这意味着,门额主要是居住在同一坊内的一群人可见,但间额的观众可能是整个城市的居民,甚至是过往的旅行者。[29]把一块光荣的匾额置于间上,比把它悬挂在家门上肯定会更有效地宣传某人的美德。此外,苏基朗研究各州府之间人口的分布说明,宋代城市中,"依据州治所在县的总人口,州治人口比例最高的"是泉州府的治所晋江县。[30]人口高度密集意味着,此处的间额将会吸引比其他宋代城市更多的观众,这或许可以解释为何许多泉州官员,比如真德秀,不断给众多间颁发荣誉称号。[31]因此,在吕氏的例子中,这名女性在自家门内的义行受到地方政府的公开赞扬,并通过带有官方印鉴的间门让公众所了解。间最初是一个城市居民区的地理标签,它在地方政府的权威下被改造,并起到了宣传一位女性个人正直形象的作用。

　　因为她的孝行符合古典儒家道德,吕氏一方面被精英男性看作用来促进士人道德修养的一个例子，另一方面被地方政府通过公共标志的改造来作为提高地方风俗的道德先锋。真德秀因此在懿孝坊事件中发挥了双重作用。在创作《懿孝坊记》这篇文章时，他认为自己是一位虔诚的理学家；在颁赐"懿孝坊"的仪式中，他扮演了一个应答如响、爱民如子的地方长官的角色。对吕氏本人而言，"家"可能是她实现能动性的私人场所；然而，她的活跃形象却通过男性精英的文字和实物资源的安排调度，被介绍到"家"以外，进入公众的视线中。

无关乎性别，地方政府通过颁赐闾额，对有德之人大张旗鼓地加以表彰。因此，就像她们同时代的男性一样，女性在"家"内的古典美德可以用体面的公共标志体现出来。闾额可能会随着一代代坊内居民道德功绩的改变而改变，而这种改变同样没有任何性别歧视。地方志《八闽通志》中的一个条目，记录了宋元鼎革之际侯官县一块闾额的变化。在宋代，当地居民刘藻因为孝行而知名。政府赐给他衣食，将他所居住的坊称作"锡类"。后来，闾额被改为"元台育德"，因为高官余深的故居在这里。在元代，福建行省长官贾讷和他的寡母居住在这里，所以坊改名为"贞节坊"，来推广她的美德。[32] 从"锡类"到"元台育德"和"贞节坊"，闾额接连不断地发生变化，这是因为这座坊中陆续出现了有道德或者名望的居民，不论男女。尽管宋代福建的闾额经历了持续的转变，但它们一直作为公共符号，并没有将女性排除在外。

24　除了"闾"，"门"也是政府赐额的一个常见所在。在《后汉书》中："凡有孝子顺孙，贞女义妇，让财救患，及学士为民法式者，皆扁表其门,以兴善行。"[33]在宋代,政府仍践行这一惯例,实际上在上官超的例子中,"孝感"匾额便被悬挂在他家的门上。[34]

在宋代福建,许多女性被当地政府旌表匾额。除了像吕氏这样的孝女,还有一些守节的孀妇也得到了这样的荣誉,[35]兴化府莆田县地方志中记录了几个节妇的例子。[36]薛氏十八岁时,丈夫过世,为了避免父母强迫她再嫁,薛氏用漆涂满自己的身体,县令孙逢吉匾其门"节义幽光"。[37]黄氏同样也是一个年轻的孀妇,她发誓生是方家的媳妇,死是方家的鬼,县令许世昌赐予她匾额。[38]另一个十余岁的孀妇方氏,数月痛哭不已,后自缢身亡。太常博士郑子庄描述了她的故事,并报告给地方政府,县令朱安赐匾旌表她的美德。[39]作为无子的节妇,这些女性都被授予了匾额,但在叙述中,这些匾额的具体位置并不清楚。在薛氏的例子中,薛氏在丈夫死后可能与父母生活在一起,父母正考虑让她再嫁,"节义幽光"的匾额可能会被安置在她娘家的家门上。在黄氏的例子中,她一定是留在了夫家,因为无论生死,她都决定要做方家的人。在方氏的例子中,她似乎在夫家自杀,因为她日夜为丈夫的过世哭泣。因此,赞美黄氏和方氏的两块匾额应该被授予她们的夫家。虽然儒家学者希望孀妇能按照父系和父权原则,与夫家人生活在一起,但许多宋代孀妇却转而向她们的娘家寻求支持,并在人们的眼中依然坚持守节。[40]似乎女性贞节的展现,包含了她们对亡夫家庭的情感不渝或身体忠贞。因此,旌表节妇的一些匾额被挂在她们娘家的门上,是因为女性主人公已经返回娘家。

在特定的宋代"家"中,女性被赋予了多重身份——女儿、姐妹、

25

妻子、母亲、婆婆或者岳母，这取决于男性户主是谁。尽管在某些情
况下她可以成为一户家庭的户主，但她通常只是家属。[41]然而，即使
她的法律地位是家属，她也可以为生活其中的"家"赢得声誉，因为她
在"家"中践行了特定的男女共同的美德或者女性专属的美德，比如
孝或者节。[42]当地方政府向女性旌表匾额，匾本身就是一个展示"家"
荣誉的物品，而刻在匾额上的文字则记录了这名女子在住宅里的人
际关系经历。宋朝政府提倡儒家美德，通过官方渠道提供给女性门
额，以展示其道德成就。以这种方式，女性就可以在本人不离开"家"
的情况下，有权力在名义上突破"家"的界限，虽然她们并非户主，但
作为家的代表，得到非亲非故之人的认可和歆慕。

　　柏文莉和伊懋可（Mark Elvin）研究了从宋朝到清代国家确认并
旌表道德模范的具体过程。他们明确表示，被表彰者义行的报告是
经由县、州府、路/省级地方官员按照顺序呈交和审查，最终到达朝
廷，并得到皇帝的钦定。[43]因此，国家旌表的目的受到皇帝个人倾向
和宫廷政治的重大影响。[44]在官方史书中，国家旌表的制度化给我们
留下了丰富的、有时甚至是铺天盖地的史料。尽管如此，它绝不会是
中古时期和明清中国普通百姓所见证和经历过的政府旌表的完整画
面。就拿宋代福建来说，被旌表者很少见诸官方史书。[45]尽管事实上
极少宋代地方志保存至今，然而，大量明清地方史料告诉我们，与许
多其他地区一样，福建获得了数量众多的政府旌表。朝廷档案的不
完整可能部分解释了国家记录和地方叙述之间惊人的差异。但官方
史书中没有包括地方志中所保存的数百名道德楷模的主要原因，是

这些被旌表者大多是接受地方政府官员而不是中央政府的表彰。[46]

除了国家授权的荣誉之外,更多的表彰可能是由地方政府官员直接提供的,而不需要中央机构的审批过程,因为州一级的官员有权向辖区内杰出道德典范的居民颁发类似的表彰。宋代福建的官员,如朱熹和真德秀,在他们知州府时,声称他们有这样的权力和责任。[47]如果我们将记载于官方史书中的不到 200 名被旌表者分配到 200 多个州府之间,那么在宋朝三百年间,一个州平均最多产生一名被旌表者。因此,宋人很少有机会看到或者听到国家颁赐的旌表,这实际上与朝廷利用这些范例来改善道德的意图是相矛盾的。相较于为了获得国家旌表冗长乏味的申请,地方旌表的过程要求更少、效率更高、更富成效。笔者上述讨论的例子,都是由地方政府旌表的典范。政府旌表(国家/地方政府)德行的双重体制,从宋到元明清的王朝鼎革之际被一直保存下来,由此产生了大量的门和门饰,使女性深深介入地方行政的政治话语中。

与将匾置于现有的家门和闾门的地方作法不同,宋代朝廷继承了唐代的作法,下令以一种非比寻常的方式,即以绰楔风格竖立另外的门,来昭示道德典范。这些门被安置在接受旌表者的大门前,由红白方基支撑,比房子的外门更高大、更精致。[48]尽管在视觉上比悬挂的匾更令人印象深刻,但绰楔门的建造却耗时费钱。这类门的建造记录偶尔见诸一些宋代地方志中。这些例子所涉及的地方志作者和官员们都指出这类旌表非比寻常的庄严崇高。这或许可以解释为何地方官员往往会赐匾,而不是为了道德宣传花费有限的财力和人力资源来修建精心设计的绰楔门。

在宋代福建，很少修建绰楔门。笔者只发现一例为了女性而修建的这样的门。根据 1554 年出版的地方志记载，住在建阳县崇化里的北宋妇人廖氏，因为夫亡守志和教子有方，为县令所知。此事被进呈中央政府，但不幸未获批准。没有遵守正常的行政程序，一位翰林学士在宫廷宴会上将此事禀告给宋仁宗。仁宗皇帝被"闽（福建）处偏方"而产生的这一典范事例所触动，赞扬并封赏廖氏一家。为了宣传她的美德，在当地书市竖立贞节坊。[49] 在皇帝和官僚们的眼里，11 世纪初的福建是一个并不发达的地区，远离帝国的政治和文化中心，这使得当地的典范事例尤为稀见，值得赞扬。直到建阳很快崛起成为宋帝国最著名的三大印刷出版中心之一，这种负面印象才得以改观。贾晋珠（Lucille Chia）对建阳图书贸易发展的研究表明，晚宋或者元代，在廖氏的家乡，书坊变得日益普遍。[50] 虽然宋仁宗朝（1022—1063）它未臻兴盛，但当地的图书市场在当时肯定是繁荣的文化和商业中心，昭示着它在 11 世纪后半叶的快速发展。与绰楔门的标准化相一致，廖氏的住处必然位于图书市场中，这让笔者怀疑她的家庭从事图书印刷或者销售工作。在这篇明中叶的文献中，我们并未看到"旌表""门闾"等标准词汇，而这是宋代叙述者通常用来描述国家封赏的官方用语。明朝作者记录宋代政府的封赏活动是"树贞节坊"，这实际上表明 16 世纪人们对于绰楔门的认识，已经与之前的宋代人的认识发生了重大变化。

虽然在宋代，竖立一扇额外的门作为给予地方模范的奖励，很可能是一种极大的荣誉,但后来的明清政府却在帝国范围内到处竖立牌坊。在明清中国,绰楔门演变成了随处可见的牌坊。[51]尽管在元朝史料中缺乏记载,但在明清文献中,"牌坊"一词经常出现。正如一些诏令中所显示的,明清政权偏离宋代的作法,在熙熙攘攘的大道——所谓的"通衢大路"——上修建了大量牌坊。[52]此外,地方官员们还从国家那里获得补贴以支付修建费用。[53]目前尚不清楚,何时绰楔与"家"开始分开,[54]但家门和牌坊的分离表明,明清朝廷在改善道德问题上所面向的是比宋朝更广泛的受众。孤零零地矗立在远离被旌表者"家"的公共空间里,这些由国家赞助的明清牌坊在纪念功能上取代了宋代的绰楔门。但与此同时,它们也失去了绰楔门以及闾门与"家"之间的物理联系,[55]淡化了道德模范的个性和家庭身份。中央政府公开向大众展示各式美德,表现出其在认可无关乎性别的个体道德和价值方面的最高权威。在大多数目不识丁且对铭文毫无认知的观众眼中,这些牌坊表彰对象无论男女,都代表了地方社区——城市、乡镇、村庄——的荣耀。有意思的是,在明清中国,和对女性家内属性的强调相反,女性与"家"的象征性纽带被放松,用来服务于国家控制地方事务上的渗透力,以及它对地方规则制度化萌发的兴趣。

当最初与"家"相关的牌坊越来越多地出现在公共空间里,明清中国的地方官们并未抛弃赐匾额的传统。费丝言(Siyen Fei)对明代女性地方旌表的研究表明,赐匾额是例行公事。它代表了官方的认可与鼓励,促进了节烈崇拜之风,并有效地补充了国家的旌表。[56]这一传统的策略也被清朝政府所继承。然而,在清帝国的官方话语中,

28

它被称作是一个古老的传统，地方官员被要求在督抚的监督下，将其应用到"寻常节妇"身上。[57]在清代获得国家旌表的女性模范人数比之前朝代人数要高得多。[58]在双重奖励机制下，权力等级制度得到加强。国家通过旌表大量的个人，蚕食了地方官的权力，而这些被旌表人在之前的制度下，本应该获得地方性的荣誉。国家旌表以授予牌坊为其显著特点，在 18 世纪以来变得越来越普遍和让人期待。显然，与赐封荣誉匾额相比，四处兴修的御赐牌坊有相当大的分量，而牌坊的增多将前者削弱成为一种不值得特别关注的次要荣誉。总之，在从中古时期到明清中国政府对于德行旌表的发展史中，国家与地方之间权力分配和协商起伏不定。在宋代，国家很少旌表，地方官则主动提供普通人可能会看到、经历和期待的有价值的旌表。伴随着元代以降国家对于德行旌表的制度化，地方旌表被认定为辅助手段并被逐渐削弱至从属地位。

宋代地方官垄断了地方旌表，他们在管理地方问题上，包括道德教育方面，比明清地方官员享有更多自主权。他们对道德模范的评价标准和认定策略可能各不相同，甚至同一名官员在不同的职位上也可能前后不一致。例如，真德秀积极为泉州道德模范的闾门重新命名，但 15 年后他被任命知福州时，却没有留下任何这样的记录。在处理某一事件时，宋代官员不受任何稳定的国家法令的影响，而明清官员则完全不同。宋代官员有充分的权力来决定典范之人是否应该拥有门额、闾额、物质或金钱补贴，是否免除劳役或者申请国家旌表，这使得宋代福建的道德模范的分布变得随机且不平衡。

29

在宋代,用门额来标识或者赞美自己的家,在平民百姓中并不是
一种流行的做法。建筑物的门额通常由政府机构安装。因此,平民
家门上的匾额也提醒它的观看之人政府所拥有的权威。与政府部门
的门额不同,家门额上的题字大多是与一些儒家美德相关的动人描
述。地方政府是这类匾额专门的传统提供者,它不仅展示了某些居
民的善行,也表明了政府在认定个人美德上的正统权威。刻有荣誉
称号的物品被地方官员送到接受者的家中,并举行盛大仪式。庆祝
结束后,旗、马、鼓、扇等道具被送回官署,而荣誉性标识则仍然留在
大门上,以向过往路人彰显这户人家的荣耀。[59]

　　作为女性家庭美德强有力的物理符号,这些门或者间显示了政
府当局对女性道德优越性的认可,并作为保护她们声誉的屏障。然
而,与此同时,尽管政府不干涉"家",但这些匾却对女性施加了官方 　30
和大众的压力,给她们的家庭生活蒙上了阴影。作为内外以及公私
之间最明显的界限之一,家门是由个体家庭建造的,以确保其空间的
相对独立性,并防止来自"家"以外的干涉。这个物理的界限,虽然通
常被尊重,但是在旌表和改善风俗习惯的名义下,服从于政府当局的
改造(通过附加一块匾额)或者偶然的重建(通过添加一个象征性的
和精致的绰楔门)。因此,家门从私人建筑到公共标志的转型,证明
了政府权力的无处不在,并带给生活在门后的"家"中成员们他们所
欣赏和欢迎的名望与利益。正如笔者之前所说的那样,门是房屋唯
一的入口,具有双重功能——分隔和交流。女人被期待待在家里,一
生大部分时间都在门内度过。授予女人的荣誉匾额放置于家门,它

既代表了国家权力的滋扰，也是一个受人欢迎的名望声明，表明政府意图渗透进这户"家"——一个由墙定义和保护的相对独立的实体——的领域，并影响生活在里面的女性居民的日常生活。

中　门

通过对门的讨论，我们现在知道了大门是如何以一种矛盾的方式发挥作用的：当把家中的女性与外界分开时，它也将她们与地方社区和政府联系起来。为了理解室内房屋建筑是如何被性别化的，让我们想象进入家中。当我们进门，关上大门，跟着女性进入家中更狭窄的空间，我们不可避免地会遇到另一扇门——中门。认识到它与大门有着相同的双重功能非常重要。从字面上来说，"中门"的意思是"中间的门"。[60] 在古代经典如《周礼》《仪礼》中，它被称为"中门"，因为在一组划分宫殿的架构空间的门中，它位于相对中间的位置。[61] 在唐代，"中门"虽然不见于规训文献和礼书，但经常出现在笔记小说和诗歌中。在富裕家庭，大门入口后面的门被认为是中门，中门后面则是女性的住所。它可以指一扇单独的门，两侧是墙，通向闺闱，或者指配有一扇门的整个厅事，矗立在一长列房间的中间位置。唐代文学中的"中门"与性别问题密切相关。在当时的配置中，"中门"被扩展为包括一扇中门加上它的附属厅堂建筑。创作于南宋早期的《文姬归汉图》（美国波士顿美术馆藏）就描述了蔡文姬返家，在中门与众女眷相见的场景。中门勾勒出女性的家内领域,但也是一个可协商的区域,当女性与外人接触,尤其是接待来客时,为她们提供了一系列空间。[62]在宋代,文学著作中偶尔提及中门,但在关于家中性别区隔的男性精英话语中,它成为一个重要的礼的观念。中门被解释为一种物理界限,将家中的女性与外面的男性分隔开来。人们从性别的角度对其内涵进行了改写,将中门从早期儒家经典中的一个简单的物理界限,转变为在宋代儒学复兴运动者的文本中具有强大的仪式性的物件,并继续对明清中国的主流性别规范产生影响。中门的新定义在很大程度上是通过生产、传播和灌输宋代规训以及相关的日常实践来传播的,并在明清中国逐渐被接受为一种正统意识形态。

　　一些宋代精英士人相信,在宋朝之前混乱的五代时期,理想儒家社会秩序的崩溃是导致这些短命王朝灭亡的原因。这些人对宋代社会秩序的重建十分关注,目的是为了防止新帝国重蹈覆辙。作为基本的经济、政治和文化单元,“家”被置于儒家社会秩序理想理论的基础层面。因此,这类思想家引用《易经》中的经典名言:“女正位乎内,男正位乎外。男女正,天地之大义也。”这段话表达出家中男女合乎体统的状态,而成为宋儒评论的焦点。他们强调以家庭与社会地位差异为中心的“礼”和“道德秩序”。[63]宋儒阐明了在恢复理想社会秩序的过程中,家礼实践的重要性。[64]正如伊沛霞(Patricia Ebrey)所言,“性别的物理区隔……在儒家礼仪和道德学说中,被赋予了很高的价值”。[65]

　　在众多宋代的家礼文本中,最具影响力的一部书是《书仪》,作者是著名的政治家和儒家学者司马光(1019—1086)。尽管司马光是一

32

位伟大的政治家,但他对家庭道德给予的关注,比同时代的大多数人都要多,并且给我们留下了大量这类文章。正如伊沛霞所指出的那样,他非比寻常的热情源于他对"士大夫阶层的不安全感"的焦虑,[66]这通过女性在精英家庭中的不安全感反映出来。[67]"市场化对女性的入侵",在司马光的时代变得越来越突出和普遍。[68]司马光关于性别区隔的提议是他"划定一个金钱不会介入的领域"的努力之一。[69]它源自儒家礼学经典《礼记》中的如下文字:

> 男不言内,女不言外。非祭非丧,不相授器。其相授,则女受以筐;其无筐,则皆坐奠之而后取之。外内不共井,不共湢浴,不通寝席,不通乞假。男女不通衣裳。内言不出,外言不入。男子入内,不啸不指;夜行以烛,无烛则止。女子出门,必拥蔽其面;夜行以烛,无烛则止。道路,男子由右,女子由左。[70]

这一古老文本规定了男性和女性各式各样不同的家庭实务,呈现了一幅理想化的女主内男主外的有序社会画面,但是没有提出任何具体的物理界限来实现这种区分。基于对包括《礼记》在内的先秦经典的研究,瑞丽(Lisa Raphals)将男女"不同的领域"解释为概念上的区别,而不是男女之间的身体分隔。中国早期的内外对立,"与其说是指男性和女性的身体隔离,不如说是基于功能专业化和具有象征意义的活动之上对区别的构建"。[71]宋代学者可能已经意识到古代儒家经典中男女之间身体分隔的模糊。因此,他们发展了《礼记》

中晦涩而古老的性别区隔思想,并详细阐述了中门在"家"内两性身体分隔中的重要性。司马光是对古代经典修改和重新诠释的先驱。[34]他的《书仪》阐明了一个可视的和有形的身体分隔,而不仅仅是男女之间的功能性区别:

> 凡为宫室,必辨内外。深宫固门,内外不共井,不共浴堂,不共厕。男治外事,女治内事。男子昼无故不处私室。妇人无故不窥中门,有故出中门,必拥蔽其面。(注:如盖头面帽之类。)男子夜行以烛。男仆非有缮修及有大故,(注:大故,谓水火盗贼之类。)亦必以袖遮其面。女仆无故不出中门,(注:盖小婢亦然。)有故出中门,亦必拥蔽其面。铃下苍头,但主通内外之言,传致内外之物,毋得辄升堂室、入庖厨。[72]

　　在这篇文章中,司马光呈现了一个拥有相当可观财富的家庭,其家中成员日常生活的一幅理想画面。尽管其所依的《礼记》原始资料中根本没有提到"中门",但"中门"在司马光的作品中却起到了至关重要的象征和实际作用,使男女身体保持距离。考虑到司马光的目的,"中门"旨在划定一个不受干扰的安全地带,为精英家庭中的女性提供安全保障,而那些女性,正在史上前所未有的社会流动中受到威胁。

　　在《内闱》中,伊沛霞引用了司马光的文章,用来研究宋代性别划分的意识形态。她把"中门"翻译成"inner gate"和"inner door",这实际上与司马光对于这个概念的理解是不一致的。"中"是一个存在于

35　内外之间的流动区域，在它们相互作用的过程中形成。而"中门"从来不是内域的一部分，就像"inner gate"和"inner door"所表明的那样。司徒安(Angela Zito)这样解释"中"这个词，"作为一个名词，它的意思是'中间'，但只是一个虚体"；作为一个动词，它"通过正确的上下分离和内外界定来不断地创造自己"；而作为居于动名词之间的第三种情况，"它使有意义的差异成为可能"。[73]"中"这个词既有联系又有区别的含义，被司马光用来重新定义"中门"，而"中门"在古代文献中并无文化上的重要性。根据他的模式，"家"的空间被划分为两个相邻的区域，共用一个界限——中门。中门背后的部分被称为"内"，白天被视为女性的专属领域，而在中门另一边相对的世界则被称为"外"，被认为是女性的禁区。

司马光对经典的"家"中两性隔离的重新解读，得到他同时代人的广泛认可和引用。它很快就被确立为一种新的权威文本并且被宋代精英所接受。南宋理学大师朱熹（1130—1200）在他为家庭仪式实践专门编制的著名手册《家礼》的第一章中，便直接引用了司马光关于两性隔离的论述。[74]另一位南宋学者袁采（约 1140—1195）也赞同司马光认为的中门在内外有别上的重要性，他在其《世范》中，引用了司马光关于家规的观点。他简短总结了司马光关于内外有别的提议，并强调了中门划分界限的重要性。更重要的是，袁采把它作为管理家务目标中最迫切的问题来进一步推动。根据袁采的记载，内外有别是"治家之法，此过半矣"。[75]在唐朝的家庭中，"中门"有时是作为一道男女物理分界线，而在宋代关于家礼的学术话语中则被完全性别化。它被宋代儒家古典主义者利用，以重新诠释两性隔离的传统儒家意识形态，并被改造成一个权威的有形界限，保证了"家"中的两性隔离。

　　除了在家庭日常生活中用来分隔男女，根据宋代的家规，"中门"在指示某些家庭仪式中的性别差异方面，也起到了至关重要的作用。[36] 在司马光的《书仪》中，"中门"出现在三个重要的仪式上，而这三个仪式——笄礼、婚礼和葬礼，与女性个体在她人生中身份地位的转变有关。在《家礼》中，朱熹将笄礼从中门移至门后的私室，同时还保留了在婚礼和葬礼上与中门有关的活动。[76] 正如朱熹所描述的那样，婚礼当天，新郎在新娘家的大门外面等候新娘，新娘的父母在闺闱内陪伴并指导她。"诸母姑嫂姊送至于中门之内。"[77] 接着主人走出大门，迎接新郎，引他到中门。"姆奉女出中门，婿揖之，降自西阶，主人不降。婿遂出，女从之。婿举轿帘以俟……婿乘马，先妇车（至其家）。"[78] 在婚礼的过程中，所有与新娘一起住在闺闱内的女性亲属都陪伴着她走出来，但停在中门后面。新郎被允许进入新娘家大门后面的区域，但是他必须在中门前停下来等待新娘出来。只有女主人公自己——新娘——在此刻才有权跨过这一"中门"的界限。当她跨越了娘家的中门，新娘象征性地取得了她在夫家的新身份——妻子、儿媳、嫂子、弟妹。注意到婚礼仪式中参与者和地点的重要性，裴志昂（Christian de Pee）认为："一系列的楼梯和门道创造了一个稳定的、集中的时间，在这种情况下，庄严的仪式化的身体就会立即成为仪式的主题。"[79] "中门"曾经把新娘留在闺闱内，而如今成为一个重要的礼仪性构造，象征着她从娘家的少女转变为婚姻家庭中的妇人。

在他所描述的婚礼仪式上，朱熹一方面努力强调中门两侧的男女有别，另一方面则强调新娘跨越中门的活动性。然而，在葬礼的情景中，他不鼓励女性移动，并详细阐述了在中门周围的男性和女性的身体分隔。在葬礼上：

37

　　主人以下各归丧次。（中门之外，择朴陋之室为丈夫丧次。斩衰，寝苫枕块，不脱绖带，不与人坐焉，非时见乎母也，不及中门。齐衰，寝席。大功以下异居者，既殡而归，居宿于外，三月而复寝。妇人次于中门之内别室，或居殡侧，去帏帐衾褥之华丽者，不得辄至男子丧次。）[80]

葬礼是一个盛大的仪式，死者的亲属不论性别，都应该参加。它往往是男女杂处的，因此在这种情况下维持性别区隔似乎是宋代儒家古典主义学者急需要做的。[81]根据朱熹文字的记载，在葬礼上，男女被分配到由中门分开的隔离的哀悼位置。

与循规蹈矩的日常生活相比，家中举行的礼仪更强化了性别区隔的意识形态。所有参加仪式的家庭成员不仅目睹了性别区隔的精心安排，而且在其他参与者的监督下也践行了这一安排。正如凯瑟琳·贝尔（Catherine Bell）所指出的那样："通过一系列的身体动作，按照特许的异议方案，仪式在空间和时间上构建了一个环境。这一环境的建构和其中的活动同时也是为了给参与者的身体留下深刻的印象。"[82]这些宋代道德论者当然也承认,家中的仪式是灌输性别区隔意识形态的宝贵场所。因此,在他们的家规中,一方面,女性在其日常生活中被描述为藏身于中门背后闺闱内的群体,另一方面,中门两边的性别区隔在家礼中是公开彰显的。司马光和朱熹赋予"中门"新的内涵,并将其重新解读为一种具有象征意义的物件,在他们的日常家庭生活以及偶尔的家庭仪式表演话语中暗示性别区隔。

　　在唐宋转型时期,世家大族的崩溃和士人的崛起,激发了包括司马光和朱熹在内的许多宋代精英士人撰写家礼,以辅助国家礼制,规范社会。[83]他们推翻了直到唐朝仍然主导中国社会的传统观念"礼不下庶人",通过私人编写的礼书,将家礼广泛传播到精英和平民家庭中。朱熹的《家礼》被纳入元代国家礼制体系中,并在明初几位皇帝的大力推动下得到广泛的传播。用历史学者张文昌的话说,它被提升为"公共仪式"的地位,体现了国家在仲裁私人和公共仪式上的最高权威。[84]明清中国《家礼》的经典化,在指导人们的仪式实践中,达到了无与伦比的受欢迎程度。正如在许多明清著作中所体现的那样,在古代经典中不存在的,但被宋代儒学复兴主义者所定义的,《家礼》中一个重要术语"中门",及其隐含的性别意义,构成了正统的性别意识形态的一个重要组成部分。

　　宋代士人的观念是,"中门"后面的区域是女性在道德和社会性上适宜出现的地方,这一观念除了规定于家训中,也出现在文学作品中。司马光的同时代人文同(1018—1079),在两首描述女性日常生活的诗中直接提到"中门"。其中一首诗是以丈夫离开后,留在家里的孤独女人的视角来写的：

> 自君之出矣，
>
> 吊影度晨夕。
>
> 中门一步地，
>
> 未省有行迹。
>
> 闺闱足仪检，
>
> 常恐犯绳尺。
>
> 欲寄锦字书，
>
> 知谁者云的。[85]

39   在这首诗中，作者描绘了一个端居在闺闱内的女子，她未曾到达中门，因为她认可家规，意识到自我约束的重要性，当丈夫不在家中时，她选择约束行动。她可以依靠诸如书信之类的东西作为媒介将思念传递给丈夫，身体则必须留在夫家的中门后面。在诗中，文同用"中门"作为女性传统空间的隐喻。文同另有一首题作《织妇怨》的诗，诗中主角是一位勤奋的织妇，她纺织的布匹作为赋税被送到政府仓库，但又被当作粗制滥造不予接收："父母抱归舍，抛向中门下。相看各无语，泪迸若倾泻。"[86]不同于讲述一个孤独女人情感的第一首诗，第二首诗是一个织妇的悲惨经历以及与家人关系的具体叙述。文同选择了"中门"作为父母联系在闺闱内劳作的女儿的典型地点。与唐诗中"中门"和情色与浪漫的感官享受有关形成鲜明对比的是，[87] 文同的作品直接将其与女性的美德（身体约束、女工）联系起来。也许我们很难假定文学创作的差异反映出的是社会现实的变化，但有把握得出这样的结论：在像文同这样的宋代士人的意识中，"中门"是一个象征，界定了女性在"家"中经由正统认可的位置，就像家规作者一直描述的那样。

我们所看到的是，在宋代精英关于理想家庭伦理秩序的话语中，"中门"被认为是界定家内女性闺闱空间的一个重要概念。然而，这一理念在多大程度上被精英和平民所接受？在宋代，"中门"作为一个界限真的起到了让男性和女性身体分隔的作用吗？宋代讨论"中门"的原始史料不足，笔者难以对这些问题给出明确的答案。尽管如此，在各种历史记载中出现的与"中门"相关的叙述，使历史学研究者得以追溯宋代社会中"中门"的功能。

司马光的较为年长的同事和朋友富弼（1004—1083），厌倦了朝廷的党争。1071 年，他搬回家乡洛阳，而司马光也住在那里。富弼"清心学道，独居还政堂，每早作，放中门钥，入瞻礼家庙；对夫人如宾客"。[88] 在富弼家中，"中门"是将他和妻子的家庭空间分隔开的一个重要的分界线，就像司马光在《书仪》中规定的那样。司马光"中门"隔离理论的正当性来自古代经典的权威。通过将当时的社会问题纳入其中，司马光努力致力于复兴儒家，传播他重新诠释的古典思想。正如伊沛霞所指出的："司马光借鉴了传统的材料，尤其是经典……但他组织这种材料的方式反映了他自己的价值观和担忧。"[89] 司马光的"中门"观念被后来的儒士们接受，并被奉为正统的性别意识形态；

尽管如此，在北宋士人中，司马光既非唯一，也非首个重视"中门"重要性的人。富弼比司马光年长十五岁，他在实践中对"中门"的强调不可能像许多后来的儒士一样受到司马光著作的影响。富弼的例子表明，司马光的"中门"思想并非空穴来风，很有可能是基于他对唐代实践的认识，以及他对同时代人家庭生活的观察。[90]

　　为了追求纯粹的"道"，富弼试图远离家庭生活，他在家中实践性别区隔的理想上表现得比司马光更激进。富弼过着清心寡欲的生活，他夜里锁上中门，睡在外面，而这并非司马光的建议。[91]然而，富弼仍然觉得有必要在白天履行他对家的基本职责。富弼穿过中门，参加家庭仪式，并与妻子进行交流，尽管他在夜间禁欲般地坚持性别区隔。富弼家庭生活的记录似乎是可信的，因为作者邵伯温（1057—1134），必定是从他的父亲，北宋著名理学大师邵雍（1011—1077）那里获得第一手资料，邵雍也住在洛阳，并在富弼致仕后，经常到他家中拜访。邵雍大概就是史料的来源，可能因为对家中"中门"重要性的个人理解，以及对富弼仪式化行为的赞赏，他把这些信息传给了儿子，尽管邵雍现存作品中并未涉及这种性别问题。富弼家中内外有别的规定，是由富弼在夜间锁中门的习惯保证的；然而，即使是在这样一个严格管制的家庭里，内外之间的互动仍然不可避免。新近出土的富弼妻子的墓志铭揭示出，除了正如邵伯温叙述中所显示的那样她与丈夫讨论和管理家庭礼仪，富弼的妻子还总是陪伴他左右，在他们引人入胜的大型花园里过着无忧无虑的生活。[92]令人惊讶的是，"中门"的存在与富弼夫妇和谐的夫妻关系并行不悖。在虔诚的儒家古典主义者如富弼的家中,白天中门内外男女之间的接触是不可避免的,也许是令人翘首以盼的,尽管男性户主会遵守理想化的以"中门"为中心的性别区隔。

在司马光的熟人中,富弼并不是唯一一个致力于中门分隔的人。来自福建的曾公亮(999—1078),与司马光同朝为臣。他的儿子曾孝纯"治家严整有法。子弟……昼日不得居房,以长幼次序各居厅事、书院"。[93]正如司马光所言:"男子昼无故不处私室,妇人无故不窥中门。"[94]当他们白天在家的时候,男人应该待在闺闱外,这样他们既不会被打扰也不会打扰到位于中门后面的女人。这条规定在曾家被严格执行。在这一叙述中,男子白天不待在闺闱内的事实被认为是对"(曾孝纯)治家严整有法"说法的支持。这一文字出自张光祖(12世纪)的《言行龟鉴》。书名本身意味着,这本书中所记录的是对后代具有模范或者警示作用的言行。因此,曾孝纯家中严格的性别区隔,不一定是正常的宋人家庭的典型做法。

在福建内外的轶事中,对于女性闺闱有一些详细描写,进一步证明了在司马光圈子之外的精英家庭中存在着中门。郭彖(12世纪)在他的《睽车志》中,记录了发生在王陜家中的事件,王陜是平江府昆山县高官王绹(1074—1137)的儿子:

陜居家艰,独处于厅事之侧。其家婢妾颇众,夜则扃锁堂门而寝。一夕,有老乳婢梦中若惊魇,其声初甚微,叫呼不醒者久之。婢辈惊起,就榻视之,则无见矣。举家惊骇,明烛四索,无所得,乃开扃,

42

遍索于外，得之西圃池亭之侧……其宅墙垣四周而中门扃锁，则不通内外，不知何从而出也。[95]

在故事中，王陜居于外，而女性家庭成员则住在中门内，这符合司马光在《书仪》中关于葬礼的建议。在叙述中，堂门显然是完全等同于或者相当于中门的。王陜家中，它在晚上会被锁闭，以防止闺闱内女性家庭成员安寝时有淫行。在对这个故事的评论中，基于常识，作者假设，开放的中门提供了连接家中闺闱内外的独特通道；因此，他承认无法解释为什么当所有的女人在夜间都应该留在锁闭着的中门后的闺闱内，而在外面的院子里却发现了乳婢。

王陜家中，只有晚上锁闭中门，而生活在都城的杨戬（？—1121）家中，当户主不在家时，中门是日夜锁着的：

杨戬贵盛时，尝往郑州上冢，挈家而西，其姬妾留京师者犹数十辈。中门大门，悉加扃锁，但壁隙装轮盘传致食物，监护牢甚。[96]有馆客在外舍，一妾慕其风标，置梯逾屋取以入，恣其欢昵。将晓，送之去。[97]

在这个故事里，杨戬特意把家里的中门全天锁闭，以防止在他外出时，他的姬妾与闺闱外的男子有不正当的接触。这表明，在杨戬看来，中门是保障两性隔离的一个可靠屏障。然而，即使是在这样严格的监督下，仍然发生了闺闱内的女性和闺闱外的男性间的交往，因为主人公找到了一种富有想象力的超越中门限制的方法。妾对馆客相貌念念不忘的事实表明，在杨戬离开前，中门并没有全天关闭，所以她有机会走出中门，遇到这个闺闱外的馆客。

因为一家之主的显赫地位，王陔和杨戬家中都容纳了相当多的女性居民，包括姬妾。与妻子不同的是，妾被期望能娱乐户主与他们的客人，她们与主人家的联系并非永久不变。她们的娱乐和社交功能使得她们不适合被纳入家庭性别区隔的框架，这或许可以解释为什么司马光在以“中门”为中心的礼仪话语中没有讨论妾的问题。但在上面两个故事中，在某些情况下（王家的葬礼，杨家的主人缺席），妾被隐藏在关闭的中门后面。柏文莉在研究蓄妓和纳妾的兴盛时，注意到从北宋到南宋女性商品化程度有所提高。在南宋，为了应对由于妾的激增而造成的越来越多的社会和家庭问题，精英们努力将这些倡优家庭化。[98]除了在文学创作中歌颂妾忠实于家以及倡导她们的妇德，笔者怀疑某些精英还通过将她们约束在中门背后的闺闱内，可能至少偶尔试图“家庭化”妾的身体，正如杨戬和王陔分别在北宋末和南宋初所践行的那样。可惜的是，我们缺乏原始史料以确定宋人在什么情况下对妾加以限制，这种做法在精英家庭中传播的程度，以及这种做法在南北宋是否存在差异。然而，我们可以得出这样的结论：一些宋代士人将“中门”视作男女有别的一种实际建筑结构，有时甚至将其应用于他们家中的边缘女性。因此，王陔家的中门在夜晚被锁闭，当杨戬外出游玩时，中门则不分昼夜被关闭，以防止妾外出。

44   在这两个例子中所见的中门关闭的先决条件,也暗示了这两家的中门必然在正常时间或者白天是打开的。一扇敞开的门意味着交流的可能性,在敞开的中门背后的女子,无论是妻子还是姬妾,与门另一面的男子之间的接触应该都是不可避免的,这表明它很可能被认为是可以接受的。因此,家规中对人们日常生活中的性别区隔的阐释,是否在宋代精英家庭中被严格遵循是值得怀疑的。从以上的例子来看,在宋代精英家中,针对男女家庭成员的白天严格的性别区隔似乎是一个不可行的建议。此外,对阶层差异的关注促使笔者怀疑"中门"在整个宋代社会中的普遍性。由于现存史料有限,构成宋代人口大多数的社会下层家庭所居住的房屋布局,仍然是个未知数。"中门"的结构很可能不适用于贫困家庭的住所,因为这些家庭可能只有一个房间。

      宋人家中缺乏严格的性别区隔,这个一般性假设也适用于福建地区。类似的线索来自福建士大夫黄裳(1044—1130)所写的叶氏(1044—1069)墓志铭。根据他的描述,虽然叶氏娘家在福建是大姓,但她"谨饬无娇气"。她通常端居家中,不跨出夫家,"虽出中门,必以其妾从"。[99]1089 年,在她过世二十年后,叶氏的丈夫章存道致信黄裳,让他为叶氏撰写墓志铭。黄裳的叙述并没有显示出他对叶氏的任何个人了解,他可能从未见过她。黄裳在叶氏墓志铭中所呈现的日常生活细节,必定是从她丈夫所提供的传记中得来的。叶氏被丈夫描述为一个持重独立、行为端正的女性,这个与世隔绝的形象被她的家庭之外的墓志铭作者黄裳欣赏并复制。

一般来说,女性墓志铭的作者被要求撰文来赞美和纪念这位已故的女人,这样就能凸显出她女性的美德。正如吕慧慈所提出的:"写传记的功能是建立一个在历史上被模仿和纪念的范例。"[100] 在叶氏的墓志铭中,叶氏很少出门,没有女性家庭成员的陪伴时,甚至不穿过中门,这说明了她特别谨慎的性格。叶氏的丈夫和黄裳都认为她的自我约束是一种有价值的美德,值得被记录、称赞和模仿。叶氏墓志铭这部作品支持了伊沛霞的说法,"上层阶级用以表示自己特殊的一种途径是把自家的女人藏起来"。[101] 尽管如此,在墓志铭中,叶氏顺从地隐身于中门之后的刻意写照表明,宋代女性处于闺闱内不可能是一种标准的做法——否则,它如何能被推崇为一种特定的模式? 笔者认为,一方面,"中门"并不是那些房子不够复杂精致、没有中门的家庭中女性日常生活的一部分;另一方面,那些生活在拥有中门的房子里的精英女性则很少会像司马光所期望的那样,认为它们是保护女性的有利结构或者欣赏它们的价值。实际上,尽管宋代女性的墓志铭数量相当多,但其中很少提及"中门"。就连南宋理学大师朱熹,虽然在其《家礼》一书中重申了司马光严格的性别区隔,但在他为当时女性创作的墓志铭中,并未呈现任何类似于叶氏墓志铭中的例子,这可能表明,他对性别关系在现实生活中的认知与他的规训文学有所不同。

综上所述,在宋代,伴随着对重建社会秩序的关注,家规和其他一些文本的作者,超越了"中门"最初的字面意义(仅仅是中间的门),从性别角度来看待它。他们把这一意义从一个住宅结构的细节转变为一个象征性的界限，在其关于"家"的话语中划分着男性和女性的区域。在日常生活中，人们建议女性深居在"中门"后面的闺闱内，而男人白天则在中门前面的外部区域逗留。在某些重要的家庭仪式上，比如婚礼和葬礼，男人和女人被分配到他们各自在中门前面或者后面的位置，以体现和强化性别区隔的意识形态。与日常生活相比，在这种特殊的仪式场合，严格的性别区隔更容易实现。依据宋代笔记小说和传记叙述，尽管性别区隔的传统儒家观念在民众中被普遍接受，而宋代士人也提倡使用"中门"这一界限让隔离变得可行，但是完全符合意识形态的实践，在现实中必然不占支配地位。一方面，在特定的"家"中，当一些家庭成员试图实现性别区隔的想法，而在某种情况下关闭中门时，中门可以作为一个具体可靠的界限，有效地将男性和女性分开。另一方面，开放的中门显示了潜在的内外交流，而中门区域无疑为经常生活在外部区域的男性，与生活在闺闱内女性之间的互动提供了一个特殊的场所。因此，尽管儒家道德人士努力使"中门"成为不可侵犯的界限，但"家"的内外之间的物理界限是可以协商且富有弹性的。

献给母亲的门额

明清家庭中，正如高彦颐（Dorothy Ko）所说，"私人领域最深处的区域是女性的特权。女性的闺闱，藏在士人住宅区不起眼的角落里,甚至对家里的成年男子来说都是禁区"。[102]在类似的宋代"家"中,中门后面的闺闱,在理想情况下和某种程度上,是女性唯一合法居住的地方。然而,闺闱并不是女性的专属领地。即使是最严格的家规,也只禁止男性家庭成员在白天进入。因此,闺闱内分散的各种建筑由家中的男性和女性家庭成员共享。在这些房屋建筑中,有些是专门为母亲设计或建造的,其中一些门被赋予了性别标识以取悦母亲。在孝子的监督下,它们被改造成母亲在"家"中的所在。与闺闱不同,它们在意识形态上与一般的性别区隔概念有关,这些房子的建筑和门额明显是被性别化的,因为它们与在家中某些男性和女性人物的互动息息相关。

　　正如杜方琴和曼素恩(Susan Mann)的总结,孝是儒家话语中的首要美德,"在宋代儒家说教文本中很重要,可以说是核心",[103]它"指的是每个孩子在生活中尊敬和服侍父母的义务,并在父母过世后,通过哀悼和祭奠来延续这种尊敬和服侍"。[104]成年人必须满足父母基本的物质要求。此外,"养则致其乐"。[105]要想成为一个孝子,不仅要赡养和照顾父母,还要让他们心情愉悦(终其一生)。因此,在家中,各种建筑,比如亭台、池塘、庭院等,被建造或布置,以最大程度上地取悦父母。在宋代,用多重房屋建筑来娱乐母亲很可能是孝子的流行做法。就像家中普通的房屋建筑一样,这些为母亲修建的地方,除了被用来加强母子亲情,必然也被赋予了多重功能。它们的性别意义依赖于母子之间具体互动的延续。一旦这种特定的联系消失了,这些地方的性别特征也就随之消失。幸运的是,除了为母亲提供

47

打发她们休闲时间的多处场所之外，儿子有时还会给房子冠以名称，以取悦母亲。这为我们提供了一个独特的视角来考察它们的性别含义。

在许多福建地方志中记录的献给母亲的称号中，"寿"是最受欢迎的。在福州，著名政治家张浚（1097—1164）在官署内为母亲修建了一个厅，叫"眉寿堂"。[106]知漳州的张宪武在延平时，他的母亲已经年逾九句，"宣和间（1119—1125），膺封诰，因名其堂（眉寿堂）"。[107]与此同时，泉州晋江县丞厅曾经有一个亭子，"绍兴五年（1135），丞间丘次将母在官，因旧亭新之，名'燕寿'"。[108]张浚的"眉寿堂"与间丘次的"燕寿堂"，都被记录在两部18世纪地方志的"公署"类下，表明这两座堂的位置。张宪武的"眉寿堂"，被列在1525年的一部地方志的"地理"大类下，考虑到他知漳州的职位，这座堂应该也位于当地的官衙。这些叙述文字精练，没有提到堂建筑在官署中的具体位置，也没有提供关于它们和这些女主人之间物理联系的任何信息。然而，它们表明，特定的房屋建筑通过被赋予一个性别化的名称，可以被布置并转化为体现儿子敬重母亲和表达美好祝福的象征。相比于那些因为非凡且通常富有戏剧性的孝道而被政府授予门额的普通百姓，精英士人，尤其是官员，享有更平和、令人喜悦的渠道来展现和宣传他们的孝心。

"寿"可能是用于家庭建筑中取悦母亲的最受欢迎的词，但它并不是唯一流行的名字。还有其他赞美母子情深的名称，"依云轩"就是这样一个例子。陈迁（12世纪）的文章记载：

（郑宗器）以太孺人老病，辞不就官，于其舍后构小轩，扁曰“依云”。晨夕侍养，自号“避斋居士”，若得终身焉。昔人捧檄色喜，谓其仕虽一命，禄足以事其母。君独以母而弃其仕，迹与古违，情则益挚。夫白云万里，登高睇望，诚不若左右就养，一室瞻依之为乐也。轩不在高，得君以传，于是乎记。（《（乾隆）仙游县志》卷四八）

　　“依云轩”是郑宗器专门为母亲在家中最里面建造的一个房间，但它并非如儒家经典所规定的那样，是一个女性专属的领地。这是郑宗器和母亲共同的地方，因为他经常在那里照顾她。“依云”是一个不完整的词，词中的主语儿子被省略了。“云”作为宾语，是母亲的隐喻。谓语“依”则显示了儿子承欢膝下的渴望。“依云”是一个儿子献给母亲的性别化名称，作为这一语境中唯一的活跃主角，儿子用它来宣扬自己的男性学者身份。儿子的朋友陈迁在叙述中阐述了这个名称的含义。正如陈迁所言，因为体现了郑宗器孝子的形象，“依云轩”这个名字很有价值。相比于如“眉寿”“燕寿”等其他庆祝的称谓，“依云”表达了儿子想让母亲享受到巨大的欢愉，它突出了母子情深，表现出儿子的能动性在为母亲带来愉悦中的重要性。通过在闺闱内房间的门上悬挂这样一块匾，男性进入了一个传统的女性空间，并参与到学者们通常归功于女性的家内性的建构中。

　　除了上述明显的性别化名称，特意装饰某些房屋建筑用以取悦母亲，也有一些房屋建筑的名称在展现儿子的孝道时，没有表达任何性别偏好。例如，福州怀安县地方官俞向，在1120年翻新了官署

内的花园。花园里有一座华丽的亭，俞向"每奉亲游览于此，名之曰
'班衣'"。[109]"班衣"指老莱子的古老故事，他是一个七十岁的老人，
穿着色彩斑斓的衣服，像个小孩子一样逗父母开心。[110]俞向使用这
一典故，将风景园区改造成了他尽孝道的文化场所。当然，"班衣"
与性别有一定的关系，因为在这个例子中，尽孝的孩子是儿子。然
而，与明确为母亲设计的"依云"相比，"班衣"并非基于接受者的
性别。

给家中的房屋建筑命名是宋代士人的普遍做法。一般来说，他
们用简洁的两到四个字来展示学识，表达情感，抒发理想。给房屋取
名展现了男性精英特有的素养。他们把这些象征其个人思想的名称
视为精英交流的重要媒介。宋代士人喜欢把它们介绍给有能力欣赏
这些用语的社交群体中的朋友，并且欢迎他们的反馈意见。因此，在
宋代史料中，由房屋主人或其他精英成员撰写的阐释房屋名称的文
章篇目众多。在这些房屋建筑的名称中，那些专门针对父母的名称
因为它们的性别意识而显得与众不同。当然，为父母提供房屋建筑
名称的机会和能力是精英子弟的特权，而代表孝道的这些名称的接
受者可以是父母任意一方。在宋代，也存在为父亲修建或者命名房
屋建筑的行为。男人有时根据父亲的特点为他们自己的"斋"取名，
而这可能经常被包括在作为一个整体的"家"中。然而，这种现象只
发生在父亲过世后。[111]不同于那些为母亲设计的，名称让健在的母
亲感到高兴，且建筑本身为母亲提供了娱乐场所的房屋，这些斋名仅
仅是为了纪念，传递儿子们对已故父亲的眷恋。

献给父母的名称,要么是对父母完美生活状况的描述,如"眉寿"和"燕寿",要么是儿子孝行的表达,如"依云"和"班衣"。在这样的名称中,父母的能动性完全被忽视了;他们似乎完全被动地接受了儿子的祝福或者孝行。对于在精英家庭中拥有独立人格的父亲来说,以这种方式创造的名称是不合适的。此外,即使儿子以孝道的名义向父亲提供某房屋,他也应该等待父亲来为其命名,这与他们在家庭中的地位是一致的。因此,在宋代福建,虽然有几个献给父母的房屋名称,但多数名称显然呈现的是儿子特别针对母亲的孝道。孝是一种没有父母主动参与的单方面活动。它可以更自由地用来表达母子关系而非父子关系,因为,传统上对女性能动性的忽视,提供给儿子足够的自由来直截了当地尽孝,而父亲在家中相对优势的地位,阻止了儿子可能会挑战父亲权威的表达方式。并无房屋建筑名称体现儿子对健在父亲尽孝道的事实,说明了儿子在彰显孝道方面的妥协和限制。

必须再次强调,在宋代家中,献给母亲的场所源自儿子展示孝道的意图。这些场所可以表现为各种形式,比如亭、园和堂,这些都是儿子用来取悦他们母亲的。此外,还有一些装饰性的门名,以表达儿子对母亲的尊敬、依恋和美好祝愿。政府官员通过把荣誉匾额放置在门间上,将女性的美德和能动性传递给外来者,而精英士人则通过为母亲命名一些场所,在全体家庭成员面前展现他们的孝。这些门名展现了"女主外"与"男主内"的非传统对比。有趣的是,它并没有挑战正统的"男主外,女主内"的性别规范,而是补充了后者,揭示出男人和女人在家庭内外的互动。关于母亲门名的大部分记录都是讲述儿子如何虔诚的故事。尽管母亲是这些建筑的表面受益者，她们在这些地方的活动却很少被讨论，而且她们的能动性似乎是难以察觉的。尽管史料有限，但母亲肯定从儿子的孝道中受益。她们被提供了精彩的娱乐场所，和与儿子相伴的机会。正如我们所看到的，在宋代福建，献给健在父亲的类似场所并不存在，因为儿子不能像对待母亲那样自由地对待父亲。因此，母亲以牺牲能动性为代价，得以通过一些独特的渠道来享受儿子尽孝，这与在宋代文学中母子关系比父子关系更频繁地表现出来的事实是一致的。

在性别话语中，内外之间的社会和文化界限是经过协商的，并有各种不同的解释。[112] 相比之下，"家"的大门作为内外之间容易感知的物理界限，是固定的、具体的和持久的。它们矗立在内外之间，是看得见的、摸得着的、实际存在的界限，但一旦大门被打开，这样的界限就不再发挥作用了。"家"中的多重门打破了墙的禁锢，并因此否定了用家内性来定义女性的假设。在这里，上演着"家"内外不同势力之间的在竞争建构家内空间的权力斗争中产生的动态互动。跨出门间，房子里的居民，无论男女，都向外扩展了他们的生活和社会空间，而政府官员则向内传播国家权威，并对家内文化产生影响。尽管有一些儒学道德人士的劝阻，在中门之外，女性展现了她们与男性交流中的自由。中门背后，一些单个房间的门则传达了令人愉

快的母子情深。这些门的开放意味着它们从来都不是隔离男女的
可靠对象。传统中国的女性，不论社会上层还是平民百姓，都通过 ⁵²
这些有形出口，跨越层层的门，走出闺闱，探索一个儒家箴言中并未
描绘的广阔的外部世界。

第二章

在旅途：家外的短暂停留

　　尽管宋代儒家道德人士努力说教让女性一直端居在中门后面，但在现实中，女性找到了很多机会穿过她们的家门暂时离开家。她们外出的原因各不相同，可以分为四类。[1]第一是必要的移动，需要从一个家到另一个家，比如从娘家转移到夫家，陪同丈夫或儿子到他仕宦的所在，探望父母，或者护送丈夫的灵柩返回家。这对女人来说是处境的短暂转变，她不得不离开家，走到外面的空间，去到达她的目的地，另一个家。第二个原因是娱乐和朝圣。与"家"相对有限的空间相比，外面的世界令人眼花缭乱，很可能吸引女性的注意力。有些人在家外的空间里找到了休闲旅行的机会，一些女性宗教信徒受到她们虔诚信仰的鼓舞，寻求前往圣地的机会。[2]第三个原因是去工作。职业女性，如稳婆、媒婆、游方的宗教人士、挨家挨户买卖的织女以及离开家到外面世界谋生的小贩。[3]最后，在动乱之际，女性可能会外出避难。当受到自然灾害、抢劫或者叛乱威胁时，临时逃离是女性会谨慎对待的一个选择。

　　高彦颐通过考察女性在明清时期的外出活动，纠正了人们认为女性深居简出的误解。明清精英女性创作了丰富的文学作品，使我们了解到她们在家外的经历。正如高彦颐所说的那样，"即使在闺秀当中，旅行也是常有的，这些旅行的范围从长途的旅程，如陪伴丈夫上任远行，到和其他女性一起的短途游玩"。[4] 宋代女性撰写的旅行作品稀少，而同时代男性留下的大量这种记录则弥补了这一缺失。他们记载了女性跨越闺闱到达家外的地方，在这方面精英女性和平民女性一般无二。

　　无论是有意还是无心，这些旅行都把女性的能动性延伸到外部空间。当女性走出她们家大门时，可能会遇到各种各样的障碍。此外，女性——尤其是上流阶层的女性，可能不敢完全暴露自己，因为性别区隔的正统观念是一种束缚，也是对她们的一种保护。当女性待在家中，与外界隔绝时，她们很容易被认为是理想的女性，按照传统意识形态生活。然而，一旦她们进入众目睽睽之下的外部领域，女性不得不考虑同时代有权支配外部空间的男性的容忍度，避免对普遍的性别规范权威的挑战，并尝试协调正教伦理和可接受事实之间的微妙平衡。实际上，讨论女性在"家"外活动的宋代叙事，展示了精英男性对女性更灵活的生活空间的承认和接受，这超出了同时代儒家道德说教所能想象的范围，是对男性合法领域的渗透，但本质上却没有危害到社会秩序。在本章中，笔者将研究女性所使用的物品、她们离开家的有形痕迹以及她们自己身体的移动来揭示女性在出行途中的情况。

出行工具

在宋朝,像在其他朝代一样,男女都根据地形、距离以及他们(或她们)的家庭经济状况来决定出行方式。男性和女性几乎共同使用所有的交通工具：除少数例外,没有为男性或者女性专门生产或者使用的交通工具。然而,因为家外的世界在传统上被认为是男性所享有的领域,而且在儒学道德人士看来,不应该对女性开放,因此女性所使用的交通工具也被赋予了更多的性别内涵。

宋人经常使用的交通工具是轿和车。人们认为,随着宋朝中央政府在 12 世纪的迁移,轿子的使用经历了一次特殊的转变。从宋高宗朝一直活到 13 世纪的朱熹,曾告诉弟子南北宋之交使用轿子的这种变化："京师全盛时,百官皆只乘马,虽侍从亦乘马。惟是元老大臣老而有疾底,方赐他乘轿。然也尚辞逊,未敢便乘。今却百官不问大小,尽乘轿。"[5]朱熹指出,在北宋都城迁往南方之前,乘轿被当作是皇帝赐给一些有需要的人和元老重臣的特殊恩典。正如刘子健(James Liu)的研究所指出的,北宋官员总是骑马去朝廷,"高尚而自律的儒家学者不赞成乘轿"。[6]像王安石和程颐这样的儒家理想主义者,出于人道主义的考虑,拒绝乘轿,[7]他们的道德行为被朱熹所称道,朱熹本人也很少使用轿子,[8]但他不期望南宋同时代人会模仿北宋的典范。[9]朱熹注意到,在他那个时代,乘轿成为一种很受欢迎的行为。在朱熹与弟子的对话集《朱子语类》中,除了对内侍乘轿予以批评外,朱熹提到当时人乘轿,但并没有予以道德评判。[10]

正史《宋史》的编修者们解释了宋高宗朝时人们普遍乘轿的原因，《宋史》中还包含了许多记录南宋官员乘轿的文献，如以下文字所示：

中兴后，人臣无乘车之制，从祀则以马，常朝则以轿。旧制，舆檐有禁。中兴东征西伐，以道路阻险，诏许百官乘轿，王公以下通乘之。[11]

在北宋，精英男性有意识地拒绝乘轿，来展示他们对人力劳动的尊重。皇帝推动了这种做法，他只把乘轿特权扩大到元老重臣，[12] 和那些患病无力骑马之人。[13] 北宋皇帝规定的限制适用于都城以及地方官员。[14] 当在南方试图恢复新的中央政府时，宋高宗决定将这一特权扩大到所有官员，以此表达对他们公务劳顿的感激之情。[15] 尽管宋高宗在位期间，乘轿者人数急剧增加，但正如在北宋时期的情况，南宋初轿子的使用仍然被认为是皇帝赐予男性官员的特权。因此宋代轿子的发展历史是在君臣关系的官方话语中所体现出的政治问题，尽管在早期，它也是围绕着人力劳动的人道主义使用的道德问题。

上述引用的所有讨论乘轿的叙述者都是将其作为一个政治议题，因此根本没有考虑到女性。然而，丰富的文本和视觉资料都证明了北宋女性普遍乘轿。事实上，宋代男性精英支持女性乘轿，将之视为性别区隔的工具，因为轿子可以作为一幢移动的房子，让进中的女性远离公众视线。在《宋史》中，详细描述了轿子的外观：

　　(肩舆)其制：正方，饰有黄、黑二等，凸盖无梁，以篾席为障，左右设牖，前施帘，舁以长竿二，名曰竹轿子，亦曰竹舆。[16]

　　轿子看起来就像一个封闭的私人房间，将轿子里面的人和外面的人与空间有形地隔离开来。[17]北宋学者孔武仲(约 1041—1097)感觉乘轿旅行很舒服，从这一角度对它进行了赞美：

　　　　垂帘为户竹为舆，
　　　　千里征行似宴居。[18]

　　轿子的物理结构使乘轿人在路上行进的时候，感到仿佛他或她还安居在家中。这种虚幻的印象不仅能减少女性进入陌生男性主导的外部空间所引起的困惑和焦虑，而且也满足了精英男性的期望，即女性在公共场合不应该抛头露面。在整个宋代，她们同时代的男性普遍接受了女性乘轿，尽管大多数男性在北宋都不享有以这种方式旅行的特权。从理论上讲，这种类似于房子的轿可以作为一种强大的物质媒介，培养和提高女性使用者的性别区隔意识。但事实上，没有宋代文本讨论在轿的发明和使用中的性别考量。在一些文献中，类似箱状结构的轿被称为"暖轿"，表明其原始功能是使乘轿者在寒冷天保持温暖。[19]在宋代，轿子设计之初既不是用来达成儒家理想主义者所期望的女性隔离，也并非被他们推荐用来实现这样的目标。[20]

57

如果说轿子作为男性精英的等级象征，标志着北宋官方用语中国家权宦们优越的社会地位，那么女性乘轿就被赋予了在政治话语之外的性别含义。根据《东京梦华录》的记述，北宋都城汴梁（今开封）的精英女性，乘轿远足。一些人用鲜花装饰她们的轿子，还有人为了方便赏景，移开遮挡的帘幕。[21]同样，风俗画《清明上河图》描绘了都城活跃的日间活动，其中有两乘搭载女性的轿子。[22]一乘是由两名男子抬轿，一名女乘客从轿子右窗户中注视着街上（见图2.1）。[23]另一乘轿停在茶肆前，我们看到一名婢女正在和帘幕后面的女子说话（见图2.2）。尽管乘坐的是类似的轿子，但都市女性在道路上以不

图2.1　轿子中的女性　张择端（活跃于1000—1130）长卷《清明上河图》局部
北京，故宫博物院提供，胡锤摄

图2.2　轿子前的婢女　张择端（活跃于1000—1130）长卷《清明上河图》局部
北京，故宫博物院提供，胡锤摄

同方式自我处理。一些人大胆地放弃了帘幕，抛头露面以便在风景
中获得乐趣；有些人从隐蔽的角落偷窥街道；还有一些人则把自己隐
藏在一个封闭的活动屋子里。她们与外界的联系在程度上有所不
同，这可能与每个女性个体对被别人注意到或者被认为不够淑女的
担心程度相对应。一乘轿子有一扇门和两扇窗户，这些是房屋的标
配，为轿子里面的人提供了与外界接触和交流的可能性。因此，除了
作为一个孤立的小室，轿子还可以被改造成一种有效的工具，使女性

可以与家外的空间进行互动。

　　在宋代女性所使用的交通工具中，轿子消耗最多的劳力、时间和金钱，但最舒适。[24]伊原弘研究宋代雇佣轿子的价格，得出结论，因为成本相对较高，大多数平民并不使用它。[25]较高的成本决定了轿子不适合长途旅行，轿子的主要使用对象是负担得起费用的社会上层家庭的女性。乘轿作为一种被授予特定男性官员的特权，对于北宋社会上层女性来说却是一种普通的经历，它成为一种文化资本，象征着男性乘客的政治权威和女性乘客的家庭地位。因此，在整个北宋期间，轿子被无官阶的有钱人或者背景可疑但渴望仕进之人加以利用。根据《宋史》记载，为了响应朝臣的请求，北宋四位皇帝分别在 982 年、1036 年、1095 年和 1117 年颁布诏令，禁止工匠、商人、平民、非命官的精英和贵族乘轿。[26]大臣们急于将乘轿保留为皇帝提供给官员的特权。[27]非命官之人乘轿，让官僚们感到不安，因为他们仍然认为乘轿是官僚地位的象征。在公元 1117 年向徽宗皇帝进呈的奏议里，上奏者抱怨道："辇毂之下，奔竞侈靡……如民庶之家不得乘轿，今京城内暖轿，非命官至富民、倡优、下贱，遂以为常……臣妄以为僭礼犯分，禁亦不可以缓。"因此，朝廷颁布诏令，除了官员之外，其他人不得乘坐暖轿。[28]

　　这篇奏议的关键基调，与先前向其他北宋皇帝进呈的奏议论调如出一辙。从这份文献中，我们了解到，在北宋，富有的非仕宦之人财大气粗，有意模仿官员的生活方式，在新获得财富的激励下，他们使用了那些位高权重之人身份地位的象征。通过挑战国家在仅授予官员某些特权上的权威，这些人的行为扰乱了现有的政治秩序，因此受到了男性为官者的批评。

最终，中央政府明令禁止非命官之人乘轿。在 1117 年的奏议中，为了支持自己的论点，上书人引用了"民庶之家不得乘轿"的规定，这条规定是宋仁宗在 1036 年颁布的。[29] 这一文献中的"民庶"和仁宗的诏令仅仅是指"男性民庶"，作者大部分批评都集中于此。虽然宋朝官方文件中并没有直接提到普通女性乘轿，但明初一段文字为我们提供了一些线索，让我们了解女性在官方用语中的特殊地位，以及她们后来在明清中国乘轿的特权。明朝开国皇帝旨在建立一个井然有序的等级社会，这导致了严格而全面的禁奢令的颁布。1373 年，他颁布诏令，只有妇女以及官员、百姓年老患病者被允许坐轿。[30] 就像宋代的法令一样，在明初这一诏令中"民"一词的意思是指"男性平民"。北宋和明初政府在处理女性乘轿的不同之处在于，前者认为这是事实，而从未将其制度化，而后者则通过合法化来承认这一点。与对女性日常生活采取纵容态度的宋朝政权相比，明朝政府更注重女性在家外空间的活动，并在认可或者规范女性行为上表现出更大的兴趣和权威。

在宋代，朝廷并没有颁布明确的法令来规范女性乘轿。然而，政府颁布了禁奢令来区分社会上层女性所乘轿子的装饰："银装白藤舆檐，内命妇皇亲所乘；白藤舆檐……内外命妇通乘。"[31] 这一规定的目的是在有封号的女性中，以视觉方式加强等级制度。一方面，它保留了内命妇使用银装轿子的特权，另一方面也表明了官员的配偶普遍

61

乘轿。由于缺乏规范的法令，根据具体外观，想把官宦之家女性所乘轿子与女性平民所乘轿子区别开来，想必难以落实。

1117 年的奏议作者，只有当他提供倡妓作为贱民的例子时，才提到女性乘轿，倡妓在社会等级中是低于平民的。尽管他们反对男性平民乘轿行为，男性士人似乎没有为女性平民乘轿感到困扰。这种态度差异的原因可能是仕宦精英将男性平民视为威胁他们既得利益的独立个体，而女性平民被视为从隶于家的附属，因此被排除在男性为官者努力捍卫的政治社会等级以外。所以，在乘坐轿子的女乘客中，只有像倡妓这样的，离开或者被驱逐出了女性的传统处所（家）的社会下层，才引起男性的注意和反对：她们违背了良贱之间的界限，而不是男女之间的界限。倡妓遭到人们的谴责，是因为她们的阶层地位而不是性别。在北宋男性士人的话语中，乘轿主要被作为政治议题加以讨论，而其对于精英女性有利的性别涵义却很少被人们公开表达。

北宋时，除了那些遭鄙视的职业，女性无论出身官宦家庭或者平民阶层，乘轿都不会引来争议。南宋时，人们普遍乘轿，甚至连倡妓都被认为会乘轿。[32]金钱收入使得商品化的女性倡优能够负担得起乘轿。与家中的精英女性相比，那些在娱乐行业中摸爬滚打的倡妓很可能认为乘坐舒适的轿子更有帮助，也更有必要。虽然在北宋时倡妓被禁止乘轿，但当这种交通模式在南宋迅速传播时，她们乘轿变得普遍而平常。正如柏文莉所指出的那样，在南北宋之交，女性的商品化变得更加突出。倡妓在城市和乡村无处不在，引起了人们对道德问题的不满，并导致了"对倡妓群体的普遍负面看法"。[33]但有趣的是，与那些谴责倡妓乘轿违背了社会等级制度的北宋政治家们相比，南宋时，无论是官员还是非仕宦的精英，都不把这当作是一个严重问题。柏文莉发现，他们可能意识到女性倡优的激增是控制不了的，尤其是由于官妓"私有化"，以及私妓引人注目的崛起。[34]在精英士人眼中，不受管制的倡妓乘轿，至少暂时遮掩了她们的身体，减少了她们对公众造成的危害。他们对于倡妓乘轿的失声，似乎是其在日益商品化的社会中所做出的妥协。

对于那些深切关注性别区隔的宋代道德人士来说，同时代女性越来越多地乘轿，肯定引起了他们的注意。但是在宋代，只要她们能负担得起，女性乘轿很少会遇到关于违背性别规则的质疑。理学大师朱熹目睹了在他的时代，轿子越来越受欢迎，偶尔他也和弟子们讨论轿子，但朱熹从来没有提到轿子的性别含义。朱熹在这一问题上的沉默暗示了他的默许，而不是鼓励或者谴责女性乘轿，这在南宋男性精英中是很典型的。这种奇怪的沉默可以用两种方式来理解：一方面，他们并不鼓励女性外出，无论她们打算使用何种交通工具；另一方面，女性在街上以轿子作为庇护所，这使得他们对于女性违反性别界限的批评变得不那么尖锐了。面对如此两难的局面，精英男性可能发现很难对女性使用轿子的行为发表评论，这导致了他们异乎寻常的静默。

居住在整个宋帝国的女性都享受到轿子的服务，尽管在不同地区使用轿子可能有所不同。在福建地方上，没有任何描绘宋代轿子的视觉资料保存至今。然而，在将乐县一座元初双人墓中，丈夫和妻

子两个平行的墓室壁上，画着两乘轿子，这是展现 13 世纪晚期男女
所乘轿子相似性的珍贵实物史料。[35]丈夫左室墙上的轿子被三名男
仆环绕着（见图 2.3），而妻子右室墙上的那一乘轿子则是由婢女陪同
着（见图 2.4）。它们都是箱状的容器，有两根突出的轿杆。轿子前面
挂着一条帘幕，带着滴水檐的织物覆盖轿顶，两边封闭的窗户装饰着
格子窗框。虽然这两位墓主人的陪同者的身份透露了乘轿人的性
别，但轿子本身并没有显示出任何性别差异。看起来，女性通常使用
着和同时代男性相同的轿子。

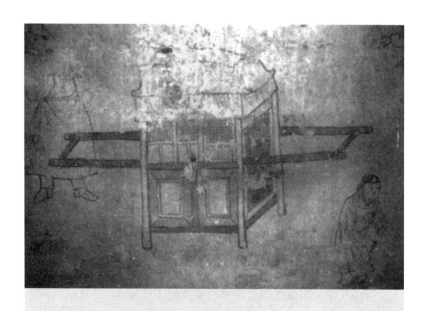

图2.3　左墓室壁画中的轿子

图2.4 右墓室壁画中的轿子

　　除了视觉史料，宋代的原始材料还告诉我们福建轿子的形制。不同于福建西北部男女通用的轿子，在东部沿海地区有一些特殊的轿子，根据它们的外观，这些轿子显然被贴上了女性交通工具的标签。生活在南北宋之交的士大夫庄绰，在《鸡肋编》中称：

　　泉、福二州，妇人轿子则用金漆，雇妇人以荷。福州以为僧擎，至他男子则不肯肩也。[36]

庄绰对泉州和福州女性轿子的评论表明，这种情况是不寻常的。在宋代大多数地区，男性和女性使用的轿子之间应该没有明显的区别。但在福州和泉州，金漆的独特装饰使女性轿子看起来与男性轿子不同，这是很明显的。此外，在这两个地区，女性的抬轿者是女侍或者脱离男性平民世俗空间的僧侣。

除了表面上的金漆装饰外，女性大多使用女轿夫，这是福州和泉州的另一种当地风俗。它们都警示着男性旁观者有女性正在经过，这是存在于外部世界的一个相对隐蔽的女性空间。此外，为这类服务配备的女性轿夫和僧侣，陪伴着乘客从起点到达终点。他们为轿子的物理运输提供了必要的人力，并构成了象征性的人际界限，为整个旅途中的旅行者保障了一个隔离空间。这种做法本身就与儒学道德人士所提倡的性别区隔的期望相一致，代价则是让可能来自社会下层家庭的女性轿夫，暴露在众目睽睽之下。讽刺的是，对于性别区隔理想的遵守和背离是同时存在的，却没有引起男性目击者和叙述者的挫败感。尽管在规训著作中有高调的主张，精英士人仍把自己对于性别的关注放在阶级差异上，并不期望性别区隔成为一种普遍规律。此外，伊沛霞注意到，女性在宋代被"精致化、沉默化、固定化"，而缠足是实现这一目标的最佳方式。[37]尽管如此，福建的女轿夫与伊沛霞在宋人诗歌中所发现的温柔和慵懒的女性形象是不一样的。她们一定没有缠足，身体强壮，具有可以持久运动的特点。她们的工作一方面受到女性消费者，很可能及其男性亲属的青睐；而另一方面，她们也为自己挣得家庭财务收入。宋代女性日益商品化，不仅体现在男性对女性的性身体和才能上的消费，这适用于妓和妾，也体现在女性对女性体力劳动和劳动服务的剥削，这在福建女轿夫的例子中很明显。她们经济独立和身强体壮的特点，使得女性气质的定义比精英男性在文学作品中所描绘的情况要复杂得多。

在宋代，福州和泉州是福建路经济、文化最发达的两个州。在这两个地区，大量有钱人的存在一定程度上促成了与女性轿子有关的广泛风俗。可惜的是，在宋代文献中并未讲述福州和泉州女性轿子上有标识装饰，并配以女轿夫的原因。但是，庄绰文字的写作日期给我们提供了一些线索，来探索可能的解释。根据庄绰的序言，《鸡肋编》完成于 1133 年。但一些带有时间的史料显示，新材料的增入至少持续到 1139 年。庄绰的祖先来自福建泉州，但他住在中国北方，在 1127 年中国北方被征服之前，他可能从未去过福建。后来，他在中国南方的一些地方任官，但从未被派到福建。[38] 因此，我们不能确定关于福州和泉州女性轿子的史料是基于他自己的观察，还是他从其他人那里耳闻得来的。此外，我们也不清楚史料中所记载的是北宋时福州和泉州的本土习俗，还是在南北宋之交引入的外来的新时尚。如果史料早于 1130 年，那么福州和泉州女性轿子的异常性一定是当地的一种真实现象，从而为我们留下一个至今仍未揭开的谜。但是，如果庄绰是在 12 世纪 30 年代晚期收集了这些资料，它就为我们打开了一扇独特的窗口，让我们可以探索帝国与地方精英文化之间的碰撞与互动。

北宋灭亡后，大批皇室成员逃离开封，在福建定居。1129 年，宋高宗统治下的临时朝廷在福州和泉州建立了两个正式的机构来管理宗室事务。[39]这些贵胄移民，包括大约 200 名男性和 300 名女性，[40]他们带来了新的财富，接受着朝廷的俸禄，可能还传播了皇室的消费方式。贾志扬（John Chaffee）对皇室支系的细致研究表明，因为朝廷的慷慨赐予，北宋的皇室宗亲生活奢侈。他们被限制在宫廷或者是都城由皇帝指定的一些面积相当大的住宅区内，因此他们在与外界隔绝的情况下积极参与宫廷文化。[41]1127 年发生了靖康之难，当时有 3 000 多名皇室成员被女真人俘获，数百名皇室幸存者来到了中国南方。皇室宗亲聚集的两个最大的中心地区是福州和泉州，在那里，他们逐渐融入当地的精英阶层。[42]如果庄绰的史料是在皇室成员在这两个地方定居数年后被加入《鸡肋编》的，那么就可以认为，在外来的皇室文化影响下，当地的轿子改变了风格。根据《宋史》记载，虽然内命妇所乘轿子没有金饰，但她们的马车却用金色的铜或者漆装饰，[43]这可能激发了轿子用奢华的金漆装饰的灵感。此外，生长于深宫中的皇家女性，很可能比一般的精英或者平民家庭更重视性别区隔。当无法获得内侍时，雇佣女轿夫或者僧侣可能是另一种解决办法。对于福州和泉州的本地女性，尤其是那些来自富裕家庭的女性来说，对皇室生活方式的渴望可能会激起她们对皇家女性不寻常做法的崇拜和模仿，这也导致了当地"皇家时尚"的广泛使用。

67　　　　在中国宫廷生活的历史中，女性抬轿并非闻所未闻。例如，在著名的 7 世纪绘画《步辇图》中，唐太宗（626—649 年在位）坐在一个敞开的辇上，由两名宫女抬着。笔者认为，考虑到北宋皇帝对乘轿的保守态度，在开封皇宫里，女轿夫并不存在。但是一些皇家女性可能在南宋初开始了这种改变，并且后来被引入了宫廷。从宋代开始，女劳力抬女性轿子的现象在福州逐渐成为一种传统。在一本内容全面的明代福建地方志《闽书》中，此事被记录在福州的《风俗志》里："女人能轿。洪武（1368—1398）初，取女轿三十户以应内宫之役。"[44]在14世纪明朝开国皇帝的眼中，女轿夫适合宫廷文化。抬女性轿子的女劳力发展成一种专门的职业；甚至在庄绰记录的200余年后，她们的家户由福州地方政府在行政上予以控制。

除了轿子，车也被宋代女性广泛使用。根据孟元老《东京梦华录》的记载，北宋汴梁"东京般载车，大者曰'太平'，上有箱无盖，箱如构栏而平，板壁前出两木⋯⋯其次有'平头车'，亦如'太平车'而小⋯⋯又有宅眷坐车子，与'平头车'大抵相似，但棕作盖，及前后有构栏门、垂帘"。[45]在宋朝都城的街道上，行驶着各种车。女性乘坐的车形状类似用来运输货物的"太平车"和"平头车"，但它们被完全遮盖住，以隐藏乘客。孟元老认为它们是"宅眷坐车子"，但这并不意味着女性是被遮盖车厢的专属乘客。同时代男性也乘车，笔者认为这和女性使用是一样的。为了旅途中的安全和舒适，人们不可能使用缺乏护栏和无盖的车。孟元老将这些车归于女性的原因，可能是在都城男性通常骑行，很少乘车，他们通常将车用作长途旅行的交通工具。[46]

除了孟元老的追忆，南宋学者陆游（1125—1210）在他的《老学庵笔记》中，也描述了汴梁的太平盛世，以及令人印象深刻的女性乘

68

车。节日期间，所有宗室戚里成员都到皇宫庆祝。妇女乘坐犊车。两名婢女手持香球在妇女的两旁，妇女也在每个袖子里放置一个香球。当车驶过时，香喷喷的烟雾就像云朵一样，绵延数里不消散，甚至路上的尘土都是香的，扑面而来。[47]女性精致的形象和神秘的气味，对陆游来说是对繁荣、美丽、奢华如同仙境般的都城在1127年落入"野蛮的"女真人手中之后，富有想象力的重建。车的形状和装饰都没有描述。从陆游的角度来看，不管她们是站在外面，还是坐在里面，是女性的存在而不是那些未被记载的车的物理特征，使这些车富有吸引力，值得被记载下来。根据柏文莉的说法，南宋作者笔下的北宋倡妓故事，反映了他们"对北宋官僚精英光辉岁月的怀念（和想象）"。[48]与那些完全混迹于精英社会活动的倡妓形成鲜明对比的是，来自精英家庭和皇室外戚中的北宋女性大部分时间都待在闺闱内。但就像倡妓一样，她们在公共空间中的移动构成了南宋男性作者对于北宋都市生活重建的难忘经历。孟元老和陆游的叙述表明，在北宋都城，车是那些偶尔需要离开家的女性的流行交通工具。此外，在《清明上河图》中，我们可以看到由牲畜拉着的几种车，它们的外形完全符合上述文字材料中的详细描述（见图2.5）。

　　和轿子一样，这些有篷车也可以为女性提供相对封闭的场所，而入口处的车帘则为女性提供了一个探索外面世界的通道。在《宋稗类钞》中，有一则关于北宋中叶著名士大夫宋祁（998—1061）的轶事。有一天，当宋祁通过繁台街，他遇到了一辆来自内宫的车子。[49]车厢里有人掀起车帘说："小宋也。"宋祁回家后，写了一首抒情词：

图2.5　两辆牛车　张择端（活跃于1000—1130）长卷《清明上河图》局部
北京，故宫博物院提供，胡锤摄

画毂雕鞍狭路逢，一声肠断绣帘中。身无彩凤双飞翼，心有灵犀一点通。金作屋，玉为笼，车如流水马游龙。刘郎已恨蓬山远，更隔蓬山一万重。[50]

那位宫廷女子在街上，乘坐着一辆豪华的封闭式车。在车帘的后面，她偶然看到了宋祁。她掀起车帘对着宋祁呼喊，并引起了他的注意。宋祁没有机会见到她，但她的声音激发了宋祁的文学想象力。在宋祁的作品中，车被比作屋、室、笼，甚至是由贵重材料制成的监狱，特点都是封闭和压抑。当车帘被掀起时，路人有机会探知里面的内容。而一旦它被挂起，乘客和路人之间建立的临时联系便被切断了。在陆游的叙述和宋祁的故事中，精英士人并没有产生现代学者可能会假定的，关于女性乘车的性别和道德的焦虑。相反，女性隐藏在车帘背后的身影，以及她们散发到车外的香气和声音，在公共空间中激起了精英男性的好奇心和对女性若隐若现的幻想。

与福州和泉州以外地区的轿子相似，宋代的车没有表现出独特的性别特征。大多数轿子的外观并没有引起人们的注意，只有为数不多的文字记载，然而，与此相反，宋人用车的外观来展示甚至夸大他们的阶层地位。[51]一辆车的外部装饰只与乘客的身份有关，而性别在这种情况下是看不见的。《宋史》中的记载，阐述了上流阶层女性乘车的情况：

内外命妇之车。……宋制……内命妇皇亲所乘……金铜犊车、漆犊车，或履以毡，或履以楱，内外命妇通乘。[52]

根据文献记载，女性车的装饰应该符合她们的地位。因此，有封号的女性所乘的车用金铜或者漆装饰；它被认为是这些女性的特权，让她们从那些没有封号的女性乘客中脱颖而出。没有原始史料记载她们的配偶是否和她们乘坐相同的车，这使得可能作为性别象征的外部装饰变得模糊。然而，即使没有补充性的史料，正如前文帝国法令的描述，这些装饰至少可以被视为官方地位的明显象征。[53]

除了车轿，宋代女性还像男人一样骑驴跨马。[54]与轿子和车相比，这些交通方式并没有为女性乘客提供封闭的结构来隐藏她们的身体。因此，在这种情况下，一些女性会戴面纱来缓解她们的尴尬（亦或许是男性观察者的尴尬）。在宋代类书《事物纪原》中，高承（11世纪晚期）在解释"帷帽"起源时提到这样的面纱："今……面衣。前后全用紫罗为幅，下垂杂他色，为四带垂于背，为女子远行乘马之用。"[55]在《清明上河图》中，我们可以看到一个骑驴的女子带着这种面纱遮着脸（见图2.6）。事实上，女性不仅在长途旅行时使用面纱。周辉（1126—?）《清波杂志》记载："妇女步通衢，以方幅紫罗障蔽半身，俗谓之'盖头'，盖唐帷帽之制也。"[56]在初唐和中唐，世家大族女性戴着垂着面纱的帽子很时髦，这是她们从西北游牧民族男性那里借鉴来的。这种时尚在8世纪逐渐衰落，并最终消失，[57]在10世纪又复兴了，[58]而且还继续被宋代女性延续，她们可能不知道它野蛮的和男性化的缘起。

图2.6 骑驴的女性 张择端（活跃于1000—1130）长卷《清明上河图》局部 北京，故宫博物院提供，胡锤摄

在宋代笔记小说中，有几则故事描述了各种身份的戴面纱的女人，比如来自许多不同地方的未婚的年轻精英女孩、[59]村妇、[60]官员的妻子、[61]医生的婢女，[62]以及妾。[63]阶层、财富和地区都没有将女性对面纱的使用区分开来，并且与交通工具相比，它便宜且随处可得。面纱的基本功能是在旅途中遮挡风尘。在没有像轿和车这样封闭的交通工具保护的情况下，宋代女性行走在路上时可以——有时

也被建议——依靠面纱来阻挡男性路人的视线。虽然女性使用者并没有留下她们对于戴面纱的个人感受,但精致的半透明面料以及装饰华丽的彩带增添了女性的美,传达了她们的审美意识,表明了面纱在塑造女性日常生活中的意义。

遗憾的是,我们缺乏地方资料来研究宋代福建女性戴面纱的情况。但有趣的是,一些晚清的福建地方志认为,清代闽南女性戴面纱的习俗是由于朱熹的提倡。[64]没有任何文字资料表明,朱熹在任同安县主簿期间,曾在女性中推广这种做法,但这些面纱被明清中国的福建人称为"文公兜"。朱熹之所以被赋予福建女性面纱的发明权,似乎是因为女性戴面纱符合性别区隔的理想,而在 19 世纪初,这种性别区隔已经在大众心理上被认为是朱熹的理念。清代的精英作者们,在对这一错误关联的断言中,扭曲了朱熹灵活的性别观念和对女性的宽容态度,并将其重新定义为对女性贞节的严格期望。

明清中国的士人把面纱与性别区隔联系在一起,而在某些情况下,宋代戴面纱的做法却讽刺性地带有情色意味。[65]在《清明上河图》中,骑驴的女人戴着透明的面纱,她的面部特征被清晰地描绘出来。用轻薄的纺织材料制成的面纱并不能阻挡女性旅行者的视线,[66]但笔者怀疑画家夸大了面纱的透明度,以揭示骑者的性别身份。从观众的角度看,这样的面纱并没有任何视觉隐藏的功能,但其他史料在处理女性面纱时,这是一个核心问题。在许多故事中,据记载,男人无法看清透明或者半透明的面纱后面女人的脸,而她则可以看见并与他们交流。在隐藏和辨明之间,这种若隐若现的中间状态是极具有挑逗性的。男人可能会发现一个神秘而半遮半掩的女子很有吸引力，但同时她也可能是一个蛇蝎美人。[67]如果轿子、车和面纱在公共空间中提供了一定程度的性别区隔，那么它们也激起了男性的想象，鼓励了男性的幻想。

　　尽管"家"是宋代女性合法的内部空间，但一直端居在家，对大多数女性来说是不可想象的。在理想化的公共生活中，就像《清明上河图》中所表现出来的那样，女性很少被看到。因此，当离开家进入外面世界的时候，她们可能会遇到同时代男性的反对，从而引起她们本人的沮丧和焦虑。而使用一些提供隐蔽手段的交通工具，是解决这一困境的方法。然而，女性乘车并不是由性别身份决定的，而封闭的车辆也不是为了束缚女性而制造的。就像宋代男性所做的那样，女性自己使用多种交通工具。最常见的交通工具轿子和车被设计成移动的房子，并作为实用的物体，在家以外的空旷地区划定女性相对隔绝的场所。它们被广泛接受为女性交通工具，不仅因为它们提供了舒适的服务，还因为它们符合儒家男性对隔绝的女性的理想形象。

　　乘车坐轿总是一把双刃剑。虽然轿子和车为女性乘客提供了限制和保护，就像家在日常生活中所做的那样，但可移动的部件如窗户和帘幕，则为女性乘客提供了观察外面世界的机会。儒家学者目睹并接受了女性使用交通工具，认识到在这类问题上做出道德判断的困难。因此，他们不愿抨击或者支持这种做法。宋代女性普遍使用这些交通工具，说明内外之间的界限是流动的，不局限于将"家"的界限从外界分隔开来的具体的墙和门。像轿子和车这种类似房屋的交通工具拓展了内外界限,扩大了女性的传统空间,但同时也允许在男性占主导地位的外部空间继续实行性别区隔。同样地,骑在马、驴或骡子背上带着面纱,也可以被解释为女性试图在家之外扩展性别区隔,同时证明了内外界限的灵活性。

大多数宋代交通工具都没有性别特殊化的物理标记。在生产和流通的过程中,它们没有被性别化。然而,在消费过程中,诸如轿子等交通工具受到男女使用者和观察者们的区别对待。男性乘轿是在宋代政治话语中被解读的,它与乘客的官僚身份联系在一起,并且直到宋朝中央政府搬迁到南方后,才成为一种流行的做法。与同时代的男性相比,北宋女性在乘轿一事上享有更多的自由,因为她们被定义为依附者和政治制度外围的弱势个体。与乘轿者相比,乘车者的阶层身份并没有引起官方的注意。无论阶层和性别,男女只要负担得起,通常都喜欢乘车。然而,更进一步的观察显示,车的外观被用作一种文化资本,以表明乘客的经济和社会地位,无论他们是男性还是女性。鉴于其不可避免的视觉性质,在宋代政府和精英男性的话语中,乘轿子和车被视为一种政治和经济话题,而不是性别问题。由于并不独立的政治身份和有限的经济权利,[68]宋代女性的阶层地位和她们可以利用的社会资源都是由其家庭背景决定的。她们可以暂时离开自己的家,在户外空间单独享受交通方式和随之而来的劳动服务,但与此同时,这些被覆盖的交通工具体现了这些女性乘客和她们的家即使是在外面世界而依旧牢不可破的联系。

当然,许多旅途中的宋代女性并没有使用任何交通工具,这在丰

富的原始史料中是显而易见的。这些人大部分可能来自贫困家庭，
她们负担不起交通工具的费用。那些躲在交通工具帘幕后面的女性
旅行者，在公众的批判性目光下，展示了自己与性别区隔意识形态的
一致性，与她们不同，这些女性只是暴露在公众的注视之下。福州和
泉州的女轿夫是很好的例子。对于这些以及其他不得不与她们的男
性家庭成员一起承担家庭经济负担的女性而言，贫困的焦虑，或者仅
仅是对有收入的就业或者贸易的需要，超出了对于性别区隔的考量。
女性隐蔽形象的假定被削弱了，因此，精英女性被教导要牢记的内外
界限在这些女性的日常生活中不再重要。

行　迹

　　在男性占主导地位的外部空间，宋代男性享有充分的自由。[69] 对
于宋代精英男性而言，为了纪念他们的旅行和展示其才华，在参观的
名胜古迹上题诗或者挥毫泼墨是一种流行的做法。与这些同时代的
男性相比，女性的标准生活空间是她们的家，她们在户外空间偶然和
短暂的活动通常在其离开活动地点后几乎没有留下任何痕迹。然
而，在广阔的外部世界，除了由精英男性创作的丰富的有形文本之
外，男女作者笔下的一些文字痕迹也记录着女性曾经触手可及的
存在。

　　长途跋涉通常要在客栈或者寺庙里多次安歇。[70] 对于在家外空

间移动的宋代女性来说，像轿子和车这样的交通工具，在从一个地方到另一个地方的运动中，充当着移动的房子类似物来隐藏她们的身体，而像客栈和寺庙这样的设施为她们提供了相对稳定和私人的临时房间。因此，即使她们进入了男性主导的户外世界，她们仍然可以保留在闺阃中所享受的隐私。在一段时间内，女性充分利用了这些公共场所提供的隐私，甚至有些女性还会在她们下榻客栈的墙壁上留诗。[71]例如，据记载，南宋初，韩玉奴[72]在福建邵武漠口铺墙上题写了一首诗：

> 南行逾万山，
> 复入武阳路。
> 黎明与鸡兴，
> 理发漠口铺。
> 盱江在何所，[73]
> 极目烟水暮。
> 生平良自珍，
> 羞为浪子妇。
> 知君非秋胡，[74]
> 强颜且西去。

76

这是一首以女性口吻为背景的诗，在文学类型上可以被归类为弃妇诗。[75]作者以韩玉奴的经历和处境的叙事作为诗序：

妾本秦人，先大父尝仕于朝，因乱，遂家钱塘。幼时，易安居士教以学诗。及笄，父母以妻闽上舍林子建。去年林得官归闽，妾倾囊以助其行。林许秋冬间遣骑迎妾，久之杳然，何其食言耶？爰携女奴自钱塘而之三山。比至，林已官盱江矣。因而复回延平，经由顺昌，假道昭武而去。叹客旅之可厌，笑人事之多乖，因理发漠口铺，漫题数语于壁云。[76]

故事主人公韩玉奴描述了路上的艰辛，展现了她的善良形象，并抱怨冷酷无情的丈夫。韩玉奴用自己的诗写了一个空间故事，在诗中她精心标记着自己经过的一个又一个地点，她用这些值得信赖的详细地理信息展现给读者她旅途的一个虚拟轮廓，并引导他们感知自己的艰辛旅程以及在路上的痛苦。[77]此外，韩玉奴在序言中展示出关于她和丈夫全面的个人信息。在诗序中，韩玉奴详细叙述了自己的家庭出身、教育、婚姻和经济地位，以及丈夫的名字和职业，来支持她在这首诗中的论点，并让观众们相信自己故事的真实性。在这个时候，客栈在广泛的国家通信网络中充当发散的信息中心，客栈房间与家中女性的私人闺闱不同，前者可以容纳不同阶层和性别身份的客人。来自不同背景的互不相关的人聚集在客栈，用吴雅婷的话来说，他们在这里的活动是公开的"表演和观察"。[78]这首诗更像是一种有意识的创作，引导观众重新建构一个女人的个人经历，而不是一个女人自我表达的简单作品。因此，尽管客栈中题壁诗的读者群是偶然的、不可预测的，但韩玉奴的故事却可以通过在漠口铺客人的传播扩散到四面八方。

　　尽管韩玉奴有自传式的序言和真实的地理信息，但这个女人作为一个历史人物的存在是可疑的。[79]在中国文学史上，男性以女性口吻写作有悠久的传统。正如梅杰·贝尔（Maija Bell Samei）所指出的，"在模仿的所有女性化声音中，男性诗人似乎对孤独的、痛苦的弃妇特别地关注或喜爱"，[80]韩玉奴的诗便落入窠臼之中。"因为遗弃或者不忠，女性强烈的抱怨，嘲笑或者谴责男人……可能会被认为是更受欢迎的特色，有一定的淫秽和娱乐价值，但它们不一定反映作者是女性。"[81]李惠仪运用了在17世纪一座寺庙墙壁上的一首带有自传性质的诗序，来例证当"受害者身份被验证"时，一个流离失所的女性形象如何成为男性作者"一个虚构的或者寓言式的面具"。[82]由"韩玉奴"写于五个世纪之前的这首诗，似乎也采用了类似的方式。作者使用了公式化的弃妇修辞，声称自己与名人李清照有个人联系，[83]并且熟练地利用信息来支持这首诗的可靠性，这些都让笔者怀疑，它可能是宋代男性诗人在一个虚构幌子下的写作例子。

　　如果诗人是男性，正如女权主义批评家所指出的那样，韩玉奴的这首诗告诉我们的，"不是女性的想法和感觉，而是这些男性作者如何看待女性：他们是如何思考、想象，或者拥有女性的思想和感觉的"。[84]男性作者建构了一个弃妇形象——韩玉奴——展现了她的经历，并以一种富有想象力的方式揭示出女性的心理。从他的角度来看，一方面，在漠口铺韩玉奴住的那间屋子里，当她早起梳头，那里暂时变成她的闺阁，她享有充分利用这个地方的自由。另一方面，这个

78

漠口铺的房间不是她的永久住所，而仅仅是长途旅行中的一站。房间里不熟悉的场景可能会提醒她，她已经远离了家。韩玉奴痛苦的遭遇和这次旅行令人不快的经历让她感到不安，刺激她把墙当作有形媒介，写下她悲惨的故事，表达强烈的情感。隐藏在幕后的男性作者，并不质疑女性迫不得已的旅程是否恰当，他对自我表现的女主人公表现出如此宽容的态度。[85]当一个女人在家以外的圈子遇到困难时，他并不要求她觉得有义务把自己离开闺闱的不适当之处加以传统的悲叹。因此，韩玉奴在诗中丝毫没有提到与家的分离：她抱怨说自己有一个放荡的丈夫，不得不长途跋涉才能追上他；在诗序中，她抱怨旅程的漫长和单调乏味。比起一个女人身处家外可能会，也可能不会感觉到的恐惧或者厌恶，她的抱怨更具体。此外，弃妇诗中经常出现卧室中一个被遗弃的女人——这是她悲伤的象征，也解释了为什么"韩玉奴"一个字都没有提到房子或者家，抑或是对安全和舒适的需求。

　　我们推测，宋代归于女性名下的题壁文学，是源于女性在路上的经历，或者男性认为的女性在路上的经历。正如张聪对宋朝题壁诗的研究所指出的那样，"与男性士人对于旅行生活和身体错位的大量抱怨相比，幸存的女性原创作品的基调传达了一种更深层次的无助感"。[86]但值得怀疑的是，以女性声音写的诗，或者有女性署名的诗，是否都能被贴上"女性原创作品"的标签。考虑到许多这类作品真实作者的男性身份，所谓的女性作者们对旅途中遇到的艰难困境的描述更频繁，可能是由于共同的文学传统——当男人以女人口吻写作

的时候,他们倾向于夸大她们的无助。韩玉奴对在家外区域的尴尬 79
处境的不满,并不是一般性的女人抱怨在家中比在路上要容易得多
的情形。然而,男性作者对女性在旅途中脆弱性的假设,造就了强烈
的无助感,这体现在一个流离失所的女性角色韩玉奴身上。

与宋代女性作者相比,男性作者更了解诗歌读者的兴趣和期
望——大部分读者是与他们有着相同文化修养的精英男性。[87]男性
作者身份给女性口吻的题壁诗带来某些主题的流行：女性的痛苦是
由家庭悲剧或者社会动荡引起的。这些诗被收集和保存在当时或者
后来的书籍中,并不是因为它们的文学成就,而是因为作者令人印象
深刻的"个人"经历。其中一些诗满足了男人对于女性家庭生活的好
奇心,比如韩玉奴的诗。还有一些诗则呈现出女性的经历和哀怨,在
遑论性别的同代人中颇具代表性。这种诗歌与精英男性产生了共
鸣,从许多同时代读者的回应中可见一斑。[88]

并不是所有宋代以女性口吻撰写的题壁诗都像韩玉奴的诗一
样,有女性作者的署名。其中许多诗都是匿名的,而且很有可能是男
性代女性发声。蔡九迪(Judith Zeitlin)质疑明清之际的许多题壁诗
的真实性,同样的怀疑适用于宋代。[89]女性作者身份的公信力不仅引
起了女权主义文学理论家的关注,也引起了宋代男性作者的关注。

洪迈评论一首无题诗,该诗描述了一个情绪低落的女人不愉快
的旅程,她为了逃离宋金之间的战争,极不情愿地离开家："字画柔
弱,真妇人之书,次韵者满壁。"[90]叙述者用书法风格来证明作者女性
身份的真实性。但根据最近学者对于中国艺术史的研究,认为作者

的性别可以从他或者她的书法风格中判断出来的观点是站不住脚的。[91]不管洪迈的结论如何，他的怀疑态度表明，他（也许是告诉他这个故事的叙述者）认定有些以女性名义创作的诗，可能实际上并不是女性的作品。然而，怀疑以及精英士人对于女性作者身份的严肃考察和讨论，也表明他们相信由同时代女性创作并留在客栈中的题壁诗确实存在。正是基于这样一种假设，男性观察者和评论者增强了他们的信心，以确定题壁诗的女性作者身份，尽管洪迈的结论可能不成立。

　　在宋代，尽管许多男性认为文学艺术只是男性的正当领域，但许多来自精英家庭的宋代女性都有机会学习基本的文学技能，包括写诗。[92]虽然精英男性对于女性文学作品的态度大相径庭，但一般来说，女性写作并不是被提倡的。[93]男性学者把诗歌视为精英成员之间进行交流的一种重要文本媒介，与他们相比，许多女性作者坚持认为，理论上写作不是女性的工作，她们不愿与他人分享自己的作品。因此，在客栈墙壁上题写的女性诗歌本质上不同于闺阃内女性的文学创作。后者既可以自己保留，也可以在她们自己或者男性亲属的社交圈子里传播，这取决于她们的意愿；而前者则是有意为之，让陌生的旅行者来欣赏，就此而言，这似乎是女性作品中特殊的例子。对于有文化的女性来说，私人客栈的房间挡住了公众的视线，并为她们提供了类似于家中自己闺阁的暂时隔离场所，来撰写她们的文学作品。在这种地方的情景下，女性可能感到相对安全，从而能够表达她们的焦虑。正如艾朗诺（Ronald Egan）对于女性题壁诗的研究所显示的那样，"通常，写作是在情感危机的时刻完成的，而女性似乎只是简单地表达她自己"。[94]因此，在墙上题写文学作品似乎是一些精英女性减轻她们因失序生活所引起的情绪低落的一种方式。与此同时，她们行进在路上，远离自己的家和地方社区。在户外世界，家庭角色意识的下降和家庭成员监督的缺失，可能减轻了人们在家中通常感觉到的为诗歌写作正名的焦虑。因此，我们可以想象的是，在"家"以外的地方如公共客栈，比起家中闺闱，为宋代女性提供了更多的自由来锻炼她们的文学技巧，并在写作中表达其观点。

　　除了在客栈墙壁上题诗作文，宋代精英女性的作品在更广阔的社会空间里几乎难觅踪迹。宋代精英男性喜欢参观风景秀丽的名胜古迹，在这些景点留下诗歌或者题记是他们的一种流行做法；[95]与此相反，在同一地点没有女性旅游作品的情况表明，这一做法在宋代精英女性中并不普遍。男性留下的题记中，有时也会提到女性在名胜处的存在；然而，她们通常被简称为参加旅行的家庭成员。例如，在福州郊区一个著名的旅游景点鼓山，有不计其数的出自宋代的题记，它们被收录在后世印刷出版的选本中，至今仍保存完好，清晰可辨。[96]有些题记传达出这样的信息，即宋代精英女性和精英男性一样，都欣赏美丽的风景。一则创作于 1206 年的题记如下：

　　暮春，陈景仁，侄子愚、子盈、林该，弟朴、调，男绚、纪、绰，陈择善，李起渭，潘昌孺挈家来游。[97]

　　陈景仁是当地的一位学者，在 1206 年的春天，他安排了一次到鼓山的郊游。在这次旅行中有数十名游客，包括三个侄子、两个弟弟和三个儿子，他们的名字被记录在题记中。他们中的大多数人都是陈景仁的直系亲属，陈择善、李起渭以及潘昌孺——仅提供了他们的名字，身份不清楚——可能是陈景仁的远亲或者密友。在题记中，所有这些人的女性亲属都被简单地概括为一个字，"家"。正如笔者在第一章中所说的，在传统中国，"家"是一个相当复杂的概念。在这方题记的语境中，"家"是"家人"的缩写，字面意思是"家庭成员"，但指的是题记中的女性家庭成员，或许还有孩子。当"家"指家庭成员时，它被认为是用来解释一个包括男性和女性家庭成员的亲属组织。然而，在这篇题记中，"家"的范围缩小了，性别区隔得很精确。它的意思本质上是"家属"，而女性则被视为家属，因此，与男性相比，女性与"家"的联系更紧密，就像孩子一样。当然，在整个中国帝制时代，"家"从来没有作为一个纯粹男性的概念被讨论。在这个特定的语境中，"家"的传统含义被修改并被性别化，这说明宋代精英男性倾向于将"家"与女性亲属联系在一起，她们没有独立的社会地位，为了在日常生活中的自我认同，不得不依靠其与"家"的从属关系。在宋代精英男性的心目中，女性与"家"的联系可能比男性与"家"的联系更强。

　　"家"前的动词是"挈"，这是暗示男性在户外空间主导地位的角色。女性（也许还有孩子）被认为仅仅是成年男性的被动追随者。我们考察宋代与旅游有关的原始史料，会发现"挈家"这个词出现在许多题记和诗中。例如，1251 年的春天，在鼓山的同一个景点，福建地方官史季温,留诗一首赞美从山顶看到的美丽风光。在附言中,他说自己"挈家"游鼓山。[98]这些题记表明,宋代精英女性陪伴她们的男性亲属,甚至这些亲属的男性友人,得以有机会沐浴在自然风光中。正如曼素恩所言,"这些由家庭参与的旅行,不断放宽女性应该主持的'内'的空间界限"。[99]然而,在这些题记文字中,男性亲属的名字被记录下来,而那些女性亲属的名字则阙如。她们的身份被故意模糊了。她们作为家属群,被以泛泛的方式对待,没有任何个人特征,次于她们的男性家庭成员——而他们通过在"家"中的确切地位和排行被确定位次。

当宋代精英女性旅游,并与男性家庭成员一起欣赏风景名胜和大好河川,她们最多也就是在精英男性留下的纪念性题记中得到了间接提及。对福建现存的宋代石刻的广泛调查,并没有显示出任何由女性撰写或者手书的题记。但在晚清时期却能找到这样的例子。鼓山景区有一处题记如下:

> 同治癸酉(1873)冬,侯官女士严蕙怀携女陈媄宜、叶问琴、陈拾珠,女侄郑仲年,侄妇何镜蓉、陈令姰游鼓山。三婿陈懋侯,侄郭调昌、绩昌侍。拾珠篆。[100]

鼓山的宋代与清代题记,虽然间隔了 600 年,却有着相同的模式。"挈"的使用一直延续到 19 世纪,但在这方清代题记中主导旅行的主人公是一名年长的精英女性,而不是宋代史料中默认的年长男

83

性。与宋代文本中沉默的、无法辨认的女性游客形成鲜明对比的是，一些女性在清朝的旅行中扮演了主要的角色。在作品中，她们组织、享受旅行，并为旅行留下不灭的印记，而三位男性亲属仅仅充当了"随行"的角色。女性这种活跃的形象符合高彦颐所描述的在明清中国以亲属为基础的女性"家庭"社区的繁荣。[101] 尽管女性受教育的范围扩大，许多精英女性具有高识字率，但没有任何现存的资料表明，在宋代福建已经形成了建立在共同文学兴趣之上的女性社团。[102]

　　尽管在景点存在着大量的宋代题记，然而，在这些风景怡人的地方，我们从来没有找到宋代精英女性的作品。这不仅是由男性主导文学领域和户外空间的事实所决定的，也与一些精英女性的自我意识和有意让自己远离男性的势力范围有关。南宋后期士大夫姚勉（1216—1262）的妻子邹妙庄的情况是一个绝佳的例子，进一步阐明了宋代精英女性对于将文学作品在公共空间公开的担忧。虽然她住在江西，位于福建的相邻路分，但她家与朱熹有着密切的联系。邹妙庄喜欢阅读诗歌，最欣赏朱熹的《武夷十咏》。她喜欢带有情感地大声朗读这些诗，表达对旅行的热情。不清楚邹妙庄是否去过福建武夷山，但她嫁给了与自己有着共同旅行兴趣的姚勉，他们有时一起结伴出游。在姚勉为她写的墓志铭中，他回忆道：

　　梅庄与某过信之月岩，爱其奇，领姬御翩翩登之，某在后望之如仙。直至岩所，命笔识岁月，题一绝云：

　　　　半壁行天柱倚空，

　　　　　　　人间有此广寒宫。

　　　　　　　从今真似天边月，

　　　　　　　曾得嫦娥到此中。

　　　自择风雨不及处题之。不因此题，某亦莫知其能诗也。其深静
皆如此。[103]

　　通过家庭生活的交流，姚勉知道自己的妻子喜欢读诗，但他没有
意识到她有能力写诗，直到看到她在月岩的即兴创作。当姚勉与其
家庭成员到达目的地时，妻子邹妙庄被眼前奇景吸引，率领其他女性
成员一道登岩。姚勉在后，以目光追随。登上月岩的妙庄兴致益然，
执笔题字，写上日期作为他们旅行的证明——这是当时男性精英旅
行者的普遍做法。这样的写作大概是关于旅游信息的简要记录，既
不暗示作者的个性，也不表达个人情感。出人意料的是，她还赋诗一
首，直抒胸臆地表达了自己对自然风景的喜悦之情，并将她的作品刻
在那里，就像许多同时代精英男性在著名景点所做的那样。与简单
的旅行者和日期的真实记录相比，诗文成为后来游客的文学媒介，以
唤起后来旅行者们与作者对于风景欣赏的共鸣。

　　男性和女性对在他们游玩的景点留下题记有着不同的看法和动
机。正如韩文彬（Robert Harrist）所言，男性精英"指示给公众读者群
的是，他们参与的活动定义了他们的阶层，或者他们希望与之相关的
阶层……通过将他们的名字"留在景区或者名胜古迹。[104]他们利用
自己参观流行的公共场所来宣扬其"独立自由精神"，来认可自己的

精英身份，并实现"相互认同"。[105]这些意图都不适用于女性，她们被期望专注于以"家"为中心的文化，这种文化以理想性别结构来规范。然而，正如邹妙庄的例子所显示的那样，偶尔会出现偏差。受宜人风景所感，邹妙庄赋诗一首，而不是仅仅按照丈夫的要求写上日期。她很欣赏自己的作品，精心挑选了一个题记位置来保护自己的写作免于自然消亡，当她之前看到其他地方的题记时，这一问题（题记不易长久保存）可能已经引起了她的注意。邹妙庄模仿了同时代男性在风景优美的地方留下题记的时尚，但她在人们不经常光顾的地方予以实践。

与男性精英不同，邹妙庄不期待，甚至试图避免广泛的读者群。为了"参与写作"，正如方秀洁（Grace Fong）所提出的那样，"女性被期望将社会对她们的性别所持的严格的道德态度内化"。[106]姚勉记载了邹妙庄"由她性别……所定义的期待视野"的同化，她与姐姐"皆能诗，然皆不肯作，曰非女子事也"。[107]姚勉对妻子诗作所证明的文学才华感到惊讶，并有兴趣了解更多她的文学创作。然而，她不愿与姚勉分享自己的作品，并果断地将他关闭在自己的私人文学世界之外。很明显，基于她的观点"非女子事也"，邹妙庄一定是习惯于把自己的文学作品自我保留。即使是在家里，她也不愿意把自己的作品呈现给丈夫，更不用说将其单独留给户外空间的陌生大众了。在月岩之旅后，他们又一起旅行。有一次，他们爬到溪山堂，饮茶，然后离开。姚勉抓住这个机会，力劝妻子在那里留下一首诗，就像她在月岩所做的那样。邹妙庄说："此人迹所至之地，安可留妇人姓名于是间?"[108]在她看来,作者身份是文学创作的一个重要组成部分,把女人的名字暴露在大庭广众面前是不合适的。因此,尽管她自己主动在荒山留下了一首诗,但她拒绝在溪山堂做同样的事情。像邹妙庄这样在精英家庭受过教育的女性,并不打算在公共场所向未知的外来者展示她们的文学和书法技能,尽管她们可能像自己同时代的男性一样,拥有同样的"教育和文化修养来欣赏这种旅行"。[109]相反,像姚勉这样追求琴瑟和谐的精英男性,实际上对女性文学技巧的表达很好奇,并没有质疑她们在户外领域留下名字和文学创作的得体性。　86
姚勉似乎对妻子的拒绝感到沮丧,因此她向他解释了不适宜把自己的名字留在公共场所的原因。在这种情况下,妻子关心的是她在"家"外的行为是否得体。

　　邹妙庄的墓志铭表明,她有强烈的符合儒家性别理想的自我期望。作为朱熹的崇拜者,她一定知道他的《家礼》。但她的行动违背了该书所规定的内容,她觉得跨越中门并在"家"外面的旅行很舒服。给她印象最深的不是规定女性得体行为的家规,而是朱熹的游记,唤起了她对自然美的渴望。了解但无视朱熹在重新诠释古典性别理想中的权威,[110]邹妙庄展现了她在正统与偏离之间的界限有着自己的理解。因此在不同的地方,她或接受或拒绝留下自己的名字,尽管根据严格的儒家规范,无论何地,这样的行为在理论上都是不正当的。尽管姚勉在思想上对理学思想真心倾慕,他请求妻子再次赋诗,表明了他对性别界限可能有更灵活的解释,或者无意识地忽视了。听了她的解释后,姚勉意识到并肯定了妻子的性别意识,欢呼道:"噫！夫人之志，于此亦可观也。"[111]将她的名字和诗歌刻写下来，为丈夫提供了一个了解她文学才华的机会；不留下她的笔迹，证明了他所欣赏的她的女德。

姚勉对妻子的死悲痛欲绝，亲自撰写了她的墓志铭，回忆她生命历程的点点滴滴。在宋代，女性的墓志铭很少出自配偶之手，现存福建女性的墓志铭就是明证。丈夫书写妻子的墓志铭通常涉及强烈的情爱，这与儒家的性别理想并不一致。与在这篇纪念文中模糊处理展现美德的家中行为形成鲜明对比的是，姚勉详述了妻子对与他一起旅行的热情和丰富的经历，而没有任何试图为这种"非正统"的行为辩护。[112]这位儒士丈夫喜欢、记录并赞扬了妻子在"家"外的陪伴以及她的文化修养，他认为这些在他们的日常生活中比正统的性别区隔原则更重要。姚勉的例子可能并非特例。宋代的儒士在理论上尊重性别等级和性别区隔的传统观念；然而，他们在现实中对待直系女性亲属的态度可能已经偏离了自己清教徒式的意识形态追求。这些态度各不相同，更多的取决于一些世俗的事项，诸如他们的个性、情感和务实思考。对于现实生活中的女性来说，何为行为得体是精英男性和女性都要面对的问题，而他们以各自不同的方式予以回答。

除了在客栈墙壁上题诗，宋代精英女性的文学痕迹在户外空间里几乎难觅踪影。在风景名胜留下的题记都是精英男性的作品，并且比在客栈墙壁上的题诗保存的时间要长得多。女性可以和她们的男性亲属一起享受旅游，但她们可能不愿意在那里留下作品，因为阻碍公众视线的有形屏障在那里是不可得的。在一些男性留下的题记中，她们只是作为无名的家属被简单地提及。此外，她们牢记文学和户外空间是男性的正统领域，宋代精英女性自身有意避免在参观的公共场所留下永久的痕迹。

　　虽然宋代女性本应端居在家中，充当家庭价值观的守卫者，但她们在男性主导的户外领域的逗留被记录在包括正史、地方志、文学选本和笔记小说等广泛的原始史料中。这些行踪为女性如何实现儒家理想提供了有价值的视角，并通过移动和流动性构建了她们在宋代社会的空间。

　　流行的交通工具，如轿子和车，在路上给宋代客旅提供了极大的便利。在北宋，国家的官僚体制规定了男性对这些工具的使用权限，但由于宋代女性被排除在外，她们在选择交通工具上比禁奢令支配下的男性享有更多的自由。（这一性别差异在南宋时期变得无用武之地，当时国家对男性乘轿的规定烟消云散。）女性使用这些交通工具，将它们从中性化的设备转变为性别化的移动的房子。此外，她们频繁使用这种商品化生产的交通工具，也反过来影响了它们的制造，并导致了福建女性特定化设计的发展。这些物品为女性在公开的户外空间中设置了相对隔离的场所，为她们创造了一个可移动的内外界限，因此，在追求女性隔离的儒学道德人士的眼中，使她们在家外领域里的暂时出现正当化。

　　宋代女性很少在其旅途中留下物质痕迹。在客栈房间墙壁上和风景名胜处的题诗，是她们出现在更广泛的社会领域中的特殊证明。

88

前者给她们提供了表达情感的地方，而后者因为没有男性的凝视，则让她们中的一些人轻松地展现其文学才华，尽管这种情况的记录极其罕见。随着她们的身体在"家"外范围内移动，宋代女性不断重新定义内外之间的界限。内外界限是通过女性的运动和能动性来协商的。它的特点是流动性和灵活性，并为宋代女性提供了一个不透明但却可及的通道，让她们往返于"家"和外部空间之间。

第三章

居处一方：地方社区中的女性

　　"家"既是宋代最基础的亲属组织,也是女性度过日常生活的正常场所。"家"虽然通常规模小而且地方化,但并不是一个孤立的社会实体。它是通过其成员与其他平行或者高级社会单位之间不断的物质和知识交流而发展起来的,但最频繁的交流是在基层社会内。[1]地方社区被解读为灵活的社会概念,而不是僵化的行政单位。[2]宋代精英话语中地理尺度的模糊性和流动性支持了何安娜(Anne Gerritsen)的看法:"地方作为一个建构的空间,在地方、区域和国家背景下,被不断定义和重新定义。"[3]正如早期学者所言,伴随着南北宋交替,中国社会经历了一个渐进的地方化过程。[4]许多精英公然主张将地方社区视为重要的社会单位。他们强调它们是精英生活中最重要的环境,并与居住在同一地区的普通民众合作致力于其建构。当然,不同地区之间存在很大的差异。[5]在宋代各路中,福建路包括了一些经济和文化最发达的地区。[6]一方面,福建发达地区的地方社区已经成熟和先进。它们为女性提供了各种各样的领域,在这里,她们超越传统的"家",并行使她们自己的能动性来扩大和改造其所能得到的社会空间。另一方面,包括理学弟子在内的精英在许多地方社区的数量和影响力稳步上升。尽管追求经典儒家的性别区隔理想，但实际上他们在日常与地方女性，尤其是女性亲属的互动中，调整了自己的性别期望。在致力于建设地方社区的同时，他们目睹、欢迎并屡屡赞扬女性在该领域的贡献。在地方社区广泛的背景下，福建女性在打理家庭产业以及个人事务方面展现出自己的能力，积极参与地方的福利事务，并像同时代的男性一样指导各种公共建设。

内事与外事

　　为了加强性别区隔的意识形态，宋代精英撰写规范，把女性与"家"外空间隔离，并阻止她们参与所有的"外事"。其中一种方法就是对儒家经典的细致阐述。正如笔者在第一章中提到的早期儒家经典著作《礼记》中所宣称的"男不言内，女不言外"，以及"内言不出，外言不入"，[7] 在这种理想的构建中，"家"中的女性应该与在"家"外领域中男性家庭成员的事务没有关联。宋代精英发展了一个"妇人无外事"的观点，这个观点持续拥有思想和文化的力量，并经常在精英士人论述和解读早期儒家经典中被重申。致力于重建一种理想化的儒家社会秩序，是宋代精英们关于社会的一股重要思潮。在一些宋代精英士人的著作中，对于"妇人无外事"的反复讨论虽然具有概括性，但仍然是他们关于性别区隔理论的相当具体的表现。像司马光这样的家规作者，除了提倡在物理上严格的性别区隔，将其落实到房屋结构，还直截了当地宣称："男治外事，女治内事。"[8]这一声明清楚地界定了男性和女性的生活空间以及各自的事务，并定义了男女之间功能上的劳动分工。按照这样的指导方针，宋代女性注定被限制在闺阃内，因此没有理由活跃于地方社区。然而，无论性别区隔意识形态的文化力量如何，宋代精英士人并没有把"妇人无外事"的观念视为一种严格的原则。[9]这个想法，即使没有完全被忽略，也可以根据不同的语境，用不同的方式来解释，从不同的角度来应用，以使古典主义的教条与社会现实相调和。对这一原则灵活解释的总体分析，将有助于我们了解宋代女性在多大程度上被允许去，或者仅仅就是去，处理"家"闺阃以外领域中的某些问题。

　　"内事"和"外事"的概念经常出现在宋代精英男性为女性撰写的墓志铭中。在当时的背景下，女性从事"内事"而男性从事"外事"被认为是"家"的理想劳动分工。而在这些语境中，某些词如门、阃或閨，通常被置于"内事"一词之前，用以指明特定的"内"的领域。与门结构相关名词的使用表明，"内事"应该被理解为女性在家庭内的行为，它遵循着女性生活和行为的空间应当在"家"中这一设定。一些墓志铭则用例子更准确地说明了女性的"内事"，这些例子都涉及处理家庭成员在"家"中的日常生活，包括服侍公婆，烹饪，纺织，以及协调家庭成员的关系。在理想情况下，男人必须与女性家庭成员一起履行对他们"家"的义务。我们可以从作品中看到，当妻子不在或者不称职的时候，一些精英士人抱怨他们处理家务的困难。例如，北宋士大夫曾巩（1019—1083）的妻子去世后，他写了一首即兴诗，抱怨作酱之难。[10]精英士人期望女性处理家务，以使男性摆脱家务烦恼，因为家务可能会分散他们在其主导的外部领域工作的注意力。许多精英士人将自己的"外事"成就归功于妻子，这导致了对女性作为能干且忠诚的贤内助的普遍喝彩，存在于大量墓志铭中。[11]

在考察女性墓志铭中经常引用的经典语句"妇人无外事"时，我发现它们通常出现在四种语境中。[12]首先，这句话作为一个经典标语，被引用来赞美女性的女德。[13]其次，许多墓志铭作者并非已故女性的亲属，因此没有资格描述她具体的"内事"，他们中的一些人在声称自己的写作资料直接源于已故女性的男性亲属所提供的信息之后，引用古典思想，以支持作品的可信度，并证明写作的正当性。[14]第三，当叙述到某个特定的女人结束了与外界的联系，不再处理"外事"时，这句话可能会被引用。[15]在这种情况下，很明显，这个被质疑的女人曾经在某种意义上处理过"外事"。"外事"一词可能被广泛地解读为涵盖任一和所有与外部领域的接触。然而，由于赞颂类文体的体裁限制，它们的作者要牢记"妇人无外事"的原则，因此宋代女性墓志铭中出现的"外事"，通常与"内事"直接相关，尤其是她们与邻里之间的交流。值得注意的是，一些精英士人还声称他们将不再关注"外事"，或与之有任何联系。[16]这些表述与女性的说法非常相似，但因为性别差异，在这些文本与女性传记中对"外事"的解释不同。一般来说，男性墓志铭中"外事"更有可能表示国家事务。第四，一些墓志铭向我们展现了，女性可以利用"妇人无外事"的教条，为她们在拒绝干涉"外事"时提供正当理由。[17]在许多情况下，男性外人试图利用女性

的影响力来改变其男性亲属对于国家事务的决定。男人和女人之间
亲密的家庭关系在处理男性的公共事务时，可作为实用的人力资源，
虽然理论上是非法的。当然，男性的国家事务对女性而言被视为"外
事"，因此女性可以利用古典思想来拒绝外人利用家中隐藏的这一专
门交流渠道。

　　两对社会概念，"内事/外事"和"私事/公事"，在一定程度上相互
重叠，但并不完全相同。正如谢康伦（Conrad Schirokauer）和韩明士
的解释，"在宋代语境下，当社会舞台或者社会阶层成为主题时，如果
使用'公'一词，总是指政府。……而在类似的语境中使用'私'一词，
似乎适用于个人和家庭利益的世界，以及商业世界"。[18]与"私事/公
事"的三层复杂性（个人、家庭和政府）相比，"内事/外事"似乎定义更
加狭隘，因为它受到某些性别结构的影响。"男主外事，女主内事"的
想法表明，男性和女性都被赋予了家庭、国家和社会的各种责任。个
人应该服务于多个团体，无论他们的性别。个人的和精神上的追求
可能包括在"公事/私事"两级的私级中，但却被排除在"内事/外事"
领域之外，因为这里的两极指的都是为集体担负的责任。"私"与
"公"之间的界限是模糊的，并且往往是灵活的，这取决于具体的语
境。相比之下，"内事"与"外事"之间的分别则有更具体、稳定的参照
物和分割点——"家"。然而，由于每个"家"的不同情况，女性不同的
生活状况，以及精英士人对女性空间的不同态度，宋代社会中的"内
事/外事"领域只能大致勾勒出来，这使得"内事"和"外事"之间界限
的协商成为可能。虽然儒家经典认为"女正位乎内"，但"家"作为一

93

个广泛的社交网络的重要组成部分，为宋代女性提供了一个从"内"延伸到"外"的至关重要且实际的出口，通过它，女性得以超越"家"中闺阃，实现参与"外事"的机会。

"内事"和"外事"之间的区别，并不意味着男性和女性在劳动分工方面完全相悖，它意味着男人和女人可以互相渗透彼此的空间。对于精英士人追求理想的社会秩序而言，一种持续稳定的性别关系似乎是必要的，但在宋代的社会现实中，这种关系在多大程度上被实践值得商榷。尽管男性和女性在意识形态上被安排到不同的空间，但他们可以在现实生活中改变位置。"女主外事"和"男主内事"的反常情况确实发生了。根据笔者的理解，劳动分工的实际性别情况更有可能是"男主外，女主内"。"主"可以被解释为"负责"或"管理"，同样地，也可被解释为"主要"和"大多"。它提供了一个基本标准来定义不同性别身份对应的不同空间，同时也允许女性在一些户外区域活动。

家庭经济

宋代女性的多重责任中，"主中馈"是最主要的，因为食物是一个家庭的物质基础。"中馈"字面意思是家庭膳食，然而，在宋人的日常生活中，"主中馈"的理念并没有将女性限制在厨房。除了日常的饮食料理，女性在许多情况下还被期望管理"中馈"的来源——家庭财产。根据黄宽重的研究，从宋朝开始，能否科举中第和发家致富成为标示一个传统的"家"兴衰的两个主要方面。[19]从理论上讲，家庭经济的管理可能被定义为"内事"。然而，古典道德假定，精英男性的责任"齐家"先于"治国"和"平天下"。因此，男性和女性家庭成员都应该参与家庭事务的经营。事实上，正如周绍明（Joseph McDermott）所指出的："在很长一段时间内，中国男人和女人一直在，或分开或一起处理、管理和决定家庭财务。"[20]

柏文莉比较了唐宋时期女性的墓志铭，指出女性参与财务的主题在宋代"变得非常普遍"，尽管在这一问题上，很少有唐代的例子。[21]此外，在宋代，尽管假定男性和女性通力合作，但与在整个南北宋交替时期男性的情况相比，我们看到，女性家庭经济管理的正面形象越来越突出。[22]在北宋男性的墓志铭中，我们发现了许多关于精英士人如何维护和改善家庭财政基础的详细描述。然而，在南宋墓志铭中，我们发现这种行为越来越多地归于女性。考虑到以下两个事实因素，我对于福建女性参与财务的研究，很大程度上依赖于南宋时期女性的墓志：一是现存福建精英女性的墓志，出自南宋的数量比北宋的数量更多；二是与北宋墓志铭相比，南宋墓志铭中对女性财产管理活动的记载更直接、更频繁。

作为家庭经济的管理者，为了实现"家"中的责任，许多福建女性与当地社区的外部世界打交道。例如，赵善쭈的母亲毛氏，"躬治其田庐以缉其生理"。[23]刘克庄告诉人们，他的堂姐"寒拥败絮，往视场圃"的细节。[24]对她的衣衫褴褛，偏僻泥泞的农田，以及恶劣天气的描

述，将其置于相当糟糕的场景中，这与人们期待精英女性所处的受到精心保护的、不染尘世的闺闱形成了鲜明的对比。这种对于女性在"家"外领域处理经济事务，在面对困难时悲惨但坚定形象的特殊描述，并没有引起精英男性对于性别区隔的焦虑。[25]它们支持男性作者的主张，并说服读者相信这些精英女性的高尚品德。宋代的精英士人，出于对家庭经济需求的现实考虑，牺牲了对性别区隔理想的尊重，认可了为了他们家庭利益而在"家"外工作的女性的贡献。

与上述例子中的精英女性相比，来自较差家境的女性更有必要走出家门，追求经济资源以满足她们家庭的需求。地方精英注意到福建女性在家外的努力工作和勤劳不懈，对她们的行为表示欣赏并记录下来。例如，在《三山志》中，梁克家（1128—1187）简要总结了福州当地习俗，指出在田间劳作和在市场贸易的女性人数超过男性。[26]不带任何批评色彩，梁克家视福州女性将体力和智力暴露在大庭广众之下，为一种重要的地方文化。在 17 世纪，另一位福建本地人何乔远，在编写整个福建地区的综合性地方志《闽书》时，提到梁克家的著作。在男女劳动分工方面，不同地域呈现出巨大的差异。[27]在一些地区，"男耕女织"形式很流行。然而，在福州，就像 500 年前一样，"夫妇并力而合作，女作多于男"。[28]此外，据记载，泉州的女性也在许多领域与男性通力合作，包括贸易。何乔远追忆了 7 世纪的《隋书》中对福建女性明显参与商业的负面评论。作为一名体贴且富有同情心的福建人，他说，（《隋书》的作者）"而不知瘠土小民非是无所得食"。[29]从《隋书》到《三山志》《闽书》，跨越千年的史料揭示出女性深入并活跃在福建农业和商业活动中的悠久传统。平民女性劳动的价值是公开可见并得到人们广泛认可的，尽管相关记录的不足使得进一步研究成为真正的挑战。

一些福建女性很幸运地生活在富裕家庭，不太可能在田间或者建筑工地上劳作。然而，尽管不需要在"家"外工作，她们中的一些人仍然承担着管理家庭经济的任务。单夔寡居的母亲叶氏"有田二百亩，薄入俭出，锱铢较计"来抚养孩子。[30]一些女性甚至直接联系外面的佃户。例如，掌管家中农田的林栋的妻子孙氏，一天，"尝有输租多数楮，去而觉，追数里还之"。[31]叶氏与孙氏虽然都住在家里，却向外扩展她们的人际关系网。她们管理与外界关系的能力，影响了包括男性和女性在内的家庭成员的生活条件。在以上所有的例子中，这些福建女性都无一例外地管理农田，尽管它们远离闺闱，却被证明是家庭最重要的经济资源。

除了为"家"挣得财务资源之外，许多女性还负责家庭财富的分配和消费。记录宋代女性经济活动的原始史料大多数还是墓志铭，而有墓志铭的宋代女性通常来自精英家庭。与她们同时代的农民主要关心的可能是生活必需品的基本需求，而我们在墓志铭中看到的精英女性，从事的是更高层次的消费活动，如扩大田产和房产。例如，莆田郭陞（1245—1306）的母亲林氏（1217—1293），"视官禄上下，节缩供宾祭，余则置苟简之田"。[32]墓志铭作者黄仲元（1230—1312）将林氏的经济活动与家庭对社交网络和祖先祭祀的需求联系在一起，使其正当化。然而，林氏所做的不只是在收支之间保持平衡，她更进一步将家庭资本投资于有利可图的田产购置。房地产投资很有可能是其明智的家庭理财策略的一部分，可以保证家庭经济的发展，并在流动的社会阶层中保持家的稳定地位。此外，它也可能帮助了她们家在动荡的宋元鼎革中幸存下来。[33]晋安郑德称的妻子黄氏也负责治家，在丈夫去世后，她把有限的经济资源花在了房子上。她"虑郊居从师匪便，亟斥卖奁具得舍数椽，直郡庠之左"。[34]根据这位墓志铭作者的说法，她的远见卓识和努力后来得到了回报。

　　伊沛霞对女性、金钱和阶层的研究表明，少数宋代精英士人认为女性是市场入侵"家"中的受害者。[35]与此不同，正如上述例子所展现出的，在大量为女性所写的宋代墓志中，女性主人公获得数学和市场交易的基本知识，有来历不明的教育资源，并且成为日益增长的商业化趋势的活跃参与者、贡献者和受益者。男人和女人都很容易受到市场经济不稳定和不安全感的影响。就像伊沛霞所阐述的那样，一些道德人士，比如司马光，试图从市场的破坏性影响中拯救家庭，让女性远离金钱。[36]然而，这种针对女性和市场的负面看法在整个宋代从未流行过。大量精英男性毫无顾虑地记录并赞扬了上层社会的妻子们在波动的经济环境下维持和增加家庭财产表现出的智慧和独立性。实际上，为了家庭的可持续性，丈夫珍视负责任的妻子，她能够与他携手管理家庭经济或者做他的贤内助，胜过一个无时无刻不将自己隐藏在中门背后，远离外面世界的贤德的妻子。在提供了女性经济活动细节的已故女性的男性亲属以及把这些信息整合到墓志中的墓志作者等精英士人的眼中，一个上层社会女人的家庭价值，

很大程度上取决于她在与市场中其他人的交流中培养起来的经济
能力。

在许多情况下，当男人忙于"外事"——并不仅限于学术或者入
仕追求时，妻子会成为家庭财产管理不言而喻的可靠后盾。例如，翁　98
福清的妻子刘氏，是福清一商人家庭的治家能手。据说在她的打理
下，这个家其乐融融。翁福清临死时，对刘氏说："吾兄弟幸，子姓日
庶，汝约束之，毋令异心。"翁福清去世后，刘氏愈发坦诚待人、忠于家
庭且令人信赖，家庭成员把他们竹子贸易所得的全部收入都交给刘
氏，"不敢私蓄"，一家八十人，四代同居。[37]与之前考察过的儒士之家
或者官宦家庭不同，翁家靠买卖竹子为生。然而，像许多精英家庭中
的女性一样，刘氏在丈夫的商人家庭中掌管着经济。从叙述中我们
可以推断出，刘氏已经证明了她的能力，并在丈夫健在的时候建立起
她管理这个大家庭的权威。否则，在一个由她自己的孩子和其他翁
姓成年人组成的大父系家庭里，很难想象所有的家庭成员会在翁福
清去世后继续接受她的主导。刘氏的工作得到了丈夫的赏识，显然
她的能力还得到了丈夫家庭成员的认可。无论是精英还是平民阶
层，女性管理家庭经济在宋代社会被接受，她们的优异表现得到了男
性亲属的交口称赞。在刘氏家中，她代表着"公"，管理夫家的共同财
富。一个女人并没有在本质上被定义为"私"，"私"意味着在道德成
就上一定的劣势。而财务能力可能为其获得"公"的名声，并在道德
等级的精英话语中提升了她的地位。

女性在家庭经济中的高强度工作受到了精英男性、亲属和传记

作者的交口称赞。在一些墓志中，我们看到作者将"家"的兴起归于特定的女性人物，这些女性拥有非凡的治家才能。[38]伊沛霞将支持女性家庭成员管理工作的看法归因于理学的兴起："司马光和其他宋代古典主义者试图调和作为他们'家'的守护者的不同的要求，同时避免追求利益。"然而，用她的话说，二程和朱熹"放弃了对作为经济单位的'家'负有责任的观念，以化解张力"。[39]根据伊沛霞的说法，从北宋到南宋，理学导师和思想家们鼓励精英士人从事"外事"，诸如研习、应举、为社区或者国家服务以及行政管理等。同时，理学导师们提倡女性应该承担起家庭经济管理者角色，在她们的墓志中赞美女性在家庭管理方面的成功。[40]然而，柏清韵在北宋理学先驱们的著作中注意到女性作为家庭成员角色的不寻常之处，她将这种思想的盛行归因于朱熹的主张。[41]正如伊沛霞所提出的那样，由于缺乏二程关于女性的著作，我们不清楚男性和女性在家庭经济管理中所扮演角色差异的新趋势，是否为他们所开创。然而，在宋代福建，关于妻子代替丈夫掌管家庭财政的描述，虽不限于，却集中出现在程子之学的追随者，理学学者，或者那些在朱熹崛起前后与理学的拥护者有密切联系的士人所写的墓志铭中。[42]这并不一定意味着在社会现实中家庭管理角色的改变，但它表明了这种理想的家庭劳动分工模式的流行，至少在整个宋代福建理学家中是如此。

例如，将二程思想引入到福建的杨时（1053—1135），为章端叔（1045—1106）撰写过墓志铭。他将章端叔描述为一位从不过问家计的高贵士人，"阖门千指，有宅以居，有田以食，夫人之力也"。[43]章端叔的妻子肩负着治家的重任,而他则致力于政府事务和学术追求。正如伊沛霞所注意到的,朱熹赞扬了许多精英女性"让男性轻装上阵以追求更高的目标"。这些人的妻子,"通过勤俭持家和对形式的高度关注,处理所有物质和管理事务。"[44]通过撰写和传播此类墓志,这些理学家们鼓励精英士人将家庭财务的重担下放给妻子,并提倡女性参与经济事务。

为了将女性在治家时不可避免的与外界的交流合理化,墓志作者通常将其解释为"家事"。这是一个模糊的概念,没有提及内外的物理界限。男性作者利用这一术语将女性置于更广阔的空间中,并通过将它们定义为与"家"内相连的空间来为其行为辩护。然而,在整个宋代,并不存在一种对女性参与家庭事务的一致看法。南宋时期的一本实用家庭手册,袁采(12 世纪)的《袁氏世范》,直接把女性的家庭事务置于"外事"的范围内。它强调女性在这方面不能胜任,同时也证实女性在这个领域的工作对于维持家庭事业和协调家庭成员非常重要：

> 妇人不预外事者,盖谓夫与子既贤,外事自不必预。若夫与子不肖,掩蔽妇人之耳目,何所不至。今人多有游荡、赌博,至于鬻田园,甚至于鬻其所居,妻犹不觉。然则夫之不贤,而欲求预外事,何益也? ……然则子之不贤,而欲求预外事,何益也? 此乃妇人之大不幸,为之奈何? 苟为夫能念其妻之可怜,为子能念其母之可怜,顿然悔悟,岂不甚善。[45]

100

《袁氏世范》一书分三部分——"睦亲""处己""治家"——上面的
段落出现在第一部分。这本家庭手册在"家"内人际关系的语境中理
解女性参与家庭事务。从作者的观点来看,管理家庭财产是一种"外
事"。男性家庭成员有义务打理它,而女性则应该监督和合作。只要
她们的配偶和儿子都有能力且值得信赖,女人就会觉得没有必要去
处理这种"外事"。然而,如果丈夫和儿子都放荡不羁或者不值得信
赖,女性就会发现,她们无法处理"外事",因为男性的有害行为超出
了她们的控制。作者认为,女性处于一种可怜的境地,希望她们的丈
夫和儿子能够理解这一点,从而致力于对家庭事务的正确且可靠的
管理。作者认为,管理家庭财产是男性家庭成员的主要责任,同时在
一定程度上认可女性在这种事务中的实际作用。通过假设男性亲属
能力的千差万别,袁采解释了"妇人不必预外事"的流行说法,并将
这个论点升格为一章的标题——"妇人不必预外事"。袁采觉得有必
要反驳女性管理家务既有效又切实的观点,而这恰好证明,实际上女
性一直如此。袁采生活的时代,理学家(他并非其中一员)建议女性
应该负责家庭事务,包括家庭经济。袁采含蓄地回应了这个建议,用
他陈述的所有理由声称这是不切实际的。而如果这个建议在他自己
的时代里没有真正的影响力,他就没有必要反对它了。

尽管一些同时代人像袁采那样表示反对,但理学家对女性管理
能力的激励热情并没有下降。在一些叙述中,他们甚至指出,女性的
管理才能为她们在地方社区赢得了个人声誉。朱熹的密友韩元吉
(1118—1187)描述了上官氏,一个善于管理家庭财产的女人,她用自

己的妆奁赎回丈夫祖先的坟山,这不仅使丈夫家族中所有人受益,而且使社区之人都相信她的远见卓识。居住在这一地区的砍柴人都不敢接近森林,说:"此上官夫人赐也。"[46]一个女人用她个人的财产为夫家进行私人交易可能会成为当地社区一个众所周知的传奇,甚至在她过世几百年后也会被人念念不忘。[47]朱熹的女婿和忠实追随者黄榦(1152—1221),记录了林松的妻子,在林松死后成为整个家庭唯一的顶梁柱。她保住了现有的田产和房屋,防止家庭财产流失。生活在同一社区的人都因为她的温柔、仁慈、公正和值得信赖,对她很信任。[48]刘克庄(1187—1269)是一位时间更晚的理学家,尊奉并崇拜朱熹和黄榦。他为熊大经的母亲周氏写过墓志铭,周氏中年时负责起所有的家务事,当她年老时,其"家"迁居并更加富有,家庭财产累积,而家庭事务更有赖于她,"乡党伏其智"。[49]这些宋代福建女性在处理家庭事务时,一定经常与"家"以外的人接触。她们在这些问题上的能力是外人可见的,特别是与她们进行贸易的当地居民,这导致了她们的声誉在整个地方社区的传播。尽管尊重基于性别的空间隔离和劳动分工的古典理想,理学弟子们仍然承认并详细描述了女性参与家庭事务的行为。他们喜欢看到地方社区对妻子管理才华的欣赏,因为这可能有助于提高丈夫"家"的声誉。

　　宋代女性所管理的财产属于"家",但她们在户外世界的积极工作使其名声超越了"家"的范围。在宋代女性对"家"的贡献中,精英男性看重的是她们在"家"外的创造性和成效性的经济活动,而不是在"家"里日常消费中她们表现出来的精打细算。她们把"主中馈"的责任牢记于心，精力放在了家庭财产上，并为了"家"的利益，将经济资源的追求延伸到外部世界。因此，把她们的工作确定为"内事"或"外事"似乎是同样合理的。女性在处理家庭事务时，移动于内外之间，这不仅要求精英士人重新解释"妇人无外事"的规则，而且还向居住在附近的女性提供了鼓励性的实例。

地方福祉

女性的经济能力得到了男性的赞赏，但同时对那些关心性别差异和社会等级的精英男性构成了威胁。正如韩明士所指出的，财富是一种资源，"女性可以将其转化"，"成为某种自主权"。[50]根据韩明士的说法，理学家采取了一种实用的策略来解决这一两难问题，就是确认这种自主权，并将其引导至牢牢地服务于整个家庭。[51]在他们的作品中，理想的妻子"应该规划财务，投资，收租，购地——但都是安全地身处家内——想必，在理想情况下，她已经将本人的妆奁捐赠给了现在所管理的家庭，从而剥离了自身所有私人资产"。[52]但这只是故事的一面。除了在"家"中进行的日常维护和增加家庭财富的活动之外，在包括理学家在内的男性撰写的作品中，令人尊敬的"女性家庭财务主管"妆奁和家庭财产散播至"家"外，这使得她们的位置并不一定"在家中"。在"家"外更广阔的背景下，女性作为"家"的代表或者她们自己的代表，行使经济自主权。在许多场合，这种努力与精英话语中男性的期望相一致,故而受到了精英男性,熟人和陌生人的称赞。

学者们关于唐宋转型的研究表明,在唐朝世家大族体制崩溃后,宋代社会的流动性愈发普遍和平常。在社会流动性的压力下,精英士人不得不为"家"的发展调整策略,包括修改并重新诠释女性"内助"的性别角色。正如伊沛霞所言,"宋代妻子们的美德与当时上层阶级家庭得以生存并取得成功所应当具备的特质有着千丝万缕的关系。宋代理想的上层阶级的妻子不是简单地献身于丈夫的家庭,她还有管理方面的能力、文学天赋,以及高超的人际交往技巧,以保持家庭的繁荣昌盛"。[53]"内助"角色并没有把女性局限在闺阃。她们生活在一个人际关系复杂的网络中,被希望不仅要孝敬公婆,协调家中的家庭成员关系,还要支持丈夫家族的亲戚、睦邻,帮助当地人。正如女性的管理才能,她们对地方福祉的贡献对于帮助她们的"家"在地方建立声望和维持社会地位而言,有时与其男性亲属同样重要。

包弼德将宗族的兴起追溯到宋代。[54]北宋时,男性儒士如范仲淹推广"敬宗收族"。[55]南宋时,理学的主要拥护者朱熹则强调"族"的概念,并敦促家庭成员将他们对核心家庭的奉献精神扩大到更广泛的宗族亲属组织中。[56]人们对狭义的"家"的承诺,被扩大到对整个"族"的责任。作为"家"中的另一半成员,宋代女性通常被认为要共同承担这种责任。

像同时代的男性一样,女性对家族的帮助以各种方式表现出来。[57]年迈的卢氏和儿子蔡襄住在他任职的杭州。卢氏去世后,灵柩被护送回她的家乡仙游。"里闾、亲戚哭之,往往有过乎哀者,问之,

104

皆曰'夫人于我有德',而人人各有述焉。"[58]墓志铭中没有提卢氏离开家乡有多久,但她的亲属清楚地记得他们如何获益于她,尽管他们的个人叙述没有被记录下来。[59]虽然卢氏的帮助情况缺乏细节,但女性对于亲属的支持通常被描述为直接的经济援助,这一点在福建大量的地方志中很明显。例如,倪据去世后,妻子林小倩承担起支撑倪家的责任。在三十余年的孀居生活中,她管理着倪氏家族成员的丧葬婚嫁,各尽其礼,同时增加了家庭的不动产,资助了许多贫穷的族人。[60]任道宗的妻子"亲戚急难,倒箧以周之,忘其家之贫也"。[61]陈俊卿的母亲卓氏,"乡戚有贫匮者,至倾囊不顾"。[62]墓志中并没有明确说明这些女性从哪里得到钱,如何得到钱。在倪据和任道宗家的例子中,寡妻一定是负责了亡夫的家庭财产,并使用它来帮助亡夫的亲属。而在卓氏的例子中,考虑到她娘家的巨额财富以及夫家的贫困,她很可能用妆奁来帮助丈夫的亲戚。[63]不管她们的钱从何处而来,所有这些女性都因为慷慨解囊资助经济情况不佳的亲戚从而受到人们称赞。

在福建宗族中存在一个特殊的亲属组织：宗室。在南宋,数百名皇室宗亲聚集在福州和泉州,还有许多人散居福建各地。地理上的距离决定了他们与杭州朝廷之间的联系已经不再像在北宋时那样紧密了,那时大多数宗室住在开封。正如贾志扬(John Chaffee)的研究所显示的那样,"独立生活在中国南方的宗室家庭深深地融入了地方社会",[64]变得"越来越像与他们交往的地方精英"。[65]虽然他们继续得到皇帝所赐的津贴和特权,但家族的进步更多地依赖于包括女性在内的个体成员的努力。例如，泉州是除了南宋行在之外最大的宗室聚居中心，王氏(1150—1228)的丈夫宗室赵彦骎虽然在泉州任职，他的家族却生活在莆田。王氏在娘家和夫家都被证明是一个能干的家庭管理者，就像许多墓志中可敬的精英妻子一样，她得体地处理公婆和丈夫的葬礼，在皇室中获得了良好的声誉，她为儿子们觅得良师，为小叔子和小姑安排好婚姻，对待宗族有恩义。[66]墓志铭的作者陈宓(1170—1230)是朱熹的门生之一，他并没有在文中透露赵氏家族的宗室身份，而是将其作为一个普通的精英家族。王氏作为一名宗妇，通过承担精英配偶的典型责任，促进了宗室的发展。她的亲戚和墓志铭作者对其服务于夫家家族的方式表示赞赏。在这位理学家的眼中，宗妇的价值在于她对夫家的贡献，而不是她通过婚姻或者出生而自动获得的名望。[67]

除了金钱和物质援助，女性还不惜大笔开销来支持族亲的文化需求。在仙游，叶传的妻子黄氏将家庭所有的财产投资于义学，邀请几位著名的教师来辅导族中的孩子。[68]自北宋中叶以来，义学的建立已经成为宋代精英士人的普遍实践。[69]精英男性认为义学将加强族人们的联系，保持他们的团结和社会地位。他们捐钱购买设施，招募教师，设计学规。万安玲(Linda Walton)指出，植根于儒家道德的慈善意识激发了地方精英对于慈善事业的热情。[70]虽然墓志铭中没有说明黄氏的动机，但她似乎已经注意到了，欣赏进而模仿了同时代男性兴建义学的努力。在上述地方记述中，不论女性在帮助族亲方面有何不同，都是因为她们管理家庭财产并直接接触家庭财务资源，才使她们的慈善事务得以施行。

除了帮助亲戚，女性还积极帮助邻里熟人。朱熹记录了丁氏在维护住在同一个"里"的刘、胡两家人之间持久良好的关系中起到的重要作用。丁氏是刘元默的妻子，她对胡家特别友善。胡家的孩子很喜欢学习，想成为一名学者，但遭到了父亲的反对。孩子的母亲告诉丁氏这件事情。丁氏鼓励这个年轻人，向他提供经济援助，并让他与自己的儿子一起申请进入太学，以帮助他实现自己的抱负。[71]由于刘家与胡家之间的亲密关系，丁氏认识了胡家年轻人的母亲，与之建立起个人友谊。很难解释为何这位母亲告诉丁氏她儿子的困难处境，胡氏与丁氏的谈话可能只是她表达对丈夫和儿子之间冲突的担忧，或者是从丁氏那里寻求帮助的含蓄呼吁。不管胡氏最初的意图是什么，她和丁氏都不认为女人讨论或者推动年轻人追求学术是不合适的。此外，她们并不担心胡某的父亲对她们决定可能做出的反应。她们很可能认为如果可以得到经济援助，他不会反对儿子的学术追求。

丁氏和胡家年轻人之间既没有血缘关系，也没有婚姻关系。理想的说法是，一个女人对不相关的年轻人的职业计划的干涉，以及她介入在其"家"之外的父子之间的冲突，并不算是"家事"。刘氏家族成员提供了丁氏的生活细节，但墓志作者在叙述中没有提到他们的态度。刘氏家族成员以及墓志铭的作者，显然不认为丁氏的行为是对性别界限的侵犯，否则就不会在她的墓志中记载此事。除了刘家和朱熹，胡家也表达了他们的感激之情，据朱熹称，"胡氏长老至今以为言".[72]丁氏的例子表明,女性在日常生活中超越了家务事的领域。在没有男性亲属从中牵线搭桥的情况下,她们交往活跃,从而发展了地方社会的人际关系。她们因为使外人受益,可以获得善行的名声,并受到包括提倡严格性别区隔的理学家在内的男性精英在规训文学中的赞扬。

正如万志英(Richard von Glahn)所言,"与儒家社会理论的基本原则相一致,朱熹强烈支持家庭、家族和乡村的纵向团结,并强调了这些社区成员对于公共福祉的互惠承诺".[73]来自福建的理学家留下的一些叙述显示,女性愿意帮助邻里,尽管她们作为"这些社区成员"的半壁江山,并没有被告诫要履行"为她们不幸的同胞提供生活保障的道德义务".[74]根据朱熹的记载,饶伟的妻子吕氏,"接邻妇里妪,咸有恩义".[75]陈淳(1159—1223)回忆说,他的姐姐蔡氏,"其性仁也,里间悍独无所吝".[76]顾氏是林百嘉的母亲,信佛,刘克庄(1187—1269)使用顾氏的例子说明,女性不仅展示了自己的博爱,还鼓励其他人参与地方的福祉。她"尝言:'一日中须行一二方便事。'以此自励,亦以励人。见里好善者为恶者,必曰:'若有天道,岂无罪福?'"[77]顾氏本人是人道主义者,她在日常生活中践行慈善的信仰,并努力将这些信念传播给邻里。

在上面的例子中,所有的受益人都是和主角住在同一"里"的人。每一"里"包括许多"家",这些"家"由墙和门分隔开,而每个乡都由许多"里"组成。[78]与由中央政府任官且管辖的县不同,乡和里是虚拟的行政组织。[79]在宋代文本中,像里、乡、邑这样的空间词汇,似乎是"邻

107

里"或者"社区"的模糊词汇,没有必要对应任何行政单位,或者确指任何有界的自然社会单元。[80]县尽管控制着广大地区,却在县衙所在地集中表现其权威。然而,大多数县里的居民都住在远离行政中心的地方。当女人离开"家"的时候,她们更熟悉的地方似乎是"里",而不是县。它提供了更多的资源,使女性能够接触和利用人际网络。"里"中人际关系和"家"之间联系的建立,给女性展示人性的机会。

精英士人关注地方社区的和谐建构,承认并赞扬女性与同"里"的邻里之间的联系和援助。例如,"里间推达识",[81]"其懿美之行实著于间里",[82]和"此母里人尊"。[83]女性得到同"里"中人赞扬,成为精英男性在纪念性文字中使用的惯用语。上述三个例子的作者分别是陈渊(? —1145),他是杨时的女婿;廖刚(1071—1143),他是杨时的弟子;林亦之(1136—1185),他是福建一个颇有影响力的理学讲师。宋代理学在地方层面的发展,特点是其追随者倡导并参与地方福祉。正如韩明士所言,理学"为士绅提供了一组可以在纯粹地方范围内进行良性社会行动的通道"。[84]这些理学家的追随者将他们自己对地方社区"里"的承诺,投射到对同时代女性的期望上。在构建理想女性的文学作品中,他们运用词汇和术语与其他精英男性进行交流,以求相互认可,形成共同的精英文化。与赞美男性对地方社会的贡献相一致,理学家赞扬女性在"家"外邻里间的良好声誉,以此来证明她们的美德。与男性相比,女性被排除在官僚体制之外,没有权利参与追求实现个人价值的一个重要手段——科举考试。然而,正如韩明士所指出的,"对于许多精英士人来说,南宋理想的士绅形象有了新的强调地方性的特征。地方行动与参与仕宦一样受到赞扬，它们都可以表现美德，履行社会义务"。[85]这些观念的广泛传播，为精英士人提供了仕宦生涯成功之外的其他途径来实现社会价值。尽管精英士人对这些观念的复述和实践没有任何性别方面的考量，却出乎意料地向其周围的女性展现出一种自我实现的可行方式。这些最初针对精英士人的观念，与理学家对于女性管理家庭财产的鼓励合二为一，恰巧激发了女性的抱负，并为她们参与地方福祉做好了实践准备。此外，墓志中女性在地方事务中展现的仁慈形象，反过来激发了精英男性读者更深入地致力于地方福祉。

在许多情况下，女性并没有对她们所认识的特定人物给予帮助；相反，她们帮助在地方社区遇到共同困难的一群人。对于地方民众来说，饥荒是所有不幸遭遇中最常见和最严重的威胁。在这类自然灾害中，地方官员的行政职责是发放应急储备，以解救受灾者，并稳定当地市场的食品价格。一般来说，政府的援助是有限的，不能满足所有人的迫切需要，因此地方官员通常要求富裕家庭提供非官方的财政援助，同时鼓励他们自愿帮忙。政府对于饥荒救济的努力可能会遭遇地方富裕家庭的抵制，因为自然灾害给他们提供了抬高价格、获得高额利润的机会。根据韩明士对于抚州饥荒救济的研究，"当激进的地方官员敦促地方精英"，将储存的大米降低价格售出以援助饥荒救济时，"他们提出的道德和伦理基础通常并不为全部地方精英所认同"。[86]因此，某些个人对地方救济的支持可能是有价值的，因为他们不仅使穷人受益，而且还给地方社会的同辈树立了可效仿的榜样。

例如,在北宋中叶,吴可权的家乡漳浦县发生了严重的饥荒,富人关闭粮仓,并抬高了谷物价格。吴可权的母亲王氏,独自"倾廪庾为糜粥以济流丐,赖以存活者非一二,乃今有语及当时事者,无不感泣流涕"。[87] 卫泾(1159—1226)的岳母章氏是福建人。居于华亭期间,她在饥荒的年份里,打开粮仓赈济同里百姓,拉低了当地市场的食品价格。她鼓励富裕家庭与她一道这样做,从而拯救了所在社区的大量穷人。[88]这些例子统统揭示出国家、地方政府和地方社区对女性的影响。虽然女性不是必须支持国家的救济战略,但她们参与地方福祉是受欢迎的。

在这两个例子中,无论是男性亲属还是她们"家",一般都没有被提及,或者用于解释这些女性在公共领域的成就。当地居民连同墓志的作者都将"妇人无外事"置于一旁,并将慈善活动归因于在领导地方赈济方面发挥了重要作用的女性个体。章氏墓志铭的作者是高官卫泾,他和朱熹交好,并宣传朱熹的学说。然而,王氏墓志铭的作者郑侠(1041—1119)生活在北宋,虽然他在地方上强烈反对王安石的新法,但与理学圈子并无明显的联系。[89]王氏和章氏故事之间的相似之处表明,女性参与地方社会福祉活动得到理学家的赞扬,他们将参与地方奉献视为女性正义之举的一部分;同时,女性得到了官员的赞赏,他们期待地方力量在维护地区社会秩序方面的自发努力。

大量的原始资料证明了女性在饥荒季节对于地方福祉的贡献。她们中的一些人甚至赢得了来自政府的赞扬。张澈的妻子吕氏就是这样一个例子。她向饥民舍粥,烧毁借据,并在饥荒年月放弃了对数百个债务的索求。[90]这个故事引起了精英士人的注意。此事被柯述记录在他的《贤母传》中，并由地方官胡师文上报给中央政府。[91]在吕氏的例子中，女性将家庭经济资源用于地方福祉，得到了当地民众的称赞，被精英士人宣传，并得到了国家的赞赏。墓志铭是一种死后纪念的文字，是男性作者根据逝者亲属的要求追忆已故女性的善行而作的。男性作者将他们对女性的看法投射到作品中，希望男性精英读者能产生共鸣。相比之下，政府对活生生女性主人公的赞美和褒奖则更为直接地肯定了女性在公共领域的价值。它为居住在地方同一社区的男性和女性观众，建立起观察和学习的可见且鲜活的榜样。

女性的物质援助对象是地方社区中各种有需要的人。例如，丘氏的受益人并不是自然灾害的受灾者：

（陈晏妻丘氏）平生轻财好义，每给食以施囚徒。……建炎间，（叶）侬寇县境，戒其徒曰：勿惊动孝妇丘氏，勿焚荡其家产，勿诛戮其亲属。古田、杉洋有避寇者闻之，奔依丘以居，赖以全活。县西一带，免罹兵火者，皆丘之力也。[92]

虽然这篇文章出自明代地方志，但最初的叙述者一定是宋代的儒士。他强调了丘氏"轻财好义"的崇高品质，这是儒家士绅的传统美德。在丘氏的故事中，她本人并不认识这些囚犯，她对他们的帮助被解释为正义的表现。囚犯们对丘氏的乐善好施表示感谢，在叛乱中并没有骚扰她，当地人因此向她寻求庇护。尽管我们不知道丘氏是如何对待这些难民的，但故事表明，丘氏接纳了他们，并为他们提供了一个至少可以逗留的地方。

　　在这个故事里，囚犯和难民都是丘氏慷慨大方的受益者。前者是一群违反国家法律，被政府剥夺了自由的人；在他们被拘押期间，政府有义务向他们提供食物。[93]后者是被地方政府保护的编户齐民，他们应该得到地方政府的保护，因为它的行政职责包括镇压地方叛乱和保护民众的生命财产。因此，在这个故事中，丘氏闯入了地方政府的行政领域，但并没有引起反对。她经常向囚犯提供衣食，这样做意味着她必须得到地方长官的许可。地方政府似乎愿意看到当地人不论性别，来分担其对地方的责任。事实上，由于地方官员在地方社区的行政影响力有限，他们对地方豪强在管理当地事务方面的帮助表示赞赏。[94]尽管身为女性，来自地方富裕家庭的慈善女性，如丘氏，因为她们的乐善好施有助于维持稳定有序的地方社会，受到地方政府的青睐甚至嘉奖。她们在地方社区充当积极分子，并被地方百姓、精英和官员视为有影响力的人物。

　　利用家庭财产救济穷人，是女性在地方福祉活动中采取的最常见的策略。除了慷慨的物质帮助外，女性的才华和智慧也帮助了当地人。例如，汀州宁化县媚妇晏氏：

　　　　绍定间（1228—1233），寇破宁化县，令佐俱逃，将乐县宰黄埚令土豪王万全、王伦结约诸砦以拒贼，[95]晏首助兵给粮，多所杀获。贼怨其败，结集愈众，诸砦不能御，晏乃依黄牛山傍，自为一砦。一日，贼遣数十人来索妇女金帛,晏召其田丁谕曰:"汝曹衣食我家,贼求妇女,意实在我。汝念主母,各当用命,不胜即杀我。"因解首饰悉与田丁,田丁感激思奋。晏自捶鼓,使诸婢鸣金,以作其勇。贼复退败。[96]

　　在宁化县,两户王家是当地社区的领导力量,也是政府在地区危机中所寻求支持的首选对象。[97]起初,晏氏似乎没有什么实权,因为她甚至没有一个独立的寨。然而,她利用家庭财产参与地方防卫。当晏氏意识到寨的联盟并没有充分发挥作用时,她就建造了自己的寨来保护家庭成员和附属的佃户。晏氏被证明是一个成功的组织者和激励者,她的演讲和现场鼓励打动了佃户,而他们的胜利帮助她在地方上赢得了声誉:"邻乡知其可依,挈家依黄牛山避难者甚众。有不能自给者,晏悉以家粮助之。于是聚众日广。"[98]随着人们越来越多地向她寻求保护,晏氏在地方的影响力也日益扩大。她再次用经济援助缓解了紧张局势,提高了自己在当地的声望。晏氏的权力迅速扩大,这使她得以与两个王家结成联盟。他们重新分配了追随者,并以一种更有效的方式来安排这些人。他们"共措置,析黄牛山为五砦,选少壮为义丁,有急则互相应援以为犄角,贼屡攻弗克。所活老幼数万人"。[99]

　　匪徒撤退之后,政府官员来了。

　　知南剑州陈韡遣人遗以金帛,晏悉散给其下。又遗楮币以劳五　　113
砦之义丁,且借补其子,名其砦曰万安。事闻,诏特封晏为恭人,仍赐冠帔,其子特与补承信郎。[100]

通过授予各种奖励和头衔，政府宣示其在非官方的地方力量之上的合法权力，并承认了晏氏对国家的贡献。晏氏与儿子的正式封号成为家庭的社会资本。盗贼的入侵为她提供了一个难得的机会，让她"家"从一户普通的地方富裕家庭提升到与该地区两户王家平起平坐的势力。晏氏抓住这个机会，用她非凡的管理策略和军事领导能力成功地完成了这个转变。晏氏的英勇努力得到了民众和政府的赞赏，他们并不关心她是否闯入了传统意义上男人专属的军事领域。

女性因其对地方福祉的贡献，获得了良好的声誉，甚至为她们自己以及男性亲属获得了嘉奖。至于为何女性热衷于排忧解难，所有的墓志铭和赞颂文都将她们的慷慨大方归于仁德。在前文的例子中，蔡氏被认为是"性仁也"，[101] 卓氏则被认为天性慷慨大方，[102] 丘氏被描述为"轻财好义"，这些都确切地解释了什么是"仁"。"仁"是古典儒学的主要思想，因而是中国社会精英士人推崇的主流道德观。在宋代女性传记、墓志铭和赞颂文中，这个词及其相关思想的频繁出现表明，"仁"在当时并不是一个性别专属的概念。它被认为是一种普遍的人类美德，而不是男性独有的道德特征。因此，无关乎性别，人们鼓励女性在地方社区展现她们的仁慈品质。[103]

当然，天性的仁爱并不是导致女性参与地方福祉的唯一动因。卫泾在为岳母章氏所写的墓志中，这样解释了她的慷慨大方："其仁而好施，积而能防，盖出天资，非勉强饰情以沽誉也。"[104] 在文中，卫泾用了章氏参与地方福祉的例子来展现她"仁"的自然天性，他否认章氏只是为了赢得名声而扮演了善良女人的角色的假设。卫泾的观点表明，致力于地方福祉可以提高女性在当地的名声，而追求这种名声可能是女性慈善行为的诱因。也就是说，通过论证章氏不是这类人，卫泾揭示了他认为很多其他人都是如此，同时，他对社会地位运转方式的了解，使他的假设显得合情合理。虽然许多从事地方慈善事业的女性可能出于个人道德考虑，但成就地方声望的结果也可能在实际考虑中起到作用，促使她们（或者其他女性）这样做的。

在上述所有例子中，无论其最初动机如何，女性因为她们在地方社会的慷慨大方，都获得了乐善好施的名声。理学家将对地方社区的社会责任视为精英身份的鲜明特征之一，因此致力于地方福祉。然而，用精英男性的动机来解释女性似乎是不合理的，因为女性以"家"为中心的意识，使其不可能在公共领域追求群体身份。她们的慈善活动不仅得到受益人的赞赏，还得到包括家庭成员在内的地方精英士人的认可，在某些情况下，甚至得到地方政府和朝廷的嘉奖。女性所作所为可能会给她们"家"带来极大的荣誉，甚至使家庭成员受益，就像晏氏所作的那样。然而，文字史料所讨论的是她们的个人名声，而不是她们夫家的集体声誉。女性的慷慨大方被描述为个人优点，尽管她们中的许多人都用家庭财产来从事这样的事情。尽管在古典儒学中，女性被认为自我束缚于"家"中，她们对地方慈善事业的奉献却从未被质疑过，并受到了精英士人的鼓励，因为这符合他们对儒家道德的看法，也符合他们自身对地方福祉的关注。性别区隔的意识形态遭到妥协，在地方社会建构的背景下，给一些普遍的儒家思想原则的推广留下了一定的空间。女性可以将地方福祉工作视为她们自己的事务，并期望它能被其他人认同。因此，通过参与地方福祉工作，女性获得了机会，在地方社区作为独立的个体来展现并实现她们的个人社会价值。这种自我实现的期望可能是促使女性追逐地方名声的一个重要因素。

公共项目

女性向地方民众提供财力援助的能力，取决于她们在家中所建立起的权威与培养的技能。然而，提供财力支持并不是女性为地方社区作出贡献的唯一途径。女性还通过致力于创造供公共使用的事物，来展现她们对地方福祉作出的贡献。笔者对宋代福建地方史料的深入研究显示，女性在诸如筑堰、溉田、筑路、修桥、建立公共学堂等各种活动中，担任领导或者管理角色。当地居民不一定与这些女性慈善家直接接触，但他们通过消费公共工程的物质产品而成为受益者。相比纯粹的捐献钱财和必需品，这些公共工程使女性更复杂地参与地方福祉。她们通常通过提供经济援助来开展此类工作，但她们会继续监督这些项目的进展，甚至直接参与其中。她们的管理才能甚至特定的专业技能都会影响甚或决定了这些公共事业的质量。

福建总体上是一个多山的地区，水资源不足。为农田灌溉修筑堤堰和蓄水工程是当地的一件大事。在宋代，福建修建了大量的水利工程,其中莆田县的木兰陂最为知名,效果也最为显著。[105]莆田是一个沿海地区,但缺乏灌溉用水。唐代初期,当地人们想要一个堤堰,并提出在濑溪修筑一座水坝的设想,将水转移到储水池塘中。然而直到北宋,一位年轻女子钱四娘才首次发起这件事。莆田县隶属兴化军,而钱四娘的家乡是长乐县,隶属于邻州福州。就莆田人而言,她是一个外人。1064 年,她"始议堰陂,出家赀募役"。[106]

> 钱四娘者,自长乐邑来,捐金九掇,大如斗,于溪上流将军岩前堰　　116
> 溪为陂,开渠鼓角山西南行。其陂甫成,截流引楫以落之。酒正酣,
> 守者报溪流涨,陂败,即时赴水而死。[107]

从 12 世纪到 19 世纪,在木兰陂的遗址上矗立着至少十三座石碑,以纪念在宋元明清各个时期建造、维护和修复木兰陂的人。[108]作为木兰陂的发起者,所有的碑文中都不可避免地提到了钱四娘。关于她的最详尽的描述见于四篇宋代碑文中(1148,1205,1265—1274)。但没有一篇碑文告诉我们,为什么她能够花费长乐娘家大笔的钱,或者为什么她一路来到莆田,投身当地的灌溉工程。[109]钱四娘失败后不久,来自她家乡的进士林从世来到莆田,不惜巨资修筑陂堰,但现存记录中没有显示钱四娘和林从世之间有任何个人或者家庭关系。他建造的陂堰在完工前坍塌。第一个成功完成木兰陂的人是李宏,一位来自福州侯官县的富人。史料巨细靡遗地描述了他参与木兰陂修筑的过程,有趣的是,它为我们提供了关于钱四娘献身修

筑陂堰原因的一些线索。1205 年，莆田精英林大鼐撰写了一篇题为
《李长者传》的文章，来纪念李宏对莆田的贡献。在传记的开头，我们
读到：

> 李宏，福州侯官人也，裔自有唐，世雄于财。平生偶傥有大志，欲
> 以家财自立，使功绩姓名表见于世。……最后，宏应诏募而至（莆
> 田）。[110]

117　　李宏（1042—约 1083），与钱四娘来自同一个州。他在熙宁六年
（1073）来到莆田，比钱四娘移居此地晚了八年。李宏家财万贯，而他
的目的是赢得个人声望。莆田县糟糕的灌溉系统，中央政府的招募
公告，以及宰相蔡京（1047—1126）的邀请函，给李宏提供了一个合适
的机会来实现他的目标。[111]用柯胡的话来说，李宏的故事例证了"利
用私人财富赞助公共事业，造福于更广泛的社会，是社会向上流动的
另一种途径"。[112]然而，这种对社会流动性的关注对于像钱四娘这样
的未婚年轻女性来说似乎没有价值，因为她的生活状况总体上取决
于未来夫家在社会等级中的地位。而在钱四娘的时代，大概还没有
官方邀请，因为直到熙宁朝，朝廷才特别重视发展地方水利工程。[113]
在这种缺乏政府支持的情况下，修筑木兰陂完全是为了造福地方民
众。因此，获得地方声名和实现自我社会价值，就像对李宏所起的作
用一样，对钱四娘来说，也是一个富有吸引力的目标，可以激发她参
与同样的事务。

　　在宋代,未婚女性通常没有资格拥有或者使用娘家的家庭财产。然而,在这种情况下,钱四娘却携带了据说价值十万缗的黄金去莆田。[114]在史料记载中,这笔巨额财富被确定为"家赀"。很明显,钱四娘来自一个富裕家庭,从我们所了解到的宋代女性的财产权来看,似乎有理由怀疑钱四娘从已故的父亲那里继承了一份家庭财产,作为她未来婚姻的妆奁。[115]她将这笔钱以自己的名义投入到了另一个县的水利建设上。并无史料表明其娘家也参与了,她督导这个工程似乎是一种个人行为。莆田人和官员对她的积极评价表明,一个未婚女子在非本县的公共工程上的经济贡献和个人参与是可以被接受的,甚至是受欢迎的。

　　见于现存叙述中,钱四娘并非一个典型的传统女性。文本中提到她在莆田招募工人,尽管没有透露更多关于她个人参与的细节,但她在河里行船,饮酒庆祝陂堰的完工,则显示出她自由洒脱而又情绪化,具有男性精英的风度。在宋代,女性自杀通常与贞节有关。然而,钱四娘却因水利建筑的毁坏悲愤自杀。她的强烈反应显示出她赋予这一事业的非凡价值。"七日尸浮出,远近闻香,里人立庙祀之。每风雨之夕,见双灯过木兰,故老传为四娘巡陂云。"[116]她在这项事务上的热情投入,与她经历的悲惨遭遇,对当地人产生了如此巨大的影响——尽管她的工作已经失败,她仍然受到人们的尊奉,成为一个仁慈的神,守护陂堰。

　　在祠堂里,钱四娘的塑像与林从世、李宏的塑像并置在一起。[117]在她亡故后的两个世纪里,许多莆田地方精英,比如徐铎(11世纪）、[118]陈俊卿（1113—1186）、[119]刘克庄（1187—1269），[120]和吴叔告（1193—1265），[121]都恭敬地拜谒祠堂，并赋诗歌颂她的非凡之举。尽管她的工作失败了，这些地方名人无疑将钱四娘视作在提倡当地福祉上是一个有价值的、英勇的急先锋，并认可她的非凡贡献。钱四娘和林从世都投资了大笔财富，也均遭遇了失败。理想情况下，因为共同的文化身份和社会责任感，后者应该在精英士人中唤起更多的共鸣。但在现实中，前者却比后者获得了人们更多的记录和赞美，至少从 13 世纪开始，钱四娘的名声就已经广为人知了。这是由钱四娘前所未有的努力所决定的，也与她的女性身份和引人注目的自杀有关。在同样的祠庙里，人们对钱四娘和其他男性陂堰修筑者不加区分的祭祀，引起了刘克庄的焦虑。[122]他提出为钱四娘和男性神祇分别修建两座祠庙，并要求给钱四娘和李宏两个不同的荣誉封号——他们共享相同的恩典。[123]在这种情况下，刘克庄对于性别区隔的关注非但没有掩盖女性神祇的形象，反而突出了她的不寻常性，使她的存在更加引人注意，并且在后来的历史中引起了更多关于她的著述。

　　与李宏不同的是，钱四娘从事这个项目并非为了响应政府招募。否则，以下事实将是令人费解的，在工程的完成时刻，没有地方官员出席，甚至直到"里正白官"，地方官才知道她的身亡。木兰陂的修筑是一个大型项目。钱四娘以外人身份来到当地展开工作，当地政府必然当时就已经知道了钱四娘的自愿奉献。然而，政府似乎没有干涉她的冒险。他们既不公开支持也不反对她的工作。政府的默许表明，他们认为女性积极参与地方公共事务并不令人感到意外，完全可以接受。在故事的最后，当地行政人员现身只是彻查了钱四娘死亡的原因，并得出结论，没有其他原因导致她自杀。据说这位负责调查的主簿被钱四娘的雄心和正直所感动，对她的自杀感到震惊，叹息道："钱氏室女，负大志节，不克就而终。"[124] 在整个事件中，地方政府采取了被动接受的态度。在钱四娘亡故一个多世纪之后，国家应地方官的请求，官方认可了当地民众对钱四娘的神化，并最终确认了她的价值。

至于钱四娘如何参与了木兰陂的修筑，原始史料仅仅告诉我们，她捐赠了家产并招募了劳工。考虑到她对这个工程的巨大投入，人们不禁会想，她的工作不可能局限于这两个方面。[125] 正是她对地方水利工程建设的贡献，而非女性美德，引起了同时代男性的关注，他们没有质疑她的行为得当与否。她本人也赢得了当地民众的尊重，精英士人的赞誉，以及国家给予的身后恩荣。公共工程并非女性的传统领域，女性不应该表现出她们在这方面的才能。然而，性别考量通常屈服于精英士人和国家对地方社会的支持，在钱四娘的故事中，性别歧视感被淡化了。男性作者称女性"仁""义"和"节"。这些一般性的儒家原则，在儒士的叙述中，比性别化的道德品质更重要，并证明了女性在"家"外领域的活动是合理的。

精英士人同意女性参与公共项目，政府也偶尔支持，这些使得除了钱四娘之外的许多女性参与地方的水利工程。例如：

陈玑别字十八娘，洪进女。[126] 尝捐钗钏买地开沟，深八尺，阔丈 120

二尺，自枫亭抵惠安县之驿坂十五里以灌田，号为"金钗沟"，其庄为"金钗庄"。又尝手植荔支，至今称为"十八娘"，香味尤绝。[127]

陈玑卖掉她的一些首饰，开挖了一条沟渠，从惠安引水到枫亭用于灌溉，并在沟渠旁种植的树木以有效保护这一工程，这些都是她在此事上的付出。沟渠和村庄都被称为"金钗"，表明当地民众对陈玑经济贡献的感谢，并明确表达了他们对捐赠者性别身份的认同。诸如钗钏之类的装饰性饰品被视为女性的私人物品，为她们提供了男性很少利用得到的独特财产来源。

陈玑沿着沟渠种植的荔枝树是她的最爱。北宋著名作家蔡襄的《荔枝谱》记载："十八娘荔枝，色深红而细长，时人以少女比之。俚传闽王王氏有女第十八，好噉此品，因而得名。"[128] 由于这种荔枝是陈玑个人的最爱，当地人便以她的名字给它命名。这个名字本身表明陈玑一定是仙游县的传奇人物，否则很难解释为什么一个居家女性的饮食喜好会引起了平民百姓的注意。虽然我们没有足够的证据来支持这一假设，但似乎可以把荔枝的名字与陈玑对当地公共事务的贡献联系起来。通过在那里种上她最喜欢的树，陈玑把她的个人爱好融入水利事务中。伴随着这一特定树种在更大范围内的传播，她的故事和名声可能已经传播到其他地方。在陈玑的故事中，金钗和荔枝树是象征女性参与地方公共事务的两件物品，其中后者甚至成为一个标志，提醒人们她的存在。陈玑过世后，她被安葬在当地的一座寺庙里，而十八娘荔枝树则被种在墓旁，成为一种独特的象征。[129]

在上述两个故事中，钱四娘是单身女性，而陈玑的婚姻状况则没有被文献提及。她们的男性亲戚，特别是丈夫，并没有参与她们所倡导的事务。然而，这并不意味着只有当配偶不在场的时候，女性才能参与这样的工作。事实上，在公共事务中，夫妻通力合作的例子也是存在的。嘉定年间(1208—1224)，长泰县陈某捐赠二百四十余亩土地修建陂堰灌溉彰信的农田，他受到当地民众的爱戴，被称为"陈耆公"。他的妻子"协公开陂经营竭力"。[130] 陈某土地捐赠的规模表明了这是一个规模庞大的工程，也许他无法独自处理这件事，而妻子作为一个可靠的助手参与了进来。这是一种推测，但无论她参与的具体情况如何，史料中不厌其烦地提到了陈某妻子的事实，表明人们对她管理这项事务能力的赞赏，将其作为导致这项工程成功的一个原因。根据史料，与那些独立负责工程的女性相比，陈某的妻子并没有表现出自己在这项工程中发挥了主导作用。尽管女性参与公共事务是可以接受的，这里将陈某的妻子放在附属地位，意味着这样一种假设——为了合理化她们在公共领域的活跃表现，丈夫在世期间，当她们在"家"外活动时，女性应该遵照传统的家庭性别关系并尊重丈夫的权威。在这方面，没有丈夫的女性似乎比那些夫唱妇随的女性享有更多的自由：她们可以在公共项目中公开展现自己的领导力和能动性。

除了水利工程，女性还参与诸如桥梁和道路等交通设施的建设，与灌溉工程一样，使地方的众多居民受益。然而，与水利工程不同的是，修桥补路在宋代社会具有独特的宗教意义。正如柯嘉豪(John

Kieschnick）所指出的，最晚在 3 世纪，将造桥视为一种重要功德的佛教观念已经传入中国，而在宋代，它"已成为日常生活的一部分"。[131] 在中国，桥梁"是慈善、悲悯和善政的象征。当显然有建造桥梁的需要时，这些考虑就在地方社会的各色人等——包括僧人、官员以及当地显要——心中占据着重要地位"。[132] 在这些地方代表中，无论她们的宗教信仰如何，女性都扮演着男性同仁不能忽视的重要角色，尽管在史料记录中男性参与的例子远远超过了女性。[133]

在某些情况下，女性据说只是为项目提供财力支持。例如，在莆田县莆田里，"宋绍圣三年（1096），周氏、陈氏共舍财造（周厝桥）并修路一条"。[134] 这座桥是两位女性共同出资修建的。虽然文本中没有提到这两位女性之间的关系，但表明女性在这样的公共事务中的合作并不罕见。而且我们发现，地方志中还记录了夫妇们的捐款。在连江县，"高天宜同室中陈氏舍捐官会一千贯砌路二百丈"。[135] 这对夫妇的名字被刻在石碑上，竖立在路旁。

在这些例子中，女性捐款的来源，史料中虽然没有说明，但很可能是来自个人或者家庭财产。学者们对宋代女性财产权的研究一直集中在妆奁和继承权上。而女性的个人财产，大概包含了她们在婚前和婚后从娘家所得到的一切。然而，来自元代福建的记录显示，女性利用了学者迄今忽视的另一项重要的个人财产，参与了地方项目。在宁德县十六都，"里有二女纺绩聚财，构石六条（建桥）"。[136] 这两名元代女子的纺织技能，使她们能够为当地的公共项目做出贡献。笔者猜测，同样的事情在宋代也曾发生过。在宋代，政府向个人家庭征收纺织品作为赋税，无论来自精英阶层还是平民家庭，纺织都是女性的一项基本技能。不管她们自己有没有意识到这一点，许多女性被认为是通过纺织扮演她们正统的性别角色，并在行为上符合传统的劳动分工——"男耕女织"。除了具有象征意义的社会价值外，纺织也是女性为家庭和自己赚取收入的重要手段。伊沛霞注意到"宋代经济的商业化意味着家庭可以看到妇女纺织劳动的货币价值"，但对它增强了女性的权威或者自主权有疑问。[137] 她认为纺织的工作是家务事，收入是家庭收入。通过诗歌分析，伊沛霞声称"似乎没有士大夫注意到"，"在卖掉纺织品的过程里女人感到实现了更多自我价值"。[138] 然而，宁德县的例子让笔者相信，女性对自己的纺织收入有很大的控制权。这两个女人把纺织收入当作自己的收入而不是家庭收入，并把钱花在一项似乎与她们"家"无关的公共项目上。笔者猜测，她们在市场上销售手工艺品，购买建筑材料，以此获得巨大的"自我价值感"。纺织收入的主导地位不仅适用于未婚的年轻女性，这在宁德县例子中体现得很明显，而且也适用于负责打理家庭财产的妻子。例如，宋代福建人杨缜，第一任妻子去世后再婚。当时他的儿子杨兴宗在太学就学，继母送他若干两黄金。她说这些钱是自己通过纺绩挣来的，用它来资助杨兴宗学习。继子很感激，决心报答继母的资助。[139] 在杨家，无论继母还是继子都没有想当然地认为，已婚妇女的纺织收入应该流入夫家的共同财产。此外，这位继母墓志铭的作者陈傅良（1136—1203），也并不认为这是个问题。

正如福建和其他地方的例子所显示的那样，除了妆奁和遗产之外，宋代女性的纺织收入虽然可能有限，但却是她们能动性的重要来源。[140]此外，与那些在贫困家庭中纺织为了纳税的女性相比，经济负担较低的家庭中的女性可能有更多机会利用纺织产品的商业化，并通过纺织利润来提高她们自己或者家庭的收益。在伊沛霞引用的诗中，我们看到"对于女人，市场因素更多地渗进家庭纺织品生产仅仅使她们生活得更艰难"。[141]但通过对中国文学传统中纺织女的研究，我们了解到她们的不幸到唐代已经成为一种流行的主题，来表达男性作者关于政府压迫穷人的不满。[142]尽管这个主题在某种程度上反映了社会现实，但它出现在宋诗中，其实是作者继承了前人的一种传统主题。对于对纺织女的"权威或者自主权"，人们在诗意的悲叹中可能不会注意到，但在那些在不经意间提及女性纺织收入的作品中，它却无法忽视。因此，对于这种资料的研究确实是必要的，因为比起千篇一律的诗句，它们呈现的是女性纺织经历的更多方面。综上所述，纺织收入不仅增强了女性的价值，也提高了她在"家"中——如果她未婚便是娘家，如果已婚便是夫家——的自我意识，还扩大了她的社交空间，使她参与当地社区活动变得可行。

与以上具体指述的女性经济支持的例子不同，女性参与交通项目的许多记录相当泛泛，除了时间、地点和建设者的名字以外，没有提供任何详细的信息。最典型的叙事模式是这样的："漏头桥，宋淳熙四年(1177)，(景德)里妇陈万一姐建。"[143]在地方志中，桥被列在它所位于的特定"里"的标题下，修建这座桥的女性主人公被称作"里妇"——居住在"里"中的女子。男人的名字(陈万一)表明了她来自哪个家庭。[144]描述女性行动的动词"建"的语义模棱两可,它暗示了出资,但并不一定意味着体力劳动,尽管它的字面意思是"修建"。因此,这位女性在多大程度上参与了建筑项目是未知的。她可以作为捐赠者、资金筹集人、[145]监督者,或者(可以想象的)现场工作的参与者,但原始史料的特点,使得我们很难确定她的具体角色。

在宋代,大量的桥梁名称反映了它们建造的故事,其中女性建设者的性别身份是引人注意的。例如,泉州惠安县,有一座桥"胡门陈八娘绍熙(1190—1194)间建,号娘子桥",[146]这个桥名可能是当地民众为了表达他们对陈八娘所做的贡献而起的。当然,这样的性别称谓并不仅仅适用于桥梁:我们也在灌溉工程中发现它们的身影。例如,晋江县灵源山顶有一口井叫吴六娘井。据方志记载:"(宋志云)　125宋有吴六娘者,居山背,凿此,故名。"[147]

作为一个坚固的实体,被命名的桥梁让它的建造者得以留名,并且只要它屹立不倒,便会让她的名声在当地社区万世流芳。在光泽县,"宋宣和六年(1124),里人严伯和妻陈氏建,因名严婆桥。淳祐十二年(1252),圮于水"。[148]事实证明,它非常持久,在宋朝末年它被洪水冲垮前,已经矗立了大约一百三十年。一个半世纪后,一座新桥建成,并在明朝历经数次重建。[149]它最初被命名为严婆桥,以纪念陈氏的奉献精神。虽然它的名字后来随着重建者而被改变,但明清地方志中仍然把这座桥的历史追溯到陈氏。这座桥在宋代的长期存在,以及明清当地史料中一致的记录表明,在"家"外领域的归属于女性的物质产品证明并展现了她的工作,因此甚至在她过世后的很长一段时间内，它仍然帮助传播和保存她在公共领域中的名声。

地方项目的运作通常需要对大规模物力和人力资源进行细致而琐碎的协调合作。虽然在官方词令号称对其负责，但地方政府通常不能完全致力于这样一项艰巨的任务，而是希望地方精英能够扮演替代性的领导角色。除精英士人外，女性也积极参与地方工程的建设。宋代女性的财产权以及她们对家庭财产管理的现实情况，不论她们是待字闺中的女儿、妻子还是孀妇，都使她们能够以自己的名义作为赞助人参与进来。除了财力支持外，她们对地方事务的知识和劳动贡献也显示出其在公共领域管理、沟通，甚至是专业技术方面的才能，这给当地平民、精英和官员们留下了深刻的印象，并使他们受益。在"家"外的领域里，女性自我实现的努力服务于儒家公益的崇高目标。因此，虽然女性的自主性在很多情况下引起了儒学道德人士的焦虑，但其在公共事务领域的应用并没有因为女性的性别身份而受到贬低和批评。女性非凡的公共行为受到了精英男性的欢迎、赞颂和纪念，他们给我们留下了宝贵的记录，以了解地方"志愿主义"文化在宋代女性中可能的兴起与传播。[150]

第四章

女性与地方政府

在宋代，县、州府、路各级地方政府是唯一被授权的官方组织，负
责宋朝廷对地方社区的管理。负责政府管理的地方官员，都是受过
儒家教育，且大多通过科举考试的男性。在处理众多地方事务时，他
们利用合法的公共权力，把自己掌握的古典知识付诸实践。在理想
的情况下，宋代女性应该待在闺阃内，远离地方官员的公共权力的范
围。然而，在地方政府登记的人口中，女性占一半，她们出于各种各
样的原因，通过多种渠道与地方政府接触，不管是主动积极的还是被
动勉强的。为了说明女性与地方政府的关系，笔者将把宋代福建女
性分为两类。精英女性，尤其是地方官员的亲戚，构成第一类，其他
所有女性构成第二类。[1]当然，前一类女性比后一类女性与地方官员
的关系更密切。因此，一方面，她们倾向于利用亲属关系来影响地方
政务，而另一方面，她们可能成为官员处理地方事务时容易获得并操
控的人力资源。第二类女子构成了福建女性居民的主体。一方面，
地方政府有义务处理与这些女性日常生活相关的经济、法律和文化
问题，而另一方面，这些女性可能主动去当地政府，主张她们所认为
的应受到国家当局保护的权利。

参与地方政务

　　古典儒家的性别规范在精英话语中得到广泛认可，成为指导女性日常生活的一般规则；然而，见于文本中的这些规定，却从未被宋代女性（或者所有宋人）忠实地遵循于现实中。来自平民家庭的女性不得不外出谋生，而精英女性偶尔会在男性亲戚的陪伴下去往"家"外探索广阔的世界。除了置身于"家"外，正如前一章女性与地方社区所显示的，女性还介入了各种公共领域，并在地方社会的建设中，发挥着男性不能忽视的重要能动性。此外，宋儒留下的各类原始史料中还有女性家庭成员干预行政事务的例子，这些情况与儒家的规定格格不入。

　　精英作者在撰写墓志时，赞扬这样的女性——她们鼓励为官的男性亲属态度认真且尽心尽力地对待政府事务。例如，丘李曹的寡母陈氏，据说曾非常严格地训导儿子。尽管家境贫寒，她还是督促儿子学习，并将其科举中第看作是履行对丈夫的承诺。根据林希逸（1193—1271）的描述，丘李曹任崇安县尉时，她经常说："重囚之死生，群盗之重轻，其狱自尉始，是之不审，徒廉尔。"[2]陈氏试图教导儿子如何成为一名合格的县尉，其言论表明，她很熟悉地方行政人员的职责。陈氏对地方行政的关心影响到儿子的为官态度，而她对个人诚信的理解，符合儒家道德修养的价值观。

　　真德秀也举了一个例子，表达了他对一位母亲真知灼见的欣赏，这位母亲给儿子提出了合适的为官之道的建议。刘万枢的妻子蔡

氏,告诉她的儿子们仕宦以廉洁为本,并给他们提供及时的和富有价
值的建议。如她的一个儿子在当涂任地方官,她的建议是:"当涂之
政,如古循吏,人谓母训实然。"[3]蔡氏在家中告诫儿子,当地居民则　129
将他的行政才干归因于她在家中的教诲。母亲与儿子在家交谈,他
们谈话所传达出的有关国家事务的想法则被传递到家外面的世界,
并在外面的世界发挥影响。林希逸和真德秀都出身精英家庭,并曾
在地方和中央任文职。在这些描述者和男性精英读者共同的家庭经
历的基础上,母亲关注为官儿子行政的事例,很可能唤起了他们的情
感共鸣——对母亲的爱、尊重,以及对母亲的感激之情。

　　虽然家庭内的等级制度决定了妻子不像母亲那样享有同样的权
威来影响丈夫,但是很多福建官宦家庭的精英女性对配偶的行政事
务表现出了明显的浓厚兴趣。[4]方大琮(1183—1247)为妻子林氏写
过一篇祭文,在祭文中他追忆道:"暇则谈其大父简肃懿事,历历不
遗,或随所遇若相感发,不敢堕节而失枝。"[5]林氏的祖父是一位知名
高官。而林氏所介绍的他的"懿事",绝不仅仅是其处理家务事。作
为成功官员的孙女,林氏通过在娘家个人接触或者其他家庭成员转
述的方式,对祖父的政务职责得以了解。她利用这一知识在政务方
面帮助自己的丈夫。一旦结婚,精英女性的物质财产(妆奁)和人际
网络资源便会随着她的身体迁移,转移到夫家。此外,她本人积累的
知识财富也可能会促进夫家的繁荣昌盛,这取决于她与丈夫沟通的
能力。考虑到丈夫欣赏她关心"外事",并把她描绘成"益友良规",林
氏显然以自己的智慧给丈夫留下深刻的印象。[6]

方大琮对妻子使用了"益友"一词，令人感到好奇并有重要意义。夫妻关系和朋友关系在儒家"五伦"中都被认为是根本的、重要的关系。虽然前者的特点是女人屈从于男人，但后者代表平等，指共同的知识兴趣或者政治追求。[7]方氏夫妇之间的愉快互动模糊了他们关系中的性别意识，在家庭环境中形成了一种不寻常的友谊形式，并在儒家话语中合理化了妻子介入丈夫的政府事务。上面这些例子中的三位主角，都是受过良好教育的精英女性。虽然居于闺闱内，她们却积极地学习"外事"，并与丈夫或者儿子讨论政府问题，以支持他们的政务。最重要的是，她们这样做受到男性亲属和同时代来自相似家庭背景的陌生人的赞扬。

除了提供一般意义上的道德劝诫之外，一些精英女性还基于她们对行政事务的深刻认识，提供具体的实用建议。例如，著名理学家杨时（1053—1135）的妻子余氏，"聪颖多卓识"。清代福建地方志中详细记录了她参与当地公用事业的事：

> 时为萧山令，邑屡旱，时忧之，将凿涝湖储水以灌田，氏问知之，曰："君误矣。妾思蓄水之处地势处高，则一泄而各乡之湾港沟渠无微不到。今涝湖洼下，蓄则易矣，泄之不亦难乎？农何以济？"时大悟，因度城西高壤，凿而为湖。[8]

灌溉对于农业生产力具有决定性的影响，因而是宋代地方官员的一个主要关注对象。对于萧山的水利工程，杨时肩负着为官之则

和道德责任,这基于他的双重身份——为民生负责的父母官以及致
力于地方福祉的理学家。然而,水利工程的管理需要专业知识和实
践训练,而大多数精英士人在进入官僚系统之前并没有掌握这些。
一般来说,他们在处理这些具体的技术问题时可以咨询手下和当地
的专业人员。根据编纂于明代的萧山地方志的记载,杨时仔细调查
了现场,并考虑了同僚和当地民众的意见。[9] 此外,正如引文中所示,
他还与妻子谈论了公共工程的建设。很难判断余氏的灌溉知识是来
源于个人观察、书面学习还是口头传授。[10] 与之前例子中在道德上进
行规劝的母亲和妻子不同,余氏直截了当地批评丈夫计划的技术基
础,并试图通过具体分析改变他的想法。毫无疑问,余氏一定意识
到,如果她说服丈夫相信自己的想法,她的意见将会影响当地政府对
公共事务的决策。与其在理学谱系中德高望重的形象形成鲜明对
照,杨时在现实生活中,在听取了余氏对水利重要原则的解释之后,
欣然接受了妻子的批评和建议。当然,余氏没有任何渠道记录和传
播她与丈夫的谈话,有趣的是,二人的谈话却被保存在历史记录中。
这个故事的传播意味着杨时很欣赏自己妻子在公共领域的才华,并
希望让家外之人知道她对当地公共事务的贡献。

　　根据地方志的记载,建成后的水库使当地受益:"(湖)以时启闭,
至今(19世纪)赖之,名曰'湘湖'。论水利者,辄以氏言为法云。"[11]
余氏在技术知识方面优于丈夫,以及杨时在行政事务上对于女性能
动性的认可,为她赢得了当地人的尊重。在漫长的明清时期,经久不
坏的水利工程让她的声誉历久弥新。杨时是国家授权的管理者,发

起并组织了这项规模浩大的水利工程。他在宋代被萧山人奉为神
祇，并自此被记载于萧山当地的官方历史中。[12]然而，在福建地方志
中所收集的上述描述中，余氏被认为是为此事做出贡献的主角，在她
故去后数百年间，人们谈起当地水利，余氏的看法仍然被认为是标准
观点。余氏的故事补充了我们对于女性在地方公共工程建设中能动
性的了解，这一点很可能会被忽视，除非她们像钱四娘所做的那样，
不同寻常地取代了男性的领导角色。[13]

　　由于男性亲属的仕宦身份和行政职责，前文所讨论的福建精英
女性都间接参与了行政事务。在成长和婚姻过程中，她们必然通过
多种渠道吸收了与公共事务有关的各种知识。学习过程必定旷日持
久。精英女性在丈夫或者儿子正式走马上任后才开始研究公共事务
是不现实的。当她们观察周围环境并在娘家接受基础教育时，很有
可能已经开始积累相关的知识。大多数精英的妻子和母亲都来自精
英家庭，这为她们提供了学习的机会。她们未来的夫婿被认为应当
来自类似环境的家庭，很有可能参加科举考试。至于儿子，她们可以
督促其教育，支持他们参加科举考试，但也无法预料结果如何。柏文
莉研究了宋代精英女性中普遍存在的读写能力，指出宋代家庭对于
男孩的教育从诵读儒家经典和学习诗赋这两方面内容开始入手，考
虑到这个因素，他们指导女儿学习的应该也是这些内容。[14]但除了儒
家经典和诗赋之外，笔者认为，对于这些女性来说，在结婚前她们被
教授了解关于公共事务的一些知识，是一种常见的做法，无论她们的
丈夫和儿子是否最终入仕为官。[15]甚至还可能母亲会将技术知识传

授给女儿,以便她们能更好地履行作为官宦子女的母亲的职责。如此一来,如果这些男性担任官职,她们就可以帮助男性家庭成员管理国家政务。即使男性家庭成员并没有得到仕宦的机会,她们也可以在其家庭成员参与的公共问题上向他们建言献策。[16]

地方官家庭的女性成员以一种不透明的方式影响着地方公共事务,这是未经授权的,但也是可以容忍的,并且有时是富有成效的。在我们已经见到的例子中有三个,很难判断女性建议的具体效果(如果有建议的话);但在所有的四个例子中,同样有趣且重要的是,男性作者都乐意赞扬女性在公共事务上提供建议和专业知识。正如柏文莉所注意到的那样,宋代的精英士人,尽管他们在很多情况下都欣赏女性的读写能力,但因为这一方面增强了女性的自主性,另一方面又模糊了性别等级,所以也表达了他们的担忧。一个有文化的女人可能会让她的丈夫"相形见绌",而她的文学才华"与声望和知名度有关",这"对女人不合适"。[17]然而,在精英家庭中,女性在男性亲属的 133 行政事务上展露智慧和表达意见,但公众对此一无所知,除非这些男性愿意与外人分享他们的家庭经验。正如上面的例子所示,由于她们在官僚体系中没有合法的角色,给予建议的女性从来不是她们想法的可见实践者,因此她们不会对咨询她们的男人构成威胁。与他们一般对于女性写作天赋所持的矛盾态度形成鲜明对比的是,大量的精英男性受益于妻子或者母亲在关心他们政治生涯时所做的贡献和补充性工作,也渴望展现这些。这就导致了整个宋代福建女性墓志中类似的记录数量激增。[18]女性不同的家庭背景和个人经历,导致了她们对于公共事务所具有的个人知识以及对地方行政潜在影响的多样性。然而，在上述例子中，她们的学识始终如一地表现为使家庭中的男性为官者受益。女性被积极地描述为能够出谋划策，并从幕后加以干预。这使得传统的观点——即宋人认为女性应该被局限在家中，或者在公共生活中没有适当的角色——变得更加复杂，因为在所有这些情况下，她们对超出了"家"外的公共事务的影响，或者可能产生这样影响的潜力，都受到赞扬。

虽然男性作者记录了女性在行政方面对儿子和丈夫的影响，但在他们的笔下，女性通常会将自己的形象隐藏在闺闱内，而通过她们为官的男性亲属来影响政府事务。这些道德模范在"外事"领域的出现，在墓志中被精英士人见证、接受甚至赞扬。与之不同，一些来自精英家庭的宋代福建女性毫不犹豫地在她们家外抛头露面，并试图公开干涉国家行政。她们利用个人的影响力，并通过家庭关系干预官僚政府的运作。这种咄咄逼人的女性形象通常不见于墓志中，但当它们出现在其他类型的史料中时，却不一定被认为是负面的。

朱熹在写给父亲密友刘子羽（1097—1146）的妻子的信，提供了这种女性的一个例子。1143 年，朱松（1092—1143）去世，受其所托，刘子羽在崇安照顾朱松的妻儿。刘子羽将朱熹视如己出，并邀请他的弟弟刘子翚（1101—1147）以及另外两位著名的福建学者来教导朱熹，使他最终成为一位杰出的士大夫。朱熹对这位父辈资助者的帮助心存感激，珍视与刘家的亲密关系，并终其一生与刘氏家族成员保持着联系。朱熹写给刘子羽妻子卓氏的一封信为我们提供了一个具

134

体的例子,信中说明了朱熹和刘家最受尊敬的女性人物之间的交流,以及精英女性公开参与行政事务的情况:

闻尊意欲为(五哥)经营干官差遣,[19]不知然否?熹则窃以为不可。……故后生子弟为此官者无不傲慢纵恣,席势凌人。其谨饬者虽不至此,亦缘不亲民事,触事懵然……愚意……为营一稍在人下有职事吃人打骂差遣,乃所以成就之。若必欲与求干官,乃是置之有过之地,误其终身。[20]

朱熹年轻时便与刘家人住在一起,他在信中提到的"五哥"是刘坪(1138—1185)。刘坪是刘子羽最小的儿子,被过继给没有子嗣的刘子翚。根据这封信的记载,卓氏试图为自己亲生儿子刘坪的仕途开启一个良好开端,尽管他不再是刘家这一支她的正式儿子。刘子羽卒于1146年,当时刘坪只有8岁。在写这封信的时候,朱熹已经科举中第,并被委任了几次差遣,积累了一些行政经验。因此,在这封信中,朱熹介绍了他对当前官场的认识,并对刘坪所谋求的行政任命向卓氏提出了切实的建议。信的内容透露出,卓氏没有告诉朱熹她的计划,但也没有提到朱熹在哪里听到这个消息。消息可能是得自刘家的某个亲戚,也可能是得自卓氏为自己儿子任命所接触的某个官员。

刘子羽有三个儿子,其中两个年轻的儿子被过继给他的兄弟。嗣子刘珙(1122—1178)是长子,他第一任妻子所生,卓氏是续娶。

1142 年，刘珙殿试一举中第，他后来的仕宦生涯非常成功，不仅在地方任职，而且还在中央政府为官，官至执政。从理论上讲，父亲去世后，兄长会帮助年轻的弟弟们追求仕宦。然而，从信中我们可以得知，是卓氏在主导推动刘坪的事业。尽管她比最年长的继子在公共领域中接触到的资源要少，但她似乎在安排年轻男性家庭成员的"外事"方面发挥了更大的作用。卓氏的权力来源似乎是她作为刘家有权有势官员的媳妇与母亲的身份地位。她利用刘家的人脉和社会资本，来实现"家"外面的目标。尽管没有明说，卓氏所利用的资源可能包括已故丈夫甚至她娘家的财富、声望和社会关系，以及继子的显赫地位。刘珙似乎是卓氏找人商议的最佳人选。实际上，朱熹在信末建议她向刘珙询问有关管幹差遣的情况。然而，我们仍然不清楚刘珙此时是否参与了自己弟弟的任命之事，因为关于这件事的其他资料没有保存下来。

朱熹是介入卓氏计划的一个主要男性人物。对于卓氏在这件事上的权威，朱熹没有质疑，而是承认并表示尊重，尽管过继一事已经在法律上否定了卓氏和刘坪之间的母子关系。朱熹建议她调整自己最初的打算，指出管幹差遣对于年轻人的为官生涯有负面影响。在朱熹看来，管幹差遣对于青年精英来说是轻松而舒适的职位，因此不利于培养良好品格或学到有用的知识。与此相反，在她为自己最疼爱的亲生儿子谋求差遣时，这样一个舒适轻松的职位很可能吸引了卓氏。刘珙对于继母计划的态度是未知的，朱熹是否与刘珙讨论过此事，我们也不得而知。不过，这封建议信的收信人是卓氏，朱熹最终竭力想说服的人物也是她。朱熹清楚地认识到,卓氏在处理这件事上一言九鼎,不论是否与自己的观点相一致,他将不得不接受她的最终决定。刘坪的两任管幹差遣表明,卓氏在收到朱熹的劝说信后,并没有放弃最初的计划,这可能让朱熹感到难过,因为他无法再做什么来改变她的想法。[21]

与卓氏这样规划儿子职业生涯的女性相比更进一步的是,一些女性甚至干涉政府事务。她们在史料中表现为积极地介入外部世界,严重挑战现有的社会秩序。这些人(在某些情况下)引起了精英士人的不满,并最终遭到政府当局的惩罚。顺昌刘氏就是这样一个例子:

> 已知有顺昌官八七嫂母子之名。积年凶恶,恣为不法,贻毒一县平民,及外州商旅。……官八七嫂姓刘,已经编管信州,老而益肆。长男官千乙,名日新。次男官千二,名世肃,纳粟得官,今任鄱阳西尉。两孙官千三,名衍,同恶相济……霸一乡之权,而其家造两盐库,专一停塌私盐,搬贩货卖,坐夺国课,致顺昌一县,败坏二十余年,累政县令,缘此皆罢。[22]

上述记载出自《名公书判清明集》——宋代一部富有史料价值的法律案件选集。[23]本案的作者刘寺丞,在叙述的开头说道:"当职到官之初,咨访民瘼,已知有顺昌官八七嫂母子之名。"[24]自从她嫁给官家,刘氏就被人称为八七嫂。在地方司法官的描述中,刘氏被认定为罪魁祸首，而官家的另外两名主要男性罪犯，她的儿子，只是被简单提到。刘寺丞的记录表明，顺昌当地人和官员都认为刘氏是主犯。法官的叙述中没有提到刘氏的丈夫，必然地，他在至少三十年前就已经亡故了，否则刘氏就不可能在官家的罪行中发挥主导作用。当这些罪犯被抓获时，刘氏的孙子只有十三岁。据说，刘氏在过去三十余年间一直是当地的恶霸。我们没有关于她以及两个儿子年龄的补充信息。我们有理由推测，刘氏大约六七十岁，因为法官在最后的判决中考虑到她年事已高——而这意味着她从三四十岁便开始了犯罪生涯。那时，她的儿子还太小，不能成为犯罪首脑。在判决中没有提到其他官家成员，刘氏和她的两个儿子组成了一个典型的核心家庭，不依赖于官家的亲属。人到中年的刘氏谋划了这个计划，生活在她权威阴影下的两个儿子，按照她的指示去建立他们在当地社区的支配地位。这似乎是一个合理的假设。

　　正如前一章所示，与那些参与当地公共项目建设的女性一样，刘氏在"家"外领域里展现了她的非凡能力。然而，与那些通过令人钦佩的具体的活动成为地方名人的同时代女性相比，刘氏以一种破坏性的方式在精英男性的评判中臭名昭著。梁庚尧把地方精英分成两个群体，长者与豪横，与他们在地方社区中的正面和负面形象相对应。[25]这种分类虽然是基于对精英士人参与地方事务的分析和概括，但似乎也适用于一些女性，尽管她们在"家"外的领域里缺乏公共权力和合法权威。

　　刘寺丞没有解释为何刘氏母子在顺昌成为如此势力强大的人

物。正如柯胡对福建地方社区的研究所显示的那样，"精英阶层的地位是可跨越的，那些没有显赫背景的新家庭通过财富积累和科举考试获得了立足之地"。[26]在这种组织形式中，"家"的未来在很大程度上依赖于女性，她们是重要的财产管理者，同时也是诸多家庭中儿子的启蒙导师和终身的督促者。女性从男性亲属那里获得的压力与认可，促使她们为了"家"的缘故，制定不同的策略，以成为负责任的财务主管和教育者。[27]刘氏似乎是一位富有洞察力的女性，她熟悉这些重要的社会向上流动的方法，尽管她的计划在同时代人中是极不寻常的。她在当地三十余年的强横地位表明，刘氏要么从父母那里继承了一大笔妆奁，抑或得到了丈夫留下的巨额财富，这成为她发展其核心家庭的地方影响力的主要资源。她还必然留意了儿子们的教育。当次子成人后，刘氏为他买了一个官衔，从而增加了家庭的政治文化资本。

138

　　毫无疑问，在同一个地方社区里还存在其他这样有影响力的家庭。一般来说，这些家庭的策略是与地方政府合作，或者仅仅是在幕后不动声色地抵制，从而享受互惠互利的好处。[28]与此相反，刘氏母子在大庭广众之下赤裸裸地表现出他们的勃勃野心。他们运用政治、经济和文化资源，逐渐侵夺了顺昌当地政府的权威。他们对地方政府的一般职能了如指掌，实际上，在现有地方政府之外，还努力建立地方行政权威，运作方式与地方政府一般无二：他们建立了监狱，裁定地方民众的冲突，雇佣私人护卫，贩卖私盐，并征收商业税。刘寺丞控诉道："是以三十年间，民知有官氏之强，而不知有官府。乡民有争讼，不敢闻公，必听命其家。"[29]刘氏母子的行为威胁到了地方政府的合法权威，而其方法之粗暴，严重程度危及当地的社会秩序。实际上，他们通过有组织的犯罪活动创造了一个影子地方政府。[30]

　　刘寺丞没有记录刘氏与两个儿子如何分别实现了各自的目标。因此，我们很难知道刘氏参与"外事"的确切方式。尽管如此，顺昌当地人都知道刘氏的名字，以及当地司法官把她放在主要犯罪分子中的首犯位置，这表明刘氏不可能是一个只在幕后教唆儿子犯罪的女性。刘氏如此咄咄逼人，她必定亲力亲为，并参与外界的一些事务，特别是当她还是一个年轻的孀妇，自己的儿子尚未成年的时候。目前尚不清楚为何刘氏丈夫的族人没有出现在这桩法律案件中。唯一参与此案的亲属是杨十一，刘氏二儿媳的弟弟，他通过婚姻关系加入了犯罪团伙。在这桩案件中，其他的从犯仅仅通过他们的经济网与主犯联系在一起。刘氏对家庭资源无可争议的控制，则确保了她在犯罪组织中的最高权威。

　　刘氏的次子在邻近路任官，她自己则与长子和孙子一起在当地社区中扮演着犯罪版的地方官员角色。虽然女性明目张胆地接管地方行政职责，显然打乱了理想的性别结构，但法官没有对刘氏案中的性别违规方面做出评论。刘氏被拘押的原因，是她毫不掩饰地漠视政府在公共领域的权威和合法性，危害现存的社会秩序，危及政府。激怒了官员和士绅们的是刘氏的累累罪行，而不是她作为女性走出家门这一事实。精英男性，即使是那些可能认可一种可协商的内外界限的人，也不会接受她的行为，因为他们最优先考虑的是稳定的社会和公共秩序,而不是维持性别角色。

宋代福建女性以各种方式参与地方行政,从向仕宦的丈夫和儿子提供道德劝诫与实用建议,为男性后代寻求官职,到对当地居民进行统治。她们中的一些人将其与为官亲属的交流限定在家中,而另外一些人则利用她们家的特权和资源,为男性家庭成员谋求公共利益。前者对行政事务的干涉,被精英男性解读和赞美为家事;而后者的直接干预只要不损害官僚或者社会秩序,也不会受到男性质疑。精英士人通常不会反对他们的女性亲属介入政府行政,因为他们尊重这些女性的家庭权威。这可能会导致他们对以类似方式行事的非亲属关系女性普遍持宽容态度,从而为女性提供一种相对良性的氛围,让她们在公共领域展示其能动性。

女性与官署

大量资料将女性参与"外事"表述为她们对自己家以及男性家庭成员的关心。这种对女性干预公共领域动机的建构,使得她们的男性为官亲属可以将她们树立为榜样,以此提升自己家庭的地位,或者在其行政管辖范围内鼓励道德和伦理修养。其中一种可能的表现方式是给政府建筑起带有性别标识的名称。第一章已经讨论过,私人住宅里性别化的房屋建筑的名称。然而,在公共政府建筑的背景下,这些性别化的名称需要重新解读。

140

　　在福建地方志中，大量文献记载了作为孝子的地方官员们如何在官舍内侍奉母亲。例如，当吴与知淮安时，母亲王氏和他一起住在官舍。知道自己的母亲整天忙着纺织，"（吴）与即廨中治亭宇，植花果以乐太孺人"。[31]南北宋之际，傅自得（1116—1183）与母亲搬到福建。他在漳州任职时，"官舍有池亭，日奉太夫人饮焉。忽有珍禽彩羽数十容与水上，太夫人甚爱之。……明日，乃复奉太夫人饮池上，则禽亦皆复来集矣，比公去乃已"。[32]在离开家走马上任的时候，吴与和傅自得都与母亲一起住在官舍里。一般来说，在官舍，办公区都位于外面，而官员及其家人的"家"则隐藏在内部区域，有可能是在中门后面，而中门用来表明公私区域的隔离。然而，在这种情况下，公私界限是相当模糊的，因为这种私人区域总是被公共区域包围并且是其一部分。官员可以利用公共资源建造亭馆和池塘，或者利用现有的公共设施取悦他的母亲，这使得情况比在纯粹的私人家中更加复杂。为个人或者家庭亲属事务而花费政府的财力、物力和人力资源，在宋代官员中并不少见，但通常被认为是不合法且腐败的，因此一般秘密进行，以免惹上麻烦。表面上，建造或者翻新政府建筑以取悦母亲，目的是为了满足这些地方主政者的个人欲求。然而，表现孝道使这类活动显得理直气壮，甚至有人正面接受了这种行为，对其加以效仿并予以赞扬。

　　大多数地方志提到带有性别标识的官舍时只是一笔带过。然而，幸运的是，有一些记录保存了下来，为我们提供了详尽的关于这些建筑的建造细节，以及宋代精英对其文化意义的诠释。例如，杨濮撰写的一篇内容丰富的文章中记载了福州连江县官衙内的一座"慈庆堂"。它原本是一间官厅，随着时间的推移而逐渐破败不堪。1160年，叶猗任知县，他注意到那幢正在衰败的建筑，慨叹道："君子之居，一日必葺，若仍陋就简，以官府为传舍，漫不加省者，吾弗能已矣。"因此，叶猗亲自督视，将这栋建筑翻新成一座景色优美的新堂。透过窗户，人们可以看到远处的湖泊和山脉，广阔的田野和耕作的农民。

考成之日，适太夫人诞辰，率子若弟，捧觞称寿于其上。邑人旋观丛叹，以为希逢之盛事。然则斯堂之立，岂特为观美哉？濮知孝道足风，可以观而化也。请以"慈庆"名，可乎？昔冯伉为醴泉令，[33] 著《谕蒙》十四篇，乡给一卷，大略主于教民忠孝而已。噫，伉之志亦美矣哉！然载之空言，孰若见之躬行、动化之速如我公之懿欤？彼犹以夸耀于后，则公之盛美，安可没而弗传耶？[34]

这座慈庆堂位于连江县衙，最初是作为官厅存在的。叶猗将其改造之后，它的物理结构变成了一座堂。然而，外观的变化本身并不能改变其作为政府办公机构的基本职能。在叶猗母亲生日那天，堂的周围聚集着平民百姓，这仍然是一个大众可以接触到的公共场所，而非隐藏在闺闱中的女性的私人场所。[35] 它不是专为款待叶猗的母亲而建的，而是（恰好成为）她生日聚会的理想地点和欣赏美景的全新佳处。

对母亲来说，宴会提供了一个特殊的机会，使其以公开的方式进入政府公共空间，并受到通常主宰这个领域的精英士人（以及广大民众）的欢迎。对于叶猗本人来说，在他督导下完成的宏伟新厅，以及他在这个特别的地方举行的盛大宴会，展现出他作为地方长官的卓越行政能力以及作为孝子的道德成就。当然，叶猗在公共和私人领域的成就是由聚集的平民和像杨濮这样的精英来宾共同见证和认可的。在杨濮的记文中，这个生日宴会的主角并非叶猗的母亲，而是叶猗。在杨濮看来，对于一个负责地方民众道德教化的官员来说，实实在在的行动比口头或者书面的指导更引人注意且富有成效。因此，他赞扬叶猗在民众的注目下，在新落成的官方建筑中举行母亲生日庆祝活动，以此践行孝道的行为。杨濮把这次宴会解释为地方行政人员对于当地社区道德教化的积极贡献。他意识到，诞辰活动本身是偶然发生且时间短暂的。为了取悦叶猗，杨濮提议新厅以"慈庆"为名，以提醒当地民众这一事件，这有利于传播叶猗的孝道，使其名声不朽。孝道是根植于"家"的基本伦理道德，同时也是儒家政治哲学的重要组成部分。地方行政人员在"家"外推行，并在公共空间里予以表现孝道，成为一个可供平民在自家效仿遵循的例子。孝道的主题将"私事/家事"与公共事务的话语连结起来，使"家"内外之间的界限富有弹性，并使其有了多样化的诠释。"慈庆"显然是一个代表家庭伦理的性别化称谓。然而，它似乎是一个官舍的荣誉标识，表明在这种情况下，公与私、家与政府之间的界限被模糊了。正是这种模糊性和灵活性赋予了女性在"家"外的权力。

女性与诉讼

宋代大多数福建女性都是无官宦家庭背景的平民百姓。她们无法享受到官宦家庭女眷所拥有的优越人力资源和社交网络,因此没有权力去影响地方政府的常规行政。缺乏可用的官方渠道,限制了 143 这些普通女性与地方政府沟通的方式。然而,在现实生活中,大多数宋代女性并没有过着完全与世隔绝的生活,她们也参与地方事务,因此,与地方政府接触似乎是不可避免的。宋代女性对自己、"家"和当地社区的关注,与地方政府的官方职责相重叠。因此,她们与地方政府建立起各种各样的关系。一方面,平民女子可能会向地方官员寻求帮助,或者在从事地方福祉活动时与他们合作。另一方面,地方政府可能有义务处理女性卷入的冲突,从事造福于男女两性的公共事务,或者为了公共利益宣传并利用女性家庭生活的正面形象。

宋代福建女性与地方政府之间最频繁的接触是通过诉讼案件实现的。宋代精英和官方舆论普遍认为,华南地区的许多地方都特别好讼,其中福建是诉讼高发地区。据说当地官员需要处理大量的法律诉讼,忙得焦头烂额。[36]官方史书和笔记小说作者把这种情况归结于福建耕地短缺和人口暴涨之间的严重失衡。[37]现代学者则通过研究地方经济市场的发展、土地交易的盛行、人口的增加以及来自北方的移民涌入来解释这一现象。[38]在宋代福建现存的司法案件中,民事诉讼的数量远远超过刑事案件的数量,其中包括大量的家庭财产纠纷,尤其是土地纠纷。由于女性可观的财产权和对家庭经营的运作,她们深深卷入其中。《名公书判清明集》中有许多福建案例，其中涉及女性与丈夫的父系亲属无法就某些家庭财产的所有权达成一致，在法庭上寻求地方政府公堂上的裁决。女性扮演了原告或者被告的角色。笔者在此处不再重申这些案例，因为研究宋代女性财产权的学者们已经反复阐述过关于女性为家庭财产抗争的原始史料。[39]例如，柏清韵关于建宁府的"许多土地纠纷和女性土地继承的重要性"的研究，[40]让我们相信，女性在宋代前所未有的财产权是受政府法律确认的，一般来说是受到地方官员保护的。

144　　　　现存宋代文献中保存了大量与女性相关的法律案件，这些案件是由地方行政人员经手处理的。然而，地方政府本应推广理想化的被区隔的女性形象，他们谨慎对待女性在法律诉讼中是否应该被带到官衙，在众目睽睽之下直接面对公众。在宋元时期出版的许多官箴中，经验老到的官员作者警告同僚不要轻率地在法律冲突中牵连女性。[41]可能是福建人陈襄（1017—1080）所撰的《州县提纲》中，[42]有一章内容是关于政府在诉讼中不应该牵扯太多的人，特别是女性：

甚至与其夫相殴而攀其妻为证，与其父相殴而攀其女为证，意在牵联人数，陵辱妇女，辄谓得胜。……余如婚田、斗殴之讼，择追紧切者足矣，妇女非紧切勿追。[43]

李元弼的《作邑自箴》和胡太初的《昼帘绪论》中有类似提法。[44]

在《作邑自箴》第三卷"处事"中,李元弼称:"凡斗讼,乞勾所争人父母妻女之类照证,意在搔扰,切宜详度,不可一例追呼。"[45]胡太初还表达了他对于女性卷入诉讼的态度:

> 凡与一人竞诉,词内必牵引其父子兄弟七五人,甚至无涉之家,偶有宿憾,亦辄指其妇女为证,意谓未辨是非,且得追呼一扰,费耗其钱物,凌辱其妇女。此风最不可长。令须察其事势轻重,止将紧要人点追一两名,若妇女,未可遽行追呼。[46]

以上三位作者基于他们的专业经验,就如何处理诉讼问题向同时代的官员们提出了切实可行的建议。他们对将女性证人卷入法律诉讼中一事似乎相当谨慎,所有人都建议地方官员要慎重又细心,不要传唤女性证人,除非她们的在场是确实必要的。但他们对其他人的告诫,让我们有理由相信,同一职位的其他官员往往不会以这种方式约束自己。他们反对传唤女性到公堂的言论表明,一方面,当她们的男性亲属被正式起诉时,宋代女性容易被卷入诉讼中;而另一方面,传唤女性证人并要求她们出现在公堂被视为对女性的侮辱。至于女性证人,一旦她们被卷入诉讼,她们将不得不离开熟悉的住所,失去了闺阃的保护。随后,在与国家当局的对峙中,她们被降至弱势位置,被迫向未知的公众抛头露面。在《州县提纲》和《昼帘绪论》中,女性证人可能经历的伤害被定义为"凌辱"(陵辱)。这个词可以指的身或心的伤害或者损害,但在这两种文献的语境中,它表示的是特定

的心理上的羞辱。三则文献都指出，原告希望将被告的女性亲属牵
扯到诉讼中。人们必然得出这样的结论：在宋元时期，这是经常发
生在地方司法程序中的司空见惯的现象，否则这一问题不会同时出
现在这三种官箴中。

　　根据地方官的解释，这一常见做法背后的动机是原告恶意利用
司法权力，通过在公开场合羞辱被告的女性亲属，从而扰乱被告家的
性别秩序。尽管闺闱内似乎不会受到外人的干扰，但它们容易受到
地方政府的合法影响。就像官箴所透露出的那样，在法律案件中将
并不一定需要到场的女性牵涉入内，似乎是宋代原告的常见策略。
《州县提纲》和《昼帘绪论》的作者告诫道，在诉讼中不加辨别地牵扯
被告的家庭成员，包括女性亲属，将会扰乱他的家庭，甚至会在法官
调查此案之前毁掉他的家庭。[47]但在现实中，原告利用政府的合法权
力强行打破内外的界限，并通过牵扯其女性亲属，确实有可能让被告
的"家"陷入混乱。

　　当女性本人作为原告或者被告介入到司法案件时，她们不可避
免的要在公堂上抛头露面。女性原告主动提起诉讼，利用政府权力
保护她们自己或家庭成员的合法权益，而女性被告当然不得不被带
离闺闱，直接面对政府。许多福建地方文献记录了女性原告和被告
参与民事或者刑事案件。尽管女性原告的数量比男性原告少，但她
们的存在引起了人们更多的关注和争议。一般来说，人们不鼓励女
性去公堂，我们可以假定，如果没有强烈的理由，宋代女性自己不会
喜欢在闺闱外直面公众的压力。因此我们可以认为，在女性明显作

为原告的案例中,女性主角必然强烈感受到引入政府权力以保护她们或其近亲的利益的必要性和紧迫感。在宋代福建的"列女"(模范女子)中,古田利氏的女儿发誓要报仇,她发现了罪犯,并向地方政府寻求帮助,最终将罪犯绳之以法:

> 父卒,无他兄弟,独与母居,厚家资。女之从兄公谦,一夕乘间杀其母,尽挈其资以去。女逃匿得免,誓必复仇。因削发为尼,周历四方物色之。忽得之处州湖南。时公谦方击球不之觉,女走诉于州,获之。守感其孝,为械送本州,置于法。[48]

　　利氏女显然有勇有谋,她决心要向杀害母亲并抢走家财的从兄复仇,但她似乎不相信当地政府有能力处理这样一件既耗时又费钱的事情,于是决定自己去寻找罪犯。大概是因为女性身份可能会给行路带来不便,她选择成为尼姑,因为这一宗教身份立刻让她不再受到"家"的限制和意识形态上的性别区隔。利氏女以自己的新身份在外部空间自由穿梭,必然接触到许多陌生人,而最终她在远离家乡的州找到了从兄。利氏女发现从兄时,他正在街上玩球,这表明他大概以为已经远离了古田政府的追捕,觉得自己足够安全,可以在处州公开露面。他的行为有助于证实利氏女对于地方政府处理此类案件能力的怀疑。然而,尽管利氏女通过个人努力找到了罪犯,她并没有亲自进行复仇,而是立即前往当地政府寻求帮助。她认为地方政府应该对正义负责,做出正式的和法律上的惩罚来实现她的复仇。

　　正如利氏女的例子所显示的,除了记录宋代福建女性参与民事诉讼的众多史料,吸引了大多数研究女性和法律的学者们的注意外,也存在一些女性作为原告或者被告出现的刑事案件实例。利氏女是其从兄谋杀和抢劫罪的直接受害者,因此她完全有资格在公堂上控告他。而一些女性被当作嫌疑犯对待,她们被迫离开闺闱,出现在公堂上。待在家内的女性,一旦她触犯国家法律,内外界限就自动坍塌,不再保护她。例如,泉州地方志记载,南宋地方官赵子潇如何在一桩诉讼中发现了女性罪犯。赵子潇知泉州时,一位年轻女子的父亲到公堂控告一名吏掳走了这位女子作妾。实际上,吏的妻子生性嫉妒,在妾的父亲提起诉讼前已经杀死了这个妾,把尸体放在一个大罐子中,并把罐子送到她哥哥的位于兴化的官厅内。由于泉州官府找不到这位妾,当地官员无法处理这位父亲的诉讼。赵子潇调查这一事件,并派人去兴化秘密寻找这个妾的尸体。罐子最终被挖了出来,这位妻子被关进了监狱。[49] 考虑到最初的原告是妾的父亲,而被告是吏,所以吏的妻子通常至多充当证人。如果案件中的司法官员听从了我们三位官箴作者的建议,她可以安全地待在闺闱,因为他们会谨慎传唤女性作证。然而,一旦真相大白,她就再也不能不受外界打扰地待在闺闱内了。她被指控犯有谋杀罪,被剥夺了合法的保护,被从家中粗暴地带走,被拘押在政府的监狱里,并被迫接受公开的审判。

　　除了那些通过正式诉讼寻求赔偿或者复仇的女性,其他人可能会主动向地方政府寻求行政支持,从而事先保护她们的合法权益。

莆田县地方志在介绍任兴化军司法的刘汝舟的政绩时,提到这样一个女性。郡中一王姓富人过世,没有留下子嗣。吏报告道他的家庭"户绝",[50]政府调查和评估他的家产值三十万,打算没收充公。富人的遗孀去找太守,称她怀有遗腹子。太守并不相信她,但刘汝舟坚持说王家的财产不应该被没收充公。后来,王某的妻子生下一个男孩。刘汝舟与太守辩论,并帮助王某的妻子声索家产,这激怒了太守。刘汝舟缴还了他的告身辞官,要求返回家乡。太守稍微冷静了下来,但仍然没收了王某一半的财产。[51]在这个故事中,地方官对于"户绝"家庭的不同态度支持了柏清韵的发现,即"宋代官僚成员们对是否将私人土地据为国有的看法不尽一致",并且他们就如何对待"户绝"财产问题进行了辩论。[52]

　　这个案件实际上并不是一个标准的法律诉讼,而是对一个已完成的或者悬而未决的行政裁决的上诉。无论是王某的遗孀还是当地官员,都没有正式认定自己是原告或者被告。他们的接触和冲突源于各自对于同一财产的渴望。太守决定把王家登记为户绝,这样政府就可以合法地充公其财产,增加财政收入。而王某的遗孀则希望为自己和她未出生的孩子的利益保留家产。在她的核心家庭的私有财产问题上,她必定充分意识到政府的权威。不过,她可能也知道,如果自己真的怀孕了,那么与这位太守相左的法律就站在她的一边。她可能有一些男性亲属,可以作为自己与当地政府沟通的媒介。然而,作为利益与案件结果直接相关的当事人,她本人当堂辩论,一定比与这一特定事件无关的男性亲属出面更有分量。这才让她鼓起勇

149

气公开承认自己已经怀孕，特别是在她怀有遗腹子的可疑情况下。
她去找太守，解释自己的情况，并请求他重新考虑原计划。相较于女
性对实际需要的认知，性别区隔的考量是次要的。

　　这位女性申诉人似乎在与地方政府的优势权威的对抗中显得无
能为力。尽管有一位富有同情心的官员刘汝舟的努力，王某的遗孀
仍不得不向地方政府交纳一半的财产。对于居住在地方社区中的女
性来说，即使是女性平民或者在家中拥有更少权力的婢女，这可能也
是一种常识，即地方政府可以作为一个外部权威机构来帮助女性解
决与她们家有关的问题。[53]无论案件被归为犯罪与否，一旦女性来到
公堂寻求帮助，形式上便不允许性别歧视。然而，地方政府在多大程
度上帮助这些女性，仍然受到官员们各种考虑的影响。

　　除了财产问题，女性还因为一些家庭问题出现在地方公堂。伊
沛霞对宋代女性、婚姻和法律的考察研究显示，政府官员惩罚通奸和
乱伦的女性，并受理离婚的诉求。[54]在前两种情况下，女性被认为是
放荡的罪犯或者脆弱的受害人。而对于后者，女性在法律上是不允
许提起离婚的。[55]这可能会导致我们认定宋代女性在婚姻诉讼中处
于不利的劣势地位，这有时是事实，但却只是更为复杂的情况中的一
个方面。福建地方史料告诉我们，当女性不能解决某些家庭问题时，
她们也可以求助于地方政府。例如，南宋初知邵武军的王洋富有才
华且善于治理，一天，孀妇袁氏来到他的公堂。她递交了一份诉牒，
请求政府允许她再婚。王洋注意到在她丧服下可以看到一点红色的
裙子，而且她没有表现出任何悲伤的迹象，所以他命令吏用酷刑对她

进行审讯。袁氏立即招认自己毒死了丈夫。[56]由于法官明察秋毫,事件从一个正常的家庭纠纷变成了一桩刑事案件。尽管史料中并未提及,我们可以合理推测,一开始孀妇去公堂请求政府允许她再婚,她的再婚很可能遭到了其已故丈夫家人的强烈反对。不管他们反对的理由是什么,袁氏必然没有足够的力量对抗他们的拒绝,这促使她去寻求有效的外部支援。

　　要求地方政府解决家中冲突不可能是袁氏的发明,她准备了一份诉牒,这证明她很熟悉正式程序。[57]袁氏去公堂表明她清楚地知道地方政府有合法的权力给她颁发某种文件,而这一文件将使她有权无视夫家的反对。[58]宋代女性在面对家中冲突时,可能会期望得到政府的支持。在上述官箴中,《州县提纲》也正式讨论过女性向公堂申请再婚的诉状。该书第二卷中,在冠以"执状勿遽判"的条目里称,如果官员收到了女性再婚的请求,他必须传唤该妇女并询问相关的事实。[59]根据经验丰富的地方行政人员编写的这本官箴记载,一位合格的地方官员不仅应该接受来自女性的再婚请求,而且还要亲自调查情况。这样的史料有力地表明,有很多像袁氏这样的女性(虽然可能与她不同,并非杀人犯),她们出现在地方公堂上,要求政府帮助她们对抗来自夫家亲属的反对。

　　综合考虑上述所有情况,我们可以看到,尽管有一种显著的行政理念和实践旨在避免女性在公共场所抛头露面,地方政府在行政和司法职能方面仍能为女性利益服务。官箴作者对于闺闱中女性的态度与传统的性别区隔原则相一致,他们认为女性在公堂上抛头露面是对她们"家"的羞辱。可以合理地假设，众多地方官将这样的建议牢记于心，并努力防止在司法案件中将女性不必要地牵扯进去——虽然我们也可以假设许多其他官员没有这样去做，否则官箴作者也没有必要去提供这些建议。无论如何，即使地方政府采取了最小化牵扯女性的方法，个别女性也可以作为当事者或受害人，参与刑事案件或者民事诉讼。此外，当她们面对亲属在家事上的压力，牵扯她们的法律权利时，她们还可以提交诉牒，要求政府提供支持。无论地方官员的个人立场如何，地方政府都有义务遵循正规的法律或者行政程序，接待这些女性并处理她们的申诉。[60]宋代女性通过各种渠道与地方政府的接触，特别是在其司法职能方面的接触，比起性别区隔理想可能引导人们去预期的要更为频繁。

地方政府管理下的女性

除了在法律案件中面对面的接触之外，即使她们没有请求帮助，行政责任可能也会使地方官员在某些情况下干涉女性的生活。地方政府的一个主要职责就是管辖在户籍上登记的人口。尽管理想的情况是待在家里，但女性与男性一样被视为国家人口基础的一半。因此，当幼女或者成年女性被拐卖，或新生女婴的生命受到威胁时，地方官员必须行使行政权力来保护她们并维护当地人口的稳定。

与男性相比，女性在公共场所更容易遭遇到各种危险，而一个主要的威胁是拐卖。尽管男性和女性都可能被拐卖,但女性更频繁地成为被拐卖的目标。[61]它使国家感到焦虑不安,并对这类罪行严惩不贷,这见于许多宋代诏令和律令中。[62]此外,当地居民特别是女性的异常搬迁,一直是地方政府的主要关注对象。最近学者们的研究表明,在一些欠发达地区,宋代女性被拐卖的记录相当集中。[63]然而,有趣的是,这种普遍性的假设并不适用于福建。知福州温益在 1099 年发布命令,提醒当地居民注意被拐卖的风险:

> 闻建剑两州、邵武军客人,多是到来福州管下,使用钱货讨会生 152
> 口……多端弄赚人家妇女并使女。称要妇为妻,或养为子,因而诱引出偏僻人家,停藏经日后,便带往逐处,展转贩卖,深觅厚利。致被诱之家,经官诉讼,官司虽尽逐根寻,卒不见诱者。遂使父母夫妇,永不相见,其或诱人,亦不知存在否。此岂是情理?[64]

根据这份文献记载,我们了解到,因为她们自己或其家庭成员贪图钱财,相当数量的福州女性发现自己被诱拐或绑架出了家外,并被卖到其他地区。作为福建路的行政中心,福州在经济上和文化上都比建州、南剑州和邵武军更先进。被拐卖女性处于不寻常的流动中,从沿海到内陆,这一情况持续了整个宋代。[65]12 世纪 70 年代,知福州史浩(1106 —1194)向宋孝宗进呈了一份奏札。根据他的观察,“建宁府、南剑州、汀州、邵武军四州穷乏之人例不举子……贵家富室既无奴婢,其势不得不买于他州。价值既高,贩掠之人所以日盛”。[66]对于女性劳动力的巨大需求导致了频繁的非法运输和贩卖。这些一再发生的犯罪严重危害了受害者的生命安全，造成了大量的家庭悲剧，并威胁到地方政府的人口基础。受害者的家属前往当地政府寻求帮助，然而政府没有能力找到受害人。因此，温益颁布命令，以通知当地人可能存在的危险：

切宜防备。敕条立碑晓谕。责五人为保，有工者保依条追赏外，每获一名，更于知情、引领、牙保、藏匿人名下理钱二十贯充赏，其邻甲厢者，一例重行断遣。[67]

为了防止这样的行为和抓捕罪犯，地方政府不得不依赖于由当地人组成的军事和安全合作组织"保"。同一地方单元的居民被要求彼此互相监督，如果他们的邻居被发现犯罪，他们可能会被牵连其中。在所有这些拐卖案中，受害者通常都是待在家中的女性。当她们被诱骗，被迫离开家，或是被藏在陌生人的房子里时，可能会遇到住在附近的人。因此，地方政府认为被害人或者罪犯的邻居应该首先注意到拐卖事件，因此指定地方安全组织中的人负责监督邻居，并报告他们的发现，这种安排是合情合理的。当然，地方政府提出的方案可行的前提条件是，当地居民可以认出他们的女邻居。地方政府的这一决定，表明了宋代地方政府所承认的社会现实——宋代福建女性并非完全局限于闺闱中。温益的策略并非凭空而来；它是保甲系统在地方层面的应用。1070年，宰相王安石向宋神宗提出这一建议时,他已经指出了保甲系统在防止拐卖人口方面的作用。[68]宋朝人普遍认为,女性在日常生活中必然接触到她们"家"以外的人,至少是那些住在附近的人。在一定程度上,温益的策略在福州取得了效果。70多年后,史浩注意到绑架者被"刑禁棰楚,情重者多至编配"。然而在他当时,"此风终不可革"。[69]被拐卖的宋代女性满足了妇女买卖市场蓬勃发展的需求,这在一定程度上动摇了国家和地方政府对于他们所统治的女性人口理论上不可挑战的权威。

除了拐卖妇女,杀婴是地方政府不得不关注的另一个问题。与那些能够表达意愿并改变自己境遇的受害者相比,新生儿完全任由父母摆布。因此,比起之前提到的拐卖案件,在女婴遭遇被杀害的威胁时,地方政府的干预可能显得更为必要。正如许多社会史学者所指出的,杀婴,尤其是杀害女婴,是宋代福建的一个严重问题。[70]一部延平地方志声称:"宋闽人生子多者,至第四子率皆不举,为赀产不足赡也。若女,则不待三,往往临蓐,以器贮水,才产,即溺之,谓之'洗儿',建、剑尤甚。"[71]根据这一条史料记载,杀婴行为的决定通常源于家庭成员对经济能力有限的认知。[72]在一些宋代福建的家庭中,男女婴儿都受到了杀婴行为的威胁,尽管根据文字史料所示,女婴比男婴更有可能成为被杀害的对象。[73]

很难看出家庭中的男性和女性在多大程度上分别参与了这一决定。一些福建官员指责新生儿的父兄们杀婴,[74]而宋朝的法律惩罚所有可能知道或者从事杀婴行为的人,包括父母、在同保服役的邻居和稳婆。[75]前文的史料让我们相信,杀婴的决定通常是在婴儿出生之前或者出生后立即做出的。如果我们把杀婴行为放在婴儿刚刚出生的情景中，那就是发生在一间隔离的产室里，那一刻它完全被女性所占据，完全禁止外人进入。参与者通常是稳婆、婢女，或者是同一家庭中的其他女性。朱熹的父亲朱松撰写的《戒杀子文》一文，为我们提供了一个展现女性在杀婴事件中能动性的示例。[76]

　　根据朱松的描述，1117 年，他采访了俞氏女，她回忆说，她被误带到地下世界，并亲眼目睹了地下官吏对一名杀害了自己五名新生儿妇女的审讯。俞氏女最终被地下官员送回，并命令她"汝归，语汝乡里亲戚，慎毋杀婴儿"。[77]在俞氏的想象中，她看到的那个妇人是杀害婴儿的凶手，而她自己则是一名道德改革者，注定要阻止当地社区的人们杀死婴儿。这个故事揭示了俞氏所认定的，女性在杀婴行为和反杀婴行为中所扮演的角色，这很可能是社会现实的反映。[78]为了完成说服人们不要杀死婴儿的任务，俞氏女告诉当地的精英人物朱松她的这一经历，而朱松则以同样的意图将他的文章瞄准了更广泛的受众。作为一名地方官员，朱松利用当地妇女的故事来解决杀婴问题，并希望以后人们能将拯救婴儿生命归功于他。然而，作为一名采访者和记录者，他必然注意并认识到女性在助长或停止杀婴行为方面的关键作用，这也是俞氏在自己的叙述中所提到的。

　　尽管宋朝政府颁布了反对杀婴的法律法规，但这些禁令在许多地区似乎都被置若罔闻，这导致一些地方官员如朱松，采取了道德劝说的解决办法。[79]就作为家务事的杀婴而言，把中央政府的政治权威施加在家庭上，困难重重，在某些情况下，甚至是不可能的。然而，国家找到了将其愿望植入到在理论上和实践中由女性主导的内部空间产房的方法。1169 年,由于官员们上报了福建的杀婴问题,中央政府宣布了一项法令,如果福建贫困家庭有孩子出生,那么这个家庭就要向当地政府报告婴儿出生的情况:"委自长官验实,每生一子,给常平米一硕、钱一贯,助其养育。"[80]在之后的 1195 年,国家甚至同意在建州、剑州、汀州和邵武军使用田赋来帮助贫困家庭抚养孩子。[81]中央政府多次颁布法令,表明国家确实关心人口基数,[82]并努力利用国家资源,停止在福建地区的杀婴行为。[83]

家庭选择杀婴行为主要是出于家庭财政的考虑,因此当地官员大体上试图通过经济手段来解决这个问题,这意味着他们不得不依靠国家财政收入。他们向中央政府报告这个问题,并获得国家法令,授权他们使用国有资产。行政当局试图利用经济资源来影响闺闱内的隐蔽行为。行政法规保障经济救济,为地方民众提供了除杀婴之外的其他选择,它既没有推翻家庭成员在决定婴儿命运方面的权威,也没有挑战女性在家中杀婴行为上的自主权。尽管地方官员们对国家的人口基数深感忧虑,并怀有强烈意愿使用优势资源来影响地方家庭的行为,但他们务实地承认了家庭成员在处理这一家中问题上的最终权威。

地方官员可以请求中央政府的财政支持,但在其辖区内他们必须依靠自己去停止杀婴行为。他们作为连接国家和地方男女居民的重要桥梁,采用非暴力手段,影响居民对家中事务的管理。知顺昌俞伟(字仲宽)是一个例子:

作《戒杀子文》，召诸乡父老为人所信服者，列坐庑下，以俸置醪醴，亲酌而侑之，出其文使归谕劝其乡人，无得杀子。岁月间活者以千计……转运判官曹辅上其事，朝廷嘉之，就改仲宽一官，仍令再任。复为立法，推行一路。[84]

俞伟的策略很简单，但被证明是如此成功，以至于连中央政府都很欣赏。他没有利用国家的财政资源，而是发挥了地方父老的影响力。而俞伟把这个方法归功于自己的朋友，理学家杨时，杨时在顺昌长大，对这个地区的杀婴问题很熟悉。[85]与之前例子中的理学家朱松不同，杨时在写给俞伟的信中没有提到女性在杀婴行为中的能动性。然而，他建议道德说教而非法律上的惩罚，揭示出他对女性所在家庭领域的相对独立性的尊重。

正如上文所示，俞伟是一位富有爱心、同情心和责任感的地方官，他把地方父老召集到府衙，诚恳地对待他们，表达自己对当地严重的杀婴问题的担忧，并请求他们的帮助。地方官所有这些可见的努力都发生在政府的公共空间里。我们并不知道宴会结束之后父老们的具体行动，原始材料并未提供给我们任何关于父老和其他平民之间的互动的信息，但称俞伟最终赢得了这场战事，结果令人振奋。这表明，地方政府利用地方势力来影响当地人家中的日常生活是可行的，有时也是有效果的。实际上，福州官府依靠当地社区以防止女性被拐卖，是地方政府承认并有意使用非官方但实际有效的地方势力的例证。作为受害者和行凶者，妇女与被拐卖或者杀婴行

为密切相关,而拐卖或者杀婴行为都是源自家中或者在家中发生
的。然而,地方政府和非官员干预的权力,使她们无法在闺闱内独
立自主地生活。在某些情况下,即使没有地方政府的直接干预,家
中的女性与其男性家属一样,仍然受到邻居的监督和当地父老权威
的影响。

一些官员,如俞伟,利用地方势力协助政府政策在地方家庭中的
实施,而有些人则更倾向于直接与地方居民联系,向其提供帮助。例
如,1219 年,福建人林光裔被任命知宁都:

> 邑俗多溺女。光裔储米为举子仓,积俸为举子钱。贫民生女者,
> 邻里以闻,先给钱米养产母。阅月,抱女至庭验视,则月给米三斗,至
> 周岁而止。行之数年,全活甚众。[86]

林光裔是一位福州官员,当时就任于江南西路。[87]他同样关心杀
婴问题,尤其是杀害新生女婴的问题。他利用政府的财政资源来解
决这个问题,这是政府在制止杀婴方面的一贯做法。为了及时准确
地了解当地家庭的女婴出生情况,他要求当地居民向政府提交邻里
间有关新生女婴的数据。通过这种方式,即使未进入当地人家庭,官
员们也可以获得第一手的家中信息,而这些信息并未纳入官方的户
籍资料中。如此,食品和补贴可以及时分配给刚生产的妇女。在女
孩出生一个月后,她们被带到官府,在官方调查后接受政府资助。产
女原本是家务事,但地方政府在制止杀婴的行政活动中,却将它视为

158

一件公共事务。

　　与性别区隔的一般意识形态相一致，针对无论是何种身份的女性或者何种类型的问题，地方政府干预人们家务事通常是有条件的、偶尔发生的。即使政府不得不亲自解决家庭内部问题，他们通常也会寻求通过公共权力和信息网络的媒介来干预，从家外来影响家内事。此外，地方政府的物质和人力资源方面都是有限的。因此，地方官员有意避免直接侵入人们的"家"，至少是避免有形介入。尽管地方官员的策略多种多样，但他们却找到了替代性的方式来关注当地的人口，而没有侵略性地干涉居民的家务事，这符合他们对内外界限理论上的尊重，以及对于女性理想被隔离的内部空间的认可。

公共领域内的性别考量

　　地方政府在干涉人们家务事时谨慎而克制。相比之下，他们可以在"家"外的公共世界里享有相当大的干涉权力，而无须担忧任何意识形态方面的空间限制。地方官员有强烈的积极性去承担包括公共服务在内的管理地方事务的责任。既然宋代女性如同她们同时代的男性一样，在"家"外的空间活动，她们就自然而然地成了诸如公园、桥梁和道路等公共设施的受益者。在大多数这样的公共建设中，对性别的考虑似乎并不明显。然而，与之相反，在宋代福建，我们可以看到，当针对一个特定场合——温泉和附属浴室，地方政府对公共空间中的性别问题高度关注。

福建分布着大量温泉，在宋代即受到当地人的喜爱，并被视为健
康的天然资源。在福州、泉州和汀州的地方志中，我们可以看到由地
方政府兴建的大量温泉和附属公共浴室。一般来说，无论性别为何，
沐浴被认为是在"家"里面进行的一种私人行为。从古典儒家著作
《礼记》到宋代儒学大师司马光的家仪，女性总是被建议在其男女共
用的住宅中，使用与男性分开的（女性专用）浴室。在宋代福建，当
地人在"家"外的开放空间中享受天然的沐浴资源。男人们的温泉
浴做法颠覆了传统的沐浴隐私观念，实际上也阻碍了女性进入温
泉。然而，当地政府对温泉和相关浴室的建设，为男女提供了相对
隔离的场所，它符合传统观念，并为女性在公共场所使用天然资源
提供保障。

地方政府通常把温泉分成男女两个隔开的部分，并在性别区隔
的基础上建立了附属的房屋建筑。例如，福州连江县西北光临里有
一处温泉，"宋嘉泰中（1201—1204），知县朱定建二室以别男女之澡
浴者"。[88]福州永福县南十五都，有"大汤"和"小汤"之分："大汤分为
四池，小汤分为二池，俱有室屋，各分左右，以别男女。"[89]汀州长汀县
青泰里有一处温泉，绍兴年间（1131—1162），人们砌石塘围住温泉，
在两端建造了两个房间来分隔男女，并在旁边修建了一座名为"无
垢"的庵房，县尉李格为其写了一篇记文。[90]

在这些例子中，所有的温泉建筑都是在地方官员的控制下建造
的。一方面，这些公共设施的受欢迎程度表明地方政府对当地人不

论性别在"家"外沐浴的习俗持宽容态度。[91]另一方面,他们对分隔浴室的特别关注表明,地方官员也试图在公共场所维持适当的性别区隔观念。在公共交通中,如桥梁和道路等常见的公共设施作为沟通媒介发挥作用,其中不存在性别歧视。相比之下,温泉可以被改造成具有性别差异的半私人建筑,以区分男女双方所处的开放空间。温泉建筑的物理特性使地方官员可以在"家"外空间将性别区隔的理念付诸实践,尽管这与笔者在"家"的背景下所讨论的内外界限是不同的。我们不知道是否所有或者大部分温泉浴室一旦建好,便由福建地方政府管理,但现存的所有文献都显示,地方官员关心的是公共温泉房建设中的性别区隔问题。

　　除了在一些公共设施的建设中存在明显的性别考量外,地方官员还利用一些公共建筑来宣传与性别有关的观念。在第一章关于"家"的讨论中,我们已经知道地方政府素有授予模范女性封号的举措。通过撰写门间匾额,他们宣示官方权威凌驾于包括女性在内的地方民众之上,尽管她们在家中的生活相对隔离。地方政府向公众介绍了女性的内在美德,促进了受众家中女性的道德修养。行政人员避免频繁接触个体女性,同时也致力于改善地方习俗,包括对女性的道德教化。此外,这些封号也许有助于培养地方女性对家乃至当地社区荣誉的责任感,虽然可惜她们没有留下任何文字线索让我们解读其想法。在某些情况下,地方政府甚至用这些封号来重新命名间,这在宋代福建的文化地理中形成了一个富有性别特色的现象。

女性占据了受国家权力管辖的人口的一半，她们在"家"内外都以各种方式与地方的其他典型人物互动。根据其精英或者非精英家庭背景，她们可以被分为两群人。来自精英家庭的女性通过她们在家内便可接触到的人力资源和社交网络，获得了大量的机会影响地方行政。她们中的一些人在家中给男性官员提供关于政府事务的泛泛的或者详细的建议，一些人则帮助男性亲属操纵官僚选任，还有一些人甚至运用了她们的家庭力量挑战合法权威。与她们同时代的男性并不总是认为女性应该远离公共事务，许多精英士人接受甚至欢迎他们的女性亲属关注地方政务，只要女性的建议听起来合情合理且富有成效。这削弱了人们的固有设想，即在宋代有一个统一且占主导地位的主张隔离或束缚女性的意识形态。除了承认地方行政中女性的能动力外，一些男性官员还特意将他们的家庭生活与公共治理联系起来，吸收女性家庭成员参与到他们的地方行政管理策略之中，并利用这些女性的积极形象，在公众中进行儒家宣传。一些政府建筑被赋予了性别化的名称，因此它们从代表政府权威的物理符号被改造成为传播家庭伦理的公共物品。

至于来自平民家庭的女性，她们与地方政府最频繁的接触发生在其卷入法律案件的时候。讨论地方行政的重要著作的作者们承认女性居住的闺闱的私密性，建议地方官员在将女性牵扯到公开诉讼中时要保持谨慎，许多官员可能也听从了这一建议。然而，从女性个人的角度来看，地方政府是她们有资格声张个人权利并寻求法律支持的唯一合法机构。所以，她们或勉为其难，或自觉自愿地出现在县衙公堂上，就家庭事务与相关人员辩论或者协商。

　　除了处理女性的诉讼外，地方政府通常还对弱势女性在拐卖和杀婴行为两件事上表示了深切关注。这两个问题与地方人口管理密切相关，因此是政府行政职责的一部分。尽管如此，地方官员在采取应对策略时，还是努力避免介入女性的闺闱。他们动员地方社区的邻居来监督女性人口的流动，并利用经济援助来防止村民杀害女婴。地方政府与受到拐卖和杀婴行为威胁的女性主体之间并未建立直接联系，这体现了地方政治当局对女性在家庭内隐私的尊重和保护。

　　虽然地方政府试图保护女性安居于家室之中，但他们意识到女性在家外领域的出现，并在一些公共事务的建设中考虑了性别问题。当地方居民将个人洗浴活动的空间从家内领域转移到开放的温泉时，地方政府无力或者无意将他们推回。相反，他们为男性和女性建立了分离的房屋，以保障隐私和性别区隔。此外，他们还建立了与性别有关的公共建筑，以促进地方社区的家庭伦理和道德，并期待得到男女受众的欣赏。除了接受女性出现于户外领域之外，地方政府还努力在公共领域创造新的性别界限，并同时利用这一措施来传播一直存在于内外之间的正统界限观念。在地方政府空间的语境中，性别界限通过女性和地方行政人员之间的频繁互动而成形和波动。

第五章

信仰：性别化的宗教空间

宋代是中国宗教组织的发展和繁荣时期，经历了广泛的商业化
与俗世化。佛教、道教和地方宗教在这个有利可图且充满活力的环
境中相互竞争，而女性不用离开常规的"家"系统，就能扮演诸如传教
者、朝圣者和布施者等各种各样的角色。尽管女信徒并没有像佛教
比丘尼和道教女冠那样主张独身，但她们对宗教的虔诚也可以以复
杂多样的方式表达出来。她们在家里举行宗教仪式，参加地方寺庙
的宗教活动；她们与家中的男性精英交流思想，偶尔也在佛道圣地拜
访名僧高道；她们在闺房中制作与宗教信仰有关的物品和艺术品，还
向地方寺庙和僧道们布施钱财。女信徒可以在家庭和公共场合，在
内外之间来回穿梭，自由且频繁地出入宗教市场。世俗与精神的界
限被模糊了，女性的空间拓展到宗教领域。

　　考虑到宋代福建的宗教建筑数量极多，福建女性参与宗教活动
可能比其他地区更为普遍。南宋学者陆游（1125—1210）知福州时，
注意到"闽之风俗，祭祀报祈比他郡国最谨，以故祠庙之盛，甲于四
方"。[1]稍后，南宋宰相吴潜（1195—1262）在他的奏疏中记录类似的
发现："寺观所在不同，湖南不如江西，江西不如两浙，两浙不如闽

中。"[2]至少在南宋，福建的寺庙数量超过了整个宋帝国其他文化发达地区。[3]许多寺庙外观富丽堂皇，构成福建地方景观中不可或缺的一道风景，给人留下深刻印象。从闽北到闽南所有地区的宗教建筑，尤其是佛教寺院的宏伟壮观与数量的不断增多，吸引了众多当地居民和游客的注意力。例如，南宋地理书《舆地纪胜》的作者王象之，把福州著名的三座宗教圣山比作海上的神仙家园，他慨叹道："千刹星联，实人间之佛国"。[4]在同一本书中，他还声称闽南经济文化中心泉州在很长的历史时期内也被称为"佛国"。[5]

　　正如韩森(Valerie Hansen)所言，"在12、13世纪，神祇和宗教人士数量增加，给了人们一个不断扩大的、偶尔让人迷惑的选择"。[6]这一概述性论断适用于福建，在宋代，众多宗教盛行于此地。在晚唐的动荡局势中，王审知(862—925)在福建建立了自己的军事和行政权威："王氏入闽，崇奉释氏尤甚，故闽中塔庙之盛甲于天下。"[7]道教在这里的发展同样得益于闽政权一些节度使的支持。诸如闽北武夷山之类圣山上的许多道教宫观都在宋代朝廷的资助下被建造和改造。[8]在一部明代福建地方志中，编撰者回顾了当地宗教传统的历史，感叹道："(佛寺道观)至于宋极矣！名山胜地，多为所占。绀宇琳宫，罗布郡邑。"[9]除了佛教和道教的急剧扩张，宋代福建还经历了前所未有的大众宗教的发展。《宋会要辑稿》中保存了福建95座得到国家认可的祠庙的资料，[10]这仅仅是当地众多大众宗教中的一小部分，这些地方寺庙香火旺盛，遍布当地。福州宋代地方志《(淳熙)三山志》，指出当地的寺庙"岁月深远，一邑或至数百所，不可胜载

165

也"。[11]这些地方信仰的流行程度极大地增加了福建的宗教活力。

　　福建当地一定存在着数量庞大的僧道和信徒，他们培育出无与伦比的宗教市场。例如，福州东禅寺，从 1080 年到 1103 年，耗时 23 年，动员了上万户家庭赞助印刷卷帙浩繁的三藏经。[12]这些捐助者中应该有一大部分是当地女性，这一推断合乎情理。不过，福建以外也大量存在着女信徒，我们无法确定福建寺庙文化的异常盛行是否导致了当地女性的宗教活动相较其他地方更为活跃。然而，作为一群受到宗教专业人士青睐的消费者，福建女信徒对于当地宗教市场的影响绝对是相当大的。正如本章所呈现的，她们不断参与宗教市场，在名义上存在于"家"以外的精神和经济领域中留下性别印记。她们的宗教活动背离了古典儒家理想，但令人惊异的是，却得到了支持这一理想的男性的普遍接受。

儒家视野中的女信徒

　　对于宋代福建的女信徒来说，宗教活动是她们日常生活的重要组成部分。除了在家中开展宗教仪式外，她们偶尔去寺庙祈祷，购买经书，参加宗教仪式，进行布施。这些行为不仅展现了她们的宗教信仰，还培育了当地的宗教市场。尽管儒家学者倡导性别区隔的古典思想，但他们不可避免地会见到或者听说过女信徒——亲戚、朋友的家庭成员或者与他们没有任何个人关系的地方女性。他们记录下女性的宗教行为，并在总结和评价她们的生活经历时，考虑到她们的性别身份和宗教倾向。这些信息丰富的文献展现出女性宗教参与的多面性，此外，还为我们提供了一个批判性的视角，来研究女信徒对其宗教角色的定义，以及精英男性对性别和宗教看法的复杂性。

166　　　在中古中国，儒学权威受到佛教和道教的严重挑战。为了重新确立儒学的正统地位，从晚唐起，学者们研究宗教经典，撰写批判佛教和道教的文章，同时将佛道诸多内容纳入他们对儒学的重新诠释中。福建儒学复兴的许多关键人物都对佛教和道教有很深的认识，佛道两家对其知识创新的影响是显而易见的。[13]他们提出，儒学是实现自我完善，履行对家庭、社会、国家义务的唯一适当途径。尽管他们希望男性远离佛教和道教，却为女性规定了不同的家庭和社会角色，从而以更宽容的方式处理女性的宗教信仰与实践。伊沛霞已经注意到宋代精英士人对女性强烈宗教兴趣的普遍态度："在其他方面谴责佛教的儒家学者，慷慨大方地赞扬信佛的女人。"[14]一般来说，精英士人的反佛取向并没有引起普遍的对女性参与佛教活动的不满，尽管他们把男性佛教徒看作是一个不同的、更严重的问题。[15]

　　　伊沛霞解释了精英士人的宽容态度，他们认为，"如果妻子转向佛教而变得安详沉静，她就因为加强宗族和谐而得到周围所有人的尊敬"，[16]而"儒家价值观推崇的家庭和谐经常不能从其他渠道获得"。[17]儒家学者必定注意到了，佛教有时会减少女性的焦虑，缓解家庭中的紧张关系，这一发现很有可能基于他们与女信徒亲属的互动。他们的宽容，源于对女性宗教信仰有益于"家"的期望。除了巩固

"家"，精英士人还指出，女性的宗教信仰如何使地方社区受益。在第三章关于女性善行的讨论中，我们看到了女信徒的宗教热情如何促使她们偶尔或者始终如一地帮助邻居和村民。在这些忠实的实践者中，来自官宦家庭的女信徒，甚至可以通过她们的男性亲属，使其宗教信仰对地方政府施加影响。她们源自宗教信仰的对地方社会的奉献，引起了精英士人的注意。甚至反佛教的先锋们，也将家庭和地方社区发展的权衡，置于他们个人哲学信仰之上。为了重建一个和谐的儒家社会——建立在家庭礼仪之上并扎根于地方社区中，面对女信徒对佛教的热情，精英士人选择妥协。他们把女性的宗教追求置于儒家话语的背景中。精英士人看似根深蒂固的排佛原则并没有被广泛应用，这使得社会现实比其著作所表达的思想更为复杂。

　　我们对于宋代女性宗教虔诚的认识，主要来源于精英女性的墓志。尽管精英士人普遍认同女性在日常生活中的宗教参与，但他们中的许多人并不愿意把它写进女性身后的传记中。女性的墓志应该会在一群精英士人中被传阅，他们包括作者的熟人，以及已故女性的亲属。此外，印刷术的进步和商业出版物的繁荣，使得女性墓志越来越多地被普通读者得到，而这些读者超越了女性本人与墓志作者个人的社交网络。[18]尽管精英士人与女信徒的个人联系在现实生活中可能仍然是私人化的，但他们的文章却将其对于宗教的态度直截了当地向公众表达出来，这样一来，写作关于女性宗教经历的文章成为一个问题。一方面，记录女信徒的宗教兴趣可能会引起读者对于作者诚信的怀疑，尤其地，如果他是一个坚定的排佛之人的话。另一方

167

面，它不会为传记作者的名声赢得喝彩，甚至可能玷污其名声，因为在墓志书写的文本传统中，当歌颂女性美德时，宗教并不是一个传统的主题。一个避免这些可能不利因素的办法，是忽视女性传主的宗教生活。正如何复平（Mark Halperin）的研究所表明的那样，一些作者在女信徒墓志中对于佛教的虔诚略而不提。[19]然而在宋代墓志中，关于女性宗教抱负的信息，文本数量仍然相当可观。为了给他们记录女性宗教信仰的做法正名，并减轻读者对于她们行为得体性的质疑，男性作者通常采用强调女信徒擅长操持家务的策略。

在女信徒的墓志中，男性作者赞扬她们的宗教追求，前提是她们并没有放弃家庭责任。正如柏清韵的概括："如果女性建立家庭，服侍她们的公婆，抚养孩子，按照儒家方式履行她们对社会的责任……然后佛教修行是可以被接受的，甚至值得称赞。"[20]精英士人将在日常生活中采取的对女性宗教行为的务实态度用来书写墓志，并煞费苦心地阐明逝者是如何履行她对"家"的责任，同时也践行了虔诚的宗教信仰的。已故的墓志主人公都是为了适应这种刻板印象而量身定做的，因为一个尽职尽责的女性从不忽视的是她的主要家庭责任而不是她的宗教追求，尽管这对许多女信徒来说可能并非真实情况。[21]

一般来说，精英士人很少质疑女性的个人精神追求，而女性对于她们自己的宗教倾向感到自在，并没有在现实中为其辩护的压力。然而，在一些墓志中，却可以找到女性为宗教抱负作自我辩护的记录。男性在公共领域享有社会权利和责任，与他们相比，女性则被期望待在家中足不出户。在没有正当的"外部"责任的情况下，女性在精英士人的假定中更有可能接受宗教信仰来满足她们的精神需求。正如佛教女信徒项氏对丈夫所言：

> 释氏捐亲戚，外死生，非经世之道。吾妇人无外事，且年垂四十，自度已非繁华时，欲渐远世纷，因游心焉，君不应尔。[22]

　　根据项氏墓志作者的记载，项氏引用了"妇人无外事"的规范理念来辩解她的宗教虔诚精神。她认为对一个超过生育年龄的女性来说，对佛教表现出兴趣是合情合理的。然而，项氏认为这种理由不应该适用于男性，因为他们继续承担着管理世俗事务的责任。项氏墓志铭的作者刘宰（1166—1239），在福建学者林复之（1151—1213）的指导下，年轻的时候曾研习过朱熹、张栻（1133—1180）的学说。[23]在这篇墓志中，他以一种生动的、看似可信的方式传达出项氏的话语和思想。我们无法判断项氏是否真的说过这样的话，有过这样的想法，但毫无疑问，刘宰认为，通过提及内与外、女与男的区分，女人来为她的佛教信仰正名是合适的。许多宋代墓志的男性作者都使用"无外事"，是为了确认已故女性的道德优越性。虽然女性与"内事"的正当联系已经根深蒂固，但"内事"的含义在宋代道德家当中却有着各种各样的解释。正如笔者在第三章中所讨论的，"家"被认为是区分"内事"和"外事"的重要界线；不过，"内事"并不仅仅等同于"在家里发生的事情"。此外，女性的个人精神追求在这个主要涉及女性和男性社

169

会责任的内外框架中没有任何位置。精英男性的宽容态度与儒家话语的性别规范中缺乏对女性宗教虔诚的关注正好吻合。它允许女性在培养她们精神兴趣方面拥有一些自主权，并给予精英士人一个合适的理由将女性的宗教经历写入墓志中。

　　出自福建精英袁说友(1140—1204)之手的胡氏墓志铭，为我们提供了另一个例子，来探讨在男性叙述中女信徒的自圆其说。胡氏的丈夫去世后，她"益戒二子，不出门户，于进修事尤加意。尝曰：'吾老矣，如吾所事者，吾所仰者今皆亡，吾今复何为哉？'则尽却家务，细与大不经意，翻绎内典，多所触解"。[24]就像刘宰在写作梁氏墓志铭时所做的那样，袁说友在这篇文章中引用胡氏自己的话来解释并证明她的宗教虔诚。据说，胡氏清楚地知道家庭责任先于她个人的精神需求，直到公婆和丈夫都去世后，才考虑终结自己对家庭的责任，退出家庭管理，转向佛教寻求精神支持。刘宰和袁说友让梁氏和胡氏为她们自己辩护，不是因为他们期望女信徒能为她们的宗教追求辩护，考虑到精英士人对女性宗教生活的宽容，这似乎一般没有必要。他们试图传达给男性读者的信息是，女性也知道她们和男性在社会角色上的差异，男性不应该像女性那样去实践宗教。与那些完成家庭任务，可以退隐到宗教中的岁数较大的妇女不同，男人一直肩负着家庭和社会职责。不管事实如何，用女性自己的话来传递这种观点，更具有吸引力和说服力。精英士人将"女性声音"传递到"家"外，让男性读者参与到反宗教的话语之中。总而言之，男性作者不仅在书写墓志中辩解女性的宗教兴趣，来保护他们和已故的女信徒的名声，而且还利用这些史料文本，来暗示他们个人对于男性宗教虔诚的不认同，并劝阻他们的同伴。

在福建儒家古典主义学者中，许多人对佛道有着浓厚的兴趣和渊博的知识。与对宗教不感兴趣的同时代人相比，他们有更好的机会了解女信徒并积极与其往来。共同的知识兴趣，有助于他们尊重女信徒的博学，并有动力在宗教事务上积极沟通。李纲（1083—1140）和刘克庄（1187—1269）二人正是持这种态度的。

李纲是南北宋之交重要的政治军事人物，他在一个有着强烈佛教倾向的精英家庭中长大。[25]李纲学习佛经，一生都与佛教高僧交往。尽管如此，李纲与理学先锋杨时等人建立了亲密关系，并且受到朱熹的尊敬，[26]后来甚至被编进福建理学世系中。[27]他坚持儒学在三教中的主导地位，相信佛教戒律可以促进儒家的道德修养。[28]

李纲肯定了佛教的积极价值，并不分性别地赞扬了信众的佛教信仰。在他直接或者间接了解的许多女信徒中，李纲的岳母以其佛教知识和女性美德给他留下最为深刻的印象。李纲的岳父（张根）"性刚直，遇事无所顾避"，岳母黄氏总是提醒自己的丈夫：

（夫人每戒之曰：）"释氏六波罗密，[29]以般若为宗，贵夫以方便善巧济一切也。今公欲有为于当世，而不知此，其可乎？"龙图公深感其言，为之委蛇曲折以行其道，十余年间，两路之民受赐多矣。其后以言得罪，夫人泰然无忧色，笑谓龙图公曰："公虽知所谓般若矣，独于能忍抑犹有未尽乎？"[30]

171 　　黄氏借用佛教义理来说服刚直的丈夫接受灵活的政治策略。她使用佛教术语，如"六波罗蜜"和"般若"，却没有更进一步解释，这表明她认为张根清楚这些术语和思想。通过观察他在家中的日常生活或者对话，黄氏必定注意到丈夫对佛教的了解。张根的墓志铭记载，他"至老未尝释书不观，故下至天文、地理、卜筮、图纬、历数无不精通，而尤深释氏"。[31] 由于博览群书的阅读习惯，张根立即领会了妻子的观点，并根据她的建议调整自己的行政风格。当他的仕途因遭人诬告而终结，黄氏再次运用佛教思想，为张根的仕途受挫做出合理化解释，让他得到心理上的平静。虽然在史料中张根表现出的只是简单地接受，但我们可以想象这对夫妇基于共同的阅读兴趣，在佛教思想上的生动交流。

　　李纲非常钦慕岳父母伉俪之间的深情。他将张根的仕宦成就与心神安宁归功于黄氏睿智的佛教性的建议，并将她视为符合儒家对于女性所期望的"贤内助"。除了赞扬黄氏的妇德外，李纲还表示出他个人对其佛教知识的欣赏。在黄氏墓志铭的最后一段，李纲回忆了他们最后一次交谈。1120 年，李纲由于政治原因被驱逐出朝廷，在返回福建的路上，他拜访了居住在饶州的岳父母，"留十余日，听其议论，亹亹令人忘倦"。[32] 史料中完全没有提及岳母与女婿通常都会讨论的琐碎家务，黄氏渊博的佛教知识给李纲留下了深刻印象，他认为值得在她的墓志铭中记录下来，并赞叹黄氏"所见超卓，虽老于禅学者弗能及也"。[33] 考虑到当时李纲仕途受挫，黄氏一定是用佛教思想来安慰他，就像她为丈夫做的那样。在这篇墓志铭中，李纲详细介绍了黄氏的日常生活以展示她的女德；然而，李纲叙述了自己亲身经历的一次谈话，将她呈现为一个受人尊敬的主妇，并肯定了黄氏佛教信仰的价值。

刘克庄比李纲晚生一个多世纪，他追随导师真德秀致力于倡导朱熹的理学，是南宋福建活跃的理学士大夫。和李纲一样，刘克庄在一个有着明显佛教倾向的精英家庭里长大，为那些虔诚信奉佛教的女性撰写过一系列墓志，这些女性包括他的母亲和姐妹。[34]刘克庄高度评价了母亲和二妹无与伦比的悟性。在为二妹所写的墓志铭中，他回忆起自己的母亲"于竺乾之学有所悟入，名缁老禅望风屈服，惟君（二妹）机锋足以相当"，[35]二妹"事魏国太夫人（母亲），跬步不离左右"。[36]在母亲的照顾下，二妹必然从童年时期就开始接触到了佛教。刘克庄回忆说，二妹是一个非常孝顺的女儿，为了父亲的健康向佛祈祷，父亲过世后其守丧，吃斋三年。出嫁后，二妹经常回到患病的母亲身边照顾她，并为母亲提供精神上的支持。她们很有可能继续讨论佛教问题，以此慰抚母亲身体上的痛苦。刘克庄被母亲和妹妹之间的亲密关系所感动，这与儒家的孝道价值观相一致，并因其共同的佛教倾向而强化。正是在与这些亲密的女性亲属相处的日常生活经验中，在家庭生活环境中，他注意到儒家和佛教道德关怀之间的相似之处，并对此表示欣赏。

除了女性家庭成员外，刘克庄还通过男性牵线搭桥结识了其他人家的女信徒。刘克庄经常去拜访一位同僚的母亲郑夫人，并对她的好客心存感激。他或许曾通过与郑夫人或其亲属的私人交流，了解她的生活细节。在给郑夫人的挽诗中，刘克庄感叹道：

> 九秩复何憾，
>
> 生荣没更哀。
>
> 闺门天下则，
>
> 地位佛中来。
>
> 贝叶[37]从头看，
>
> 庭槐[38]一手栽。
>
> 侍儿闻晓磬，[39]
>
> 犹恐坐禅回。[40]

173

　　不同于那些充满细节的综合性墓志，诗式的祭文都是用来总结逝者最具特色和最令人难忘的方面。在这四句诗中，只有第三句是对郑夫人生活的白描。尽管刘克庄赞扬了郑氏的女德，但却独以佛教符号来再现她的人生。他认为选择阅读佛经和在家里庭院中种植与寺庙有关的树木，恰如其分地展现出这位精英女性的生活经历。

　　刘克庄与他同时代的儒家学者一样，对女性宗教熏陶的积极作用充满期许，并表示认可，但他更进一步，试图用理学理论来解释女信徒的善行。在顾氏墓志铭中，刘克庄以核心理学思想"理"来解释佛教的道德情感和行为："（顾氏）未尝观书，而是是非非皆中于理。……中年稍喜佛学，然不泥像教，自治心性而已。"在刘克庄的眼中，这一切都符合理学对自我完善的重视，并使佛教修行对于一名普

通女信徒而言显得非比寻常。正如谢东华(Ding-hwa Hsieh)所说的
那样，"求道与成圣完全是为男人准备的"。[41]理学家并不认为受过教
育的女性精英会阅读理学家著作或者像男性一样学习理学思想，更
不要说像顾氏这样目不识丁的女性。然而，根据理学理论，女性也是
普遍原则(理)的表现，可以通过自我修养来理解它。

　　刘克庄认为，佛教的自我修养可能会促成儒家伦理的进步，他巧
妙地使用女信徒的墓志，来传播理学价值观。没有读过理学作品的
女信徒，也可以被冠以理学的标签。顾氏并不是一个特例，另一位女
子张氏在三十岁前成为佛教信徒，刘克庄表示，她的哲学高度是精通
佛学的女信徒不能企及的。刘克庄详细描述了张氏在日常生活中作
为女信徒、妻子和母亲的各自角色，高度评价了她在关键时刻的祥和
宁静。从刘克庄的观点来看，人们流于表面地认为张氏的心如止水
是在禅宗的佛教话语中培养出来的一种平和的心态，他故意冲淡了
宗教色彩，认为张氏的镇定自若非同一般，"儒书则然，女子所立，学
者愧焉。其人甚贤，其世必蕃"。[42]他以儒家规范来解释女信徒的典
范事迹，并以她为例来鼓励男性学者追求道德上的完美。儒家和佛
教在伦理问题上的共性，以及它们对于女性日常生活的综合影响，意
味着女信徒的行为可以有多种解读。像刘克庄这样的理学家承认并
尊重女性的宗教追求，利用自己在写作文化中的成员身份，通过谈及
这些追求来巩固儒家价值观在男性精英中的主导地位。

　　李纲和刘克庄二人间隔了一个世纪，他们在墓志中对女信徒的
不同评价，表明了南宋时期儒家学者对佛教的态度发生了转变。尽

174

管李纲同时推广了儒佛两种学说,但他还是将儒家思想的价值置于佛教思想之上。李纲称赞岳母的规劝是基于儒家的基本原理,[43]同时他也钦佩岳母的佛学修为。刘克庄将两种学说的重要性放在女信徒的日常生活中,强调儒家价值观的优越性,并将佛教道德更紧密地融入理学话语中。

　　在宋代福建理学思想发展的背景下,刘克庄的策略可以追溯到他所崇拜的理学大师朱熹。朱熹本人也为具有佛教倾向的女性撰写过墓志,虞氏就是其中之一。朱熹称赞这个忠实的佛教信徒是孝女、贤妻、慈母和善人,他使用"贤"一词来囊括她的生活经历。在宋代文本中,"贤"的意义很复杂,它可能有跨越性别的似是而非的含义,取决于上下文。正如钱南秀所指出的,在儒家经典中,"贤"是一个"被广泛使用的道德类别","描绘了那些实现了道德品质的拥有德、才之人"。[44]其内涵因在明清历史中,对于德、才的不断重新定义而起伏不定。何复平使用了宋代女性的墓志来讨论同时代男性中对于女性"贤"的不同诠释,他认为精英士人用它来赞扬女性个体的"优秀品质"和各种特征。[45]然而,朱熹将虞氏称为"贤",是因为她履行了"人之所以为人者"所需尽的所有社会义务。[46]在这个意义上,"贤"超越了女性"日常事务中非凡行为"的一般内涵,[47]被提升到形而上学的层次,与朱熹的哲学思想相符合。尽管存在性别和阶级差异,"贤"是普通人可以达到的一种规范高度。这种重新诠释是在理学话语中持续进行的,并被后来的追随者如刘克庄所采用,用来衡量女信徒的修为。

朱熹的理论与他同时代一些人的想法相左，这些人把女性的善行归结于她们的佛性与佛教信仰。生活在南北宋之交的四川人李石（1108—?）是早期持这种观点的一位学者，[48]他获悉一种说法："女子之性，自然与佛心会者凡三。"女性恤物爱人、啬用约出、自我约束的自然倾向，分别与佛的慈、俭和静心相一致。[49]佛性的本质与女性本性之间的这种对应关系，必然为一些精英士人所接受和传播，但与朱熹基于古代儒家经典对于人性的重新定义相左。在虞氏墓志铭中，朱熹没有因为虞氏信佛而批评她，但对其宗教实践则忽略不记。针对人们对虞氏佛学造诣的称赞，朱熹叹息道："亦浅乎其为言矣！"[50]正如柏清韵所指出的那样，"居士实践与理学的禁欲价值非常相似"。[51]朱熹在这方面充分利用了儒学与佛教之间不易察觉的区别，把女佛教信徒虞氏"偶像化"为"儒家道德的杰出典范"。[52]根据笔者的理解，朱熹既不关心虞氏的思想取向，也不试图把她确认为佛教徒或者儒士。他明确地告诉男性精英读者们，儒家思想在承认个人社会价值方面胜过佛教，无论性别和宗教倾向如何，儒家道德判断普遍适用。

在各种不同的竞争性宗教中，儒学复兴主义者视佛教为最棘手的竞争对手，于是他们试图用儒家思想代替佛教来引导人们的日常生活。尽管明显模仿和内化了佛教意识形态，但这些思想家都很敏感，坚决捍卫自身，对抗他人对其佛教倾向的指责。[53]正如韩明士所指出的那样，为了减少佛教和道教的影响，朱熹和他的理学运动"针对宋代宗教所提供的东西，提供了点对点的制度化和仪式化的替代

176

品"。[54]然而,这些创新集中在寺庙宗教上,并没有触及家庭内的宗教信仰。我们有理由认为,通俗易懂的宗教故事和相对简单的仪式实践,可能会比刻板而复杂的儒家叙事更吸引包括女性在内的普通民众。朱熹的"道学"没有提供给女信徒,尤其是目不识丁的女性,替代佛教的精神追求的途径,这或许可以部分解释为什么理学的践行者们可以容忍女性在家中的宗教活动。朱熹在其道学纲领性著作中明确表达了自己反对佛教,但他对女性的佛教实践持相对开放的态度。无论是像朱熹这样不喜欢佛教,还是像李纲和刘克庄这样对佛教和其他宗教有深刻的了解与同情,这种宽容态度似乎在宋代儒学复兴主义者中很实用且流行。

　　儒家学者,包括像朱熹这样对佛教严辞批评之人,在女信徒身后的传记中,赞颂并拔高了她们与宗教相关的美德。然而,保存在这种文献中的普遍的善意态度,并没有被他们所有人在家庭生活中忠实地采纳。一些作者可能赞扬女信徒虔诚的佛教活动,因为来自逝者亲属的要求是他们无法拒绝的;但他们仍然很难接受自己直系女性亲属的宗教信仰。胡寅(1098—1156)提供了这方面的一个绝佳例子。根据田浩的研究,胡寅出身于久负盛名的福建胡家,是一个颇具影响力的人物,他传承了程学,并"在当时毫不妥协地敌视佛教中,显得有些另类"。[55]胡寅以一种看似肯定的语气书写了一些女信徒的佛教虔诚,[56]但在为妻子写的悼亡记中,他全面展现了自己的反佛情绪。根据胡寅的记载,他的妻子张季兰(1108—1137)"素不信鬼物轮回之说",晚上,当丈夫读书、写作时,她通常陪伴身边。胡寅的《崇正论》是一部三卷本的反佛教论述，受到朱熹的高度赞赏，并激发了他后来的反佛教理论。当胡寅写作此书时，张季兰与他进行了沟通，并理解他的写作重点。她同意胡寅的反佛教观点，且相互约定，在他们死后，两人都不举行佛教葬礼。[57]张季兰最初对宗教只是不感兴趣，在她坚定的丈夫的持续影响下，最终取而代之的是一种强烈的反佛教立场。尽管在记录陌生女性的宗教追求方面做出了妥协，但胡寅逐渐成功地引导自己的妻子得出反佛教的结论，并将此成就写入他为妻子撰写的悼亡记中引以为豪。

　　生活在胡寅之后数十年的刘宰（1166—1239），是另一位具有献身精神的儒学复兴主义者，他也在努力说服妻子接受自己的反佛取向。正如之前的例子所显示的那样，刘宰曾为女信徒写过许多墓志，赞扬她们的各种美德。刘宰虽然并没有批评她们的宗教追求，却不鼓励自己家中的女性接受佛教。刘宰续弦的妻子在家中礼佛，他"既与论释老之害，道及鬼神之实理。（妻）恍然若有悟，自是遂绝"。[58]刘宰能够容忍非亲属女信徒的宗教思想和行为，但与之不同的是，他试图在家中压制妻子的宗教活动。这种矛盾态度表明了刘宰对佛教的矛盾心理，这种心理很可能也让与他同时代的许多人感到挫败。刘宰希望女性放弃宗教信仰，但他不得不面对宋代女性对佛教的无比虔诚。由于缺乏官方或道德权威去对其他家庭女性生活进行干预，刘宰没有对她们的精神追求进行规劝，而是寻求在理想与现实之间做出妥协的其他方式。一方面，他收集了一些女信徒履行家庭责任的例子，以说服自己和他的读者，这些女性践行了儒家的"道"。另一

方面,他试图影响家人,比如自己的妻子,并将他的反佛教理念付诸
实践。刘宰大概认为,强迫他人放弃他们的宗教追求既不合适又不
可行,这可以解释为何他通过面对面的劝说来做妻子的思想工作。
另外,他对"道"——佛教、道教和儒家话语中的一个形而上学的伦理
主题——的讨论表明,他把自己的妻子当作一个有知识的对等人,而
不是一个顺从的下属。不管妻子是真正放弃了佛教,还是仅仅当他
在场的时候停止了礼佛,刘宰对他们的谈话结果感到满意。

　　在胡寅和刘宰的例子中,他们所施加影响的女信徒是自己的妻
子。相比于母亲——其家庭权威已经由儒家孝道保证,妻子被认为
处于平等地位或是从属地位,取决于丈夫对理想婚姻关系的看法。[59]
女性家庭身份的差异,决定了虔诚的妻子而非母亲更可能成为儒家
的改造对象。此外,通过以自己的妻子为例,胡寅和刘宰相当鼓舞人
心地呈现给墓志读者,尽管干预女性宗教追求总体上是不现实的,但
男性学者至少能够说服配偶放弃宗教信仰。

　　总之,精英士人认可女信徒的宗教信仰,他们出于理性的或者务
实的考虑,为女信徒撰写纪念文章。一些精英热情赞颂这些女信徒
非凡的宗教修养;一些人中立地记录下她们的宗教行为,不予评论;
一些人则精心回避提到女性的宗教兴趣;还有一些人雄心勃勃、巧妙
地运用儒家观念来重新解读女信徒的宗教行为。精英士人对女性亲
属的态度也不同,这取决于他们对反宗教事业的投入程度。个人偏
好导致他们在家庭中承认或者反对女信徒的宗教仪式。尽管如此,
无论精英士人多么真诚地为一个没有佛教的世界而努力,他们都认

为女性的宗教空间是相对独立的，在这一点上，男人不应该强行
干涉。

日常修行

　　宋代学者并没有把他们对宗教的强烈批评，应用到家中虔诚的
女性身上。精英士人的宽容与时而支持的态度，导致了女性个人宗
教活动的盛行。尽管宋代宗教如禅宗"提供了一种儒家性别与性规
范之外的替代品"，正如谢东华（Ding-hwa Hsieh）所提出的那样，[60]
"具有独立思想和宗教抱负的女性"并不倾向于主张独身。在履行作
为"内助"的家庭义务同时，众多福建女性积极在家庭中践行宗教，并
以多种方式推进她们的宗教追求。何复平对宋代墓志进行了全面的
考察研究，得出了有超过 22％的精英女性礼佛的结论。[61]想必笃信
各种各样宗教教义的精英和普通女信徒，在整个女性群体中所占比
例要高得多。考虑到福建非常强烈的宗教氛围，笔者相信，那里女信　179
徒的比例应当远远高于何复平通过研究整个宋帝国范围内的例子所
计算出的平均水平。
　　静思和诵念源自寺庙，是佛道修行的普遍方式。它们被居士广
泛模仿，尽管正如何复平所提出的那样，修行者们在许多情况下"似
乎不知道或者不关心他们的行为源于佛教"。[62]由于其私密性和低成
本，静思和诵念可能是跨越阶层和性别的最受欢迎的宗教活动。[63]到

了宋代，静思已经成为佛教和道教传统中不可分割的一部分，而佛教和道教占据了宗教界的大半江山。在福建，许多虔诚的女信徒在她们日常生活中经常静思。例如，李纲的岳母在中年时就痴迷于佛教，对世俗事务日益淡漠，"独扫一室，燕坐终日，以禅悦自娱"。[64] 她特意为自己的静思安排了一个安静的、独立的环境，以排除家庭成员的干扰。而这个为了精神追求建造的私人空间，并不受制于任何家庭规范，尽管它实际存在于家中。

宋代佛教手册提倡人们在相对隔离的地方进行静思和诵念。"水月观自在供养法"这样教导信徒：

对于此像念诵，一切所愿，不久成就。若复有人，欲得饮食、衣服者，住无人处或清净地及不净地，烧安息香，散时花，供养大悲尊。一切罪障，一时消灭，世出世愿成就。[65]

这份手册针对一位特定的菩萨，并且假定读者是诚心信奉观音或者至少对观音崇拜感兴趣的人。然而，这段文字中呈现的方法似乎已经被佛教徒广泛采用，无论他们信仰和崇拜什么神。佛像、香炉和鲜花是寺庙里帮助僧侣与神灵沟通的典型道具，使用这些宗教物品装饰闺闱内一个未被人占据的房间，女信徒创造了一个与寺院非常相似的仪式空间。为了精神上的独立而非为了性别区隔，关上门，阻断了亲属们的探究，她为自己设立了一个隔离的空间。封闭并不一定意味着女性的从属地位，相反，它可能证明了她们的能动性，这取决于具体环境。

许多发生在福建的记录中都提到女信徒在静思和诵念时喜欢私人空间，而没有特别提到她们的敬拜偏好。与李纲的岳母一样，刘克庄的母亲也"遂扫一室，终日静坐，得至言妙义于经卷之外"。[66]在刘克庄的家里，有一间单独的房间为母亲提供了一个理想环境，以便她进一步进行宗教追求，并通过静思达到对佛教的深刻理解。静思和诵念都要求专注，她们把自己封闭在隔离的房间里，这样她们就不会被打扰，或者打扰到家人。女信徒在闺闱内建立了这样的所在，但是她们在里面所做的事情却不是"内事"。她们的宗教追求超越了世俗的内外界限，把这些私人房间变成了与超自然世界交流的神圣场所。

静思通常是安静的，而诵念是有声音的，会吸引非参与者的注意。根据一首宋诗的记载，在福州，人们最常听到的声音除了来自当地学校的礼乐，就是来自家家户户的读经声。[67]不管福建当地居民的个人信仰和性别身份如何，似乎佛教诵念已经渗透到他们的日常生活中。静思和诵念都需要集中精神且消耗体力。"（陈氏）尤喜诵浮屠书，平生自力以数万过。子侄念其春秋高，勤诵索气，共谏止之。夫人曰：'人心所安乐，国禁不能沮也；其所不愿，国赏不能劝也。吾诵书，犹乃翁莳花也。'"[68]陈氏痴迷于诵经，孩子们担心她的健康，反对她诵经——一种佛教修持行为，而不反对她的佛教徒生活。她回应说，诵经帮助自己获得了平和与幸福感。陈氏认为，诵经是一件个人私事，她暗示孩子们应该尊重她的独立意志，让她自己决定是否继续这种做法，而她很有可能不会放弃。基于自己在儒家话语中所取得的家庭权威，陈氏拒绝了男性家人对其精神世界的干涉。

英文"chanting"一词在中文语境中对应的是"诵"，字面意思指背诵或者大声朗读。宗教研究表明，特定的文本，包括佛经和道藏，"具有内在的力量，可以被仪式化复制或者内化"。[69] 正如田海（Ter Haar）所指出的那样，"通过不断的口头重复，而非分析性的理解"，可以让"非精英修习者——主要是目不识丁的人群——获得文本的意义和力量内在化的优势"。[70] 在不考虑性别、阶级、家庭和教育背景的情况下，诵念对于居士而言是一种能够实现并传递文字力量的简单而实用的方式。[71] 然而，根据读写水平和记忆能力的不同，诵念的方式多种多样，从简单地念佛号到朗读或者背诵宗教文本。目不识丁的女信徒通过口头传播来学习、理解和背诵宗教经文，与之相较，有文化的或者半文盲的信徒则能够阅读宗教经文，甚至提出自己对佛教经文或道教经典的诠释。她们的静思和诵念包括更多的知识消化与内化，而不是简单的回忆和重复她们从别人那里得到的信息。[72]

在宋代福建女信徒的墓志中，男性作者通常会使用"诵佛书"一词来描述其诵经活动，符合这些女主人公的精英阶层身份和较高的教育背景。例如，方氏"晨起诵浮屠书，非病疾不废"。[73] 陈氏尽管年事已高，并遭到子女们反对，仍然坚持诵读经书。[74] 刘氏"酷嗜葱岭书，祁寒隆暑，朝诵不懈"。[75] 所有这些女性都将诵读佛经作为一种重要的、必需的义务，来实现她们的宗教目标，终生坚持不辍。[76] 诵念是一种有效的学习方法。经过多次反复练习，信众们能够记住她们大声朗读的经文。在那些喜欢诵念的精英女信徒中，有一些被证明拥有卓越的记忆力和技巧。[77]罗梅如（Miriam Levering）对佛教经文的研究表明，诵经和抄经对于僧侣和居士而言都是"一种普遍的功德"。[78]女信徒尽管处于闺阃内，就个人实践而言，她们对待经文和积累宗教功德的方式与寺庙里的僧尼是一样的。

　　一般来说，精英家庭中女孩学习基本儒家经典始于蒙学。一旦具有文学素养，她们就能够发展出自己的阅读习惯和兴趣爱好。在能够接触到的阅读资料中，宗教典籍，尤其是佛教书籍，吸引了她们中的许多人。林寒斋的妻子陈氏"儒释书多所通，古今佳文章皆记诵"。[79]她的阅读兴趣广泛，涵盖了各种各样的文本，包括儒家和佛教经典，以及文学作品。伊沛霞对虔诚的上层社会妻子的研究，显示出佛教教义对女性的吸引力。而笔者对福建宗教女性的考察显示，一些精英女性对道教典籍也表现出浓厚兴趣。例如，李纲的岳母，"方幼颖悟绝人，诵书日十数百言，辄了其义……识趣高迈，尤深于老庄之书"。[80]陈氏和黄氏的阅读经验都涉及但并不仅限于宗教文本。虽然史料中没有细说，但我们有理由认为，除了规定女性角色的正统儒家文学，她们还阅读了大量其他图书。不同来源和类别的文本资料促成了个体女性知识的建构，从而使她们的知识世界更加复杂，超出了男性同仁的期望。

　　受到不同思想的启发，一些女性发展并表达出她们自己的知识偏好，而一些女性则同时接受并践行了源自各种传统的知识。黄崇的妻子游氏，便属于后者：

（游氏）日诵《女训》及它经言，以自箴警。亦颇信尚浮屠法，妊子则必端居静室，焚香读儒佛书，不疾呼，不怒视，曰："此古人胎教之法也。"[81]

183　　游氏对儒家经典和佛教文本都充满兴趣，这在她的经历中不仅毫无违和感，反而并行不悖。在游氏的精神世界里，她在互为竞争的学说中寻求一种微妙的平衡，并巧妙地利用这些思想资源来处理不同领域中的日常事务。由其生育能力决定的女性气质，被她作为一名严肃儒士和虔诚佛教信徒的自我身份认同淡化了。精英女性获得不同的知识和宗教资源，扩大了她们的视野，而这并不会将她们导向对任何特定的学派的偏好。

从这些例子中我们可以看出受过教育的女性对于宗教文字表现出的浓厚兴趣。可惜的是，在她们的传记中，很少提及这些书籍的来源。她们可能会以礼物的形式收到它们，或者购买于当地的图书市场、寺庙。[82]由于她们对书籍价值的欣赏，有文化的或者半文盲的女信徒比目不识丁的女信徒更愿意收集、保存甚至重新创作佛教或道教经典，有些人甚至可能希望在来世依旧保有宗教书籍。[83]

纸质书的脆弱性和后世盗掘宋墓的普遍性，意味着宗教文本很难保存下来，但即使是孤证，也能揭示问题。到目前为止，唯一现存的宋代女性与其钟爱的佛经一起下葬的例子，是中国南方江苏的孙四娘子墓。[84]根据蔡襄（1012—1067）所写墓志铭的记载，墓主人孙四娘子喜欢诵读佛经，[85]而她的墓中发掘出了十一卷经书，包括手抄本和印刷本。在其中一部经书的卷尾上有一条题记，上面写道孙四娘子"谨舍挣财，权赎此经，永世供养"。[86]这条题记可能是 1055 年孙氏在当地一家寺庙购买时留下的，当时她正陪同丈夫去福建南剑州赴任。[87]尽管我们不清楚孙氏本人是否有意让这些经文与她一同下葬，但安排丧事的亲属们却尊重她的佛教信仰，将佛经放在她的身边，为她的来世提供安慰和保护。孙氏所看重的不仅是书中记载的佛教教义，还有承载这些思想的实体书。

　　一些精英女性把书籍看作她们精神虔诚的物质体现。通过消费的过程，她们将成品佛经个性化。有些人甚至更进一步，亲自复制宗教文本。[88]她们手抄的佛经，呈现出一种更强烈的个人化色彩。这些女性的故事表明，女信徒们不仅把宗教书籍视为传递特定知识的文本，而且还把它们视为展现她们宗教信仰的重要的物质媒介。这样，即使是目不识丁的女性，也可能领略到佛道经书的价值，尽管她们无法解读自己手中的文本。[89]

　　除了宗教书籍外，女信徒可以利用各色物品，以此宣称自己的宗教虔诚，如佛像和菩萨像，可能是最受她们欢迎的。柯嘉豪提出，造像"能让一个普通人实时地以一种强烈且亲密的方式来体验佛教，而完全不需要依靠知识中介的直接干预来告诉他应该感受到什么，应该理解什么"。[90]造像的创作与消费作为宗教实践被宋代信众广泛接受，神佛像"使得宗教对于任何希冀于它的人——从学识渊博的僧人到目不识丁的信徒——变得实在且触手可及"。[91]正如黄榦所注意到的，除了佛教寺院的盛行，福建人在家中堂殿或正寝摆放木制雕像和

184

画像,日夜礼拜它们。[92]对于女信徒而言,她们在家庭里待的时间比男性更长,而在家中观察能够接触到的佛像,有助于实现其信仰。与男性一样,一些女信徒也参与了这些拥有强大力量的图像的创作。[93]佛教形象的创造需要才华和实践,并促成了善业的积累。并不是所有的女信徒都能制作佛画,在缺乏这种天赋的情况下,虔诚的信徒可以在繁荣的宗教市场购买这些图像,或者在专业工匠的作坊里购买一些定制的图像,这取决于他们的期望和财力。物质价值和艺术品质决定了这些物品的价格,往往差异很大,但是在佛教徒的眼睛里,这些共享的神圣主题使得所有的佛像都是值得尊敬的,都值得被保存下来。

　　刘宰在为继室梁氏撰写的墓志铭中详细描述了女信徒如何重视宗教图像。梁氏"故奉佛,君之来,犹私以像设自随,时若有所讽诵"。[94]"像"这个词字面上的意思是物体的形象,在这个例子里,是神佛的体现,很可能是绘画或者雕塑。[95]尽管刘宰并没有描述梁氏拥有的佛像的具体形式,但她一直随身带着它们,表明她很痴迷于这些物品。梁氏还是女孩子时便已经拥有它们,并把它们作为重要的个人财产,从娘家搬到她的夫家。尽管梁氏迁居,这些陈旧的佛像帮助她在精神实践中保持了一致性,并为她在从女儿到儿媳的社会身份转换过程中提供了一个排遣焦虑的渠道。

　　性别偏见在宗教物品的消费中通常是不明显的。尽管如此,在生产宗教产品方面,女性似乎使用比男性更为多样的手艺。正如魏玛莎(Marsha Weidner)所言,"针织是最重要的女性艺术,是女性价值的一种衡量标准"。[96]在促进宗教图像物质呈现的多种技术中,针织,尤其是刺绣,是一种主要与女性相关的性别化技能。[97]王庭珪为陈晦叔的妻子卢氏写过两首挽诗,在诗中,他说:"高风林下闺门里,几岁长斋绣佛前。"[98]诗的前半句是对卢氏女德的泛泛称赞,后半句则是关于她佛教热情的日常生活细节。无论王庭珪如何获得信息,卢夫人在闺房中宗教活动的记载都必定被认为是可信的,因为挽诗是写给陈晦叔的,他一定对妻子的家庭生活很熟悉。虽然我们不清楚卢氏所刺绣的物品为何,但她劳动场所的背景却透露出其与佛教的联系。女信徒把宗教虔诚缝进针脚里,但她们的刺绣能力必然参差不齐,似乎只有那些心灵手巧和自信心满满的人,才有可能创造出宗教刺绣,它们的品质大概决定了其是否能取悦超自然力量。

　　纺织品生产是女性工作的传统领域,而刺绣是纺织品生产的一项子技术。在传统中国,个体家庭和国家都认可女性纺织产生的经济价值,而士大夫们主张女性工作的重要性,是认识到理想的儒家社会秩序基于传统的劳动分工——"男耕女织"。白馥兰对于明清中国女工的探讨,揭示出从宋代到明代,"她们的技术被剥夺,对纺织生产的贡献被低估、边缘化,或者完全被纳入以男性为中心的家庭生产中"。[99]尽管在纺织业中女性的角色一般被边缘化,但她们的宗教刺绣却与日益商业化的经济绝缘,在整个明清时期的宗教话语中始终受到重视。[100]这些神圣的图案、苦修的过程和暗含的神圣性,使得宗教刺绣有别于学者们在解读明清中国女性刺绣的研究中一直关注的象征着富裕家庭中女性休闲和训练的缝纫,[101]与一些基本的纺织技巧（比如缫丝、纺纱和织布）相比，刺绣需要更多的专注力。方秀洁（Grace Fong）研究了明清女性诗歌中的宗教刺绣图景，并将刺绣解读为"一种符合冥想模式的女性活动"。尽管女性有时会在闺闱内集体刺绣，以巩固她们的姐妹情谊或者友谊，但宗教刺绣的特点则是它的隐私性。"在闺闱中安静的地方独自刺绣，集中精力和重复的针线会呈现出一种冥想的、宗教的特质。"[102]女性在刺绣中所体现出的聚精会神与飞针走线，可能会转变为宗教价值。略带讽刺的是，"身体和视觉上的训练"，[103]源于女性在刺绣方面的实践，它作为一种宗教虔诚的形式，在儒家话语中也定义了理想的女性气质。

　　最受欢迎的佛教刺绣图案是佛教神灵，这在精英士人笔下的女性墓志中显而易见。观音是宋代最受人崇拜的菩萨之一，李纲写过一首关于观音的诗："观音妙智力，无刹不现身。出自箴缕间，神通亦如是。"[104]李纲注意到观音在佛教寺庙中栩栩如生，其形象无处不在。他认为这一刺绣的观音形象是一种生动的媒体，展现出观音的神力，并激起了祈祷者的崇拜。尽管李纲并未提到这幅观音刺绣的作者和摆放地点，但这首诗却煞费苦心地描述了它的装饰与配饰，展示其高超的艺术成就。刺绣通常被归于女性，并被解读为一种女性的技巧和美德的来源，当在宗教背景下时，则被精英士人和平民赋予了不同的欣赏角度。在普通信众将宗教刺绣作为神物进行崇拜时，精英男性除了从崇拜者的角度欣赏它们，还可能以鉴赏家的眼光将它们视为艺术品。

　　女信徒用她们的手艺来服务于自己的信仰，其宗教功德的产品并不局限于刺绣。李纲在另一篇文章中赞扬了一位女性在创造佛像方面的天赋。他用诗意的语言，表达出自己对一个华丽的织物佛塔发自内心的欣赏。在诗序中，李纲称："沙阳陈氏女，以五色丝缕结成彩塔，施栖云璨上人。璨以示梁溪居士。"[105] 陈氏似乎是虔诚的佛教徒，她充分利用自己的手艺技能制造了一个令人印象深刻的结绳作品，得到禅宗高僧大德和李纲的交口称赞。无论这个丝制佛塔是由女孩本人还是其亲戚送去当地的寺庙，寺庙将它视为她宗教虔诚的体现予以接受。虽然诗序中并未提及陈氏的家庭背景，但我们有理由认为，包括平民在内的许多女性，都将自己的智慧和手艺用于创造圣物，目的是展示宗教美德，并获得功德，正如陈氏所做的。关于宋代女信徒的研究，大多是有关精英女性的考察，因为她们的传记叙述，大量保存在精英士人的文集中，是学者们主要使用的最集中的史料，信息量极为丰富。尽管如此，大量来自平民家庭的女性构成了信徒人口的主体，她们没有机会成为精英士人文集中所收录的墓志的主角，但偶尔也会因为她们杰出的手工艺品吸引精英士人的注意，并被记录下来。因此，在非墓志作品中，更广泛地探寻女信徒们的物质痕迹，是必要且可行的，即使在士人文集中也是如此。

通常来说，生产带有宗教图案的纺织品体现了女性的工艺，因此不同于所有信众不加区别而予以实践的静思和诵念。女性能动性的这种明显展示，可能会吸引许多女信徒的注意。她们生产的宗教物品或许并不罕见，尽管大部分产品可能已经消失，没有留下任何物质线索或者文字记录。她们可以像男性一样崇拜和使用宗教图像或物品，但是除了绘画和雕塑这些流行方法，她们性别化的训练和技能也激发了她们其他创造佛教肖像的方式。女信徒们可以在完全不离开闺闱的情况下，将宗教图案与个人的纺织、刺绣、编织工艺结合起来，加强自己的力量。清史学者曼素恩认为，在 20 世纪初进入世界市场之前，女性刺绣是"晚清家庭生活的标志"。[106] 她和白馥兰都把"家庭生活"与女性刺绣的商业化进行了对比。然而，尽管没有商业化，宗教刺绣并不一定属于"家庭生活"的范畴。无论在中古时期还是明清时期，一旦贴上"家庭生活"的标签，我们可能会忽视女性刺绣和其他手工艺品超出闺闱之外所产生的广泛人际网络，这些人际网络可能涉及男女信徒、比丘尼、僧侣、地方精英和官员。一些女信徒的产品，包括刺绣，可能会留在她们的闺阁内供个人礼拜，其中一些可能是作为礼物送给那些有着相同宗教信仰的熟人，但大多数都去了地方的寺庙，就像陈氏的例子所指出的那样。李雨航（Yuhang Li）说，女性在家中制造佛教刺绣的创造力，"实际上是由将限制女性的儒家话语融入家庭空间所推动的"。[107] 相反，笔者认为这种创造性可能是受到她们的期望激励——她们的产品可能会离开家庭空间，使其儒家美德和宗教信仰公开可见与被认可。不同于僧道从许多女性布施者那里得到的金钱和贵重物品，这些个性化的手工艺品有时会摆放在寺庙里。它们的审美吸引力，加上僧道的欣赏与寺庙游客的赞叹，可能会刺激更多女性为寺庙的物质文化做出贡献。

　　总而言之，女信徒在家中的宗教生活，有助于营造一种家庭宗教空间，她们在这种空间中，享受着虚拟的以及身体感觉的非凡自主权。与在寺庙里的崇拜实践相一致，在闺闱内静思、诵经和读经加强了女性的思想意识，并帮助她们在精神上超越了心灵的内外界限。此外，家庭中圣像和宗教物品的消费和生产，丰富了她们的物质文化生活体验，并使她们不可避免地与家外的世界联系在一起，而这种联系是可见与可持续的。

宗教交流：与亲属或外人

女信徒在闺闱内的静思、念咒、抄经、造像，这些都证明了支撑着她们宗教信仰的个人能动性。然而，她们的精神追求并不局限于个人。在许多情况下，她们的宗教兴趣由亲属的影响而培养，并在亲属关系网之外发展。与她们被规定的"内"的角色相一致，女信徒在不离开其合法空间"家"的情况下，参与了各种形式的宗教交流。伊沛霞研究了宋代女信徒从何处学习佛教，并将其来源归纳为三个类别：禅宗高僧大德，被邀请进入女性闺闱的比丘尼，以及女性闺闱中的其他女信徒。[108]除了这些联系，福建女信徒广泛的社交网络还将她们与许多亲属和非亲属、男性和女性信徒联系在一起。

在其社会化的早期阶段，女孩们可能会从直系家人如父母和祖父母那里学习到宗教思想和实践。在她们的亲属中，年轻的女性并非仅仅从闺闱内的女信徒中学习宗教戒律，男性家人也扮演着重要的角色。例如，李纲的岳母黄氏在娘家长大成人过程中，养成了读书的习惯。李纲把她描述为一个表现出非凡智慧的天才，她在年纪很小的时候就能阅读和理解儒学经典著作。成长在上层社会家庭中，黄氏必定接触到女性教育的文本，然而她似乎对哲学和宗教知识更感兴趣。她的父亲不仅为她提供了各种各样的书籍，还花时间和她讨论阅读材料。黄氏对道家文献不同凡响的深刻理解给父亲留下了深刻的印象，他兴致勃勃地就形而上学和伦理的"道"与她进行了复杂的思想交流。[109]父亲可能是女儿的启蒙导师，而一旦她长大成人，则可能会把女儿视为学识上的同道中人。

　　不考虑阶级背景，与父亲相比，母亲通常在家里花费更多的时间与女儿待在一起，因此更有可能对女孩施加宗教影响，并将她们的个人信仰作为女性文化的重要组成部分传递给下一代。正如吕慧慈所观察到的，"在宋代，年轻女孩的宗教实践通常是受到她们母亲的启发"。[110]这种母女共享的宗教信仰有时超越了家庭对话。王惠真"少喜浮屠、老子之说，晚而课其书，日盈万言"。[111]她的女儿"学浮屠法，为比丘尼"。[112]虽然王氏的传记没有留下任何关于她与女儿交流的详细信息，但她一定在鼓励女儿献身佛教方面发挥了重要作用。我们不知道王氏对女儿剃度的态度，但信众的父母一般不支持这种倾向。莆田地方学者方崧，"惟夫人一女，酷爱之，必欲配名阀，故归于……蔡公湍。夫人自幼聪而裕，淑而恪，事亲笃孝，尝欲祝发为比丘，以报鞠育，亲力止之"。[113]最后一句话使用"力"一词，表明了父母阻止她正式皈依的焦虑和决心。在女儿告诉他们自己的皈依计划之前，父母一定知道她的佛教取向。他们似乎已经容忍了她的宗教生活，如果她从来没有萌生出家的极端想法，他们也不会反对。

成年的女儿在婚后将她们的宗教信仰带到另一个家庭，有些人将其藏于心中，而另一些人则乐意与夫家人交流她们的宗教知识。她们可以通过分享宗教文本和对话，影响或被生活在同一屋檐下的直系亲属影响。此外，宗教仪式的表演也有助于在家庭背景中传播宗教知识。聂柔中"旁通老释，往往成诵，卒以中夕露香肃拜。至耄愈勤，子若孙皆敬恭，候令人竣事乃敢退"。[114]聂氏在一个精英家庭长大，从文本中获得了宗教知识。不同于与家中其他人分开进行的静思或者诵念，她在院子里的虔诚行为是在她的男性和女性后人见证、陪伴下进行的，并得到他们的尊重。虽然史料中没有说明她是如何学会这种虔诚形式的，但她的活动为居住在同一院落中的其他个人树立了榜样，在夜晚封闭宁静的环境中，聂氏的真诚态度和行为，以及祭祀的道具，一定给她的家人留下了宗教神圣的印象，并唤起了他们的宗教情感。这些旁观者服从于仪式的力量，这些仪式告诉他们可以模仿和执行的详细步骤，即使他们最初的参与是无意的。与精英的经典学习相比，仪式实践以更直观、易接触、易复制的方式发挥作用，它听凭宗教思想的灌输，与参与者的教育背景无关。因此，女信徒可以通过口头化、文本化或仪式化的方式将宗教讯息传递给家人，并使家中的成员接触到宗教思想和宗教情感的力量。此外，一些受宗教影响的家人的搬迁，可能会导致这些宗教知识在家外的传播。

除了与拥有相同生活空间和宗教兴趣的家人的互动之外，访客的到来也为女信徒提供了与外界交流宗教思想的偶然机会。在之前的例子中，我们看到李纲探望岳母，并在他们关于佛教的谈话中乐此不疲。婚姻网络扩大了女信徒的社交空间，让她们能在更大范围内寻觅宗教同好。这样的网络可能会引入具有类似精神兴趣的远房亲戚，从而鼓励她们在不同的闺闱间的相互认同。

除了男性亲属，丈夫和儿子的朋友与同僚也会出于友谊而拜访女性。福建精英为朋友的母亲或妻子所写的许多纪念性叙事文字，都谈到了与她们的个人接触。例如，黄公度在为陈俊卿的母亲所写的行状中说："某与俊卿为同年进士，在泉幕又为同僚，升堂跪拜夫人者数矣，识其行实详且熟。"[115] 黄公度的叙述表明，在这一时期，拜访同僚和朋友的母亲是被普遍接受的。男人以这种方式表达对长者的尊重，这为家内的女性开辟了与外人交流思想的正当渠道。

虽然这些记录很少提到他们的交流细节，但我们有理由认为，一些女信徒与来访者在有着类似宗教意识的基础上熟悉起来。例如朱熹的朋友黄铢，他的母亲据说是一位著名的作家，自称冲虚道人。[116] 她可能与家人以外的男性学者讨论过道教。据黄铢所言，他的母亲"少聪明，颖异绝人。于书史无所不读，一过辄成诵。年三十，先君捐弃，即抱贞节以自终"。[117] 黄铢收集并记录了一些她最流行的词作。[118] 她的许多作品都是写给"老友"——她认识已久的男性学者的。没有任何记录表明，黄铢的母亲最初是如何与这些男性外人建立联系的，或者是哪些人成了她的密友和老友。然而，她与这些人面对面对话和交流肯定会触及道教的主题，因为她是一个虔诚的道家女信徒。

与那些通过男性亲属介绍，女信徒在家中会见的非亲属男性不同，对性别区隔的担忧并不适用于那些更随意、更亲密的女性访客。对宗教的共同兴趣和经验分享，促成了女性文化的形成和家庭之外的姐妹关系的发展。在《夷坚志》中，洪迈记载了两个女信徒的友情故事：

温叔皮（革）之女，嫁秀州陈氏子，既而忤离，居家学道。有杨道人者，亦士大夫家女子，与之同处。绍兴二十四年，温赴漳州守，过泉南，馆于漕使行宇。女与杨及二婢在西房。[119]

在这个故事中，主人公温氏离异后回到娘家，可能还邀请了被称为"杨道人"的杨氏——这一称谓说明杨氏完全致力于道教，住在她父亲家中。她们的虔诚奉道很可能解释了为什么这两个女人选择居住在一起，也从某种程度上说明了为什么当温氏跟随父亲前往福建赴任的时候，杨氏一同前往。这两个女人都来自精英家庭，很可能接受过类似的教育，共同分享精神追求，同室而眠，一起旅行，由同样的婢女服侍。这种亲昵行为似乎是反常的，因为来自不同家庭的这两个女人的行为举止和未婚的亲姊妹在家里所做的一样。[120] 尽管洪迈没有提供任何证据来确认她们的亲密关系，但他的叙述引导读者将她们的友谊归因于二人共同的道教信仰，不管温氏和杨氏是如何认识彼此的。这种基于同样宗教追求的姐妹情谊，在洪迈的眼中没有任何不妥。

来自不同家庭的女性之间互动受到的限制，比那些男性和女性之间互动所受到的要少。男性外人拜访女主人是在家中公共场合"堂"中进行的，而女性客人则被邀请到女主人的私"室"。当男人和女人相遇时，女人跨越了中门这一道正统的内外界限，在外人面前抛头露面。堂的正式布置，可以强化女性作为闺闱中人的自我认知，并使其宗教对话理论化或者表面化。相比之下，当女性遇到来自其他家庭的女性时，她们身处熟悉的女性化环境，这里可能点缀有宗教题材的室内装饰，她们在此受到友好的对待。她们的交流可能包括个人感情、宗教兴趣以及她们不指望男性同仁来欣赏或者予以记录的一些女性行为。

总而言之，女信徒的宗教取向和实践通常性地并且最大程度上地受到生活在同一屋檐下的家人的影响。她们与父母、丈夫、兄弟姐妹和子女们讨论宗教问题，从他们那里学习宗教仪式的家庭程序，在家中庭院里上演宗教性的表演，并期望年轻一代跟随她们的榜样来薪火相传。没有越过家，她们就可以与来自其他家庭的男性或者女性访客见面，交流宗教知识。信众之间的友谊一旦建立起来，根据参与者的读写能力和手工技能，就可以通过书信或者礼物的交换进一步加强。"在某种意义上，女性的仪式和宗教情怀可以用'家庭宗教'一词相称。"高彦颐说，"它们嵌入了闺阁的日常生活中，并构成了女性世界观和自我认识的重要组成部分。"[121]宗教信仰深刻地影响了女信徒的家庭生活方式，而个人的宗教实践以及闺闱内的人际交往维系着女信徒宗教信仰的家庭性。于君方认为，在明清时期，"家庭宗教信仰"兴起。[122]然而，在宗教话语的语境中，家内性对信仰并没有显示出任何限制的迹象，因为精神性在儒家学者定义的内外性别框架中是缺失的。女信徒创造了一个独立的精神空间，在那里她们发挥着终极权威。在追求宗教抱负的过程中，她们的实践与寺庙的传统有很大的一致性，她们的知识和名声通过各种各样的关系在不同"家"之间传播，她们的物质产品则流通到其他家庭、寺庙和地方市场。虽然身体处于闺阁之内，但"家庭宗教"却使女性置身于一个高度流动的社会之中，其特点是广泛的人际交往和内外之间的密集交流。

194

宗教远足

除了利用"家"中能获得的宗教渠道外，女信徒和男信徒一样，偶尔也会外出去探索一个更广阔的宗教世界，发展她们的宗教兴趣。在宋代福建，佛教、道教和当地大众宗教的繁荣，为女信徒们考虑在户外能够接触到的宗教资源时，提供了多种选择。她们置身于一个错综复杂的精神世界，成为繁荣的宗教市场中引人注目的客户。宗教机构和建筑物鳞次栉比，可能让宗教服务唾手可得，使她们与神职人员密切接触，并融入当地的信徒社区。女信徒经常光顾地方的庙宇，为它们提供各种物质和人力资源，以展现她们的虔诚，寻求精神慰藉和祈福，她们甚至可能参加寺观的活动。庄严的庙宇建筑、神圣的陈设、圣像、祭品、僧道、虔诚的同伴，以及大众诵经声，都营造出一种神圣的氛围，唤起了她们虔诚的宗教情怀与愿望。

参拜寺庙最常见的原因是祈福。正如万志英（Richard von Glahn）所言："在宋代出现并流行的万神殿，使众神能够接触普通人，并对他们的要求应答如响。"[123] 俗世之人把神祇当作值得信赖的、富有同情心的权威，并将寺庙视为他们的居所。虽然女信徒能在闺阃内祈祷，但她们还是经常去寺庙，把她们的关心和要求告知神像，并期待神仙显灵。福建路的众多地方寺庙都欢迎带着目的和心愿的宗教信徒，一些寺庙获得了显赫的声望，吸引了来自不同行政辖区的女信徒。例如，永福县的蓝田宫是一个广受人们欢迎的朝圣地，张景忠写过一篇文章称赞它："每日之旦，阳明洞间，乡人士女，庄严盛服，伛偻将事，载恳载言。旁概附邑他邦，辨芳而来者，踵踵也，率竟日乃已。"[124] 永福县和其他地区的女信徒毕恭毕敬地参拜蓝田宫，她们身着盛装，举止虔诚，认为她们的服饰和行为会受到神祇的关注，并影响他们对祈祷者的反应。

在某些情况下，女信徒的亲属如母亲和丈夫会陪同她们一起到寺庙里去，希望能得到好运。例如：

黄廓讲书者，兴化人，徙家信州。未有子，携妻施氏及侍妾诣佛寺，祷于罗汉堂。是夜，梦与妻妾同数罗汉位次，相视而笑。罗汉忽发言顾之曰："前后各三年。"既寤，历历能忆。妻妾同时亦感此梦，俱莫晓旨意。[125]

尽管我们会怀疑这则轶事中的人物是否在历史上真实存在，但在宋代，无子显然是一个很严重的问题，于是，故事中的人们一起去寺庙，希望神祇能够赐给他们孩子。无论谁先提议了这次参拜，洪迈的叙述都让读者相信，黄廓本人在组织这次旅行中扮演了重要的角色。这三个人都在罗汉堂里祈祷，他们应该像梦所暗示的那样，数了罗汉的位次。不知道他们是真的做了同样的梦还是仅仅声称做过相同的梦，但他们讨论自己梦的事实表明，男性和女性祈祷者都相信他们能够联系神祇。对于生育的关注，是信徒参拜寺庙背后的最常见的动机之一。建州一对夫妇"俱四十余，无子，居近城隍庙，屡祷于神，以求继嗣"。[126]一年之后，他们梦见城隍通知他们，他被他们的诚心感动了，答应送给他们一个儿子。就像黄廓故事中的罗汉一样，建州的城隍神也受到求子的当地人的礼拜，并因在梦中善意回应他们的要求而为人所知。

希望能得到子嗣的男人和女人都向没有特定生育功能的神祇祈祷，如罗汉和城隍神。但是，一些来自佛教和道教传统的已被广为接受的神仙，[127]以及在大众宗教中出现的各种各样的新神祇，以生育神而闻名，在福建和整个宋帝国都受到了人们广泛的崇拜。例如，兴化军仙游县感应寺的修建是为了祠祀女巫陈氏，据地方志记载，"妇人妊娠者必祷焉，神功尤验"。[128]人们相信，男女神祇都对人们的生育要求应答如响，尽管如此，对孕妇富有同情心的超自然照顾者更有可能是像陈氏这样的女性，这符合女性在现实生活中的期望和经历。

女信徒通过随意的口头方式或者正式的书面形式向神祇告知她

们的担忧或者焦虑，并希望得到神祇的慈悲回应。她们参拜地方寺庙，把健康、财富和好运带回自己的家。除了寺庙参拜的这些功能主义的目的外，地方史料也展现出女信徒对于寺庙提供知识和娱乐的热情以及积极追求的生动画面。[129] 在家中，女信徒可以将她们的精神生活作为"家庭宗教"来管理，但她们中的许多人都渴望僧人布道和集体宗教实践。在寺庙中，佛教僧尼、道家高道和黄冠，以及其他宗教专业人士，都很乐意为信徒提供服务，以换取经济上的赞助，从而在同样的地方社区中为声望和潜在客户而竞争。

　　福建的女信徒对佛教寺院表现出浓厚的兴趣。在闽南，"漳旧号'佛国'，男女聚僧庐为'传经会'"。[130] 漳州有悠久的佛教传统，当地人已经习惯了广泛存在的、容易获得的佛教资源。他们在僧侣的指导下学习和分享佛教知识。与她们在家中的私人修行相比，当地的寺庙为女信徒提供了一个公共教育空间，在那里，有同道相伴，她们接受在家中得不到的专业知识。除了听布道之外，还有机会遇见久负盛名的高僧大德，他们巡游四方，传经布道。而当宗教名人来到她们所在的地区时，女性的热情被点燃。南宋时期永泰县一位著名宗教人物张圣者，曾经游历至福建，并在安国寺短暂停留，"有少妇随众往谒圣者，求其履。不得已，与之"。[131]

　　福建的女信徒去寺庙参加讲经课，分享宗教信息，观看并参与宗教仪式。她们在地方寺庙里享受宗教服务，并不断为这些组织提供物质和金钱捐助。她们布施的价值取决于个人和家庭的财务状况，有些人送上带有宗教图案的手工艺品，有些人雇人制作宗教物品，有些人购买度牒，有些人布施金钱和土地用于建造宗教建筑。

如前文所述，女性可以抄录佛经，刺绣佛像和菩萨像，或者在家中制作纺织品佛塔。许多这样的虔诚产品被带出家，送到寺庙。有些被僧道保留了下来，有些被展出，这样就可以被其他信众看到，尽管它们可能并未署名。除了个人创作之外，还有史料表明，女信徒会直接捐钱用于制造寺观物品。在福建寺庙的石刻碑文中，有许多都记载着地方信众的布施。一个典型的叙述如下：

> 弟子王胜与室中陈六娘同发心，各为所生父母舍财入南涧寺，架庐一造，兼栽松竹，永为林样。所冀微勋，愿延景福。[132]

寺庙里许多铭文中记录着妻子作为丈夫的补充为她们的姻亲祈福的事迹，与她们不同，陈六娘与丈夫为他们各自的父母祈求好运。陈六娘对娘家的感情得到了丈夫的尊重，她的感情因她的捐赠而落实，被寺庙里的游客见证，大概也会得到神祇的保佑。南涧寺位于福州市一个广受欢迎的景点乌石山。陈氏夫妇捐钱供应香炉和植树的费用，这些物品具体体现了他们的赞助，并成为寺庙的一部分，以展现他们的宗教美德。很明显，陈氏夫妇在这些供品的生产中没有贡献任何劳动。此外，购买材料和管理劳动力可能由寺庙的工作人员处理，他们更熟悉提供宗教设施的市场。然而，作为慷慨的赞助人，陈氏夫妇应该有权决定他们的财力支持将被用于什么地方。布施的过程总是涉及施舍者和佛寺受赠方之间的交流，但这些交流的细节

198

描写在历史文献中是不存在的。

女信徒的钱财捐助也支持了其他流行的寺观物品的生产。在福建最大的佛寺泉州开元寺，在拜庭中轴线的两侧矗立着两座宋代宝塔，其中一座保存了南宋初的铭文：

右南厢梁安家室柳三娘舍钱造宝塔二座，[133]同祈平安。绍兴乙丑七月题。[134]

这座塔高 5.48 米，在开阔宽敞的庭院里很容易吸引游客的注意。在塔基的顶部，大字体的二十八字铭文清晰可见，告知众多游客一位女信徒的布施。开元寺和南涧寺的碑文都将男性布施者置于女性布施者的前面。这种标准化记录表明当丈夫和妻子都参与了宗教布施，丈夫确实或者至少被期望发挥主导作用，这与世俗世界中占主导地位的性别等级相一致。有趣的是，在 1982 年的一场台风事故中，人们在宝塔内发现了一尊银观音雕像，它为我们提供了看待丈夫眼中妻子宗教角色的另一种方式。在这个 15.5 厘米高的雕像的背面，有五行五十二个字：

泉州右南厢宣明坊女弟子柳三娘与夫主梁安共舍宝塔一座，永充供奉。合家人口等，增延福寿。时绍兴十五年六月日，弟子梁安题。[135]

199

　　这一铭文比宝塔上的铭文早一个月。1145 年 6 月，梁氏夫妇似乎把观音菩萨的雕像作为礼物送给了开元寺，并布施钱财建造一座宝塔。一定发生了一些意想不到的变化，七月，刻有他们名字的两座宝塔被矗立起来。与塔上的铭文形成鲜明对比的是，雕像的铭文被埋藏在里面，因此无法进入公众的视线。虽然外面塔上的刻工不得而知，但丈夫梁安声称他是雕像铭文的作者。[136]他陈述了自己与妻子的信徒身份和共同布施，但令人惊讶的是，他将妻子的名字放在自己的名字面前。这种反常的书写可以引起各种各样的猜测：也许是柳三娘发起的布施；观音雕像或许是柳三娘的个人物品；或者说布施给寺庙的钱是柳三娘的妆奁。虽然没有任何补充资料可以证明这些假设的任一种，但毫无疑问，梁安非常重视妻子的佛教虔诚态度，并以一种特殊的方式表达了欣赏之情。观音雕像的背面通常是看不见的，不管它在被永久地封存之前是在寺庙里被陈列出来还是储藏起来。远离公众视线，它可能为梁安提供了一种理想的物质媒介，来抒发他对妻子的感情，妻子则分享了他的宗教追求，并以与他一样的方式予以实践。

　　福建地方寺庙的发展，很大程度上依赖于女信徒的布施。例如，莆阳徐氏"喜释氏学，治钟饭僧，崇饰佛像，费不可计"。[137]在这种情况下，徐氏对这些寺院事务的支持表明了她对佛教的虔诚。徐氏的财富使她不必提供任何个人服务，同时，她也从中获得积累功德的资源。而对于地方寺庙来说，崭新的和翻新的设施增加了它们的吸引力。这激励了僧道在女信徒中进行更多的化缘，并可能导致他们更

频繁的互动。朱熹注意到福建僧侣积极参与社交，并指责其最危险
的行为是一旦看到女性就上前攀谈。[138]朱熹可能夸大了真实情况，
因为他有强烈的反佛教情绪，但他的抱怨表明，与地方女性沟通，并
寻求她们的布施，一定在福建的宗教神职人员中很普遍。

　　女信徒的布施可能数量惊人。除了琐碎的物件，寺庙本身，作为
容纳所有圣物的物理外壳，有时也是由女信徒为了表达她们的宗教
热情而建造的。莆田县陈如宝的寡妻王氏，"无子。王氏守志奉姑。
姑年八十有一卒，王氏捐金建寺于萍湖东山之麓，曰'顺姑寺'"。[139]
尽管王氏建造一座新寺庙的动机并没有记载在地方志中，但寺庙的
名字表明，这件事涉及纪念她已故的婆母。建造庙宇所费不赀，工程
浩大繁复，虽然我们不清楚王氏扮演的是什么角色，但她至少发起了
这件事，并且是这件事的主要赞助者。作为一个没有子嗣的媳妇，王
氏必定掌管丈夫所有的家庭财产，而一旦她过世，根据《宋刑统》中的
户绝规定，所有的家庭财富将"无女均入以次近亲"。[140]我们对她丈
夫家族的亲戚一无所知，但可能会假定他们中的一些人不想看到钱
花到寺庙上。正如《名公书判清明集》所呈现的那样，在好讼的福建，
关于家庭财产继承的冲突和法律纠纷并不少见。目前尚不清楚王氏
的活动是否招致了他们的反对，但王氏成功地建造了这座寺庙，这表
明她能够以纪念已故婆母的名义，充分利用自己的合法权利来管理
自己核心家庭的财产。这座寺庙的名字很可能是王氏建议的，这样
做可以展现她的孝道，并为她在寺庙建筑上的花费正名，用以抵抗来
自亲戚的压力。

　　王氏并非特例。正如梁克家（1128—1187）告知我们，"（福州）富
民翁妪，倾施赀产以立院宇者无限"。[141]以上例子中的福建女性布施
者，无论是否丧偶，都控制着巨额财产。这或许可以解释为什么梁克 201
家将女性布施者定位为"妪"，按理说，她们比年轻女性在现实中有更
大的权威掌管家庭财产。她们把家庭财富转给家外的人，以祈求家
庭财富延续的名义发展她们的精神追求，而且，她们在管理家庭财产
方面的能力决定了布施规模。在访客眼中，地方寺庙的名字、建筑，
以及由女信徒所生产、购买和布施的物品，都体现出女信徒参与寺观
事务的可能性与可接受性。这肯定激发了她们中更多的人加入到布
施队伍中来。

　　福建的女信徒不仅把钱花在寺庙里看得见、摸得着的物品上，还
布施给寺院的工作人员，并支付他们的剃度费用。"绍兴中（1131—
1162），张魏公镇闽，母莫夫人多以度牒付东禅寺，使择其徒披
剃。"[142]度牒是官方文件，免除了具名的佛教僧尼的赋税和劳役。在
整个宋代，中央政府发行度牒作为提高政府收入的一种方式，并且它
们的价值被证明比纸币更稳定可靠。[143]作为高级官员的母亲，莫氏
不惜重金购买度牒，并将其布施给了当地的寺庙。她没有参与具体
受益人的选择，但是一些女布施者通过与候选人面谈来决定入围者，
以此来展现她们的能动性，这一点在宋代笔记小说中很明显。[144]就
像物质产品和货币资源一样，度牒也是女信徒用以表现虔诚，并收获
宗教功德的工具。此外，这种一对一的布施可能有助于在布施者和
接受者之间建立紧密的联系，后者可以为资助人提供更加个性化和

专业化的宗教支持。

　　与比丘尼不同的是，女信徒并没有执着于出家，正如柏清韵所言，出家"威胁到让家庭处于社会控制中心的儒家秩序"。总的来说，笔者同意她的观点："只要女性不规避她们的社会义务和性义务，她们的信仰就可以被接受"。[145]然而，参观寺庙时，她们与家以外的非亲属男性接触，因而挑战了儒家提倡的性别区隔，这使得为女性的宗教追求正名更加复杂。正如何复平所注意到的，尽管"女性在她们的宗教探索中，在家庭之外冒险。……然而，墓志的作者却不愿提及这些违背纲常之举，提到它们也只是为了突出那些了解自己所在位置，并留在闺闱内的女性的美德"。[146]在通常的传记中，女性的宗教追求被置于家庭背景下，而她们与宗教相关的家外的旅行通常被忽略。男性作者并没有把它们包括在逝者的光荣事迹中，但这并不意味着他们在现实生活中不接受这样的行为。他们的态度可能会因其对这些活动的解读而有所不同。一方面，女性参拜寺庙并给予布施，可以被解释为她们为了家的利益而进行的"内事"，尽管当时她们的身体不在闺闱内。这一基本原理可能为许多男性容忍她们的宗教旅行并且偶尔护送她们提供了理由。另一方面，正如白馥兰对明清中国文人的研究所显示的那样，宋代精英士人表达了对女性参拜寺庙所伴随的"粗俗的宗教性和情感性"的担忧，[147]他们怀疑女信徒在寺庙里的活动，她们与男信徒和僧道之间的交往引起了他们特别的焦虑。

　　周逸群（Yiqun Zhou）仔细研究了明清时期女性家庭宗教（祖先崇拜）责任和外部宗教追求之间的紧张关系。"针对居士佛教的蓬勃

202

发展及其对女性强烈的吸引力……在明清中国发展起来的，关于女
性宗教虔诚的充满活力的儒家话语"坚持认为，家"永远是女性宗教
体验的中心地点"。[148]就像明清时期的女性一样，在宋朝，女性被繁
荣的宗教市场所吸引。然而，不同于明清的儒家学者——他们强烈
表达出自己对于女信徒在"家"外宗教行为的反对意见，宋代精英士
人并没有明确表达他们的态度。似乎宋代士人不像明清作者那样，
为女性在外面的宗教追求而烦恼；很有可能他们对这件事的看法更
为灵活多样。

　　宋代女性在"家"外的宗教行为有时会遭到政府官员的谴责，他
们对地方行政和社会秩序忧心忡忡。福建，一个名副其实的各种宗
教的仙境，当地的一些地方官，将女信徒对佛寺活动的热情参与视为
拙劣的跟风，认为她们的宗教行为不合适。1057 年，当蔡襄知福州
时，他向当地居民发出了十六条告诫，其中第八条告诫说："妇人不得
听讲，及非时入僧院。"[149]蔡襄对佛教没有任何好感，他批评了宋仁
宗对佛教的包庇，[150]相比之下，蔡襄对女信徒在"家"外的宗教活动，
看法似乎比较温和。根据蔡襄的说法，女信徒假若在宗教节日"按
时"参拜寺庙，是可以接受的，让他感到困扰的是，女性会随时去寺庙
听僧侣的布道。地方官在其对地方民众的道德说教中提到了这样一
个问题，表明女性参与寺观活动的现象已经变得相当明显和频繁，不
容忽视。这与地方官员对女性在外面世界得体行为的期望相左，并
对合理的社会秩序构成了严重威胁。然而，蔡襄的劝谕并没有达到
预期的效果。二十多年后，另一位知福州曾巩，重申了蔡襄的声明，

203

甚至规定"禁妇女无入寺舍"。[151]曾巩的禁令更加难以实行，很可能是在蔡襄劝谕之后的又一次失败。

　　在关心福建当地移风易俗的地方官中，蔡襄和曾巩的担忧并不是特例。在蔡襄任职之后一个世纪，朱熹被任命为知漳州，他发布了一份类似的官方告谕，呼吁寺庙避免"以礼佛传经为名，聚集男女，昼夜混杂"。[152]与前任们相比——他们不满或者禁止女性进入寺庙，朱熹采取了更为务实的态度，通过针对宗教服务的提供者来解决这个问题。这一解决方案与他对女性宗教倾向的宽容态度以及他坚持女性日常生活不受政府干预的态度是一致的。[153]位于福建东北部的福州和福建南部的漳州相隔近 200 英里，但当地官员所讨论的陋习却很相似。女性在寺庙里与佛教僧侣和男性同道们一起参加集体宗教活动，很可能在整个福建路都很流行。[154]

　　在福建，人们对宗教的热情推动了宗教活动走上街头。超越了有围墙的寺观，女性参加地方的宗教庆祝活动是公开可见的，因此这在南宋的一些道德人士看来是令人不安的。在朱熹卸任知漳州一职大约二十年后，他最得意的弟子之一，漳州人陈淳（1159—1223），在给知州赵汝谠的私人信件中，言辞激烈地批评了当地寺庙一年到头频繁举行游行，"男女人聚观"：

　　　夫不暇及耕，妇不暇及织，而一惟淫鬼之玩；子不暇及孝，弟不暇及恭，而一惟淫鬼之敬。……不惟在城皆然，而诸乡下邑亦莫非同此一习。[155]

陈淳谴责当地寺庙以迎神名义组织起来的社区游行。[156]与被制度化的佛教寺院和道教宫观相比,大众宗教的寺庙较少规章制度,更根植于基层。[157]在漳州地区,大量的佛寺道观以及"何啻数百所"地方神祠在活跃的地区宗教市场上竞争,这使得吸引大量的赞助者成为必要和挑战。佛教和道教的活动大多是在寺观里举行的,而大街上经常举行声势浩大的,主要针对包括女性在内的当地居民的,地方神祇庆祝活动。陈淳注意到,无论是男人还是女人,都在很大程度上参与了这些地方事务,至少是作为好奇的观看者,这在城市和乡村都是如此。陈淳最担心的是人们对这些事件太着迷,从而忽视了本职工作。其副作用则是导致了不适当的男女混杂,以及地方风俗的败坏。陈淳继承了朱熹在处理女性参拜佛寺时所采取的方法和策略,[158]他敦促地方长官禁止当地祠庙举行街头集会。赵汝说是陈淳信件的收信人,他是宗室,亲近朱熹学派,并欣赏朱熹的学说。[159]这就解释了为什么陈淳在整顿地方风俗习惯的问题上寻求赵汝说的支持,移风易俗也是朱熹在同一职位上曾倾力而为的事业。

　　没有任何史料显示赵汝说是否遵循了陈淳的建议,对当地的寺庙进行监管。然而,陈淳的信告诉我们,许多地区的官员既没有努力终止街头的宗教表演,也没有劝阻女性参与。他抱怨道:"前后有司不能明禁,复张帷幕以观之,谓之与民同乐,且赏钱赐酒,是又推波助澜,鼓巫风而张旺之。"[160]当回忆起以前当地官员对"淫祀"的积极态度时,陈淳并没有抑制住他的失望情绪。他在这封信里根本没有提到朱熹——朱熹在知漳州期间似乎并没有解决这个问题。陈淳仅仅提到了一位之前的官员方铨（1145—?）下令在城门口张贴禁令。[161]
我们不清楚方铨本人是否为理学同道，但朱熹高度赞扬过他的行政
能力，并曾举荐他升迁。[162]在12、13世纪之交，理学还没有被朝廷认
可，但漳州在这一时期却成为它的一个据点。从1190年到1212年，
在朱熹到赵汝谠知漳州间隔的二十二年间，有十二位知州，其中许多
人与朱熹有密切的联系，其中一些甚至是他的门人弟子。[163]方铨的
异常行为使他与包括一些理学家在内的其他十一位知漳州官员不
同，有趣的是，他们并没有被这些宗教仪式所困扰，反而对此颇为欣
赏。坚持性别区隔的古典理念，并不会必然地导致儒家士大夫反对
男女在宗教节日中的交往。即使是那些像方铨这样禁止宗教游行的
人，其原因也没有被记录下来，不一定与性别区隔有关。

　　总而言之，福建官员对待女性参与家外宗教活动的态度，除了一
些短暂的、随机的管制措施之外，从北宋到南宋一直是宽容的。即使
在一段时间内实行禁令，福建女性公然参与公开的宗教活动基本上
没有被明令禁止，而且很可能在整个宋代都很盛行。研究明清中
国女性和宗教的史学工作者，讨论了大量的中央和地方政府颁布的
禁止女性参加寺庙活动的禁令。[164]与之前的宋代人相比，明清官员
更积极地干涉女性在公共领域的宗教生活，尽管其政策的执行很少
令人满意，而且"超越了明清中国官场的手段"。[165]高万桑（Vincent
Goossaert）认为，从17到19世纪，对地方宗教生活的监管成了国家
和精英士人在地方层面协商政治和文化权威的重要舞台。朝廷与地
方社会之间的张力与竞争在宋代也一直存在，但没有任何史料表明

它应用于女性宗教生活的领域。中央政府并不担心女性参拜寺庙，[166]这让它成为一项地方风俗事务，地方行政人员在理论上有资格干预，但实际上很少禁止。

一些宋代精英士人，包括福建的地方官，尽管有着不同的知识背景，但他们对于女信徒在"家"以外违反性别区隔原则都表示了严肃关切，一些人甚至试图通过行政权力来阻挠女性的宗教外出活动。根据他们对女性在"家"外面宗教活动的宽容程度，以及他们对于地方政府在改善地方习俗上角色的不同假设，其策略也有所不同。无论他们是极力阻止女性参拜寺庙，认真劝说女性远离寺庙，告诫寺庙不要举办男女混杂的活动，还是介入当地居民的宗教庆祝活动，他们必然都意识到，管束这些积极的女信徒是不可能的。他们努力抑制寺庙对女性的吸引力或者打压女性对于宗教活动的热情，这些努力即使在一定时间内产生了影响，也注定会失败，因为直至明清时期，在福建或者其他地方，女信徒对寺观活动的兴趣和参与从未消退。

佛教葬礼

鉴于其在儒家话语中所规定的各自不同的社会角色，宋代学者对于男性和女性的宗教追求进行了不同的处理。在信仰上，男人被建议远离宗教，而女人的宗教信仰通常是被允许的；而在实践中，男人参拜寺庙毫无问题，而女人参与寺观活动偶尔会引起人们道德上的担忧。然而，当男女信徒将他们的宗教实践扩展到葬礼仪式的领域，许多儒家学者都表达了他们的反对意见。他们强烈谴责佛教的葬礼仪式，尽管它们已经被各个社会阶层广泛接受。正如廖咸慧所指出的那样，"宋代学者意识到需要捍卫儒家正统思想以对抗民间风气的侵染，并维护一个有序的社会，这一强烈动机使得他们致力于改革当时流行的非经典的丧葬实践"。[167]他们认为葬仪是最基本的家庭仪式之一，并将其作为规范和"儒化"家庭与社会的关键。[168]以佛教还是儒家的方式举行葬礼不是个人问题，而是一个涉及男女两性的家庭问题，可能会引起主张不同的葬礼程序的家庭成员之间的冲突。

　　宋代学者注意到福建佛教丧葬习俗的盛行。[169]根据黄榦的说法，由于在五代时期节度使的慷慨赞助，佛教在福建广泛传播，"深山长谷之民，信奉尤笃"。关于丧葬，他们"笃于梵呗膜拜之习，甚至举其亲之遗体，古人所以重衾复敛必诚必信者，而投之烈焰之中……是岂不大可哀者耶？"[170]福建儒士对于当地人抛弃古礼，遵循"异教"，在丧葬实践中违背了孝道原则的做法感到悲哀。[171]我们可以推测，男性和女性中都有这些"异教"同情者。对佛教的心理皈依，由于目睹或者参加佛教葬礼的经历而得到加强，这导致了他们忠实于佛教葬礼，如果他们的任何家人提议举行"正统"葬礼，则不可避免地会导致冲突。朱熹的弟子之一胡泳，曾就家庭葬礼问题咨询老师，他写道："治丧不用浮屠法，而老母之意必欲用。违之则咈亲意，顺之则非礼，不知当如何处？"[172]语境中的儿子是一位道学追随者，他认为执行儒家葬仪是正确的礼仪。作为一名孝子，胡泳认为应该服从母亲，但是作为一个正统学者，他又不能听从她的指示，在家内外的双重身份造成了胡泳的进退两难。他的老师提出了一个解决方案："且以委曲开释为先。如不可回，则又不可怫亲意也。"[173] 尽管朱熹不遗余力地推广合宜的儒家葬礼仪式，但他并没有期望自己的学生为维持节操而无条件地遵循他的"正统"方式。在决定葬礼的风格上，朱熹认可并尊重胡泳母亲的权威，即使母亲拒绝接受儿子的观点，在这件事上儿子也应该绝对服从母亲。相比于纠正不合宜的家庭仪式这一目标，朱熹更重视孝道。

事实上，胡泳并不是唯一一个请求朱熹出谋划策解决类似困境的弟子。在一次交流中，朱熹和郭叔云讨论了一个儿子对佛教居士父亲的孝道。朱熹赞同郭叔云的建议，即儿子应该在父亲过世三年后，逐渐消除父亲佛教信仰的物质痕迹。[174] 卜正民（Timothy Brook）通过对明清中国宗族的研究，指出佛教葬礼和儒家仪式之间的区别，即"流行文化与高雅文化之间的鸿沟"，"这种矛盾往往体现在男女选择的差异上，士绅阶层的女性更喜欢佛教葬礼，而男性则反对"。[175] 这似乎是士人的偏见，而不是历史事实。[176] 但是宋人并没有出现这种基于性别的观念，即在采用葬礼方式上进行男女之间的对比。无论是男人还是女人，采用或者要求采用佛教葬礼都很普遍。与后来历史上的精英士人相比，宋儒并没有简而化之地将女性与宗教联系在一起，或者提出对女信徒不利的宗教角色的刻板印象。

葬礼风格的选择让朱熹及其弟子感到沮丧。当有人问朱熹，如果父母亲留下关于佛教或道教葬礼仪式的遗嘱，儿子应该做些什么，

208

朱熹没有给出直接的答案，他犹犹豫豫，反复强调这个问题的难度。在另一个场合，有人提出了一个类似的问题，朱熹询问他的态度，对话者回答说，儿子必须不服从。朱熹不赞成这种毫不妥协的回应，他认为，在葬礼上请来僧侣或道士是表面工作，并表示儿子对父母坚定意志的服从不会带来伤害。[177] 谈话的参与者摒弃了性别差异，把父母和父亲放在一起不加区分地进行讨论。廖咸惠研究了宋代精英葬礼中佛教元素的流行，认为"宋代精英接纳民间葬礼习俗是由心理上的需求驱动的，这一需求是在情感上贫乏的儒家仪式所不能提供的"。[178] 在朱熹的例子中，他可能认可，比起佛教葬礼，儒家葬礼所提供的精神安慰和吊唁相对贫乏，这可能是他在主要考虑孝道之外做出妥协的原因。

在当时，朱熹是一位存在争议的政治家和哲学家，弟子把他奉为圣人，而同时代的许多人则批评他是个伪君子。朱熹对古代儒家经典坚定的倡导和高调的重新诠释，使后世读者在阅读他的哲学著作与政治文章时形成一种他作为僵化而教条的道德家的刻板形象，这一印象持续影响着现代学术。然而，通过观察和分析朱熹与弟子们的书信往来，他为女信徒所写的富有同情心的墓志，以及他务实的为官策略，我们可以看到这位理学大师人生哲学更为现实灵活的方面。朱熹在提出和弘扬严格的道德原则的同时，也在具体的情境下做出了妥协，并在处理复杂的事务时，表现出人道精神和协商意愿。这无疑是朱熹的魅力所在，激发了成百上千追随者将毕生精力用于传播他的思想，并努力确立他的正统性。[179]

在胡泳的故事中，儿子能做的和应该做的是试图说服自己的母亲，这一策略在他的道学同仁中得到了广泛的应用，尽管最终的结果是就事论事而各有不同。以朱熹的另一个弟子林公度（宪卿）为例：

> 夫人亡恙时，宪卿尝从容曰："浮屠氏之教行而先王之礼遂废，天堂地狱宁有是事耶？"夫人曰："汝能守礼，吾死无憾矣。"[180]

这一记录来自林公度的母亲吴氏的墓志。看起来，吴氏并不是佛教徒，因为作者黄榦在这篇墓志中没有提到她的宗教追求。[181] 林公度与母亲关于佛教和儒学的谈话表明了佛教葬礼习俗的流行，因为即使像吴氏这样非佛教徒身份，也可能会期待一个佛教葬礼。[182] 虽然儿子会负责安排吴氏的葬礼，但他们尊重她的意愿，并在她在世时向她咨询期望的葬礼方式。与胡泳态度坚定的母亲相比，林公度的母亲同意了儿子的建议。两个儿子安排了她的葬礼，既表达了他们的孝心，也表达了他们对儒家所说"道"的郑重承诺。然而，他们的决定并没有得到所在地区的亲属和人们的认可："里人族党谤言日至，晦庵先生贻书以勉之，而谤者始息。"[183] 朱熹所写的这封信没有被保存下来，内容也不为人所知，但它一定是林公度赖以为他的葬礼做法辩护的有力资源。当地人批评声的减弱，表明他们或多或少尊重朱熹的权威。然而，即使对这些至少不反对道学的人来说，一个没有佛教元素的葬礼似乎是不寻常且不合适的。[184]

在儒学复兴主义者眼中，设法执行儒家葬礼是一件非同一般的、

210

值得记录和赞扬的事情。在刘克庄撰写的一方墓志铭中，他煞费苦心地记述了一位孝顺的儿子如何根据朱熹的《家礼》，为他信奉佛教的母亲安排葬礼和祭祀。[185]在一篇纪念性传记中，这样的细节是不必要的，而这恰恰表明了事件的不寻常和作者对这一努力的赞赏，尽管文本中并未提及其他家人是否反对。[186]儒家学者不得不面对整个社会层面佛教丧葬习俗主导的现状，以及进行正统儒家葬礼的困难。这就解释了为何黄榦对吴氏的贤德如此高看："夫人生山谷间，乃能以礼诲其子而不溺于异教。"[187]不论热心的儒家学者如何试图消除佛教在葬礼实践中的影响，他们都认可女性，尤其是寡母，在安排和管理家中葬礼上的权威，就像他们尊重父亲一样。[188]他们在家庭母子等级关系中的次要地位，导致他们无力劝阻母亲采用佛教葬礼。他们为如何应对强势母亲的反对感到焦虑和困惑，而欣赏更体贴的母亲们的理解和支持。母亲身份以及与之相关的儒家孝道的核心价值观，帮助提升了女信徒的权威，并确保了她们在传统父系、父权制和父居社会中获得宗教追求的独立性。

在宋代，儒家学者的反佛劝说是私人化的，很大程度上涉及家庭中母子的亲密关系。而这种温和的做法一直延续到后世。然而，在明清时期，国家对于儒家仪式正统地位的认可，前所未有地让士大夫有权力禁止人们以一种公开可见的方式举行佛教葬礼。他们反对佛教葬礼的做法被纳入家规、村规和政府法令中。[189]明清中国的女信徒在宗教生活方面遭受到比之前的宋代人更多的干涉，这些干涉来自她们的家庭、家族、地方社区和政府，尽管这种影响可能无法持续。

第六章

归宿：女性与墓葬

　　坟墓是"阴宅",但它从来不是逝者阳间居住生活的翻版。一具尸体经过各式葬仪,最终被安置在一个挖掘好的坑中,以获得永生。之后,一个象征性的神主被立在家中,享受祭祀,维持着他或者她与先前生活空间的联系。当住宅坍塌,他或她在世界上存在和活动的痕迹便烟消云散了,而幸存的坟墓,则深藏在地下,直到被现代考古学家发掘出来,告诉我们关于生者逝去的故事。墓主人及其配偶、子孙、亲戚,或者是殡葬专业人士,他们可以在任何阶段表达、交流、修改自己的丧葬意愿,并或多或少地付诸实施。[1]每一座墓穴都是独一无二的,是各种殡葬仪式和习俗的缩影,也展现了参与者多样化的殡葬关注点。

　　"家"为研究女性的日常生活提供了一个终生的情境,相比之下,墓穴代表着女性人生经历的彻底终结。宋代女性的坟墓为我们看待关于地上与地下生活之间关系的性别规范与理念提供了特别有价值的视角。巫鸿对中国墓葬的空间性、物质性和时间性的考察,以实例展现出了一种富有成效的研究方法,他将墓穴解读为"空间结构",并"揭示一座墓穴的设计、装饰和陈设、历史和记忆、宇宙学和宗教信仰的基本逻辑"。[2]为探索宋代福建女性被建构的地下空间,本章重点介绍了墓室本身的结构、尸体的相对位置、随葬物品以及墓室壁画。丧葬实践的这四个方面，提供了用以探究亲属和仪式专家关于女性空间所持态度的线索。因为正是这些同时代的人，他们决定了坟墓的位置、建筑、内部结构、装饰、棺材、墓志和随葬品。有些随葬品，如衣服，通常是墓主本人在世时挑选的，因此，它们构成了一条探索女性如何向子孙后代展现自我的颇具成效的途径。

正如裴志昂（Christian de Pee）所指出的，坟墓有它的物理重要性，用以定义女性在来世的空间，此外，它"就像文本一样，是一种有意识的人类活动的痕迹"，"它的物质性允许不相容的世界在其中静默并列，而这是确定性的文本所不允许的"。与文本相似，坟墓"在自己的语言，甚至静默中，保存着一个被遗忘的空间，一段过去的时光，一个模糊的示意，以及古老的视觉和感觉方式"。[3]因此，对于坟墓和丧葬实践的研究是一个实验，它利用文本和物质资料，开发新的概念性工具，用以阐明女性的生活。[4]

墓室结构：从单室到多室

中国考古工作者认识到，宋代不同地区，尤其是南北方之间的坟墓结构存在很大的差异。[5]根据秦大树的研究，北方的坟墓结构似乎是相当统一的，而南方的坟墓结构可以被划分为几种地区类型，尽管它们在某种程度上彼此相似，这其中就包括了福建风格。[6]这些坟墓主要是单室(图 6.1)和并列双室(图 6.2)结构,北宋初期的一些福建坟墓延续了五代的前后双室风格,而从南宋中叶开始,并列三室和四室的石室墓越来越流行。[7]

对于福建人来说,重要的转变发生在南北宋之际,此时,人们对合葬的实践和解释都经历了重大的转变。与中国北方的坟墓不同,为夫妇修造的并列多室墓葬(图 6.3)逐渐取代了单室墓葬,成为流行于福建的常见合葬方式。

215

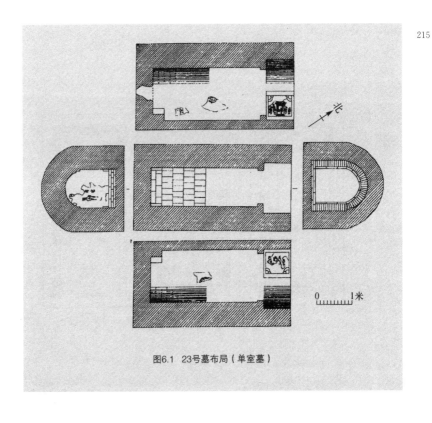

图6.1　23号墓布局﹝单室墓﹞

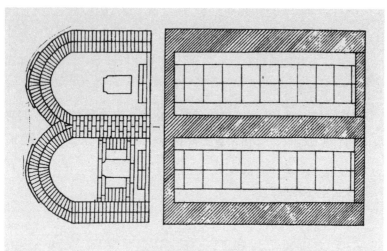

图6.2　25号墓布局（双室墓）

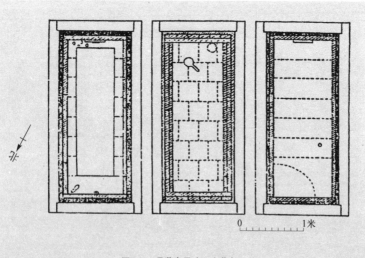

图6.3　8号墓布局（三室墓）

为了考察福建墓葬结构的特点，笔者收集了所有能够获得的已出版的和未出版的福建出土宋墓考古报告，[8]并在下文中对宋代福建墓葬结构做了一个较为全面的表格（见表 6.1，参见附录）。[9]在此基础上，笔者将揭示在埋葬实践中从单室墓逐步转变为双室墓背后的思想转型，展现可选的通道的构造，阐明夫妻在同一穴中的相对位置，并描述三室墓穴的安排。

表 6.1 福建宋墓结构表

217

	地点	墓主人	年份	长×宽×高	结构	通道	壁龛	墓志/买地券
福州								
1	福州	陈元吉（南）	1208	276×98×127	双室	0	1	墓志
		张氏（北）	1210	276×98×127			1	墓志
2	福州	不详	不详	272×100×？	双室	1	0	
3	福州	王氏（西）	1257	248×80×96	三室	0	1	买地券
		不详（中）	不详	248×80×96				
		不详（东）	不详	248×80×96				
4	福州	陈十九（西）	1222	248×80×96	三室	0	1	买地券
		子女不详（中）	不详	104×80×96				
		不详	不详	248×80×96				
5	福州	黄邦用	1203	不详	双室	不详	不详	合葬墓志
		叶氏	1229	不详				
6	福州	不详（西）	不详	235×83×110	双室	1	1	
		黄氏（东）	1209	235×73×110				墓志/买地券
7	福州	不详	1078—1085	不详	单室	0	0	买地券
		不详	不详	不详				买地券

续　表

	地点	墓主人	年份	长×宽×高	结构	通道	壁龛	墓志/买地券
8	福州	黄昇（右）	1243	294×144×146	三室	0	0	墓志/买地券
		赵与骏（中）		294×144×146				
		李氏（左）	1247	294×144×146				买地券
9	福州	不详（左）	南宋	47×39×50	双室	0	0	买地券
		不详（右）	南宋	47×33×50				
10	福州	朱著（左）	1230	302×130×170	双室	0	1	墓志铭
		洪氏（右）	1227	310×130×170			1	墓志铭
11	福州	陈氏（左）	1250	230×115×115	三室	0	0	墓志铭
		许峻（中）	1272	230×120×115				墓志铭
		赵氏（右）	1287	230×115×115				墓志铭
12	福州	不详	北宋	470×470×420	单室	0	0	
		不详	北宋					
13	福州	男性（左）	1235	295×155×250	双室	0	0	
		女性（右）	1235	295×155×250				
14	福州	不详（西）	南宋	235×75×100	双室	0	0	
		不详（东）	南宋	235×75×100				
15	福州	不详	南宋初	350×141×200	双室	0	0	
		不详	南宋初	350×141×200				
16	闽侯	女性（右）	不详	280×102×127				
		王某（左）	不详	340×137×175	双室	0	0	
17	连江	女性（北）	1102—1106	252×85×110	三室	0	台层	买地券
		男性（中）	1102—1106	267×85×110			台层	买地券
		女性（南）	1102—1106	267×85×110			台层	
18	连江	不详	不详	?　×40×53	单室	0	1	买地券
19	连江	不详	不详	218×78×105	单室	0	0	买地券

218

续　表

	地点	墓主人	年份	长×宽×高	结构	通道	壁龛	墓志/买地券	
南剑州									
20	南平	男性	南宋初	350×96×112	双室	1	1		219
		吴氏	南宋初	350×96×112			1	买地券	
21	南平	不详	北宋中叶	400×88×126	双室	0	1		
		不详	北宋中叶	400×88×126			1		
22	南平	男性（右）	南宋初	234×70×168	双室	1	2	买地券	
		女性（左）	南宋初	234×70×168			1		
23	南平	不详	北宋中叶	452×232×234	单室		0		
24	尤溪	不详	不详	398×110×140	单室		0		
25	尤溪	不详	北宋	290×100×150	双室	1	1		
		不详	北宋	290×100×150			1		
26	尤溪	不详	不详	不详	单室		1		
		不详	不详	不详					
27	尤溪	不详	不详	395×130×155	双室	1	0		
		不详	不详	395×130×155					
28	尤溪	不详	不详	395×130×155	双室	1	0		
		不详	不详	395×130×155					
29	尤溪	张氏（左）	1108	310×110×107	双室	1	12	墓志铭	
		吴?（右）	1126	310×110×107			12	墓志铭	
30	尤溪	不详	北宋	325×108×115	单室	0	12		
31	尤溪	不详	南宋	236×72×103	单室	0	0		
32	尤溪	男性（左）	北宋	300×125×130	双室	0	0		
		女性（右）	北宋	300×110×130					
33	尤溪	不详	北宋	330×95×160	单室		0		
34	尤溪	不详	北宋	不详	不详	不详	不详		
35	尤溪	不详	北宋	不详	双室	不详	不详		
		不详	北宋	不详					

	地点	墓主人	年份	长×宽×高	结构	通道	壁龛	墓志/买地券
36	沙县	不详	不详	390×120×196	双室	0	0	
		不详	不详	390×120×196				
37	沙县	陆文升（左）	1273	310×72×?	双室	0	1	
		俞氏（右）	1315	310×72×?		0	1	
38	沙县	不详	不详	不详	不详	不详	不详	
39	沙县	不详	不详	290×116×160	不详	不详	不详	
40	三明	不详	北宋末	不详	不详			
41	三明	不详（左）	南宋	330×112×147	双室	0	0	
		不详（右）	南宋	330×116×147				
42	顺昌	不详	不详	480×160×130	双室	1	0	
		不详	不详	480×160×130				
43	顺昌	男性（右）	1078—1085	450×96×160	双室	1	1	
		女性（左）	1078—1085	450×96×160			1	
44	顺昌	不详	北宋	不详	不详	不详	不详	
45	顺昌	不详	北宋	400×136×160	单室		4	
46	顺昌	不详	北宋	500×143×152	单室		台层	
47	将乐	不详	南宋	262×70×80	单室		0	
48	将乐	不详	北宋	245×125×?	单室		0	
49	将乐	不详	不详	166×86×?	双室	0	不详	
		不详	不详	166×86×?		0	不详	
50	将乐	不详	不详	260×158×?	双室	0	不详	
				260×158×?				
51	将乐	不详	不详	416×200×?	单室	不详	不详	
52	将乐	不详	不详	不详	单室	不详	不详	
53	将乐	不详	不详	不详	单室	不详	不详	

续　表

	地点	墓主人	年份	长×宽×高	结构	通道	壁龛	墓志/买地券	
54	将乐	不详	北宋末—南宋初	370×130×150	双室	0	0		221
		不详		370×113×150					
55	将乐	不详	不详	340×112×134	双室	0	1		
		不详	不详	340×112×134			1		
56	将乐	不详	不详	452×200×?	单室	不详	不详		
57	将乐	不详(左)	不详	285×95×103	双室	不详	1		
		不详(右)		285×86×103			1		
58	将乐	不详	不详	118×38×50	单室	不详	不详		
59	将乐	不详	不详	96×42×?	单室	不详	不详		
60	将乐	不详	不详	不详	双室	不详	不详		
				不详		不详	不详		
61	将乐	不详	不详	358×79×123	双室	0	3		
		不详	不详	358×79×123		0	3		
62—69	将乐	不详	不详	不详	不详	不详	不详		
邵武军									
70	邵武	黄涣	1226	322×162×158	单室		0		
71	邵武	赵善恭(左)	1217	345×139×148	双室	0	0	墓志铭	
		伍氏(右)	1215	350×138×134				墓志铭	
72	泰宁	不详	北宋中晚期	不详	双室	不详	不详		
		不详	北宋中晚期	不详					
建宁府									
73	建瓯	莫回	北宋初	394×122×162	单室		1		
74	建瓯	陈谪龙	北宋初	520×134×?	单室		1		

	地点	墓主人	年份	长×宽×高	结构	通道	壁龛	墓志/买地券
75	建瓯	不详	北宋中叶	368×118×136	双室	0	1	
		不详		368×118×136			1	
76	崇安	不详	南宋中叶	不详		不详	不详	不详	
77	浦城	不详	不详	350×135×172	单室		0	
78	浦城	不详	北宋中晚期	不详	不详		不详	
79	浦城	不详	北宋中晚期	700×200×171	单室		17	
80	浦城	不详	南宋	250×110×150	双室		0	
				250×110×150				
泉州府								
81	南安	吴某	不详	276×177×126	双室	不详	不详	墓志铭
		余氏		276×177×126				
82	晋江	陈氏	南宋	325×111×195	单室	0	0	墓志铭

（222）

对八十二座福建宋墓的考古报告的研究，[10]为我们提供了足够的信息来展现福建古墓从北宋到南宋的过渡，从单室到双室和三室墓的结构变化，以及不同地区内室设计的不同特点，尽管这些都被归类为福建风格。在表 6.1 中，来自福州的墓葬有十九座，来自南剑州的墓葬有五十座，来自邵武军的墓葬有三座，来自建州（建宁府）的墓葬有八座，还有两座来自泉州的墓葬。福州和南剑州的墓葬占了大多数（约 84%），[11]福建中部这两个地区相对集中的资料，为研究宋代墓葬的地区特征，以及当地女性日常生活的某些方面提供了充分的机会。

　　在中国南方,从北宋中叶开始,越来越多的坟墓采用双室风　223
格。[12]从表6.2中,我们可以清楚地看到,福建墓葬类型的这种转变
是如何逐渐发生的。

表 6.2　福建宋墓的类型

类　　型	数　　量	百分比
北宋墓		
单室	11	46
双室	8	33
三室	1	4
不详	4	17
总计	24	100
南宋墓		
单室	4	17
双室	15	62
三室	4	17
不详	1	4
总计	24	100
未系时宋墓		
单室	11	32
双室	13	38
不详	10	30
总计	34	100

　　表6.2所示,全部北宋墓葬中有近一半属于单室墓,另一半则由
双室、三室和类型不详的墓室组成。然而在南宋,大多数墓葬(约
79%)是双室或三室的。这些数据表明,在南北宋交替时期,双室和
三室墓葬取代了单室,成为最流行的风格,至少在福建地区是如此。

在福建宋墓中,所有的双室和大多数三室墓葬的例子都是夫妻合葬墓;然而,单室墓并不局限于个人墓葬。两座北宋福州墓(墓 7 和 12)属于单室,但每座墓都容纳一对夫妇。这种差异引申出了一个问题:如果夫妇可以使用多室墓和单室墓,那么合葬对于墓葬类型有何影响? 实际上,在经典的《诗经》中,人们已经提出了夫妇合葬的愿望:"穀则异室,死则同穴。"[13]根据现代考古学者的研究,从西汉中叶开始,"夫妇葬于同冢同穴中"的结构变得越来越流行,取代了其他风格,成了主流的合葬方式。[14]直至北宋和金,中国北方人在建造合葬墓时依旧延续了这一传统。然而,我们对宋代福建合葬墓单室和多室风格的研究表明,在南北宋交替时期,福建人对合葬的实践(可能还有理解)经历了某些转变。[15]

在宋代福建的合葬墓中,单室模式是传统"同冢同穴"的简单再现,而多室墓作为变种出现,逐渐为当地人所青睐和采用,最终发展成主要的合葬形式,并且持续了几个世纪,直到明清时期。

合葬：隔墙与通道

为了了解宋代福建的墓葬风格为何发生变化,我们必须首先厘清这些单室墓与多室墓之间的类型差异。从宋代学者司马光的礼仪文本《司马氏书仪》中,我们知道有两种类型的宋代墓:竖穴土坑墓和横穴式土洞墓。[16]虽然后一种类型在北宋和金代时期的北方中国非常流行，但在表 6.1 中几乎所有的福建宋墓，无论是单室还是多室，都属于前一种类型。这种埋葬方法是在地面上直接向下挖形成一个圹，把棺材放进圹中填满泥土。在宋代福建，这种"直下"模式的流行，是由其与华北平原不同的特殊地理条件决定的。[17]

在合葬时，如果一对夫妇的棺材被放到一个石头或者砖砌成的墓室里，我们称它们为单室墓。而双室墓的布局，根据库恩（Dieter Kuhn）的说法，"特征是单室墓的加倍，用一堵墙将整个墓室划分为两个体积大小相等的棺椁墓室的简单方式，墓顶采用平的石板或者拱形的砖券顶，可以用不同的方式造型"。[18] 隔墙将两个棺椁室分隔开，在一些双室墓中，有一条通道穿过隔墙。三室墓只是双室墓的扩建，在一座墓穴中修筑两堵隔墙而不是一堵隔墙，就把整个墓分成了三个墓室。比较单室墓和多室墓，我们发现它们彼此之间的差别仅在隔墙。那么，为什么宋代福建人会修改原本的夫妇单室墓结构，转而采用双室或三室的设计呢？在合葬中，隔墙是如何在意识形态和实际中发挥作用的呢？

尽管在早期中国，合葬已被确认为一种合适的丧葬模式，但它以不同的方式被人们解读，因此在古代就产生了不同的埋葬方式。在早期儒家经典《仪礼》中，孔子指出鲁国和魏国合葬习俗之间的差异："卫人之祔也离之，鲁人之祔也合之。"[19] 在对《仪礼》的注疏中，孔颖达解释了为何相比于卫国，孔子钟情于鲁国的习俗：

离之，谓以一物隔二棺之间于椁中也。（卫人）所以然者，明合葬犹生时，男女须隔居处也……鲁人则合并两棺置椁中，无别物隔之，言异生，不须复隔。"穀则异室，死则同穴。"故善鲁之祔也。[20]

从这篇文章中，我们了解到，在早期的合葬实践中，卫国人和鲁国人把已故夫妇的棺椁放置在同一个墓室里。然而，卫国人在椁内设立了一层隔板，将两个人的棺材分开，而鲁国人却没有这样做。表6.1中所列的所有福建宋墓，都比这些古老的卫国和鲁国墓更简单，因为椁从来没有被使用过，然而，如果我们把他们的砖室或者石室看作是古代的椁，那么在福建双室墓中的隔墙，逻辑上就像是在卫国人合葬墓中隔板的变形，而夫妇单室墓看起来就像是鲁国风格的延续。根据孔颖达的注疏，合葬从单室到双室风格的转变，是否表明宋代福建人有意将性别区隔的意识形态运用到合葬实践中呢？

根据孔颖达的解释，丈夫和妻子棺之间的隔离物，似乎是古代情景中性别区隔的一个明显标志。然而，这样的解读适用于宋代吗？记录宋代丧葬仪式的两个最有价值的文本，分别是北宋司马光的《司马氏书仪》和南宋朱熹的《家礼》。[21]这两部作品都为我们提供了关于坟墓建造过程及其各种结构的详细信息。司马光是一位道学家，他大力强调日常生活中的性别区隔，专门撰写了一篇《居家杂仪》，来规定限制家中男女彼此之间的联系。[22]然而，他并没有建议通过墓穴的结构将男女分开。根据伊沛霞对朱熹《家礼》的研究，我们知道朱熹很钦佩司马光所作的尝试，但对其过于复杂并不满意。出于对南宋社会道德修养的担忧，朱熹修改了一些流行的习俗，简化了司马光的规定,并制定了一套通俗易懂的家礼。[23]

朱熹出生在福建,并且一生中大部分时间都待在福建,因此对福建当地的风俗很熟悉,如果福建的丧葬习俗中一直明显强调性别区隔,那么朱熹肯定会在他的礼仪文本中提及这一现象。然而,尽管朱熹遵循了司马光的家内性别区隔思想,但他没有提到在地下世界中使用隔墙来分离一对夫妇。除了他的《家礼》外,朱熹还在其他作品中表达了自己对于埋葬仪式的想法。朱熹曾经评论过卫国和鲁国不同的合葬做法,但他完全没有将其讨论与性别区隔的概念联系起来。[24]对司马光和朱熹仪式文本的研究表明,在宋代的墓葬结构中, 227 性别区隔并没有被刻意强调,宋代福建双室和三室墓中的隔墙,不应该被解读为是对性别区隔的强调。

尽管现代考古发掘显示,双室墓是一种流行的合葬方式,但宋代文献对此却很少提及。对于这一安葬模式的唯一评论,见于北宋著名学者苏轼(1037—1101)的《东坡志林》中,苏轼出生在位于今天四川的成都府路:

《诗》云:"榖则异室,死则同穴。"古今之葬者皆为一室,独蜀人为同坟而异葬。其间为通道,高不及眉,广不能容人。……而以石覧塞其通道,既死而葬则去之。某先夫人之葬也,先君……追为先人墓志,故其文曰:"蜀人之祔也,同垄而异圹。"[25]

苏轼接着研究了合葬的起源,并得出结论,在古代,存在将一对夫妇葬在同一座坟墓但不同墓室中的传统，但是当时人们并没有使用通道。苏轼认为，这"又非诗人同穴之义，故蜀人之葬最为得礼也"。[26]根据苏轼的说法，合葬在符合古典要求上，其传统可以追溯到上古时期，但它的真正含义却没有得以实现和实践，直到宋代四川，才出现了仪式正宗的安葬——为已婚夫妇建造由通道相连的平行墓室。根据赫尔加·斯塔尔（Helga Stahl）的说法，"近年来的考古发掘证实了，苏轼所赞赏的四川式墓葬在四川很受欢迎，尤其是在北宋时期"。[27]

228

然而，来自福建的考古资料显示，苏轼提倡的正统合葬并非仅仅限于四川。[28]大量宋代福建的合葬墓由同一穴的平行墓室组成，而且在福建双室墓中，至少有 25％ 的墓穴中发现了通道。[29]就像早期学者对卫国和鲁国不同丧葬习俗的分析一样，苏轼对四川相互连接的双室墓的评价也是基于其对《诗经》中"同穴"规则的解读。根据苏轼的理解，相互连接的双室墓符合古代文化，因为在第二次下葬时，分隔的墓室可以避免让子女们看到父母腐烂的棺材，而通道则保证父母在没有阻隔的情况下，在同一地点进行不受阻碍的交流。虽然宋代文献资料中并没有详细描述福建双墓室，但苏轼对四川人墓葬的解读，也可以应用到福建相连的双室墓中。所有带通道的宋代福建双室墓都被划分成两个相等的墓室，这意味着它们最初是作为一个完整的坟墓被建造的，而这两个相互连接的墓室，供夫妻双方使用。如果我们遵循苏轼的解释，这一设计的意图就是为了确保这对夫妇的灵魂可在来世交流。

除了有通道的双室墓，还存在着大量没有通道的双室墓。[30]其中大部分是在同一时间建造的,整个墓室被分成两个平行的大小一致的空间,然而,其中的一些,例如 16 号墓和 71 号墓,最初是作为单室墓建造,后来添加了一个平行的墓室,且与早期的墓室共用一道隔墙。当双室墓的墓室在不同时间建造时,建立相互连接的通道是不现实的,因为这样做会有破坏之前所建墓室的风险。然而,对于那些最初被建造为双室的墓来说,没有通道的设计是否表明,夫妇身后交流的意识并没有被墓主人的子女所接受?

到目前为止,虽然笔者还没有找到任何宋代文本介绍没有通道的双室墓,但后世明代学者王文禄撰写的葬礼指南,为我们提供了一些可借以揣度宋代福建人对这种风格所持观点的线索。在他这本小册子《葬度》中,王文禄强调了保持坟墓防水和密封的重要性。他建议用某种特殊方式来造棺材和坟墓以防止损毁,因此,他认为在双墓室之间建立一条通道是非常不合适的: 229

> 夫妻双椁,穿墙孔曰"孝顺洞"通魂往来。何愚也! 皆损椁。[31]

很明显,在明代江南地区,与宋代福建的情况一样,相互连通的双室墓仍然被广泛使用,以确保夫妇在地下世界的联系。王文禄批评这种埋葬方式,因为它加速了坟墓的毁坏。

事实上,在《家礼》中,朱熹提供了关于如何将棺材埋入墓穴的详细指导意见。他的方法旨在尽可能长久地保存棺材,而这在建造有连接通道的双室墓时是不可能的。朱熹建议,在把棺材放进坟墓后,人们首先要加灰隔内外盖,然后用灰填入墓穴,慢慢拍实。[32]这种封闭的保护方法只能应用于密封的墓室。从理论上讲,没有通道的双室墓,即使它们的建造者的埋葬方法与朱熹的不同,也应该比那些有通道的墓保存得更好,因为二次葬不会加速第一具被埋葬尸体的腐烂。[33]文本和实物资料表明,为已故夫妇修筑一座没有相互连接通道的双室墓,很可能是基于保存棺材和尸体不朽的务实考虑,这也是许多墓志中所描述的修建坟墓的基本目标。

无论如何,有连接通道的双室墓可以促进已故夫妇来生的交流,而那些没有通道的墓,则可能是为了保护坟墓,它们在同一地区共存,应该都被视为地方殡葬习俗的一部分。大致说来,为夫妇修建的双室墓,无论是否有相连的通道,都可以被理解为"同穴",符合《诗经》的说法。而通道能够保证已故夫妇交流的观点被接纳为一种正宗的方式用来满足古代经典的要求,这更有可能是苏轼以及其他人的个人诠释。这两种双室墓之间的差异,并非源自对立的性别意识形态观点所认为的已故夫妇应该拥有单独的或者共同的地下空间。当地人往往根据他们对坟墓功能的具体期望,为其已故的亲属选择其中一种方式。

从内外到左右

关于双室墓,除了内部的结构设计外,夫妻间的相对位置是宋代精英讨论的另一个性别问题。北宋学者程颐写过一篇关于墓葬的文章,在文章中,他给出了如何安排坟穴的指导意见。虽然我们无法获得程颐《葬说》一文的完整版本,但幸运的是,他关于夫妇埋葬位置的言论被朱熹引用,因而保存下来:

> 伊川先生葬法有谓:"其穴安夫妇之位,坐堂上则男东而女西,卧于室中则男外而女内,在穴则北方而北首,有左右之分,而无内外之别。"按:昏礼,良席在东,北上,此是卧席之位,无内外之别也。[34]

根据朱熹所引程颐的话,内外相对观念,几乎渗透到宋代女性日常生活中的每一个细节,在地下世界却变得毫无意义。朱熹同意程颐的观点,但他认为,根据他对《仪礼》的理解,即使在闺闱中,也没有内外的隔离。宋代理学家似乎已经认识到并接受了,由于世俗社会的语境并不存在于地下,理想化的内外性别区隔不能适用于来世。

"左右"取代了"内外"的概念,成为男性和女性在埋葬时相对地位的客观标志。就像"内外"的概念一样,当性别建构成问题时,"左右"也被赋予了意识形态的价值。在早期儒家礼仪典籍中,男性和女性的位置被定义为左或右,视上下文而定。这些物理位置的性别内涵被后来的学者做了各式解读。[35]虽然"男主外,女主内"的概念在整个中国帝制时期被接受为正统意识形态,但"男=左,女=右"(或"男=右,女=左")的固定规范从未出现过。[36]在之前的引文中,没有进一步探讨关于已故夫妇左右位置的性别意义。尽管引文出自私人信函，不过在这封信中，朱熹彻底解决了弟子郭叔云关于错综复杂的葬礼细节的困惑，但他没有就夫妇在坟墓物理布局中的位置建议或者推动一个仪式上合适的观念。此处，我们似乎没有办法寻觅到性别等级制度的体现，只是注意到它仿佛缺失了。然而，在朱熹与两位理学积极分子的谈话记录中，他确实对于"左右"这个问题进行了思考：

> 尧卿（李唐咨）问合葬夫妇之位。曰："某当初葬亡室，只存东畔一位，亦不曾考礼是如何。"安卿（陈淳）云："地道以右为尊，恐男当居右。"曰："祭以西为上，则葬时亦当如此方是。"[37]

李唐咨是漳州当地的名人，他很钦佩朱熹的礼仪知识，向他请教夫妇在墓中的位置。尽管李唐咨是朱熹颇为欣赏的饱学之士，但他也承认，在为自己与亡妻修建双室墓时，他并没有考虑到礼仪上是否得体。[38]李唐咨很可能是大多数同时代人的代表，认为没有必要考察夫妻位置在墓地布局中的仪式意义以及隐含的性别等级观念，已故夫妇的左右位置，在意识形态或埋葬实践中都不确定。陈淳是朱熹的忠实信徒，同时也是李唐咨的女婿，他不确定在葬礼安排中正确的夫妻位置为何。陈淳没有参考任何儒家经典或者评论，而是在右高于左的一般价值规则的基础上，向岳父和导师提出了"男右，女左"模式的建议。陈淳的不确定性表明，这一问题在古典文献和当时的理学话语中，缺乏普遍的原则，甚或无人讨论，博学之士朱熹没有引用任何儒家学术著作，也证实了这一点。朱熹认为，丈夫应该被安置在西方，依据的是在丧葬祭祀上这个方向地位更高。"西男，东女"的观念，使已故夫妇的相对地位变得更加复杂：从祭祀者的立场来看，这样的安排符合"男左，女右"的原则；但从逝者的角度来看，考虑到头部指向北方，与丧葬仪式相符合，却是一个"女左，男右"的相反布局。[39]朱熹以为，表明丈夫优越性的一种可能的方式是西与东，而不是左与右，但他并没有将此写进《家礼》中，尽管这本书是他希望作为一部实用参考书加以传播的。朱熹甚至没有把它介绍给自己的其他弟子，就像前面那封给郭叔云的信所显示的。朱熹似乎并没有打算宣传"西男，东女"的原则，因为这一原则没有坚实的文本基础，也超出了同时代人丧葬考量的范畴。朱熹从来都不是一个堂吉诃德式的战士，他在这一问题上的妥协和沉默表明，尽管他的同时代人的埋葬方式大相径庭，他们普遍都忽略了性别等级与已故夫妇相对位置之间的联系。即使当朱熹的礼仪思想成了明清社会日常生活所依据的正统，一个规定了已故丈夫和妻子合理位置的准则也没有成形。[40]

　　除了宋代的文字资料，考古发掘资料还表明，在宋代福建地区，已故夫妇的相对位置是完全不固定的。由于两个因素的限制——墓室严重腐烂或遭到破坏，以及考古报告的不完整，在表 6.1 中列出的能确定的三十六座双室墓中，我们只知道十一座（约 31％）的夫妇左右位置。[41]考古报告确实表明，在丧葬实践中，夫妇在地下世界的相对地位是相当灵活的，与之一致的现象是在宋代精英的话语中，已故夫妇的相对位置没有定论。[42]与宋代学者重视男女在生活中的合

适地位相比，夫妻在地下的位置很少被阐述。日常生活中的正统性
别意识形态消失了，并没有随着男性或女性步入死亡世界。严格的
规章制度让位于多样化的实践，在某些情况下，和谐和沟通的概念取
代了那些性别隔离与等级制度。

一夫多妻问题

　　在宋代福建的合葬墓中，三室墓作为双室墓的延伸而存在。[43] 三
室墓的正常类型是丈夫居中，一个妻子在他左边，另一个妻子在他的
右边。在这样的语境中无论是"内外"或者"左右"的性别概念都不起
作用。根据笔者的理解，男性位于两个妻子之间，可能是他在家庭等
级中核心地位的象征，然而，此处一个更重要的问题是，他的中心位
置是保证他与旁边的任何一位女性共同组成一对夫妇合葬。考古发
掘显示，为一夫两妻建造三室墓在宋代福州地区是一种颇受欢迎的
做法，但宋代学者关于这种合葬的想法多少有些分歧。[44] 在《知旧门
人问答》中，保存了朱熹与李辉关于这个话题的交流，他们在讨论的
一开始引用张载的论点：

　　横渠先生曰："祔葬、祔祭，极至理而论，只合祔一人。……然其
葬其祔，虽为同穴同几筵，然譬之人情，一室中岂容二妻？以义断之，
须祔以首娶，继室别为一所可也。"辉顷看程氏《祭仪》，谓："凡配，用

正妻一人。或奉祀之人是再娶所生，即以所生配。"[45]

李辉接着说，他对程颐的观点表示怀疑，并对已故男子是否应该 234
与他的正室或者继室葬于一处并享受祭祀而感到困惑。在回答李辉
的问题时，朱熹指出，他在这个问题上不同意程颐的看法：

程先生此说恐误。《唐会要》中有论，凡是嫡母，无先后，皆当并
祔合祭。[46]

以上是李辉对于他与朱熹关于夫妇合葬问题讨论的记录。在朱
熹个人文集中，朱熹在李辉文字后对这一记录有一个总结性的评论：

夫妇之义，如乾大坤至，自有等差。……况于死而配祔，又非生
存之比。横渠之说似亦推之有大过也，只合从唐人所议为允。况又
有前妻无子、后妻有子之碍，其势将有甚杌陧而不安者。唯葬，则今
人夫妇未必皆合葬，继室别营兆域宜亦可耳。[47]

朱熹提到一夫多妻合葬是唐代的习惯，用以证明自己的个人观
点，这与理学前辈们的观点相左。然而，对唐代合葬墓的考古研究揭
示出它的实际情况比朱熹所引用的《唐会要》的内容要复杂得多。在
整个唐朝，人们对何种模式是正确的合葬仪式进行了辩论，受各种不
同解释的影响，产生了不同的实践。[48]正如朱熹与李辉之间的对话所

显示的那样，在宋代，关于合葬风格，同样没有一个普遍的看法。在这些宋代理学家中，令人吃惊的是，朱熹的意识形态最灵活。朱熹坦率地表示，他不赞成程颐对合葬的严格假设。他更倾向于丈夫与所有的正式妻子合葬，朱熹认为，为丈夫和他的第一任妻子建造一座双室墓，同时为继室安排另一座单独的墓也是合适的。朱熹试图调和关于合葬问题的理性与情感，并接受同时代人就此作出的不同安排。唐朝的世家大族用保存古礼来维护家族声望，张载和程颐的立场与他们一致，相较于张载和程颐，朱熹对礼仪和习俗的看法则更务实、更具吸引力，这就是为何李辉得出这样一个结论："若欲处之近人情，只合从先生所答。"[49]

实际上，宋代文字史料证实，一些南宋理学家在实践中遵循了朱熹的偏好。例如，刘宰（1165—1239）再婚后重新安葬了他的前妻。刘宰当时为亡妻写过一篇祭文，在祭文中，他说："谨穴其左，以为君永归之地，而虚其中与右，庶某异时获没于地，得合葬焉。"[50]这种三室墓风格的安排，显然符合朱熹推动的一夫多妻合葬的方式。

根据朱熹的观点，已故夫妇"死而配祔，又非生存之比"，夫妇地下空间的概念并不像他们的生活空间那样被清楚地定义。朱熹关于夫妇来世空间安排的议论，远少于他对在世夫妇区隔的评论。在其《家礼》中，朱熹表现出了对世俗生活中性别区隔的极大关注，但是他并没有对已故夫妇的空间进行任何详细的或者集中的讨论。朱熹的《家礼》旨在纠正人们不恰当的行为，但他对同时代多种流行合葬做法的认可，使他没必要给出合葬安排的指导方针，而他对合葬安排的态度，更多的是基于人的情感而不是其他学者的观点。因此，在朱熹的礼仪指南中，他对夫妇来世空间安排的忽略，实际上反映了他对逝者后代个人选择的尊重。[51]

宋代学者，包括前述引文中提到的那些，都继承了合葬的古典意识"毂则异室，死则同穴"。宋代学者在理解与生活有关的方面上几乎没有分歧；然而，他们对来世的解释在某种程度上有所不同。宋代学者对于丈夫是应该与他的第一任妻子或继室其中一人合葬，还是与两人一起合葬，意见存在分歧，这表明在当时并没有统一的合葬实践。观点无法达成一致，这给同时代人提供了选择他们想要的任何合葬风格的余地。在福建发现的宋代双室墓和三室墓共存的现象，与宋代作者们关于夫妇在来世世界中亲密关系存在着不同看法是一致的。

随葬品

在中国，坟墓中放入随葬品作为一种流行的丧葬习俗，可以追溯到上古。随葬品在中国被称为"冥器"或"明器"，字面意思就是"来生所用的器物"。[52]在整个帝国时期，伴随不断的社会变迁，明器经历了巨大的变化，即便在一个特定的时间段内，不同墓中的明器也会根据墓主人的年龄、性别、阶层、经济能力、坟墓经营人的期望、当地习俗等等而有所不同。通过这种方式，一方面，每座墓中的明器应该各具特色，因为每个亡故之人都是不同的，而另一方面，有些明器可能会彼此相似，因为墓主人是来自同一个地区的同时代人，并且有着类似的社会身份。

　　理想的情况是，在现代考古研究中，明器应该被视作是一个承载着关于墓主人及其时代丰富信息的复合体。但事实上，考古学者"很早便认识到埋葬环境中物体的多重声音"，而"在一个共享的仪式时间和空间中，把琐碎物体放置在一起"研究，得到像裴志昂这样的文化历史学家的推荐。[53]正如南希·威克（Nancy Wicker）和贝蒂娜·阿诺德（Bettina Arnold）所言，"就像死亡是对逝者的一个转变过程一样，物质文化中一件器物的生命历史可以在殡葬仪式的过程中被改变"。[54]明器是在殡葬环境中完成转变的对象，并且在丧葬背景下对于描绘性别变得颇有价值。因此，为了探索宋代女性的地下空间，有必要对明器进行详尽的研究。

　　中国人的器物在其传播和消费的过程中，比在生产过程中更容易被性别化。[55]它们的性别身份几乎不可见于文本资料中，幸运的是，墓中出土的明器提供了对比女性和男性器物的机会。在地下空间的情景中，人与物之间的亲密关系变得显而易见，而女性和男性随葬品的详细清单使得女性与男性器物的比较成为可能。

　　在福建宋墓的众多类型中，双室和三室墓为直接比较女性和男性的明器提供了平行的情景。[56]在四十一座福建宋代双室墓和三室墓中，笔者选择了一些没有被破坏的例子，来说明女性和男性随葬品之间的区别（见表6.3）。

表6.3 随葬品比较

6号墓 福州(南宋中叶)

材质	西(丈夫,身份不明)	数量	东(黄氏？—1209)	数量
玉			双孔环	1
骨	钗	1		
铁	牛	1	牛	1
铜	币	26	币	7
石	俑	23	俑	20
			墓志	1
瓷器	盘	1		
	碗	1	碗	不详
	罐	2	罐	不详
不详			买地券	1

10号墓 福州(南宋晚期)

物品	左(朱著)	数量	右(洪氏)	数量
石	俑	20	俑	24
	墓志	2	墓志	1
陶器			多嘴罐	1
			带盖小罐	4
	罐盖	12		
瓷器	杯	2		
铜			镜	1
	钱币	25	钱币	24
铁	牛	1		
			塔	1

17号墓 连江(北宋晚期)

材质	中(丈夫,身份不明)	数量	北(妻子,身份不明)	数量
铁	剪刀	1	剪刀	1
	牛	1	牛	1

17 号墓　连江（北宋晚期）

材质	中（丈夫，身份不明）	数量	北（妻子，身份不明）	数量
铜	鼎	1		
	币	18		
	镜	1		
石	俑	20 多个	俑	约 10 个
	砚台	1		
陶	罐	1	小罐	1
	买地券	1	买地券	1
瓷	碗	1	罐	1

21 号墓　南平（北宋中叶）

材质	左（丈夫，身份不明）	数量	右（妻子，身份不明）	数量
陶	罐（大）	6	罐（小）	5
	壶（大）	2	壶（小）	2
	蟠龙罐	2	蟠龙罐	2
	贯耳壶	1		
	匜	1	匜	1
	研磨钵（大）	1	研磨钵（小）	1
			钵	2
			小盅	4
	灯盏（大）		灯盏（小）	1
			灶	1
	火盆	1		
	提桶（大）	1	提桶（小）	1
			甑	1
	盂	2	盂	2
	男立俑	1	女立俑	1
	公狗俑	1	母狗俑	1
	公鸡俑	1	母鸡俑	1

续　表

21号墓　南平（北宋中叶）

材质	左（丈夫，身份不明）	数量	右（妻子，身份不明）	数量
瓷	碟（大）	1	碟（小）	1
铜	币		币	

22号墓　南平（南宋初）

材质	右（丈夫，身份不明）	数量	左（妻子，身份不明）	数量
陶	蟠龙盖瓶	3		
	罐	9		
	盅	1		
	灶	1		
	谷仓	1		
瓷	碗	1		
	罐	1	罐	1
	小罐	2		
铁	剪	1		
	买地券	1		
铜	镜	1	镜	2
石	砚	1		
塑料			钗	1

239

36号墓　沙县

材质	左（丈夫，身份不明）	数量	右（妻子，身份不明）	数量
陶	酒壶	1	坛	1
	罐	1		
	俑	8		
瓷	茶壶	1		
	茶杯	?		
			碗	2
			盘	1
			碟	6

36 号墓　沙县				
材质	左(丈夫,身份不明)	数量	右(妻子,身份不明)	数量
石	砚台	1		
铜			镜	2

43 号墓　顺昌(北宋晚期)				
材质	右(丈夫,身份不明)	数量	左(妻子,身份不明)	数量
瓷	罐	1	罐	1
	灶	1		
			龙壶	3
	碗	2	碗	3
	茶盏	3	茶盏	6
			茶盏托	5
			杯	2
			瓶	2
			小罐	1
			谷仓	1
	盖	1		
铜			镜	1
	币	30 多枚		
铁	锅	1		

　　七座双室或三室墓中,丈夫和妻子随葬品显然非常相似。在 6 号墓中,除了黄氏的一块玉环、一方墓志和一方买地券与丈夫的一支骨钗,夫妻二人随葬品的类别几乎相同,他们都有铁牛、石俑和瓷器,而且数量上都是彼此相匹配的,尽管丈夫的铜钱比黄氏多。在 10 号墓中,朱著与洪氏的随葬品在类型和数量上非常相似,和 6 号墓的主人一样,他们也有石俑、墓志、瓷器、陶器、铜钱、铁牛或者铁塔,朱著

和洪氏随葬品之间的细微差别在于，妻子有一面铁镜，而丈夫却没有。在 17 号墓中，除了丈夫的一面铜镜和一方砚台，丈夫和妻子都有铁剪刀、铁牛、铜钱、石俑、陶器和瓷器，尽管丈夫的铜钱数量是妻子的两倍。在 21 号墓中，随葬品大多是由陶器制成的日常用品，这些随葬品的清单显示，妻子的随葬品可能是一套规格更小的，大致与丈夫的相匹配，此外，这座墓中的陶俑也被划分为男性和女性。在第 22 号墓中，与丈夫大量的陶器、瓷器、铁、铜和石制品相比，妻子的随葬品相当稀少，一个瓷罐，两面铜镜，一个琉璃发钗是她全部拥有的物品。在 36 号墓中，丈夫和妻子的随葬品没有任何共同之处，丈夫有陶器、俑和砚台，而妻子则有瓷碟和铜镜。在 43 号墓中，妻子比丈夫有更多的陶器和瓷器，然而丈夫有三十多枚钱币，妻子却没有。以上这七座墓葬似乎体现了七个独特的例子，因为它们在丈夫和妻子的随葬品的类别和数量上各不相同。它们并未显示出男性和女性随葬品的安排有何规则。

在这些墓中，唯一明显被性别界定的是 21 号墓。在这座墓中，妻子的随葬品被故意制作得更小，用以匹配丈夫的明器套装，而男性和女性的人物与动物俑则被分别放在丈夫和妻子的墓室里。然而，这种严格的性别区隔不应被视为普遍标准，它很可能与墓主人或者设计师的独特观点和处境有关，因为我们在其他几十座福建宋墓中都找不到类似的情况。

在这些样例中，除了 21 号墓，几乎没有任何特定的男性或者女性物品。在一座墓里，可能有些东西是丈夫拥有但妻子没有的，或者妻子拥有而丈夫却没有的。然而，这些物品并不是男性或者女性的专属随葬品，我们可能会在其他墓中发现相似的物品属于（与之相反的）女性或男性。例如，在 6 号墓丈夫的墓室里发现了一枚发钗，而另一枚发钗则被发现属于 22 号墓的妻子。10 号墓里的铜镜是妻子的，而 17 号墓里的那面铜镜则放在丈夫的墓室中。砚台是唯一的例外，在这些墓中，砚台只出现在男性的墓室里。因此，它们可能被视为男性的物品，因为它们是男性文人身份的象征。然而，在与福建相邻的江西，女性墓室中也曾发现过砚台，这些砚台大多是"凤型砚"。[57]因此，尽管在所有的随葬品中，砚台似乎是一个与众不同的性别化的物品，但它不能被完全看作是男性或者女性的物品。虽然它是精英文化的标志，但并不一定在所有的士人墓中都能找到它。

在一座墓的平行墓室中，随葬品的种类有所不同，此外，男性和女性随葬品的数量也有明显的差别，但后者并不是由性别等级决定的。比如，在 22 号墓中，丈夫比妻子有更多的随葬品，但 43 号墓里情况正好相反。同样地，一些具体的随葬品诸如铜钱，很明显，没有男人比女人拥有更多的规则，在 6 号墓中，丈夫的钱币比妻子多，在 10 号墓中，丈夫和妻子的钱币数量几乎相同，而在 17 号墓中，妻子墓室里的钱币数是丈夫的两倍。

因此，在一座墓的相邻墓室中随葬品的类别与数量清单，不能概括为男性和女性物品的平行比较。随葬品的组合各不相同，因为安排随葬品的人对这些物品有不同的期望。在双室墓中，如果墓主人过世时他或她的配偶还健在，那么随葬很可能是由伴侣来选择的，伴侣会预期自己去世后待在已逝者和物品旁边。但是，如果墓主人比其配偶活得时间更久，后代（或亲戚，如果他们没有后代或者后代太过年轻）将决定什么以及多少随葬品适合表达他们的孝心和悲伤。除了死亡的时机，对随葬品的期望可能受到了正统性别意识形态、当地习俗，以及墓主人的生活状况、生活习惯与欲望的影响，因此，在福建宋墓中，随葬品的配置呈现出极大的多样性。

　　双室墓或者三室墓，为比较丈夫和妻子的随葬品提供了一个特殊情境。这种比较不能被概括为男性和女性物品之间的区别，但它确实揭示出，在类别上男性和女性的随葬品彼此非常相似。一般来说，与性别无关，福建宋墓中有两种类型的随葬品：墓主人生前使用的物品，以及为葬礼而制作的明器。发钗、镜子、钱币和瓷器属于前者，而石俑、陶器、铁牛和塔则属于后者。前一类物品曾经散布在世俗的闺房、厨房、厅堂和市场中，后来它们被埋在地下，与尸体一起展现其拥有者的世俗身份。而在后一种类型的物品中，也有一些是对世俗物品的模仿：石俑像墓主人的婢仆，而陶器则是日常厨房用具的微缩复制品。它们被用作连接其拥有者的日常生活和他或她来世世界的桥梁媒介。尽管婢仆被分为男性和女性，而厨房在世俗社会中被认为是女性的地方，但在地下空间，石俑并没有遵循性别区隔，厨房用具也被广泛使用于男性和女性的墓室中。男性和女性的地下随葬品之间的整体相似性，超过了他们在个案中的差异。

　　从理论上讲，地下空间比世俗空间更容易按照理想的性别意识形态来建构，因为没有人类活动来挑战地下的空间秩序。然而，人们

242

在随葬品系列中的实际做法表明，这一终极空间并不像假设的那样被性别所区隔。通过对随葬品的比较，可以感受到宋代福建双室、三室墓中存在着一种模糊的性别意识。事实上，根据发掘福建宋墓的考古学者的说法，像表6.3中所列的这些墓葬只是整个宋代墓葬的一小部分，[58]而绝大多数出土的宋墓都是小土坑墓，仅包含一些陶器随葬品。很明显，这些墓属于数量庞大的平民阶层。我们很容易就能分辨出墓主人的阶层身份，但不可能通过随葬品来区分他们的性别。因此，在绝大多数福建宋墓中，几乎不可能仅仅通过随葬品来判断墓室主人的性别。[59]

三座南宋末年墓葬

以上七例未损坏的墓提供了一套完整的数据，用于比较丈夫和妻子的随葬品。然而，在那些遭到破坏的双室、三室和单室墓中，仍然有一些保存完好的墓室，对它们的研究可以进一步加深我们对男性和女性器物的理解。表6.4总结了三座这样的墓室的内容。

表 6.4　个人随葬品的比较

8 号墓　福州黄昇(1227—1243)	
材　质	条　目
丝织品	衣服
	被衾
	佩绶
	香囊

8 号墓 福州黄昇（1227—1243）

材 质	条 目
丝织品	荷包
	粉扑
漆器	漆奁
	粉盒
	漆尺
	缠线板
	镜架
竹木	木念珠
	男侍俑
	竹签
	竹刮刀
	竹枝
棕榈	团扇
	棕刷
角	角梳
	角篦
金银	金佩饰
	银熏
	银钗
	银对蝶
	银盅
	银盖罐
铜铁	铜镜
	铜钱
	铁牛
石	墓志铭
	买地券
粉	化妆粉

244

11 号墓 福州许峻（1223—1272）

材 料	条 目
丝	粉扑
漆器	奁盒

11 号墓　福州许峻（1223—1272）

材　　质	条　　目
木	念珠
	梳
	篦
	毛笔
金银	盒
	托杯
	罐
	筷子
	壶
	匙
铜铁	镜
	币
	牛
	剪子
	尺子
	镇纸
石	砚台
	墓志
墨	墨块
粉	香粉

70 号墓　邵武黄涣（1147—1226）

材　　料	条　　目
纱	手帕
漆器	盘
	镜盒
	盏托
	碗
竹木	梳
	篦
	纨扇

245

续　表

70号墓　邵武黄涣(1147—1226)

材　质	条　目
金银	毛笔
	木笏
	竹竿
	鎏金杯
	渣斗
	提钮盖盒
	双层方盒
	带足长方盒
	粉盒
	圆盖盒
	小杯
	瓶
	盖罐
	长柄匙
	短柄匙
	勺
	币
铜铁	镜
	币
	灶
	剪刀
瓷器	碗
石	砚
	墓志
墨	墨块

位于福州的8号墓和11号墓都有三间墓室,均属于南宋末年同一时间段。两位墓主人黄昇和许峻,都来自富有的官宦家庭。前者是赵与骏的第一任妻子,葬于8号墓中丈夫身侧的右室,而后者是位于11号墓中室的丈夫。虽然其伴侣的墓室严重受损,但幸运的是,

他们的墓室完好无缺。因此，对黄昇和许峻随葬品的比较，为我们提供了一个绝佳的例子，以说明在南宋末年的福州官宦家庭中，女性和男性随葬品之间的区别。

246　　　在黄昇的随葬品中，最令人印象深刻的一类物品是她大量的丝质服装。在其他宋代福建人的墓葬中，无论男性还是女性，都没有发现数量如此多的服装收藏。[60] 黄昇的墓志铭记载，她享年 17 岁，成亲后仅一年便过世了。这些衣服很可能是她的妆奁，在宋代被认为是女性的私人财产。英年早逝女子的物品可能被人们认为不祥，所以她的亲属也没有将其保存。因此，这一大堆衣服在黄昇从娘家转移到夫家的过程中展现了她的荣耀，不久之后，就陪伴她进入了永恒的地下世界。许峻墓室里可能有一大堆衣物，但在他的考古报告中，我们找不到任何相关的记录。然而，考虑到黄昇的英年早逝，黄昇和许峻的衣服在数量上的不同，不应被视为女性和男性随葬品之间的区别。

　　在随葬品中，衣服最容易分解碎化。因此，在宋墓的考古报告中，很少有关于服装的描述。幸运的是，对相关文本记录的考察为我们提供了足够的材料，使我们可以进一步讨论服装作为随葬品的问题。北宋官员宋祁在留下的遗嘱中表达了自己对随葬品的期望：

　　吾殁，称家之有无以葬，敛用濯浣之衣、鹤氅裘、纱帽、线履……家室劣取容棺及明器。左置明水二盏，酒二缸；右置米麦二瓷，朝服一称，私服一称，靴履自副。左刻吾志，右刻吾铭。即掩圹，惟简惟俭,无以金铜杂物置冢中。[61]

宋祁在这篇文章中说,他很节俭,命令后人按照他的意愿安排一个简单的葬礼。在宋祁所期望的随葬品中,他最关注的是服饰。从头到脚一套完整的衣服是他提到的第一件陪葬品,他进而指定了另外两套服装,将在地下陪伴他。金与铜制的随葬品、俑和家用器皿,经常出现在宋墓中,宋祁故意略去它们以维护自己节俭的名声,但几套衣服被安排收纳在他最后的安息地。

像宋祁一样,许多宋代女性也会在她们健在的时候,安排自己的随葬品。虽然她们没有像宋祁那样留下详细的遗嘱,[62]但在宋代女性墓志中,有大量的文献记录了随葬品尤其是服装的预备,这表明了她们对殡葬的某些期望。沈德柔"病中,自办敛具,衣衾裯褥一一皆备"。[63]当梁氏准备下葬时,婢女告诉她的孩子,她希望"令用四季衣各一袭"。[64]江氏患病,"家人出珠玑锦绣之服将为敛具,君却之。易以常服,乃受"。[65]汤氏临终时,她"出所备衣衾示之,曰:'我死,勿他易也。'"[66]赵氏"病革,索浴,洗换新衣,提青背子白其姑曰:'奴死罪,不应著此下见先舅。然去路别人间,浮侈之饰无为也。'"[67]字面上,"敛具"指的是随葬品,正如明器。然而,在这些宋代墓志的语境中,"敛具"主要是"衣衾"——服装和床上用品——只是一类明器。男人和女人在他们的丧葬安排上都特别关注服装,这表明无论性别,宋人都关心他们在来世的形象。当然,在宋代墓志中那些特意描写女性如何准备她们敛服的记叙,表明她们的行为并非典型。(比如,其他

247

一些人可能选择了更昂贵或者更华丽的敛服。)然而，由于墓志旨在歌颂逝者的美德，上述记录应该被理解为表达精英男性作者赞同这些女性在决定随葬品时的独立自主。[68]对于宋代女性来说，因为服装是她们绝对私有的财产，她们享有决定敛服的自由，这可以让她们表达个人意愿，并展现其能动性。

除了衣服，黄昇比许峻还有更多的装饰性随葬品。丝织香囊、荷包、金银佩饰、漆粉盒、发钗和银对蝶都是黄昇在世时用来打扮自己的物品。[69]在许峻的墓室里，没有这样的装饰品。看起来，宋代富有的精英家庭中，相比男性，女性与装饰品的联系更紧密。然而，装饰品的区别不能用来证明在宋代女性比男性更注重形象，因为在黄昇和许峻的墓室中都发现了大量的化妆品随葬。奁盒、粉扑、化妆粉、篦、木梳和铜镜都被送去供它们的主人继续使用。这些化妆品都是供女人和男人使用的，即使女人可能比男人更享受个人装扮。在墓主人还活着的时候，私人饰品和化妆品都是属于他们的物品。[70]因此，黄昇和许峻墓室中这些物品之间的差异，反映了他们对于形象的共同关注以及女性和男性对服饰的不同审美态度。

70 号墓是单室墓，建于南宋中叶的将乐县，墓主人是男性官员黄涣。虽然它位于福建的西北部，与位于福州的 8 号墓和 11 号墓相距甚远，但这座墓的随葬品却与福州两座墓的随葬品有显著的相似之处。当黄涣的墓被发掘时，他的衣服已经腐烂。然而，大量的化妆用品都保存完好，展现出墓主人过往的奢华并不逊色于黄昇和许峻。漆奁盒、木梳、篦、银制双层方盒、粉盒、铜镜等等，说明了在现世和来世世界里外表对于墓主人的重要性。在福建富裕的精英家庭中，竹制纨扇似乎是一种男女都欢迎的流行饰品，因为福州的黄昇被发现也持有类似纨扇。

尽管在三个墓主人的随葬品中，化妆用品是一个普遍的类别，但只有在两个男性的墓室中才发现有书写文具。在许峻的墓室里发现了毛笔、铁尺、镇纸、砚台和墨块，而在黄涣的墓里发现了类似的毛笔、砚台和墨块。许峻和黄涣都是官员，在他们墓室里，书写文具构成了一个文化符号，展现出他们的男性精英背景。在理想的情况下，黄昇应该被排除在这个由男性独享的精英群体之外，尽管她是两个精英家庭中的一员。像黄昇这样的宋代精英女性，许多都受过教育并拥有文化，文具必然出现在她们的闺闱中，[71]然而在她们安息的地方，这些物品通常是找不到的，可能是因为安排她们葬礼的男性亲属，不允许这样的物品造成对墓主人理想女德的怀疑。

看起来似乎在地下空间的背景下，书写文具成为一个明显的性别化的物品，尽管在日常生活中它几乎不论性别地被人所使用。然而，这一结论受到了下面这些福建以外的女性墓葬中随葬品个案研究的挑战。强氏卒于北宋晚期，她是福建人，却葬在儿子居住的河南，在她的墓中有两种书写工具：笔架和砚台。[72]在安徽合肥的另一座北宋晚期墓中，所埋葬的夫妇都有这样的书写工具：在丈夫（马绍庭）的墓室里，有一块墨和一方砚台；而在妻子（吕氏）的墓室中，发现一块墨和五支毛笔、一方砚台，以及一个砚台盒。[73]我们无法解释这些物品被放在这两个女人墓室中的原因，它可能与墓主人的个人意愿或者下葬者的特别考量有关。无论如何,这些例子在宋代女性的墓葬中是特别的。因此,一个比较有把握的猜测是,书写文具在宋代地下世界比在日常生活中更具性别意义。

正如上文所言,明器由墓主人生前所使用的物品以及那些专为逝者制造的物品组合而成。与表6.3中所列的双室墓和三室墓的情况相反,在表6.4中的三室墓,很少有随葬品属于后一类。除了黄昇墓室中的一个木制的男俑,一个铁牛,以及砖制买地券,许峻墓中的铁牛,黄涣墓中的灶,这三个墓中所有的随葬品都是他们日常生活中使用的物品,而其材料大多是高质量的丝绸、漆器、竹、木、角、金、银、铜。然而,表6.3墓中的随葬品通常是由陶器、瓷器、铁器和石器制成的。此外,表6.4中三名墓主人都有记载于墓志的详细个人传记,而在表6.3中,大多数墓主人的名字都不得而知。这些墓主人之间在经济、政治和文化身份上突出的阶层等级差别,很明显地反映在那些精美而昂贵的随葬品和简单而廉价的随葬品之间的对比上。

福建宋墓中随葬品的比较,为我们探究墓中人的性别和阶层身份提供了一些线索。在平民墓葬中,随葬品的性别身份是不明确的,墓里的物品大多是在明器市场上制造并出售的中性物品,[74] 很少有主顾特意强调出男女明器间的反差。然而,在富裕的精英男性和他们配偶的坟墓里,随葬品通常是墓中人在日常生活中曾经使用过的物品。这些物品代表着他们富足的日常生活,以及他们对来世外貌的共同关心。一方面,他们有足够的经济资源来保有贵重的地下随葬品,这表明其阶层地位更高。另一方面,他们将明器作为一种文化资本的意识,赋予了其墓葬相较于平民墓更多性别化的含义,因为书写文具作为一种理想化的文化和性别符号,经常出现在男性精英墓室里。

壁画墓

　　壁画墓流行于北宋和金朝时期的中国北方。从河南、河北、晋北到陕西,它出现在很多墓葬发掘中。然而,在中国南方,这种墓葬风格只存在于福建一个小县尤溪县。在表 6.1 南剑州发掘出的五十座宋墓中,有十二座壁画墓。其中十座位于尤溪县,也就是在表 6.1 中列出的所有尤溪墓葬。除了十座尤溪壁画墓,另外两座壁画墓分别来自南平和三明。这种墓葬风格并没有渗透到福建路的其他地方,可能是由于这种地方视觉传统的基础只存在于尤溪县特定的社会、经济和文化环境中。在笔者对福建宋墓的研究中,福建基本可以被视为一个单独的地理文化单元——闽,它已被定义在中国文化景观之中,[75] 而与此同时,福建所包括的地区又有着各自不同的地方文化。目前福建宋墓考古报告的数据,不足以支撑对于不同地方特色的详尽考察,因此也不能用于厘清宋代福建的地理文化地图。然而,狭义的尤溪壁画墓传统为我们提供了一个在此基础上理解潜在地理文化多样性的例子。

　　尤溪县位于南剑州管辖范围内。一条连接泉州和建阳的福建路

251

图6.4　25号墓人像与房屋结构壁画（摹本）

252　内重要水道，穿过尤溪县境，造就了其内陆贸易的繁荣，而本地的茶产品和银矿，也丰富了其资源。[76]此外，这个县是朱熹的出生地，他在那里接受了最初的教育，他的理学学说也在此地传播。[77]因此，尤溪在宋代是一个文化复杂的经济中心。墓室壁画在这个高度封闭的地理文化单元中非常受欢迎。虽然造成这一现象的原因我们尚不清楚，但这一独特的艺术遗产，在丰富多彩的随葬品之外，为我们提供了珍贵的视觉材料，可以帮助我们了解福建宋墓世界中的性别问题。

　　我们没法利用这些墓室壁画的风格变化，来追溯它们的具体情境，[78]因此在宋代尤溪墓葬中，考虑绘画风格不会有助于我们对性别的研究（无论是墓中人还是出资人的性别）。因此，笔者的讨论主要集中在尤溪墓室壁画的内容上。由于缺乏配套的铭文材料，大多数壁画墓主人的身份都不详，而且我们已经看到，墓中人的性别几乎不可能通过简单的随葬品辨别出来。因此，为了澄清壁画墓中的性别问题，笔者不得不依靠那些为夫妇设计的双室墓。25号墓、27号墓、28号墓、29号墓和32号墓是由壁画装饰的尤溪的双室墓。

25号墓的壁画可能是最复杂的。可惜的是，这个双室墓只有左室被涂上了壁画或者曾经被使用过，所以它并没有为比较研究提供一个完整的基础。基于对随葬品的考察，可以判断这座墓属于北宋中叶。墓葬左室的壁画虽然严重受损，但图像仍然丰富多彩，左边的墙上画着四位站在云端的神仙，山中有一只老虎和几个人物，一座建筑，还有一扇拱门。右边的墙已经损坏，只有两个残缺的人物和两个完整的人物，一名坟墓守卫，以及一所仓库保留了下来（见图6.4）。后面的墙上是一个屋顶，上面有一只鸟，下面是一张帷幔和两个残缺的人物。在这些支离破碎的图像中，没有明显的性别信息，所以左墓室主人的性别难以知晓。

27号墓和28号墓的考古报告记载不详细，也不完整。看起来，一间墓室的东墙绘着婢女、狩猎、弈棋，并写有"徐芸乙亥"的文字，[79]而另一间墓室的西墙上则装饰着风景、建筑、龙、凤、虎、官员、婢女和一条"章氏人×"的注释。很明显，前一间墓室属于男性徐芸，而后一间墓室的主人是女性章氏。这些壁画的主题是墓主人的日常生活、天堂的来世和吉祥动物的场景。位于男性和女性墓室中的壁画之间没有明显的差别，作为男性和女性象征的龙和凤一起出现在女性的墓室里，男性官员和婢女也可以并排站立在女性墓室中，理想化的性别区隔在这种地下环境中没有被实践。因此，在男女分开的墓室里，这些壁画似乎是可以互换的,如果它们改变了地方,并不会引起任何性别混乱。唯一的例外可能是徐芸墓室里的狩猎图。狩猎是一种运动和娱乐,象征着男性身体的力量,同时象征着世俗社会的和平生活。因此,一方面,它可能是一个男性的壁画主题,而另一方面,它可能是一个描绘在壁画上的流行吉祥题材,受到宋代尤溪人不分性别的喜爱。可惜的是,由于没有其他佐证,我们仍不清楚它是否能出现在女性的墓室里。

　　29 号墓属于官员吴土逸的父母。丈夫的墓室里既没有壁画,也没有俑,相反,在妻子的墓室里,每一面侧墙上都绘着守卫和六个位于龛中的男性俑。根据墓志铭的记载,我们知道丈夫去世的时候,儿子吴土逸年纪尚幼,妻子比较长寿,生前见到吴土逸长大成人,入仕为官。当她亡故,儿子安排了她的墓室装饰,分别为父母制作了两方墓志,并通过连接母亲和父亲墓室的通道,把它放在父亲的另一间墓室中。当丈夫被下葬时,两间墓室以同样的风格和大小建造起来,且在丈夫的墓室里还有十二个空龛,最初是为俑准备的。这种墓葬风格在宋代尤溪墓中似乎颇为流行,[80] 接下来的人物壁画和人俑的装饰被认为是理所当然地用来完成整个建筑过程的。很有可能由于经济状况不佳,丈夫的墓室并没有装饰壁画或者人俑,而妻子的墓室最终得以完成则是她儿子的功劳。在这个案例中,丈夫和妻子的墓室壁画最初也是以同样的方式设计的。因此对于夫妇来说,一个人拥有墓室壁画而另一个人没有壁画并不是性别问题,丈夫和妻子墓室壁画的区别,并非取决于性别,而更有可能是由造墓出资人在殡葬时

254

提供的财力、艺术的以及其他的资源决定的。

在尤溪这些双室壁画墓中，32号墓室里的壁画保存得最为完整。在左边墓室的后墙上画着墓室主人的卧室，这间内室有一张挂着红色帷幔的床(见图6.5)，床上放着被子和瓷枕，在床后矗立着四幅绘有水彩风景画的屏风，床前则站立着两个手持什物的婢女。左侧墙上有两组人物，在一组人物中，有一个人坐着倚靠在桌子上，桌上陈列着书籍和书写文具，五名男仆和一匹马围绕着他，另一组人物由至少十六名文武官员组成，他们正在举行一场欢迎仪式。右侧墙上的壁画几乎不可辨识，因为大多数人物的颜料已经褪色了。右边墓室的后墙上是一个与左墓室后墙几乎完全相同的卧室场景(见图6.6)。而右侧墙上绘有几位婢女、一排护卫和由文武官员簇拥着的一名贵妇。

在这两间墓室里，后墙壁画的主题是相同的——卧室，而这个一致的主题，是通过它的核心物品——床来体现的。帷幔和屏风是床的附属装饰，被子和枕头是床上用品，而婢女则要去服侍躺在床上的人。床在卧室的场景中作为重要对象被很好地展现出来，而主要人物，那个躺在床上的人，则从壁画中消失了。事实上，这个失踪的人正是躺在这面墙前的墓室主人。因此，绘在后墙上的由吉祥物保护的闺闱卧室，[81]成为墓主人的最终居所，无论性别都是如此。[82]富裕家庭能够负担得起精心制作的床和体面的床上用品，很有可能这些墓主人的家中陈设，正如壁画墓的复杂结构和装饰所显示的那样。夫妇在晚上共用的闺闱内的卧室，在白天被认为是女性的空间，君子应该有意避开，然而在来世，白天与夜晚、内与外的世俗差别被模糊掉

255

256

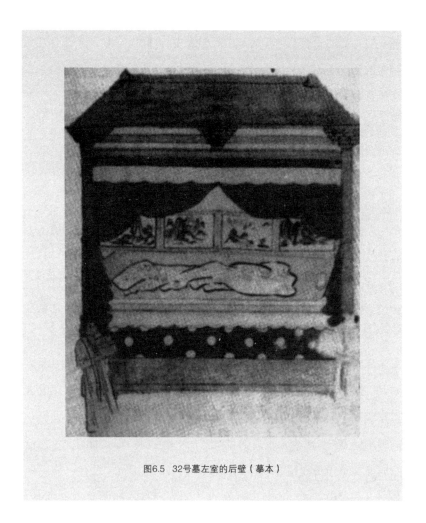

图6.5　32号墓左室的后壁（摹本）

图6.6　32号墓右室的后壁（摹本）

了。因此，与墓主人在现实生活中所使用的卧室不同，壁画墓中卧室的视觉化是缺乏性别暗示的，[83] 它成为地方工匠所绘的流行主题之一，展现了墓主人与亲属想象出来的一个理想的地下空间（见图 6.7）。

　　位于地下的墓室是一个人的终极安息之所，然而，即使是在这个地下环境中，也有几处由壁画创造和定义的人为设定场景。在 32 号

257

图6.7　30号墓卧室壁画（摹本）

墓中,除了两面后墙上的卧室外,两间平行墓室两侧墙上的壁画,再现了墓室主人的日常生活。靠在桌子上的男人与坐在椅子上的贵妇,必然是这对被安葬在此的夫妇。丈夫场景中的物品表明他离开了家,骑着马,后面跟着仆从,接下来他中途休息,享受旅程中的读写。尽管根据考古简报,妻子场景的背景不清楚,但她肯定不能像丈夫那样随意地享受户外的自由和娱乐,[84] 一般来说,例如骑马、阅读写作这些主题都不适合代表宋代女性在地下世界里的典型日常生活。[85] 因此,在 32 号墓的情景中,描绘这对夫妇的壁画被明显地性别化,实际上是在两个平行墓室之间形成了一个对比,这与我们之前看到的壁画墓情况截然不同,在那些壁画墓中,性别的意识是模糊的。

墓主人肖像旁边有几十名文武官员和护卫,当然,这些人物并不是已故夫妇日常生活的反映,因为从这座墓中并未挖掘出通常会在官员墓葬中看到的墓志或者买地券,他们很有可能是在来世保护墓主人的神祇。尽管在日常生活场景中,丈夫有男性仆从跟随着,妻子被婢女们簇拥着,但这些男性护卫和官员同时出现在两间墓室的壁画中,这表明在 32 号墓,性别区隔似乎并非普遍地适用于所有场景。

在理想的情况下,壁画墓呈现出了一个合适的情境来理解地下世界的性别,因为比起单纯像随葬品那样的物品,图像可以提供更多的关于性别的信息,墓室壁画是对各种人物、他们的活动及其背景的直接描绘。由于这些宋代尤溪壁画墓保存得不好,所以在夫妇平行墓室的壁画对比中得出的结论受到限制,并不像壁画原本可能的那样富有成效。然而,这些壁画为我们提供了一个独特的视角,我们可以通过它们经由视觉艺术来观察性别。其主题可以分为三组——人物、吉祥符号和一般的建筑结构。人物包括墓主人、文武官员、吏、仆从和婢女、护卫随从等等。墓主人的形象当然会出现在他们自己的墓室里，另一方面，无论性别，其他一些人物也存在于一间墓室或者两间墓室中。因此，在没有墓主人肖像的墓室壁画中，人物的图像在两间墓室之间是可以互换的，没有任何性别差异。至于有墓主人肖像的墓室壁画，是否可以交换，取决于他们的活动和场景是否性别化了。在宋代尤溪墓室壁画作坊里，可能有一个广泛的场景数据库用来体现这些墓主人的日常生活。在这个数据库中有多大比例的场景已经性别化了，是一个没有答案的问题，而考古报告没有提供给我们足够的例子来详细探讨这个问题，只能寄希望于未来在尤溪的田野考古，能有助于我们理解这个性别问题。

　　第二组由各种吉祥物和符号组成。这些在当时的世俗世界里可能有性别含义，但无论墓主人的性别如何，它们被同样地用来保护坟墓。第三组由一系列建筑结构组成。在宋代家庭中，所有或大多数建筑结构都是性别化的。然而，在宋代尤溪的地下空间中，对夫妻平行墓室的壁画中展现的建筑结构进行比较是不切实际的，因为大多数相关的图像都遭到了严重的破坏。唯一的例外是卧室的绘画，这是宋代尤溪的后墙上流行的壁画主题，被男女双方都广泛接受。卧室在日常生活中被认为是女性化的地方，但它并无性别差异地被视为人们的终极地下归宿。无论如何，虽然在宋代尤溪墓中保存的视觉材料并不完美，但依旧可以发现，在妻子和丈夫各自的墓室里，壁画内容上的共同之处多于不同。

当女性的身体被转移到地下世界的时候，她们到达了自己终极的空间目的地——坟墓。虽然女性日常生活中丰富的物质细节在来世被复制和表达，但许多物品的意识形态意义在转化过程中丢失了。规范女性世俗生活的正统标准，例如内外区隔，在地下情境中不再施行。

伴随着南北宋的交替，合葬成为福建地区的主要丧葬形式。从北宋中叶开始，双室和三室墓逐渐超过了单室墓。而多室墓的流行符合古代儒家对合葬的期望。一般来说，夫妇的遗体被安置在平行且大小相同的墓室里，其相对位置不受任何特定规范的影响。在某些情况下，隔墙上修建了通道，以保证已故夫妇的灵魂得以交流。而不同的埋葬安排反映了人们在合葬实践中多样化的考量与选择。此外，儒家道德人士接受并灵活解释了地方的合葬形式，这与他们对生活中性别区隔的热情推动形成了鲜明的对比。

在殡葬情景下比较男性和女性的物品是可行的，因为很容易辨认出单独某间墓室里随葬品的所有权。考察结果表明，在平民的坟墓里，性别几乎不可分辨，因为男人和女人都使用在地方市场上生产的同样的明器。相比之下，上层人士坟墓里的随葬品大多是他们生前曾经拥有和使用过的物品。然而，这些物品的类别并没有显示出巨大的性别差异，即使它们的风格、图案和装饰揭示出其男性和女性所有者的性别。

260　　　　对墓室壁画、墓葬结构和随葬品的研究都表明，性别差异并不是宋人对墓葬安排和期望的主要关注问题。生活中的性别等级并没有延续到来世，而女性在来世的地位并不是对人间等级制度的反映，而是一种新的建构，这种建构由地方风土人情以及相关个人和家庭的偏好所决定。

　　笔者的研究主要集中在收集、比较与解读福建宋墓考古发掘出的物质资料，以及由宋代理学家创作的丧葬文学。鉴于目前的数据情况，对单个墓主人的研究被排除在外。在这八十二座墓葬中至少有一百二十八名墓主人，通过考古报告记录的墓志铭、买地券，以及现代史学工作者的研究，我们只知道二十三人的埋葬时间（18％），死亡时间知道的甚至更少。在七座保存完好的多室坟墓中，只有10号墓的夫妇为我们提供了关于他们年龄和埋葬时间的准确记录。正如高彦颐所说："任何女性史和社会性别史研究，都应是分阶层、地点和年龄的。"[86] 尽管缺乏文本资料，对丧葬物品的研究表明，女性墓主人家庭的财务能力存在差异。然而，由于个人传记的不足，很难将其后代在坟墓安排中的性别关注与这些宋代福建实例中逝者的生活经历联系起来。在地下世界里，已故女性的年龄可能与其在社会生活中的情况一样重要。此外，由于后代政治和经济状况的变化，夫妻亡故的时间差异也可能导致墓葬陈设的不同。未来，对出土丰富文献资料的地方墓葬的个案研究，将使我们能够更精细而准确地探索宋代中国性别与墓葬之间的关系。

结　语

在宋代社会,女性在生活中的各个方面都很活跃,福建的情况就是如此。福建本地人和旅居者留下了丰富而多样化的书面记录,这使得身处地方社区与行进于道路上的女性清晰可见。正如本书详细描述的那样,许多福建女性越过自己家的大门,非常轻松地与外人建立了联系,并且过从甚密。相对于说教文字中的从属地位,在现实生活中,宋代女性与"家"外之人交流和互动时享有相当程度的或含蓄或明确的能动性和自主权,无论是正式的还是非正式的。

即使是宋代福建的精英女性,也比研究者们之前所认为的更为活泼。与其阶层以及社会身份上的巨大差异相反,不同社会地位女性的日常生活都具有相当程度的身体移动性及社会流动性特点。同时代的男性目睹了这些女性,并作出回应,这构成了他们日常生活的重要一环。依据他们不同的立场和对待女性的观点,精英男性对女性在家外的活动表示质疑、容忍、接受、欣赏、赞扬或者推动。即使是写作规训文学并享有盛誉的作家,他们在处理意识形态与现实之间的明显差距时也遭遇了挫败,他们不得不做出妥协,有趣的是,这导致同一作者关于女性的观点在其撰写的不同类型著作中相互矛盾。

262   总体而言,本书勾勒出的福建女性经历适用于整个宋帝国。尽管如此,福建独特的地理文化环境,必然赋予了她们的生活一些地方色彩。例如,建阳作为全国印刷中心的崛起,可能有助于提高当地女性的读写能力;皇室逃难者的到来,可能将轿子的都市风尚介绍给福州和泉州的女性;内陆地区的杀婴行为导致了被诱拐的女性劳动力从发达经济区到欠发达地区的异常流动;福州、泉州和汀州温泉洗浴的盛行,可能已发展成为女性所享受的社会生活新风尚;比起其他地方,福建宗教的高度扩散可能造就了更多虔诚的女性;而尤溪壁画墓的流行可能激发了当地女性有兴趣将理想的来生视觉化。

在精英士人的叙述中,这些地方特色中的一部分留下了蛛丝马迹,而另一些地方特色则仅仅是我们可以做出的推测,由于缺乏统计数据,尚无法证实其准确性。与男性相比,女性通常更立足于地方。女性如何看待自己的本地身份？当地方主义在宋代逐渐成为流行趋势时,这种意识在女性当中是否有所增强？尽管我们对这些问题的答案充满好奇,但在精英男性的叙述或者现存的宋代女性文学中,它们并未被提及。然而,福建女性对地方社区的深入参与和贡献,促使笔者推测,女性的地方自我意识,可能是她们习以为常的事情,对她们的日常生活经历有着深刻影响。可惜的是,我们不能重构宋代女性意识中的"地方"概念,这可能与男性心中的"地方"概念截然不同。

在宋代历史漫长的三百年中,女性生活必然随着时间的推移而改变。柏文莉最近出版的一部重要著作《妓、妾与女性贞节观》

（2013），令人印象深刻地呈现出性别维度跨越了宋元历史 400 多年的变化，她的作品依靠广泛收集而来的整个宋帝国范围内与女性相关的文本。相比之下，本书只聚焦于中国东南沿海的一个地区。宋代作者留下来的关于这一地区女性的资料支离破碎，无法支撑我们深入研究她们日常生活中的变化。不可否认，这是地方个案研究的局限性。些许安慰的是，笔者不能为生活中宋代女性所做的变化研究，却在她们的来世找到了线索。现代考古学者的发掘报告为笔者提供了集中的数据，以探索从北宋到南宋福建女性墓葬建筑与物品的逐渐演变。

　　人们一般认为，中国社会从宋朝到元明经历了重要的转型。研究帝国晚期中国历史的学者一直积极寻求从 10 世纪到 17 世纪的变迁与延续性，以丰富过去十余年间流行的"宋元明转型"理论。深入研究宋代女性的生活经历，将女性与宏大的政治、经济、社会转型的时代背景联系起来，从性别研究的角度促进我们对当前历史理论的考察。此外，为了弥补对福建女性生活变化讨论的不足，本书有时把宋代女性与明清时期的女性进行比较，在一个延伸开的时间框架内探讨变化与连续性。

　　在这个长时段的框架中，本书的一个惊人发现是，与明清时期的女性相比，宋代所有阶层的女性都享有的相对自由。宋代的国家和精英通常采用不干涉的策略来处理女性事务。国家从未颁布法令来规范女性的日常行为，而是将女性人口的行政管理留给地方官员。地方官员被允许在劝阻或者促进女性相关习俗方面实施行政自主

263

权，例如，他们劝阻父母不要杀婴，敦促女性不要参加不分性别的寺庙活动，建造温泉浴室，并授予女性匾额。此外，由于对女性的看法各异，地方官员们可能在解决与个体女性有关的问题时采用不同的方法，例如在处理涉及家庭财产的诉讼时。

　　与之前历史时期的自由放任相比，明清两朝在干预女性日常生活方面显得更加积极主动。他们鼓励烈女的非凡事迹，并出资为她们在通衢竖立牌坊，在全国范围内颁布律令禁止女性参拜寺庙，并规定女性的妆奁永久留在夫家，[1]等等。在这类事务上，地方政府本应该总是服从朝廷，但实际上并未如此，这使得地方层面对女性的行政管理充满了地方与中央当局之间的合作、矛盾和紧张。

　　笔者在前文讨论过的宋代与明清之间的巨大差异，并不意味着明清时期女性流动性就下降了。在整个中国帝制历史中，女性对家庭权力的操纵和在家外生活空间的扩展从未停止过。虽然元明清朝廷和官员在给女性灌输儒家规范上扮演着更积极的角色，但这些时代中大多数精英男性钦慕宋代儒学复兴主义者评论过的古典性别理想，[2]与此同时，他们在处理日常生活中的女性事务时，继续了宋代士人的现实态度与灵活性。明清性别史研究学者在许多方面揭示了女性在"闺闱内外"的能动性。相比之下，如果考虑到当时政府和学者对女性更为宽容的态度和积极的看法，就可以说她们在宋代的女性祖先们，是生活在一个对女性更加友好的社会中。归根到底，自主性和流动性——在传统上被归于明清女性的这两种属性，无疑可以追溯到宋代。

注　释

导　论

［1］ 公元 978 年，即宋朝建国十八年后，福建当地统治者向宋朝纳土称臣，
　　　 认可其中央权威。

［2］ (元)脱脱等《宋史》卷八九，第 2210 页。

［3］ 宋代福建路的区域范围与今天的福建省大致相仿。

［4］ 建宁是宋孝宗(1162—1189 在位)继位前的潜邸，在 1162 年被升为府。
　　　 在此之前，它在北宋行政区划图上被定为建州的治所。见(元)脱脱
　　　 等《宋史》卷八九，第 2208 页。

［5］ 关于建阳作为"帝制中国最重要的、时间最久的印刷中心之一"的研
　　　 究，参见贾晋珠(Lucille Chia)《为利而印：11 至 17 世纪福建建阳的商
　　　 业出版者》。

［6］ 佐竹靖彦《唐宋时期福建的家庭与社会——从闽王朝的形成到科举体
　　　 制的发展》，第 423—431 页；柯胡《宋代泉州的海外贸易与社会变迁》，
　　　 第 54—65 页。

［7］ 理学是古典儒学的复兴和再创造。在过去几十年里，汉学家已经意识
　　　 到，由于研究视角的差异，很难在漫长的晚期帝制中国历史的研究中
　　　 就理学的定义达成一致。最近大多数学者已经使用这个词来指代原
　　　 始中文文本里的"道学"。它是一个综合性的哲学学派，将道德修养凌
　　　 驾于思想成就和政治敏感性之上，建构了一个儒学世系，以支持他们

的道德权威，以及随之而来的在传承孔子"正道"上的合法性。

270　[8]　朱松的密友刘勉之(1091—1149)也是朱熹的导师，在朱熹到达崇安后不久，将女儿嫁给了他。

[9]　柏文莉《妓、妾与女性贞节观》，第 9 页。

[10]　黄昇墓出土随葬品的完整清单，见福建省博物馆《福州南宋黄昇墓》。

[11]　根据黄昇的墓志铭记载，赵与骏的父亲在其幼年时便过世了，祖父将他抚养成人。同上，第 81 页。

[12]　这个短语是高彦颐等主编的《古代中国、韩国和日本的女性与儒家文化》标题的一部分。

[13]　曼素恩和程玉茵主编的《以儒家的眼光：中国历史中的性别》是一部中古和明清时期中国性别问题原始史料的英译本选集。

[14]　例如，正如包弼德(Peter Bol)所言，理学学说解释道："每个人都拥有与生俱来的成为道德模范的潜力，因为每个人都是这个自然世界的有机整体中活生生的个体之一。"然而，道德潜力的实现取决于"把理学教义付诸实践以及阅读理学著作"，大多数女性都没有这种能力。包弼德《历史上的理学》，第 4—5 页。

[15]　韩明士《宋代社会与社会变迁》，第 627—650 页。

[16]　参见包弼德《明清中国的"地方主义转向"与"地方认同"》。

[17]　包弼德《历史上的理学》，第 246 页。

[18]　关于宋代女性自主性与丰厚妆奁的解释，参见韩明士《宋代社会与社会变迁》，第 582—594 页。

[19]　"闽"最初是位于中国东南部的一个少数民族部落。秦始皇(公元前259—前210)统一中国、建立秦帝国后，设立了闽中郡。从此以后，闽成为一个行政区划。公元 8 世纪，"福建"一词在中国的行政地图上取代了"闽"，而这个地区在文化话语中仍然被称为"闽"。关于"闽"概念的演变，参见何绵山《闽文化概论》，第 1—11 页。

[20]　例如，柯胡(Hugh Clark)《社区、贸易和关系网：3 至 13 世纪福建闽南》《社区的写照：晚唐至宋木兰河谷的社会、文化与亲属关系结构》，苏基朗(Billy So)《刺桐梦华录：近世前期闽南的市场经济》。

[21]　例如，贾晋珠《为利而印：11 至 17 世纪福建建阳的商业出版者》、柏清

韵《宋元时期的女性、财产与儒家反应》。

［22］　方秀洁（Grace Fong）、魏爱莲（Ellen Widmer）主编《跨越闺门：明清女
　　　　性作家论》，第 10 页。

［23］　同上。

［24］　同上，第 11 页。

第一章　进出之门

［1］　对"家"的解读取决于语境。这个词的多义性，使人们很难在英语中找
　　　　到对应的词。宋史学者通常把它英译成"family"。伊沛霞（Patricia　271
　　　　Ebrey）把"家"理解为"作为一个共同体的家庭"，并给出注释："家庭不
　　　　仅仅是生活在一起的个体集合，它历时绵延不断：包括祖先和后代、房
　　　　屋和财产、传统和荣誉。"参见伊沛霞《女性、金钱与阶级：司马光和宋
　　　　代理学家对女性的观点》，第 23 页；关于伊沛霞对于"家"概念的集中讨
　　　　论，参见伊沛霞《宋代家的概念》，第 222—224 页。包弼德也采用了
　　　　"family"的译法，并从国家和社会角度阐述了"家"的意义——"是以亲
　　　　属关系为基础的经济和仪式的共同体"。参见包弼德《历史上的理学》，
　　　　第 236—237 页。在本书中，为了保存其在宋代文本话语中的多重涵
　　　　义，笔者使用"jia"这个词来指中国"家"的概念。

［2］　桑德·乔丹（Jordan Sand）《现代日本的房屋和住宅》，第 1 页。

［3］　白馥兰（Francesca Bray）《技术与性别：晚期帝制中国的权力经纬》，第
　　　　57 页。

［4］　同上，第 91 页。

［5］　谢维新《古今合璧事类备要》卷一五，第 378 页。

［6］　刘增贵《门户与中国古代社会》，第 817 页。

［7］　唐政府颁布了严格的建筑和修缮法规，以规范"建筑类型、结构尺寸和
　　　　建筑装饰与官员品级的关系"。参见冯继仁（Feng Jiren）《中国的建筑
　　　　与隐喻：〈营造法式〉建筑手册中的宋文化》，第 54—59 页。这些唐代
　　　　法规被宋代官方法典所继承。根据规定，门的建造是根据房屋所有者
　　　　的社会地位而定的。见脱脱等《宋史》卷一五四，第 3600 页。精英家

庭的门，可能比那些不那么富裕家庭的门更复杂精致。王其钧对于宋代民居的研究显示，"士族和官员的住宅外，建有乌头门或者门房。在后者的情况下，其中央间架通常是采用不规则的铺设来允许车马通过"，王其钧《民居：中国古代建筑》，第 120 页。乌头门的建筑细节，体现在皇家指定的北宋建筑指南中。李诚《营造法式》卷三二，第 62 页，见本书图 1.1。

[8]　对于在那些研究明清民居和家具的学者而言，研究门及其装饰是一个很受欢迎的课题，因为有大量的实物资料被很好地保存至今。其著作显示，明清时期门的许多设计和模式都与性别问题有关。参见楼庆西《中国建筑的门文化》。

[9]　刘增贵详细阐述了汉代官府如何通过授予门额来旌表居民的制度。参见刘增贵《门户与中国古代社会》，第 850—852 页。

[10]　用庄锦章和陈素芬的话说，"成熟发展的"孝道的概念，"定义了家长和孩子之间的理想关系，有助于确保家庭在中国伦理世界观中的核心地位"。庄锦章、陈素芬《中国思想和历史上的孝》，第 1 页。

272　[11]　金鸣凤《（康熙）光泽县志》卷七，11a。在"孝感"这个名称中，"感"字有"宇宙感应"的意思，意即宇宙无所不能的神——天，对上官超改变宇宙平衡的孝行做出回应。

[12]　关于真德秀在推动朱熹思想方面的贡献，参见田浩《朱熹的思维世界》，第 241—245 页。朱熹是南宋时期道学最具影响力的集大成者、理论家、倡导者和实践者。他对早期儒家学说的重新解读，在晚期帝制中国被确立为正统思想，对中国社会产生了深远的影响。1217 年到 1219 年，真德秀知泉州。参见李之亮《宋福建路郡守年表》，第110 页。

[13]　在上官超和吕氏故事中，这些道德模范割肉作药来为父母治病。唐宋时期，把身体一部分作为药物，是一种矛盾的文化现象，并成为晚期帝制中国孝道的一种文化上的表达。参见邱仲麟《不孝之孝——唐以来割股疗亲现象的社会史初探》；小林义广《宋代的割股风习与士大夫》；俞永峰（Jimmy Yu）《中国宗教的神圣性与自我暴力，1500—1700》，第62—88 页。

[14] 关于真德秀的政治生涯,参见田浩《朱熹的思维世界》,第 241—242 页。

[15] 真德秀《西山先生真文忠公文集》卷二四,10b—11a。

[16] 柏文莉《节妇烈女和宋代的政治、道德和性别观念》,第 759 页。

[17] 柏文莉《妓、妾与女性贞节观》,第 265 页。

[18] 真德秀《西山先生真文忠公文集》卷二四,10b—11a。

[19] “金縢”的字面意思是有带子的金属盒子。真德秀所提到的是记录在儒家经典《尚书》中的故事。周朝时,武王患病,周公做了一份祈祷书,表示他愿意代替武王生病。周公用带子把这份册文扎好,放在一个金属盒里。

[20] 关于唐宋时期古文写作方面的研究,参见包弼德《历史上的理学》,第 52—56 页。

[21] 关于柳宗元的研究,参见陈弱水《柳宗元与唐代思想变迁》,第 773—819 页。

[22] 真德秀《西山先生真文忠公文集》卷二四,10b—11a。

[23] 真德秀在针对同僚、地方官员和普通民众的几篇谕俗文中,强调了为地方行政树立道德榜样的重要性。参见曾枣庄、刘琳主编《全宋文》卷七一六二,第 313 册,第 18—20 页,第 27—29 页。

[24] 对于这一标识如何由政府颁发,在几篇文章中有不同的记载。第一个版本出现在真德秀的《懿孝坊记》中,文中称“表其闾”。第二个版本出现在明代方志《八闽通志》中,知县真德秀赞扬其行为,“表其居”为“懿孝”。参见黄仲昭编《八闽通志》卷六八,第 3761 页。第三个版本见于清代地方志《晋江县志》,记录了知县真德秀把此事写下来,并以“懿孝”“表其居”。参见方鼎编《晋江县志》卷一四,1b。在这三个版本中,描述政府官员如何送匾额给吕家,都使用了相同的动词“表”,这个词在早期儒家经典的相似语境中被固定化应用。在《史记》中,崔浩说:“表者,标榜其里门也。”参见司马迁《史记》卷二五,第 2041 页。在《汉书》中,颜师古指出:“里门曰闾,表谓显异之。”参见班固《汉书》卷四〇,第 2030 页。在真德秀的叙述中,“懿孝”的标识被置于闾,一定是吕氏所居住的闾门。因此,因为这个“懿孝”标识的缘故,这个闾被称

作"懿孝坊"，真德秀相应地将他的文章命名为《懿孝坊记》。在后世的两篇地方志中，"懿孝"标识的位置模棱两可。"居"一词在"其居""所居"中可以被狭义地理解成吕氏一家所住的房屋，或者泛泛地指代吕氏一家所在的间。由于真德秀的文章是时间最早的资料，而且比后世的文本更全面可靠，所以这个"懿孝"标识的真正位置一定是吕氏居住的间门。

[25] 在唐朝，城市居民住在政府管理的坊里。在唐宋交替时期，唐代城市这种主流的"坊"制逐渐崩溃，取而代之的是，伴随着商业化和城市化明显趋势的街巷制。从唐到宋城市革命性的转变最初是加藤繁在20世纪30年代提出的，并且在半个世纪前，日本学者对此集中予以讨论。例如，宫崎市定《汉代里制与唐代坊制》、佐伯富《近世中国都市与农村》、斯波义信《10—13世纪中国城市的变迁》、梅原郁《宋代的地方城市》。日本学界关于宋代城市研究的全面评论，参见平田茂树《日本宋史研究书目》，第204—209页。在这一转变过程中，正如徐亦农所指出的那样，"旧的住宅坊的实体"，在宋代"可能仍然存在"，尽管"它们没有继续存在下去的理由"。徐亦农《时空下的中国城市：苏州城市的形态发展》，第133页。在宋代地方志中，"坊"仍然被记录为城市的基本居住单位。参见中华书局编《宋元方志丛刊》。

[26] 关于这一地图，参见苏基朗《刺桐梦华录》，第176页。

[27] 正如徐亦农所说，在宋代城市中，有一些间门的存在是作为"初唐居住区入口的遗迹"。徐亦农《时空下的中国城市：苏州城市的形态发展》，第132页。虽然在宋代福建并无间门的实物资料保存至今，但来自其他地区的一些同时代史料，如平江府（今苏州）地图，可以例证，"在一些城市，坊表或者门额代表了附近交叉街道的名字"。王才强《贵族与官僚的城市：中古中国城市景观的发展》，第156页。

[28] 这一布局在福州市区"三坊七巷"的历史遗迹中可以看到。

[29] 在宋朝，把封号置于间门上似乎是一种全国性的做法。在对"中古苏州城市转型的过程"的研究中，徐亦农还注意到了"荣誉之门代替了住宅之门"。徐亦农《时空下的中国城市：苏州城市的形态发展》，第283页，注释26。

274

[30] 苏基朗《刺桐梦华录》,第 184 页。

[31] 除了"懿孝坊",据说真德秀还将一些荣誉闾门称号授予晋江当地模范人物,包括旌孝坊、义塾坊等等。黄仲昭编《八闽通志》卷一四,第 703—704 页,第 706 页;方鼎编《(乾隆)晋江县志》卷一三,第 409 页。

[32] 黄仲昭编《八闽通志》卷一三,第 680 页。

[33] 范晔《后汉书》百官志二八,第 3624 页。

[34] 例如,《宋会要辑稿》的第 41 册有一个专门的章节,收集了整个宋代相当多的旌表诏书。徐松辑《宋会要辑稿》礼六一之一至五,第 41 册,第 1687—1694 页。南北宋的更替,可能在一段时间内中断了这一旌表机制的正常功能。1145 年,一名臣僚给宋高宗上奏札,建议他仿效汉朝和北宋旌表典范人物的传统,表其门间。徐松辑《宋会要辑稿》礼六一之一〇,第 41 册,第 1692 页。

[35] 在福建地方志中,记录着许多宋代贞节媚妇的例子,但是贞节观在当时并没有出现。在过去很长一段时间里,贞妇观念的传播被归因于宋代理学思想的发展。杜芳琴和曼素恩(Susan Mann)通过研究理学的兴起,以及它在晚期帝制中国如何影响女性对贞节的信仰质疑了这一假设。她们指出,元朝以后,随着政府认可理学思想作为正统的国家意识形态并大力推广,贞节崇拜得到快速发展。杜芳琴、曼素恩《晚期帝制中国女德的竞争主张》,第 222—227 页。柏清韵对于婚姻和女性财产权利变化的研究同样表明,蒙元统治者带来的游牧习俗,具有讽刺意味地促进了父系制的制度化,促进了在宋代并不流行的贞节观,柏清韵《宋元明女性与儒学》,第 212—240 页。柏文莉研究了宋代精英对烈女的描述,认为包括一些理学家在内的宋代精英——他们的目标是对男性进行道德训诫,并没有打算专门提升女性忠贞。柏文莉《妓、妾与女性贞节观》,第 251—289 页。

[36] 柏文莉指出,在南北宋交替时期,关于贞节女性的作品越来越多,"由于北宋灭亡引起整个社会和政治上对男性忠诚的普遍担忧,这种担忧在一定程度上激发了这类作品的创作热情",柏文莉《妓、妾与女性贞节观》,第 251 页。笔者很想知道,是否这种焦虑激起了地方官更积极地旌表女性的忠诚。可惜的是,在地方志中,宋代福建贞节媚妇的史

料很有限。而且,这些史料都未系时。通过寻找节妇男性亲属的信息或者旌表她们的地方官员的信息,笔者可以为这些事例中的一小部分系时。尽管很明显地,北宋和南宋的事例我们都可以获得,但很难断定南宋的情况是否超过了北宋的情况。

[37] 汪大经《兴化府莆田县志》卷三一,2b。

[38] 同上。

[39] 同上,2b—3a。

[40] 关于宋代女性与娘家的关系,参见柏文莉《女儿终生是女儿:宋元明清时期的姻亲关系与女性关系网》。

[41] 关于女户的研究,参见柳田节子《宋代的女户》;易素梅《唐宋时期的"女户"与国家》。

[42] 除了孝和节,在宋朝,女性也因为她们对地方和国家做出贡献而被政府旌表。参见铁爱花《宋代士人阶层女性研究》,第113—119页。

[43] 参见柏文莉《妓、妾与女性贞节观》,第143页;伊懋可《中国的女德与国家》,第129—135页。

[44] 例如,柏文莉指出,在北宋后半叶,旌表孝子和节妇的次数呈日益上升的趋势,这是由于与新法有关的严重党争造成的。柏文莉《妓、妾与女性贞节观》,第142—150页。笔者对她的结论持保留意见,参见笔者在《宋元研究》(2014)上的书评。伊懋可举了几位清朝皇帝的例子,他们对于政府旌表的态度各异。伊懋可《中国的女德与国家》,第128—129页,第133页。

[45] 例如,只有两名福建受旌表者见于徐松辑《宋会要辑稿》礼六一,第41册,第1688页,第1692页;只有一例记载于《建炎以来系年要录》卷一四九,第2815页。

[46] 在官方史书中,描述旌表活动的动词是"诏"或者"赐",显示皇帝的权威和无上荣耀。

[47] 曾枣庄、刘琳主编《全宋文》卷五四五九,第244册,第113—114页;卷七一六二,第313册,第18—20页。

[48] 例如,1165年,林光朝(1114—1178)颂扬一位福建当地学者的孝道,此人被朝廷旌表,并修建绰楔门。林光朝清楚地描述了绰楔门的建筑

风格,并声称是一种古老的传统,这表明这种做法不常见,至少在当时的莆田县情况是这样的。参见曾枣庄、刘琳主编《全宋文》卷四六五六,第 210 册,第 84—85 页。一位时间更晚的福建人刘克庄(1187—1269),赋诗赞誉这位孝顺的学者被国家授予绰楔门。这个故事甚至在元代学者编修的宋代正史中也有记载。见脱脱等《宋史》卷四五六,第 13412 页。在官方史书中,绰楔门的建筑风格被解释成它在林光朝纪念文章中的样子,证明了其在宋元时期的特色。

[49]　冯继科编《(嘉靖)建阳县志》卷一四,2b。

[50]　贾晋珠《为利而印:11 至 17 世纪福建建阳的商业出版者》,第 79 页。

[51]　参见吴裕成《中国的门文化》,第 270—272 页。

[52]　昆冈主编《大清会典事例》卷四〇四,第 36522 页。

[53]　同上。

[54]　柯丽德(Katherine Carlitz)对儒家典范性节妇的祠堂研究,给我们提供了一些线索来回答这个问题。根据她的说法,从 16 世纪开始,"每一个县都能发现节妇烈女的纪念碑"。柯丽德《明中叶江南地区的祠堂、统治阶级身份与节妇崇拜》,第 612 页。她解释说,这是在这个时期对于贞节的狂热崇拜,以及明朝统治阶级努力使其制度化的结果。笔者怀疑,当时存在一个纪念建筑和"家"分离开的显著趋势,适用于对所有传统儒家美德的表彰,而不仅仅是对节妇的狂热崇拜。

[55]　旌表闾门并不适用于明清时期的福建城市。"坊"在这一时期逐渐演变为城市空间布局的大型行政区域,例如,根据 15 世纪末地方志《八闽通志》记载,福州治所闽县的城区总共分为 4 个坊。黄仲昭编《八闽通志》卷一五,第 747—748 页。福建明清地方志记录了一些现存的坊(牌坊),其名称历史可以追溯到宋元时期。笔者猜测,一方面,尽管它们不再象征着住宅区的入口,少数闾门可能从宋元时代幸存下来,并在明清时期经过了翻修和改造成牌坊。而另一方面,一些新牌坊则是在宋元闾门的原址上建造的,大概是在交通要道上,把明清的牌坊和早期的闾门连接起来。

[56]　费丝言《从典范到规范:从明代贞节烈女的辨识与流传看贞节观念的严格化》,第 126 页。

276

[57] 参见 1748 年、1749 年的两道诏令。昆冈主编《大清会典事例》卷四〇三,第 36493—36494 页。

[58] 根据郭松义的研究,中央政府每年授予的节妇平均数从 17 世纪的不到 100 人,到 19 世纪下半叶的 1.5 万人之多。清朝的贞节寡妇的总数大约是明朝的 40 倍。参见郭松义《伦理与生活——清代的婚姻关系》,第 400—405 页。在清朝,大规模的国家奖励的兴盛,肯定会让地方性的嘉奖越来越不受人重视。

277 [59] 真德秀邀请了一个泉州人到他的衙署,用这样的仪仗将他送回以表彰其孝道。曾枣庄、刘琳主编《全宋文》卷七一六二,第 313 册,第 27 页。

[60] 约翰·海伊(John Hay)认为,"墙"在中国"作为界限是容纳涵义的场所,虽然它自身除了界限的功能外,没有任何内在的涵义"。约翰·海伊(John Hay)《中国的边界》,第 13 页。这种理解也适用于中门的这一界限,它最初除了只是物理空间划分功能之外,没有性别或者仪式上的意义。

[61] 关于中国上古、中古时期中门的重要性,参见杜正胜《内外与八方:中国传统居室空间的伦理和宇宙观》,第 232—233 页。

[62] 关于中门在唐代文学中的例子,参见伍芳《庭院深深》,第 26—31 页。

[63] 关于宋代精英以《易经》为基础,对家庭伦理秩序的讨论,参见邓小南《"内外"之际与"秩序"格局——兼谈宋代士大夫对于〈周易·家人〉的阐发》。

[64] 关于宋儒思想中礼仪重要性的研究,参见伊沛霞《帝制中国的儒学与家礼》,第 48—53 页。

[65] 伊沛霞《内闱——宋代的婚姻和妇女生活》,第 23 页。

[66] 伊沛霞《女性、金钱与阶级:司马光和宋代理学家对女性的观点》,第 12 页。

[67] 对于宋代女性愈演愈烈的商品化趋势,参见柏文莉《妓、妾与女性贞节观》有关蓄妓和纳妾的章节。

[68] 伊沛霞《女性、金钱与阶级:司马光和宋代理学家对女性的观点》,第 14 页。

[69] 同上,第 22 页。

［70］　孔颖达《礼记正义》卷二七,第 234 页;理雅格《中国圣书》第三部分,第 454—455 页。

［71］　瑞丽《和光共享》,第 212—213 页。关于古代经典著作中性别和相关的内外问题的深入讨论,参见瑞丽《和光共享》,第 195—234 页;罗莎莉(Rosenlee)《儒学与女性》,第 69—94 页。

［72］　司马光《司马氏书仪》卷四,第 43 页。英译文部分参考伊沛霞《内闱——宋代的婚姻和妇女生活》,第 23—24 页。

［73］　司徒安(Angela Zito)《仪式化的礼》,第 332 页。

［74］　对于朱熹借用司马光的内外有别理论的英文翻译,参见伊沛霞《朱熹的〈家礼〉》,第 29 页。在引文中,她将中文的“中门”英译为“inner door”。

［75］　袁采《袁氏世范》卷三,4b。关于袁采所提到的司马光作品的完整英译,参见伊沛霞《宋代家庭与财产》,第 286 页。

［76］　婚礼和葬礼程序在宋代道学家的话语中是有争议的话题。在两种仪式中,学者们采用了不同的方法来处理仪式细节。在这些讨论中,司马光和朱熹提出了最全面、系统、实用的家庭仪式版本。参见伊沛霞《帝制中国的儒学与家礼》,第 68—101 页;裴志昂(de Pee)《中古中国的婚书:8 至 14 世纪的文本与仪式实践》,第 21—87 页。

［77］　朱熹《家礼》卷三,5b。英译文部分参考伊沛霞《朱熹的〈家礼〉》,第 58 页。

［78］　同上,伊沛霞《朱熹的〈家礼〉》,第 59 页。

［79］　裴志昂《中古中国的婚书:8 至 14 世纪的文本与仪式实践》,第 85 页。

［80］　朱熹《家礼》卷四,27b。英译文部分参考了伊沛霞《朱熹的〈家礼〉》,第 86 页。朱熹的文本大部分复制了司马光的观点。参见司马光《司马氏书仪》卷六,6b。

［81］　宋代葬礼通常对男性和女性一视同仁,尤其是举行佛教或者道教仪式时。例如,在杭州举办葬礼的家庭会邀请男性和女性亲属参加佛教葬礼,在佛教葬礼中,僧人表演杂耍来招待所有宾客,甚至连被邀女宾的养娘和随从都乐意去欣赏表演。陶宗仪《说郛》卷四七,第 2194 页。

［82］　贝尔(Bell)《仪式理论,仪式实践》,第 98 页。

278

[83]　关于宋代所编礼书的研究,参见张文昌《制礼以教天下：唐宋礼书与
　　　　国家社会》,第 429—449 页。

[84]　同上,第 457 页,第 460 页。

[85]　吕祖谦《宋文鉴》卷一三,第 173 页。

[86]　同上。

[87]　例如,韩偓(842—914?)描绘了一个漂亮的女孩在院子里做游戏,当看
　　　　到有客人来了,她赶紧冲进中门,《全唐诗》卷六八三,编号 7838,转引
　　　　自卢华语编《〈全唐诗〉经济资料辑释与研究》。白居易(772—846)写
　　　　道,他哭泣着进入中门,注意到妻子已经不在那里,虽然闺闱内陈设依
　　　　旧,《全唐诗》卷四三六,编号 4834,转引自卢华语编《〈全唐诗〉经济资
　　　　料辑释与研究》。

[88]　邵伯温《邵氏闻见录》卷九,第 94 页。

[89]　伊沛霞《女性、金钱与阶级：司马光和宋代理学家对女性的观点》,第
　　　　22 页。

[90]　富弼和司马光都加入耆英会,这个会是由生活在洛阳的 13 位出类拔
　　　　萃的上了年纪的名人组成的。富弼是东道主,耆英会的成员有时在他
　　　　家聚会。王辟之《渑水燕谈录》卷四,第 49 页。因此,司马光必然很熟
　　　　悉富弼家的布局与陈设。关于司马光参与耆英会,见冀小斌《北宋政
　　　　治与保守主义》,第 161 页。关于洛阳耆英会中对于老年人的崇拜,参
　　　　见杨晓山《私人领域的变形》,第 211—212 页。

[91]　根据富弼妻子的墓志铭记载,她是一名虔诚的佛教居士,在家里持斋
　　　　和诵经。史家珍《富弼家族墓地发掘简报》,第 6 页。笔者怀疑富弼晚
　　　　上把自己锁在中门外,是出于对她禁欲生活方式的尊重。

[92]　她的墓志铭完整文本记录在史家珍《富弼家族墓地发掘简报》,第 5—
　　　　6 页。

[93]　张光祖《言行龟鉴》卷四,8a。

[94]　司马光《司马氏书仪》卷四,第 43 页。

[95]　郭彖《睽车志》卷三,第 28 页。

[96]　在这种情况下,厨房位于外面。笔者认为,就像白馥兰的研究所显示
　　　　的那样,至少在宋代,厨房并不一定位于房子的后院里。白馥兰《技术

与性别：晚期帝制中国的权力经纬》，第 110 页。

[97]　洪迈《夷坚志》支乙卷五，第 830—831 页。

[98]　柏文莉《妓、妾与女性贞节观》，第 208—249 页。

[99]　黄裳《演山集》卷三四，15a。

[100]　吕慧慈《宋代女性的禁欲修行》，第 89 页。性别史研究者已经普遍讨论了中国中古和明清时期墓志用语的变化。参见柏文莉《权力关系：宋代中国的家族、地位与国家》，第 9—24 页；曼素恩《缀珍录：18 世纪及其前后的中国妇女》，第 1—3 页。

[101]　伊沛霞《内闱——宋代的婚姻和妇女生活》，第 25 页。

[102]　高彦颐《追求德才：17—18 世纪中国的教育和女性文化》，第 14 页。

[103]　杜芳琴、曼素恩《明清中国女德的竞争主张》，第 220 页。除了说教性文本之外，宋代还普遍存在儒家道德行为的视觉表征，包括绘画和插画形式的孝行。班宗华（Richard Barnhart）《李公麟〈孝经图〉》，第 73—155 页；孟久丽（Julia Murray）《道德镜鉴：中国叙述性图画与儒家意识形态》，第 60—73 页。

[104]　孟久丽《道德镜鉴：中国叙述性图画与儒家意识形态》，第 243 页，注释 4。

[105]　孔子的这句话出自《孝经》，转引自班宗华《李公麟〈孝经图〉》，第 118 页。11 世纪人物画家李公麟在一个"以一种奇妙的温暖和亲密为特征"的场景中，展现了孩子愉悦父母的想法，表明在宋代社会中孝道的乐趣。

[106]　徐景熙《（乾隆）福州府志》卷一八，第 442 页。

[107]　郑庆云《（嘉靖）延平府志》卷四，第 525 页。

[108]　黄任《（乾隆）泉州府志》卷一二，10a。

[109]　黄仲昭编《八闽通志》卷七三，第 4043 页。

[110]　虞世南《北堂书钞》卷一二九，第 503 页。

[111]　例如，朱熹将他的卧室命名为"韦斋"，使用了父亲文集的名字。朱熹著、陈俊民校编《朱子文集》卷七八，第 3889 页。

[112]　研究明清时期女性史的学者，对此一直重点关注。例如，高彦颐《闺塾师：明末清初江南的才女文化》，第 12—14 页；曼素恩《缀珍录：18

世纪及其前后的中国妇女》，第 15 页；方秀洁、魏爱莲（Ellen Widmer）主编《跨越闺门：明清女性作家论》。

第二章　在旅途：家外的短暂停留

[1]　比丘尼是宗教徒，她们离开自己的"家"，但并没有到另一个"家"去。这实际上不是笔者在这一章中所研究的旅行形式，因此在这里没有加以讨论。

[2]　正如何复平（Mark Halperin）所指出的那样，朝圣途中的虔诚女性，"是中国社会的固定角色"。虽然宋代女性朝圣者的历史记录比明清史料中的记录"更少，更缺乏细节，不成体系"，但"到目前为止还没有晚明和清代的研究表明，16 世纪或者 17 世纪女性比更早的 12 世纪之人享有更大的自由，去追求她们的宗教兴趣"。何复平《家庭生活与佛法》，第 52—53 页。

[3]　有许多中国学者研究宋代女性的职业生涯，以及她们在"家"外的经济活动。例如，全汉昇《宋代女子职业与生计》；吴旭霞《浅谈宋代妇女的就业》；游惠远《宋代妇女的职业类别所反映的妇女社会地位》；张金花《宋代女性经商探析》；战秀梅《宋代妇女经济活动探析》。正如邓小南所指出的那样，"总体上说，6 至 8 世纪的吐鲁番下层妇女，比上层妇女走出家门的机会更多。这事实上并不取决于人们的个人意愿，而取决于家庭生计的需要与社会经济的强制推动作用"。参见邓小南《6 至 8 世纪的吐鲁番妇女：特别是她们在家庭以外的活动》，第 101 页。

[4]　高彦颐《闺塾师：明末清初江南的才女文化》，第 12 页。

[5]　黎靖德编《朱子语类》卷一二七，第 3058 页。

[6]　刘子健《马球与文化变迁》，第 218 页。

[7]　邵伯温《邵氏闻见录》卷一一，第 115 页；程颐、程颢《二程全书》外集卷一〇，3a。

[8]　陈荣捷研究了朱熹的旅行记录，发现朱熹就像他所仰慕的早期偶像一样，经常骑马，有时只是步行和乘车。陈荣捷《朱子新探索》，第 151—157 页。

[9]　在朱熹与弟子的谈话中,他无意中在各处谈到了同时代人普遍乘轿的
　　　　问题。巫仁恕《明代士大夫与轿子文化》,第 6 页,注释 15。

[10]　黎靖德编《朱子语类》卷一二七,第 3058 页。

[11]　脱脱等《宋史》卷一五〇,第 3510 页。

[12]　根据王得臣(1036—1116)《麈史》的记载,在他所处的时代,只有宰相
　　　　司马光和文彦博被允许乘轿入朝。他们的经历被称为"异恩"。王得
　　　　臣《麈史》卷一,第 6 页。

[13]　即便宰相李纲(1083—1140)也要上奏皇帝,请求允许他乘轿去办公。
　　　　参见李纲著,王瑞明点校《李纲全集》卷五〇,第 576 页。

[14]　1032 年,宋仁宗禁止广东、福建、江西、浙江等地的官员乘轿,除非山
　　　　路崎岖,难以通行,或者官员患病严重不能骑马。徐松辑《宋会要辑
　　　　稿》刑法二之一七,第 165 册,第 6504 页。宋仁宗指出的 4 个地方都
　　　　是中国南方的山区。与生活在华北平原的人们相比,南方人可能已经
　　　　发现了由于地理环境不便,乘轿更有必要。在远离政治中心的地方,
　　　　地方官员如同他们在都城工作的同僚一样,在乘轿时受到严格的管
　　　　制。然而,考虑到在地方层面执行这一法令的困难,我们似乎有理由　281
　　　　认为,现实中地方官员在乘轿方面享有比朝廷官员更多的自由。实际
　　　　上,在 1108 年,宋徽宗颁布了一项法令,禁止县官乘轿,这表明在北宋
　　　　后期,地方官乘轿的做法并不罕见。《爱日斋丛钞》卷一,第 34 页。

[15]　宋高宗批准官员乘轿子,这一事实在几则宋代史料中也有类似的记
　　　　载。参见张聪《行万里路:宋代的旅行与文化》,第 241 页,注释 82。

[16]　脱脱等《宋史》卷一五〇,第 3510 页。邵晓峰提出,椅子的普遍使用和
　　　　宋人坐姿的抬高会导致轿子垂直拉伸,使它们看起来与之前的唐代形
　　　　制不同。宋代轿子技术与设计的改进由元明清王朝继承下来,在大
　　　　小、材料和装饰上都有细微的改动。邵晓峰《中国宋代家具》,第
　　　　111 页。

[17]　《宋史》中关于轿子外观的概述,并没有提到宋代轿子的技术进步。巫
　　　　仁恕提出,在北宋初,轿子只是带有两根杆子的椅子,而没有像盒子一
　　　　样的外部结构。巫仁恕《明代士大夫与轿子文化》,第 6 页。11 世纪下
　　　　半叶的资料证明,已经存在带有窗户和轿帘的轿子,符合官方史书中

关于轿子的描述。

[18] 孔文仲等《清江三孔集》卷七,4b。除了这首诗之外,孔武仲还写过几篇文章,记录了他在路上乘轿享受观光和阅读的闲暇时光。

[19] 同上;脱脱等《宋史》卷一五三,第 3577 页。

[20] 刘子健注意到,12 世纪,统治阶级的生活方式发生了改变,"从积极参与骑乘体育锻炼,到乘轿的死气沉沉的生活"。他认为,"这种自我放纵的交通方式"的广泛使用,与同时引入社会上层女性缠足习俗之间存在着联系。刘子健《马球与文化变迁》,第 219—220 页。然而,并没有证据表明,在南北宋交替时期,缠足的风俗习惯导致了女性的深居简出和乘轿。"现代对物质文化和性别认知的分析表明,作为社会实践的缠足可能在 10 世纪就开始了。"高彦颐《缠足:"金莲崇拜"盛极而衰的演变》,第 261 页,注释 3。宋代学者"将缠足与男性权力和放纵、蛇蝎美人,以及后宫舞者的稍纵即逝的性感联系在一起",而不是"与女性道德或者贞节"联系在一起。同上,第 115 页。

[21] 参见孟元老《东京梦华录》卷七,第 151 页。

[22] 《清明上河图》是学者们研究北宋都城开封最常用的视觉资料之一。宋史学家对于它是否是开封的现实主义表现有不同的看法。例如,韩森(Valerie Hansen)提出,公元 1127 年开封被金朝沦陷后,画家在《清明上河图》画卷中创造了一个理想的、通用的城市。参见韩森《〈清明上河图〉的神秘性及其主题》。曹星原不同意她的假设,认为这幅画"描绘了在清明节的第一天,沿着汴河繁忙的交通,以及由此带给都城的繁荣的河上商业贸易"。曹星原《揭开〈清明上河图〉画卷的神秘面纱》,第 157—158 页。《清明上河图》画卷中女性人物的数量相当少,学者以各种不同的方式对其进行了解释。伊沛霞使用了这幅画中女性的罕见,来证明在宋代社会中的性别区隔。伊沛霞《内闱——宋代的婚姻和妇女生活》,第 21—23 页。韩明士(Robert Hymes)质疑她对《清明上河图》的使用,指出"历史学家的困难在于,知道一幅画中的哪些方面是世界真实面貌的'展现'","哪些是表明它应有的样子"。韩明士《〈内闱〉书评》,第 235 页。韩森发现了画卷中呈现的约 500 人中的约 20 名女性,她认为这幅画描绘的是一个"几乎不受女性打扰"的

乌托邦。韩森《〈清明上河图〉的神秘性及其主题》，第 199 页。佐竹靖彦与伊沛霞的观点相同，接受了这幅画作为北宋都城城市生活的现实体现，并利用宗族的发展来解释对女性的限制。佐竹靖彦《〈清明上河图〉为何千男一女》，第 785—826 页。正如韩森所指出的，"社会历史学家并不确定，在 12 世纪，女性在多大程度上是被隔离的"。考虑到《清明上河图》画卷研究中的争议，笔者认为它不是都城女性日常生活的忠实表现。然而，它对女性乘轿的描绘与文字史料中所记录的北宋都城的这种行为相一致，这使我们对于传统上以文本为基础的女性"家"以外活动的认知得到了直观的补充。这幅画里有 7 乘轿子。这些使用者中的一些人可以被确认为女性，因为她们要么是有婢女相伴，要么是有骑马的男伴跟随。

[23] 在《清明上河图》中，除了僧侣以外，所有男性的头发都在头顶上挽成发髻，有些人戴着深色的布帽。在轿子里的这位女性戴着装饰性的头冠，与精致的面部轮廓相结合，显示出她的女性身份。

[24] 在南宋最著名的志怪集《夷坚志》中，一个故事描述了人们是如何根据他们的身体状况和（在一个事例中）阶层被分配到不同的交通工具的。宋徽宗朝，赵颁之与亲人一起前往凤翔赴任，"子弟皆乘马，女妾皆乘车。独一妇以妊身，用四兵荷轿……有乳媪跨驴而从"。与共享车厢空间的其他女性成员不同，孕妇被分配到一个她自己单独的、封闭的空间里。由于她的特殊身体状况，这位即将成为母亲的女子被分配了一乘轿子。相对于依靠人力的轿子，由动物提供动力的车更快、更高效、更宽敞，可以容纳更多的乘客，但它们不太舒服。在后来的故事中，由于轿子的位置远远落后于其他车辆而出现了事故，所以速度上的差异是显而易见的。洪迈《夷坚志》补卷二一，第 1748 页。

[25] 伊原弘《宋代中国之旅》，第 146 页。

[26] 事实是，同样的禁令被颁布了 4 次，这表明其效果并不理想。对于北宋朝廷的禁奢令而言，这是一个普遍存在的问题。在对北宋都城商业文化的研究中，裴志昂发现了许多"重复的禁奢令，以及违禁品偶尔流入商品领域"的例子。裴志昂《权力交易：北宋开封的帝国空间与商业空间》，第 174 页。

283

[27]　脱脱等《宋史》卷一五三，第3573—3577页。

[28]　同上，卷一五三，第3577页。尽管宋徽宗颁布了诏令，允许官员乘轿，但他仍然将官员乘轿作为一种皇帝的恩宠。1113年冬，由于天气异常寒冷和路面湿滑，官员们很难骑马上朝。宋徽宗颁布诏令，允许他们乘轿入朝。同上，卷六二，第1362页。

[29]　同上，卷一五三，第3576页。

[30]　张廷玉主编《明史》卷六五，第1611页。

[31]　脱脱等《宋史》卷一五〇，第3510页。

[32]　《夷坚志》中的一个故事表明，轿子是如何成为包括妓女在内的南宋女性的一种流行的、必要的交通工具。倡妓李柔，二十多岁时便已过世。她的旧邻居，士兵王先并不知道她已经过世，有一天在街上遇到她的鬼魂。"（王）讶其独行，询之曰：'今欲何所往？'曰：'欲到临安看郊祀。'卒曰：'何以不携婢仆，又不乘轿，但一妇女单子远途，岂得为便？'柔笑而不答。"王先还没有意识到遇到了鬼，看到李柔独自一人在街上行走感觉很不正常，尽管她不是一个被认为应该藏于中门背后的普通人家的典型女人。这则故事的作者将王先描述为下层平民。在他看来，平民百姓认为普通女性应该为了旅途舒适而坐在轿子里，并有婢仆陪伴，这在当时是合情合理的。鬼故事想要用它的异常来打动观众。女鬼李柔的形象，一个在长途旅行中独自行走的倡妓，是不寻常的、危险的，但同样是富有吸引力和蛊惑人心的。《夷坚志》甲志卷四，第741页。

[33]　柏文莉《妓、妾与女性贞节观》，第204页。

[34]　同上，第167—180页。

[35]　福建省博物馆《福建将乐元代壁画墓》。

[36]　庄绰《鸡肋编》卷二，第53页。

[37]　伊沛霞《内闱——宋代的婚姻和妇女生活》，第41—42页。

[38]　关于庄绰生活经历的研究，参见萧鲁阳《庄绰生平资料考辩》，收入庄绰《鸡肋编》点校本，第135—157页。

[39]　李心传《建炎以来朝野杂记》甲集卷一，第58页。

[40]　根据1131年的官员奏疏，在泉州的宗子、宗女、宗妇和所生母的人数

　　　　　分别是 122 人、126 人、78 人和 13 人，在福州的宗子、宗女、宗妇和所
　　　　　生母的人数分别是 95 人、49 人、30 人和两人。徐松辑《宋会要辑稿》
　　　　　职官二〇之三七，第 71 册，第 2839 页。

[41]　贾志扬（Chaffee）《天潢贵胄：宋代宗室史》，第 42—44 页。非常感谢
　　　　贾志扬提醒笔者注意皇室逃难者对福州和泉州的可能性影响。

[42]　同上，第 19 页。

[43]　脱脱等《宋史》卷一五〇，第 3510 页。

[44]　何乔远《闽书》卷三八，第 941 页。

[45]　孟元老《东京梦华录》卷三，第 67—68 页。

[46]　关于宋人使用马车，参见张聪《行万里路：宋代的旅行与文化》，第
　　　　94 页。

[47]　陆游《老学庵笔记》卷一，第 3 页。

[48]　柏文莉《妓、妾与女性贞节观》，第 183 页。

[49]　在本章中，基于两个事实的考虑，笔者列举了一些记录女性在北宋都
　　　　城使用交通工具的资料。首先，开封用于内外交通的工具，很可能也
　　　　出现在整个宋帝国的许多地区。其次，许多这样的女性乘坐者在南北
　　　　宋交替时落脚于福建，她们在开封的交通经历可能对当地习俗产生了
　　　　影响，正如福州和泉州女性所乘坐的轿子似乎已经呈现出来的那样。

[50]　丁传靖《宋人轶事汇编》卷七，第 310—311 页。

[51]　《宋史》中记录了几项规范车装饰的诏令。1034 年，"豪贵之族所乘坐
　　　　车，毋得用朱漆及五彩装绘，若出黝而间以五彩者听"。四十余年后的
　　　　1076 年，朝廷又颁布诏令，"民庶止令乘辇车，听以黑饰，间五彩为饰，
　　　　不许呵引及前列仪物"。宋仁宗朝（1022—1063）的前一道诏令禁止
　　　　"豪贵之族"——大概是指高级官员或者皇族亲贵，用红色以及最初由
　　　　皇室垄断的五彩。"豪贵之族"被允许使用黑色与五彩来宣示他们高
　　　　贵的社会地位。但随后的宋神宗朝（1067—1085），这些"豪贵之族"的
　　　　特权已被平民盗用。为了解决这个问题，朝廷颁布了后一条规定，作
　　　　出了妥协。平民被允许用黑色和五彩来装饰他们的车，就像"豪贵之
　　　　族"一样，但是他们被禁止模仿"豪贵之族"用仪仗来装备其交通工具。
　　　　脱脱等《宋史》卷一五三，第 3576 页。宋帝国的法令表明，装饰车的色

285

彩,连同随从和相关附属品,都被视为标志着乘客社会地位的象征。这些装备的盗用揭示了某些人挑战阶层限制的尝试,也许是为了进入一个更高的社会群体。

[52]　脱脱等《宋史》卷一五〇,第3510页。

[53]　当然,作为一种常见的交通方式,车不仅仅是在宋朝都城使用。来自《宋史》的官方文献表明,在都城,车的外观应该是在没有性别区分的情况下展示乘客的正式身份地位。此外,这种现象也存在于其他地方。例如,根据陆游的叙述,"成都诸名族妇女,出入皆乘犊车。惟城北郭氏车最鲜华,为一城之冠,谓之'郭家车子'。江渎庙西厢有壁画犊车,庙祝指以示予曰:'此郭家车子也。'"陆游《老学庵笔记》卷二,第24页。无论谁决定了这些车的正式设计,它们最终都变成了符号对象,展现乘客显赫的家庭背景。陆游的记载告诉我们,属于不同家庭的车有不同的装饰。这些车的设计显然没有遵循中央政府发布的任何指导方针。此外,它还被用来宣称家庭的高贵地位,甚至被纳入神庙壁画中。对于女性乘客来说,这些车代表了她们的社会上层地位,甚至通过独特的装饰来展示主人的家庭身份。

[54]　关于宋人骑驴跨马,参见张聪《行万里路：宋代的旅行与文化》,第91—97页。

[55]　高承《事物纪原》卷三,第139页。

[56]　周煇《清波杂志》卷二,第53页。

[57]　关于唐代女性使用帷帽的演变,见齐东方《浓妆淡抹总相宜——唐俑与妇女生活》,第311—312页;荣新江《女扮男装——唐代前期妇女的性别意识》,第724—727页。

[58]　在南唐画院学生赵幹(10世纪)的《江行初雪图》中,两个戴着帷帽的女子骑着驴沿着河边走。关于这幅画的研究,参见约翰·海伊(John Hay)《江行初雪图》;石慢(Peter Sturman)《作为画像的骑驴者》,第55—57页。感谢魏文妮(Ankeney Weitz)提醒笔者注意这幅画。

[59]　在《夷坚志》中,有一则故事讲述了一个女人骑马时被迫戴帽。李邦直的女儿在一次短途旅行中晕倒,在床上躺了一天。醒来时,她告诉亲戚,自己被选为神祇的新娘。一位老妪陪她走出家门,骑着马跟着她。

她拿着一个青色面纱,遮住女孩的脸,说"方为新妇,讵可令人见?"洪迈《夷坚志》补卷一五,第1689页。从现代学者的角度看,《夷坚志》中的一些记录显然属于怪力乱神。虽然对这本书的可靠性和真实性有一些担心,但英格尔斯·阿历斯特(Alister Inglis)的研究显示,"在大多数情况下,洪迈是一个相当可靠的事件记录者,并且他试图核实自己叙述的真实性,肯定超越之前志怪或者非官方史书的作者"。英格尔斯·阿历斯特(Alister Inglis)《洪迈〈夷坚志〉及其宋代语境》,第151页。尽管从我们的角度来看,女儿的幻觉很可能是她的想象,但这个故事仍然表明,未婚女孩在街上骑马时,应该用面纱遮住她的脸。事实上,有一些真实的故事支持这一观点。汝州地方官把女儿送到都城嫁给韩亿(1017—1098),她"乘马披绣衫戴帽","资从甚鲜华"。丁传靖《宋人轶事汇编》卷七,第296页。在这个记载中,韩亿的新娘也戴帽,就像李邦直的女儿在梦中所做的那样。

[60] 邵博《邵氏闻见后录》卷三〇,第235页。当王安石骑驴穿过村子时,一位蒙着面的村妇向他递交了一份文书。

[61] 洪迈《夷坚志》甲志卷一五,第127页。一名提刑司检法官的妻子蒙着面进入医生家寻求治疗。

[62] 同上,丁志卷九,第611页。在产科医生的门口,有一个女人的木制雕像,蒙着面。

[63] 同上,支景卷八,第945页。一天晚上,一位官员在一家驿站停下来,要了一杯热茶。一个妾给他端来一杯茶。她的脸上蒙着紫色的面纱。官员说:"汝辈既在室中,何必如是?"

[64] 陈寿祺《(道光)重纂福建通志》卷五六,2b;周凯《(道光)厦门志》卷一五,第9页。

[65] 例如,在北宋都城,在庆祝元宵节之后,三名太学生跟随一位蒙着面骑马的"美好女子"来到一家酒肆。他们和她调情,认定她是个倡妓。洪迈《夷坚志》乙志卷一五,第313页。

[66] 在这幅画中,这位女子正注视着一位在大街上向她兜售的小贩。

[67] 在一些奇闻轶事中,男主角们都震惊于这样的事实,即那些所谓的美女其实是鬼,她们把可怕的脸蒙起来。洪迈《夷坚志》甲志卷一五,第

127 页；乙志卷一五，第 313 页。

[68]　宋代女性并没有与同时代男性享有同样的独立经济身份。然而，精英女性的妆奁，以及宋代法律提供给她们拥有独立妆奁的权力，肯定赋予其独立的经济身份，对理学家的评论人士和其他人来说，这无疑是令人痛心的。柏清韵《宋元时期的女性、财产与儒家反应》非常出色地研究了这个问题；亦见韩明士《宋代社会与社会变迁》，第 582—594 页。

[69]　关于宋代男性在外部空间的主导，请参见笔者在第三章中关于男主外与女主内理想与实践的讨论。

[70]　吴雅婷总结了宋人旅行者的五类住宿地点：商业客栈、寺庙、驿站、船只和普通住宅。吴雅婷《不安的邂逅——宋人于旅宿场所的互动与其空间印象》，第 150—162 页。

[71]　关于宋代男女客栈题壁作品的主题比较，参见张聪《交流、协作与社区：宋代旅店题壁》，第 22 页。

[72]　根据秦振夫编纂的《重修邵武县志》(1937)记载，这位女子名叫韩玉奴，而在郑方坤《全闽诗话》中，她的名字记作韩玉父。

[73]　盱江是位于江南西路(今江西)的一条河流。

[74]　秋胡是春秋时期的一位学者，为了追求仕宦，他舍弃新婚妻子，离开家乡 5 年之久。秋胡妻子的故事记载于西汉刘向的《列女传》，该书在中国历代王朝中成为女性教育的基础教材。

[75]　关于弃妇诗的具体类型。参见魏世德(John Wixted)《李清照诗歌》，第 166—167 页。

[76]　郑方坤《全闽诗话》卷一〇，12a—12b。我们将韩玉奴所提到的地点在现代地图上定位，发现当她来到了漠口铺时，她已经走了大约 700 英里的路。

[77]　曼素恩研究了清朝女性张婉莹的旅行记录。和韩玉奴一样，张婉莹也准确地绘制了她的路线。根据曼素恩的解释，"简洁的地图"，"让张婉莹的旅行叙事最终强有力地展现出她的美德"。曼素恩《明清中国女性的旅行效能》，第 68—69 页。

[78]　吴雅婷《不安的邂逅——宋人于旅宿场所的互动与其空间印象》，第 168 页。

[79]　学者一直在质疑许多宋代诗歌的女性作者身份。例如，伊维德（Wilt
　　　　Idema）就表示，据说连宋代著名女诗人朱淑真留下的大量作品都被认
　　　　为是由同时代之人所作，是一个由男性制造的骗局。伊维德《男性幻　　288
　　　　想与女性现实》，第 19—25 页。

[80]　梅杰·贝尔《性别角色和诗意的声音》，第 1 页。

[81]　同上，第 27—28 页。

[82]　李惠仪《英雄主义的转型》，第 423 页。

[83]　李清照（1081—约 1151）是中国文学史上最著名的宋代女词人。关于
　　　　李清照传记与作品的英译，参见胡品清《李清照》；王红公、钟玲《李清
　　　　照诗全集》；艾朗诺（Egan）《才女之累：李清照及其接受史》。

[84]　魏世德《李清照诗歌》，第 157 页。

[85]　明清时期女性作者的内心世界在社会动荡中崩溃时，常常以诗歌的方
　　　　式来描写闺闱。李小荣（Li Xiaorong）认为，她们的作品表现出"对女
　　　　性规范定位的强烈认同"。"即使战争导致了她们的家园被摧毁，闺房
　　　　也可以作为一个精神场所，让她们自己在逆境中从中获得安慰和力
　　　　量。"李小荣《明清中国的女性诗歌》，第 120 页，第 122 页。笔者怀疑
　　　　在宋代精英女性中，对"家"也有如此强烈的认同感。然而，据称是女
　　　　性创作和题写为"家"外的数量非常有限的诗歌，并没有传达出如此深
　　　　沉的情感，这可能部分原因在于男性才是真正作者，他们缺乏这种更
　　　　倾向于归于女性的以"家"为导向的意识或者敏感性。

[86]　张聪《沟通、协作与社区：宋代旅店题壁》，第 22 页。

[87]　曼素恩指出，"晚期帝制时代女性写作声音的强势与宋代的软弱无力
　　　　形成鲜明对比"。"宋代士族家庭中杰出女作家的缺席"，表明了"宋与
　　　　晚明、清时期尖锐的文化断裂"。曼素恩《缀珍录：18 世纪及其前后的
　　　　中国妇女》，第 22—23 页。艾朗诺（Ronald Egan）在宋朝寻找女性作
　　　　家的过程中，也表示出"女性在文学文化方面的参与，并不像在明清时
　　　　代的作家和读者一样，是普遍的或者常见的"。艾朗诺《才女之累：李
　　　　清照及其接受史》，第 9 页。在宋代，女性的作品没有像在明清时期那
　　　　样发展为女性文化的重要组成部分。作者和假设的读者主要是精
　　　　英男士。

[88]　一些客栈题壁诗以女性口吻所描述的艰辛，同时代男性在混乱时期的路途奔波中同样经历过。例如，周密《浩然斋雅谈》卷二，第 44 页。

[89]　蔡九迪(Judith Zeitlin)《消失的诗句》，第 91 页。

[90]　洪迈《夷坚志》甲志卷八，第 68 页。

[91]　梁庄爱伦(Ellen Johnston Laing)《传统中国的女性画家》，第 81—101 页。实际上，在宋代，一些宫廷女子模仿皇帝的笔迹，被认为是最"男性化"的书法，并在没有被人们发现的情况下充当他们的代笔人。李慧漱《宋代的皇后、艺术与能动性》，第 80—94 页；邓小南《掩映之间——宋代尚书内省管窥》，第 32—35 页。

289 [92]　关于宋代女性的书信，参见伊沛霞《内闱——宋代的婚姻和妇女生活》，第 120—124 页；柏文莉《宋代女性的读写能力》。

[93]　女性才德之间的关系是中国帝制史上男性话语中一个富有争议性的话题。尽管"德总是比才更为人们所珍视"，"但才能因内敛而优雅，总是一种令人钦佩的品质，尤其是当它服务于合适的目的"。李慧漱利用视觉资料来"证明宋代社会认同文化天赋有助于女性美德形成的程度"，并认为"文学和艺术成就是宋代女性的普遍目标"。李慧漱《宋代的皇后、艺术与能动性》，第 76—80 页，第 106—109 页。这部分解释了宋代精英对于女性教育的积极态度。然而，尽管他们普遍欣赏精英女性的基本阅读和写作技巧，但他们并没有以类似的肯定方式认可女性的文学能力。正如艾朗诺所言，"在宋代社会中，对于女性进行教育，允许女性写作，甚至如果她们写作、保存或者传播她们所创作的成果，都存在着深深的矛盾"。艾朗诺《才女之累：李清照及其接受史》，第 12 页。

[94]　艾朗诺《才女之累：李清照及其接受史》，第 24 页。

[95]　韩文彬(Robert Harrist)指出，宋代精英在风景名胜或者历史遗迹创作的题记数量空前，可以将其添加到"士人文化特征体现的列表"中。参见韩文彬《言语的景观》，第 273—277 页。

[96]　关于宋代鼓山石刻，参见韩文彬《言语的景观》，第 275 页。

[97]　黄任《鼓山志》卷六，8a。

[98]　黄荣春《福州摩崖石刻》，第 228 页。

[99]　曼素恩《明清中国女性的旅行效能》，第 55 页。

[100] 黄荣春《福州十邑摩崖石刻》，第 84 页。关于清代福建精英女性的旅行研究，参见李国彤《想象历史和王朝：福建闺秀之居家与羁旅》。

[101] 关于女性的家庭社群，参见高彦颐《闺塾师：明末清初江南的才女文化》，第 179—218 页。

[102] 在对明清中国史的研究中，丰富的明清女性著作被认为是女性文化的一个重要组成部分，其排他性，用高彦颐的话，是"建立在女作家、编者和读者对文学的共同爱好基础上"。高彦颐《闺塾师：明末清初江南的才女文化》，第 14 页。然而，很少有出自宋代或者更早时期的女性作品传播。无论这是历史条件（女性很少写作）还是史学（女性写作，但她们的作品未被保存下来并传播出去），这并不意味着女性文化在较早时期没有出现。女性文化的根源——她们的自我认知和自我期望，以及她们发展出的与家庭内外其他女性和男性的亲密关系——都贯穿整部中国历史，尽管在不同的历史背景下以多种方式表现出来。

[103] 姚勉《雪坡舍人集》卷五〇，第 525 页。

290

[104] 韩文彬《言语的景观》，第 276 页。

[105] 同上。

[106] 方秀洁《有感而发》，第 119 页。

[107] 姚勉《雪坡舍人集》卷五〇，第 525 页。

[108] 同上。

[109] 韩文彬《言语的景观》，第 276 页。

[110] 邹妙庄 1256 年嫁给姚勉，一年后过世。自从 13 世纪 20 年代，宋理宗正式认可并推动了朱熹及其道学运动的合法性与权威性。

[111] 姚勉《雪坡舍人集》卷五〇，第 525 页。

[112] 在墓志铭中，姚勉记录了妻子对旅游的热情："……性喜山水，既西舟，曰：'虽弃官，不可弃山水。'"姚勉《雪坡舍人集》卷五〇，第 525 页。

第三章　居处一方：地方社区中的女性

[1] 在对中国帝制史的研究中，"local society"（中文"基层社会"，日文"地

域社会"）的概念最早是由日本学者在 20 世纪 70 年代提出，此后持续得到深入讨论。关于日本学界对于宋代基层社会研究的综述，参见森正夫《中国前近代史研究与地域社会的视点》，第 201—211 页；宋代史研究会《宋代人的认识——相互性与日常空间》，第 1—26 页；远藤隆俊《宋代地域社会与宗族》，第 1—5 页；冈元司《宋代沿海地域社会史研究》，第 5—27 页。自 20 世纪 80 年代以来，中国基层社会的研究成果丰硕。关于中国学术界的回顾，参见吴雅婷《回顾一九八〇年以来宋代的基层社会研究——中文论著的讨论》。

[2]　"基层存在于诸多层面"，尽管超出了国家授权的地理界限，但它从未独立于行政区域而存在。根据包弼德（Peter Bol）的说法，"一般来说，至少为了在定义和命名一个地区的冒险事业上的公共投资，县及其行政上级……仍然是最重要的单位"。包弼德《过去与现在的地方史和家庭》，第 307 页。

[3]　何安娜（Anne Gerritsen）《宋元明时期江西吉安士人与地方社会》，第 13 页。

[4]　例如，参见郝若贝（Hartwell）《750—1550 年期间中国的人口、政治和社会变迁》；韩明士《官僚与士绅：两宋江西抚州精英》；柏文莉《权力关系：宋代中国的家族、地位与国家》；包弼德《地方史的崛起：南宋和元朝婺州的历史、地理与文化》《明清中国的"地方主义转向"与"地方认同"》《12 至 16 世纪的理学与基层社会》。

[5]　地方史研究者一直关注宋帝国南方的一些地区，如浙江、江西和福建。关于他们研究当中不同之处的总结，参见韩明士《宋代社会与社会变迁》，第 627—650 页。

291 [6]　关于宋代福建经济文化多样性研究，参见柯胡《社区、贸易和关系网：3 至 13 世纪福建闽南》；苏基朗《刺桐梦华录》；林拓《文化的地理过程分析——福建文化的地域性考察》，第 65—84 页。

[7]　孔颖达《礼记正义》卷二七，第 234 页。

[8]　司马光《司马氏书仪》卷四，第 43 页。

[9]　刘静贞考察了宋代女性墓志中所使用的"女无外事"这一短语，揭示了男性作者在书写女性墓志时所遇到的困境。刘静贞《女无外事？——

墓志碑铭中所见之北宋士大夫社会秩序理念》。

[10]　曾巩《元丰类稿》卷四，15b—16a。

[11]　关于宋代女性作为贤内助的角色，参见伊沛霞《内闱——宋代的婚姻和妇女生活》，第114—130页。

[12]　对于这些墓志的引证，请看笔者的文章《"内事"与"外事"——宋代福建路地域社会的女性经济活动》，很多这些例子都不是来自福建，但它们有助于我们理解精英士人对于"女无外事"的讨论。

[13]　范祖禹《太史范公文集》卷五〇，2b；陈造《江湖长翁文集》卷三五，8b；孙应时《烛湖集》卷一二，15a。

[14]　吕祖谦《东莱集》卷一三，17a；周孚《蠹斋铅刀编》卷二八，5a；刘宰《漫塘文集》卷三四，9a。

[15]　苏颂《苏魏公文集》卷六二，8b；晁补之《鸡肋集》卷六五，3a；欧阳修《文忠集》卷七六，11b。

[16]　汪应辰《文定集》卷一六，15b；张孝祥《于湖集》卷一五，9b。

[17]　郑刚中《北山集》卷三一，14a；刘宰《漫塘文集》卷三四，17a。

[18]　韩明士、谢康伦《经世》，第54页。

[19]　参见黄宽重《科举经济与家族兴衰——以宋代德兴张氏为例》，第127—146页。

[20]　周绍明《南宋家庭理财计划》，第51页。

[21]　柏文莉《权力关系：宋代中国的家族、地位与国家》，第20页。

[22]　刘静贞、柏文莉和柏清韵都做过关于宋代女性墓志的调查研究。她们"发现零散的北宋墓志中关于女性接管家庭财务，让丈夫和儿子解脱出来在外面打拼的主题，但这个主题在南宋更常见"。柏清韵《宋元时期的女性、财产与儒家反应》，第174页。

[23]　韩元吉《南涧甲乙稿》卷二二，34b。

[24]　刘克庄著，辛更儒笺校《刘克庄集笺校》卷一三九，第5563页。

[25]　男人对女人不幸遭遇的想象和态度随着时间的推移而改变。虽然像刘克庄堂姐这样悲惨的形象在宋代女性的墓志中很少出现，但在明朝时，它们被男性作者广泛采用，作为女性美德的比喻。

[26]　梁克家编《(淳熙)三山志》卷三九，第8241页。

[27]　李伯重研究了明清时期江南地区劳动中的性别分工。他指出，直到清
　　　朝中叶，"男耕女织"模式才成为主导经济模式。在此之前，尽管不同
　　　地方的分工不同，男性和女性通常在农业和纺织方面合作。李伯重
　　　《从"夫妇并作"到"男耕女织"》《"男耕女织"与"妇女半边天"角色的形
　　　成》。虽然宋代情况总体上还不清楚，但"男耕女织"模式并没有被人
　　　们认为是理所当然的，至少在福建是这样。

[28]　何乔远《闽书》卷三八，第 941 页。

[29]　同上，卷三八，第 942 页。

[30]　袁说友《东塘集》卷二〇，24b。

[31]　林希逸《竹溪鬳斋十一稿续集》卷二二，15b。

[32]　黄仲元《四如集》卷四，38a。

[33]　在 13 世纪 70 年代，南宋朝廷沿着闽东沿海躲避蒙古军队，福建的主
　　　要城市相继被蒙古人征服。但在黄仲元为林氏和郭陞所写的墓志铭
　　　中，并没有显示出王朝鼎革对他们家的影响。

[34]　张元幹《芦川归来集》卷一〇，9b。

[35]　伊沛霞《女性、金钱与阶级：司马光和宋代理学家对女性的观点》。

[36]　同上，第 22 页。

[37]　何乔远《闽书》卷一四二，第 4206 页。

[38]　这种女性人物包括女儿和妻子。待字闺中的女儿有时会帮助父母管
　　　理家务，当母亲不在的时候，她们有时会被父亲指定负责家务事。娘
　　　家的经历为她们婚后在夫家承担家庭管理责任做好准备。陈宓《复斋
　　　先生龙图陈公文集》卷一〇，34a；陈让编《(嘉靖)邵武府志》卷一三，
　　　36b；陈棨仁《闽中金石略》卷一〇，21a—21b。

[39]　伊沛霞《宋代家庭与财产》，第 49—51 页。

[40]　柏清韵通过强调朱熹及其追随者对于推广家庭责任划分这一模式的
　　　影响，也提出了类似的观点。柏清韵《宋元时期的女性、财产与儒家反
　　　应》，第 174—185 页。

[41]　同上，第 170—171 页。

[42]　周绍明研究了由南宋中叶理学家撰写的关于家庭财务的两份有影响
　　　力的指南，注意到它们都"将所有家庭财务管理工作归于男性"。周绍

292

明《南宋家庭理财计划》，第 52 页。然而，劝诫文学中没有提及女性在家庭管理中的能动性，并不意味着理学家忽视了女性在现实生活中对家庭财务的参与。虽然没有现存的女性墓志出自这两位家规的作者之手，但笔者怀疑他们不会反对女性对家务事的管理，因为在宋代理学家留下的墓志中，对女性这种活动有着广泛的正面评价。

[43] 杨时《杨龟山集》卷三五，4b。

[44] 伊沛霞《宋代家庭与财产》，第 50 页。

[45] 袁采《袁氏世范》卷一，19a—19b。英译文参考伊沛霞《宋代家庭与财产》，第 220 页。

[46] 韩元吉《南涧甲乙稿》卷二二，25b。

[47] 有些宋代女性在家庭管理上的成功，甚至在后世得到后人的称赞。例如，宋代宗女赵秀安。丈夫过世后，她掌管了家庭财产。她买了一块墓地，购买田地以供祭祀。在清代的地方志中，记载着"迄今世祚绵长，皆郡主之力也"。饶安鼎《(乾隆)福清县志》卷一八，第 676 页。

[48] 黄榦《勉斋集》卷三八，5b。

[49] 刘克庄著，辛更儒笺校《刘克庄集笺校》卷一四九，第 5901 页。

[50] 参见韩明士《宋代社会与社会变迁》，第 582 页。

[51] 同上。

[52] 同上。

[53] 伊沛霞《内闱——宋代的婚姻和妇女生活》，第 115 页。

[54] 包弼德《历史上的理学》，第 237 页。

[55] 关于范氏义庄的研究，参见杜希德(Denis Twitchett)《范氏义庄》。

[56] 关于朱熹对于宗族讨论的研究，参见伊沛霞《帝制中国的儒学与家礼》，第 158—165 页。关于这些思想在宋元时期对福建地方实践的影响，参见宋怡明(Szonyi)《践行亲属关系》，第 93—96 页。

[57] 关于宋代精英男性在基层社会中促进其家族发展的方式，参见黄宽重《宋代的家族与社会》，第 251—270 页。

[58] 欧阳修《欧阳文忠公文集》卷三六，11a。

[59] 远藤隆俊指出，宋代精英在搬迁到他们家乡以外的其他地方后，与其族人交流，并对他们施加影响。笔者怀疑他的发现也适用于那些远离

亲人的女性，比如吕氏，尽管原始史料没有提供这些细节。参见远藤隆俊《北宋士大夫的寄居与宗族——乡里与移居者的信息交流》。

[60]　王绍沂《永泰县志》(1922)卷一一，第261页。

[61]　黄榦《勉斋集》卷三七，29b。

[62]　黄公度《知稼翁集》下，60b。

[63]　与唐代相比，宋代女性从娘家得到了更丰厚的妆奁。宋代女性控制和使用妆奁的记录非常丰富。正如韩明士所宣称的那样，"原则上不只是妆奁，通过使用妆奁获得的任何财产都属于女性本人，财产是使用妆奁还是夫家资金所购得的，这是法律判决分配财产的依据，说明了这一原则经常体现在实践中"。韩明士《宋代社会与社会变迁》，第585页。

[64]　贾志扬《天潢贵胄：宋代宗室史》，第155页。

[65]　同上，第160页。

[66]　陈宓《复斋先生龙图陈公文集》卷一〇，34a—34b。

[67]　笔者研究过的例子都是关于宗妇的。此外，现存许多嫁入福建精英家庭的宗女的墓志铭。墓志作者称赞她们尽管出身高贵，却忠实地履行了妻子、母亲和儿媳的角色。相关例子，参见陈宓《复斋先生龙图陈公文集》卷二一，45b—47b；刘克庄著，辛更儒笺校《刘克庄集笺校》卷一五〇，第5933—5934页；卷一五八，第6194—6196页，第6200—6202页。

[68]　何乔远《闽书》卷一四〇，第4286页。

[69]　关于宋代义学的发展，参见王善军《宋代宗族和宗族制度研究》，第106—122页。

[70]　万安玲《南宋作为治国方略的义庄》，第270—276页。

[71]　朱熹著，陈俊民校理《朱子文集》卷九三，第4532页。

[72]　同上。

[73]　万志英(Richard von Glahn)《社区与财富：朱熹义仓的理论与实践》，第234页。

[74]　同上。

[75]　朱熹著，陈俊民校理《朱子文集》卷九一，第4430页。

[76]　陈淳《北溪大全集》卷五〇,6b。

[77]　刘克庄著,辛更儒笺校《刘克庄集笺校》卷一四九,第5879页。

[78]　正如万志英对于长江三角洲的研究所显示的那样,"与华北平原密集的、规模相对较大的村庄相比,长江三角洲地区形成了一种高度分散的定居模式。'乡村'常常由许多小村庄组成;尽管彼此很近,但这些小村庄仍然是截然不同的定居点"。这种定居模式的概括也适用于宋代福建的乡村。万志英《城镇与寺庙》,第190页。

[79]　在宋代基层社会,是否"乡"作为一级行政单位起管理作用,一直是宋代社会史学工作者争论的话题。例如,王棣认为它是一个虚拟的财政区划。夏维中则持反对意见,声称它是一个地方行政单位。王棣《宋代乡里两级制度质疑》;夏维中《宋代乡村基层组织衍变的基本趋势》。考虑到"乡"和"里"领导者的非官方身份,笔者同意黄宽重将其视为虚拟的行政组织。黄宽重《从中央与地方关系互动看宋代基层社会的演变》,第317页。

[80]　朱熹将"乡"定义为社会层级和社会行为空间,参见韩明士《官僚与士绅:两宋江西抚州精英》,第134页。

[81]　陈渊《默堂集》卷一〇,2a。

[82]　廖刚《高峰文集》卷一二,20b。

[83]　王亦之《网山集》卷二,9b。

[84]　韩明士《官僚与士绅:两宋江西抚州精英》,第135页。

[85]　同上。

295

[86]　韩明士《官僚与士绅:两宋江西抚州精英》,第167页。韩明士考察了抚州有关饥荒救济的各种叙述,揭示出地方官员与抚州精英相处并不融洽,得出结论,它"可能反映出的不仅是当地官员权力有限,也是对于应该做些什么存在的根本分歧"。参见韩明士《官僚与士绅:两宋江西抚州精英》,第157—167页。

[87]　郑侠《西塘集》卷四,17b。

[88]　卫泾《后乐集》卷一七,25a。

[89]　关于王安石新法的研究,参见韩明士《宋代社会与社会变迁》,第530—542页。

[90] 刘佑《（康熙）南安县志》卷一六，第 871 页。

[91] 黄任《（乾隆）泉州府志》卷六六，2b。

[92] 闵文振《（嘉靖）宁德县志》卷四，22b。

[93] 宋代法律要求监狱要定期向囚犯提供食物。然而，根据马伯良（Brian Mc Knight）的研究，囚犯普遍缺乏食物，笔者认为这也发生在那些收到丘氏食物馈赠的囚犯身上。马伯良（Brian Mc Knight）《宋代的法律与秩序》，第 361—363 页。

[94] 关于女性与地方政府之间互动的进一步讨论，参见第四章。

[95] 在这一个案中，寨意味着政府在乡村设置的堡垒，里面驻扎着军队。

[96] 脱脱等《宋史》卷四六〇，第 13486 页。

[97] 关于福建地方军事力量在地区混乱中的作用及其与南宋政府的关系，参见黄宽重《南宋地方武力——地方军与民间自卫武力的探讨》，第 51—107 页。

[98] 脱脱等《宋史》卷四六〇，第 13486 页。

[99] 同上。

[100] 同上，卷四六〇，第 13487 页。

[101] 陈淳《北溪大全集》卷五〇，6b。

[102] 黄公度《知稼翁集》下，60b。

[103] 许多宋代福建女性都慷慨捐钱给寺庙和神祠。然而，由于她们在这种情况下所期望的是超自然的回报，而她们的钱仅仅是流入到宗教机构，她们的行为在男性精英叙述者的眼中并不符合"仁"的范畴。但是，那些把钱花在当地福祉上的女信众，即使怀有宗教动机，也可以被称为"仁"。

[104] 卫泾《后乐集》卷一七，25a。

[105] 关于木兰陂的地图和地理细节，参见柯胡《社区、贸易和关系网：3 至 13 世纪福建闽南》，第 149—151 页。

[106] 陈池养《莆田水利志》卷二，2a。

[107] 同上，卷七，1b。

296 [108] 关于 13 世纪的石刻，参见丁荷生（Dean）、郑振满《福建宗教碑铭汇编：兴化府分册》，第 18—19 页，第 32—33 页，第 52—55 页，第 65—

66 页,第 88—90 页,第 118—120 页,第 178—179 页,第 208—209 页,第 213—214 页,第 217—219 页,第 224—225 页,第 268—269 页。

[109]　柯胡(Hugh Clark)认为:"她很可能嫁给了一户莆田人家,并把自己的资源投入到姻亲的慈善活动中去。"柯胡《社区的写照:晚唐至宋木兰河谷的社会、文化与亲属关系结构》,第 76 页。然而,原始史料显示,钱四娘亡故时仍然待字闺中。

[110]　陈池养《莆田水利志》卷七,1a。

[111]　当李宏的工程于 1082 年完工,方天若撰文庆祝成功。根据方天若的记载,权臣蔡京和蔡卞(1048—1117)的家乡是兴化军仙游县,他们关心莆田的灌溉问题,要求皇帝颁布诏令招募堤堰修筑者。蔡京知道李宏家境富饶且慷慨好义,给他写了一封信,邀请他建造木兰陂。方天若的文章收在《木兰陂志集》中,只有一个抄本藏在莆田市图书馆,似乎并未被英语学界所知晓。莆田当地学者郑秋鉴通过将它与其他相关的宋代史料比对,证实方天若的记载是可信的。方天若的文本提供了迄今为止最全面的在宋神宗朝关于中央政府、地方官员、地方权势家族、其他地区的赞助人以及水工专家在修建木兰陂过程中所扮演的各种不同角色的信息。然而,这篇文章中的许多细节,尤其是蔡氏兄弟的参与,均不见于木兰陂的 4 方南宋石刻中,很可能是由于蔡氏兄弟和方天若在党争冲突中臭名昭著。

[112]　柯胡《社区的写照:晚唐至宋木兰河谷的社会、文化与亲属关系结构》,第 75 页。

[113]　农田水利法是王安石在熙宁时期(1068—1077)的新法。国家鼓励民众参与建设当地的灌溉网,并奖励那些做出突出贡献的人。小野泰《宋代水利政策与地域社会》,第 45—49 页。

[114]　郑樵《夹漈遗稿》卷二,1a。

[115]　对宋朝女儿财产权的研究一直是中国、日本和欧美学术界的一个成果丰富和富有争议性的领域。尽管对宋代财产法的解释多种多样,但学者们一致认为,未婚女儿的继承权,在某些情况下,甚至可以与其兄弟们平等共享父亲的财产,并受到宋朝政府的保护,这给她们提

供了比后来的明清女性更多的财政自主权。例如,参见柏清韵《宋元明女性与儒学》,第 213—221 页;柳立言《南宋在室女分产权探疑——史料解读及研究方法》,第 445—504 页。

[116] 谢道承《(乾隆)福建通志》卷五四,2b。

297 [117] 关于宋元明清时期,钱四娘作为福建地方神祇的信仰,参见小岛毅《正祠と淫祠：福建の地方誌における記述と論理》,第 147—152 页。

[118] 林国举《木兰陂水利志》,第 157—158 页。

[119] 同上,第 158 页。

[120] 陈池养《莆田水利志》卷八,29b—30a。

[121] 林国举《木兰陂水利志》,第 159 页。

[122] 陈池养《莆田水利志》卷八,29a—29b。

[123] 在淳祐朝(1241—1252)末年,国家赐给供奉钱四娘和李宏的庙宇"协应"封号。陈池养《莆田水利志》卷八,28b。在嘉定时期(1260—1264),钱四娘被国家授予独立的官方封号——"惠烈协顺夫人"。陈池养《莆田水利志》卷五,18b。

[124] 陈池养《莆田水利志》卷七,3a—3b。

[125] 钱四娘并不是唯一一个参与水利项目的宋代女性。例如,和钱四娘同时代的江西孀妇吴氏,为了响应政府的号召,对当地的堰坝进行了建设。对她深入参与堰坝建设的全面描述被保存在王令《广陵集》附录 22b—23b。

[126] 陈洪进(914—985)是五代时期福建最后一位节度使。978 年,他将泉州和漳州献给宋太宗,承认宋朝对福建的统治。

[127] 林奋《(乾隆)仙游县志》卷四三,1b。

[128] 蔡襄《荔枝谱》卷一,9a。

[129] 同上。

[130] 王珏编《(康熙)长泰县志》卷一〇,18b。

[131] 柯嘉豪(Kieschick)《佛教对中国物质文化的影响》,第 214 页。

[132] 同上,第 203 页。

[133] 宋代福建的一些修桥补路的记录揭示出女性捐赠者的居士特征。例

如，在福州罗源县，有一方宋代修路的铭文，其中一些捐助者是"女弟子"。黄荣春《福州十邑摩崖石刻》，第 226 页。

[134]　汪大经《（乾隆）兴化府莆田县志》卷四，10b。

[135]　邱景雍《连江县志》(1938)卷七，6b。

[136]　李拔编《（乾隆）福宁府志》卷九，9a。

[137]　伊沛霞《内闱——宋代的婚姻和妇女生活》，第 149 页。

[138]　同上。

[139]　陈傅良《止斋先生文集》卷四七，9a。

[140]　例如，金坛县（今属江苏省）薛成的母亲终其一生以纺织为业。她担心金坛东南没有水井。她患病临终之际，对儿子说："自汝先人左时，吾业纺织以御寒暑，斥其余以补朝晡之阙。逮汝成立，克供厥事，吾纺织不废而无所用，其余积于今盈若干，吾欲经始井事而病日侵。"意识到自己的健康状况不佳，薛成的母亲要求儿子实现她的愿望。刘宰《漫塘文集》卷二〇，31b。就像福建例子中的女性一样，这个女人把她纺织挣来的钱捐给了当地公共工程的建设。

[141]　伊沛霞《内闱——宋代的婚姻和妇女生活》，第 149 页。

[142]　卢华语收集并分析了许多描写纺织女的唐诗，在诗中女性被无一例外地描绘成技艺精湛，但又心所不甘且痛苦的工人。参见卢华语编《全唐诗经济资料辑释与研究》，第 154—162 页。韩明士将诗中家里的纺织女解读为"一种在中国许多世纪以来，女性悲伤的比喻，尽管在早期这种悲伤与爱情有关，而不是与税收有关"。韩明士《宋代社会与社会变迁》，第 579 页。

[143]　汪大经《（乾隆）兴化府莆田县志》卷四，10a。

[144]　那些为当地工程建设做出贡献的女性，可以通过姓氏或者全名来确认身份。

[145]　鲍家麟和吕慧慈发现，一些宋代女性成功地劝勉自己所在地区的人们，为当地寺观的修复提供赞助。鲍家麟、吕慧慈《妇人之仁与外事——宋代妇女和社会公共事业》，第 268 页。笔者认为，一些女性也在非宗教公共事务的建设中扮演了筹款人的角色。虽然笔者还没有在宋代福建发现过这样的记载，但在福州闽侯县一方现存的元代

碑刻中,有一位陈氏在 1349 年募集资金重建永通陂。黄荣春《福州
十邑摩崖石刻》,第 197 页。

[146] 黄任编《(乾隆)泉州府志》卷一〇,26b。

[147] 同上,卷九,29a。

[148] 黄仲昭编《八闽通志》卷一九,第 967 页。

[149] 谢道承编《(乾隆)福建通志》卷八,54a。

[150] 包弼德用"士人志愿主义"的概念来描述宋代理学家建构地方士人共
同体的特点。包弼德《历史上的理学》,第 246—253 页。尽管女性在
这种男性占主导地位的共同体的蓝图中没有任何正当地位,但男性
士人对地方志愿主义的倡导和实践很可能影响了居住在同一地区的
女性,尤其是那些精英家庭中的女性。

第四章   女性与地方政府

[1] 根据韩明士的看法,囊括整个士大夫阶层的宋代精英,并不仅限于在
某一时期仕宦的家庭,而士大夫阶层的身份确认并不是由其仕宦而是
由其生活方式(尤其包括教育),其次是对科举的参与(而不是成功)来
决定的。参见韩明士《宋代社会与社会变迁》,第 621—622 页。暂时
不做官的精英家庭中的女性,可能也有很多机会来影响为官生活——
这与当时那些有直系男性亲属入仕的女性相比,可能机会不同,但仍
然是实实在在的机会。

[2] 林希逸《竹溪鬳斋十一稿续集》卷二一,8a。

[3] 真德秀《西山先生真文忠公文集》卷四五,19b。

[4] 儒家基本的孝道原则,确保了母亲比妻子在"家"中拥有更大的权威。
她们对男子(儿子、丈夫)的影响和他对她们的态度是不同的。更多讨
论,请参阅第五章中关于女性和宗教的相关内容。

[5] 方大琮《铁庵集》卷三四,4b。

[6] 同上。

[7] 正如冈元司的研究显示,宋代精英使用"友"一词,并在他们的作品中
表达对友谊的欣赏要比唐朝前辈们频繁得多,这在一定程度上是由于

他们参与了科举相关的活动。参见冈元司《南宋时期地域社会的"友"》。

[8] 陈寿祺《(道光)重纂福建通志》卷二五六,11b。

[9] 林策《(嘉靖)萧山县志》卷二,第55页;许景衡《横塘集》卷一九,13a。

[10] 尽管我们无法获得余氏的墓志铭,但杨时为她父亲创作的墓表显示,她来自一个没有仕宦背景的地方家庭。曾枣庄、刘琳主编《全宋文》卷二七〇一,第125册,第125页。余氏的祖先是当地富有的地主。她的父亲是家中第一位学习儒学并通过发解试的人。余氏是他唯一的子女,根据笔者推测,余氏曾受过训练,帮助父母管理他们相当可观的家庭财产,并在出嫁前处理各种与土地有关的事务。

[11] 陈寿祺《(道光)重纂福建通志》卷二五六,11b。

[12] 林策《(嘉靖)萧山县志》卷二,第55页。

[13] 关于钱四娘参与地方公共项目,请参阅第三章。

[14] 柏文莉《宋代女性的读写能力》,第330页。

[15] 例如,福建士大夫陈襄为符氏撰写过墓志铭,她来自官宦家庭,其家在11世纪非常出名。符氏曾侍奉父亲阅读汉唐史书。看到她兴趣盎然,父亲慨叹道:"此女喜事……异日当配儒士,以光吾族。"陈襄《古灵集》卷二〇,17a—17b。在这种情况下,父亲故意将"外事"的知识传授给女儿。他喜欢给女儿读历史,很可能和她交流思想。符氏对史书中所记录的国家和公共事务的热情让父亲相信,她会是一位士大夫的得力配偶。在父亲的眼里,精英家庭的女孩应该学习精英的传统事务,以便理解并支持她未来的丈夫。

[16] 教导女性公共事务,或者至少不妨碍她们了解这些事情,一个更普遍的动机,是理想的"伴侣型婚姻",伊沛霞表示,在宋代这种婚姻已经很重要(当然不是普遍的)。人们可能会认为,精英士人想要的是一名与他志同道合的妻子。伊沛霞《内闱——宋代的婚姻和妇女生活》,第158—160页。

[17] 柏文莉《宋代女性的读写能力》,第330页。

[18] 这样的记录不仅限于福建,而且在整个宋帝国也有广泛分布。例如,邓小南在她关于苏州精英女性的研究中,展现了很多类似于福建的例

子。邓小南《宋代士人家族中的妇女——以苏州为例》。

[19] "幹官"在宋代许多机构中作为一种主要的吏,承担着非官方的职能。
参见贺凯(Hucker)《中国古代官名辞典》,第 276 页。

[20] 朱熹著,陈俊民校编《朱子文集》卷三七,第 1484—1485 页。

[21] 刘坪仕宦生涯的细节,记录在由朱熹撰写的他的墓志铭中,参见朱熹
著,陈俊民校编《朱子文集》卷九二,第 4489 页。刘坪虽然得到了管幹
差遣,但由于政府的减员问题,他并没有走马上任。

[22] 佚名《名公书判清明集》卷一二,第 471 页。

[23] 《名公书判清明集》是宋代法律史研究中最常用的史料之一。参见柏
清韵《宋元时期的女性、财产与儒家反应》,第 67—76 页;高桥芳郎《宋
代中国的法制与社会》,第 223—248 页。

[24] 佚名《名公书判清明集》卷一二,第 471 页。

[25] 梁庚尧《豪横与长者——南宋官户与士人乡居的两种形象》,第 45—
93 页。

[26] 柯胡《社区的写照：晚唐至宋木兰河谷的社会、文化与亲属关系结
构》,第 79 页。

[27] 正如笔者在第三章中所讨论的,许多精英将"家"的崛起归功于负责日
常家务事的女性。

[28] 关于宋地方政府和精英阶层之间互动的概况,参见黄宽重《宋代基层
社会的权利结构与运作——以县为主的考察》,第 278—282 页。

[29] 佚名《名公书判清明集》卷一二,第 471 页。

[30] 取代地方政府并不一定被认为是破坏性的。佐竹靖彦指出,一些声名
显赫的福建家庭通过控制当地公共行政,暂时成为当地的统治者。他
们在宋朝初年把地方权力归还给了国家,得到了国家的奖励。这与官
氏在将政治权力私有化方面臭名昭著的做法形成了对比。佐竹靖彦
《宋代建州地域的土豪和地方行政》,第 225—226 页。

[31] 陈汝咸《(康熙)漳浦县志》卷一六,第 1205 页。

[32] 朱熹著,陈俊民校编《朱子文集》卷九八,第 4782 页。关于带来吉祥征
兆的孝道,参见南恺时(Keith Knapp)《无私的后代：中古中国的孝子
与社会秩序》,第 99—104 页。

301

[33]　冯伉(744—809)是唐代一位品格高尚的官员。参见欧阳修、宋祁《新唐书》卷一六,第 4986 页。

[34]　徐景熙《(乾隆)福州府志》卷一九,第 453 页。

[35]　佐竹靖彦重构了宋代县衙,它在布局上类似皇宫,尽管彼此在规模上存在巨大的差异。知县及其亲属的居住区域位于县衙的最里面。佐竹靖彦《〈作邑自箴〉的研究——其基础性重组》,第 244—245 页。

[36]　参见梅原郁《宋代的地方城市》,第 169—184 页。

[37]　脱脱等《宋史》卷一六二,第 2210 页;陈师道《后山谈丛》卷五,第 70 页。在明清地方志记载中,福建的风俗仍然是好讼。根据梅利莎·麦柯丽(Melissa Macauley)的研究,"诉讼的大量积压"被归因于"巧妙的诉讼技巧和 15 世纪后在此地发展起来的流动的与随时可协商的流行的财产观念"。梅利莎·麦柯丽(Melissa Macauley)《社会权力与法律文化:明清中国的讼师》,第 229 页。

[38]　关于宋代诉讼盛行的研究在中日学者中很有市场。相关学术回顾,参见刘馨珺《南宋狱讼判决文书中的健讼之徒》,第 167—168 页;小川快之《传统中国的法与秩序》,第 15—18 页。

[39]　宋代女性和法律是一个大话题,其中关于女性财产权的研究一直是最具争议性并引起国际学者关注的,也是成果最丰硕的领域。关于近期学术研究的最新综述和参考文献。见柳立言《南宋在室女分产权探疑》。

[40]　柏清韵《宋元时期的女性、财产与儒家反应》,第 24 页。

[41]　在现存的 6 部归于宋代作者名下的官箴中,有 4 部是在宋朝时期创作和出版的,其中《州县提纲》《作邑自箴》《昼帘绪论》3 部书,不仅为官员们提出了基本的原则,而且还涉及了地方行政和社区的细节。参见梁庚尧《从宋代的官箴书看〈名公书判清明集〉的性质》,第 164—165 页;刘馨珺《明镜高悬——南宋县衙的狱讼》,第 330 页。

[42]　《州县提纲》的作者为谁是中国学术界一个有争议的话题。一些学者将其归于陈襄,而有些学者则认为作者不可考。

[43]　陈襄《州县提纲》卷二,第 11 页。

[44]　《州县提纲》《作邑自箴》和《昼帘绪论》在内容和论证方面存在着相似

之处,这表明通常在地方官员眼中一些问题具有重要意义。梁庚尧解

释了这一相似之处,他指出在宋代流传着一些官箴书,后期的作者们
从早期的手册中引用和借鉴了一些想法。梁庚尧《从宋代的官箴书看
〈名公书判清明集〉的性质》,第 170 页。

[45]　李元弼《作邑自箴》卷三,13a。

[46]　胡太初《昼帘绪论》卷六,第 8 页。

[47]　参见陈襄《州县提纲》卷二,第 11 页;胡太初《昼帘绪论》卷六,第 8 页。

[48]　辛竟可《(乾隆)古田县志》卷七,第 184 页。

[49]　杨思谦《(万历)泉州府志》卷一〇,第 825 页。

[50]　关于宋朝"户绝"的研究,参见柏清韵《宋元时期的女性、财产与儒家反
应》,第 97—104 页。

[51]　翁天祐《(光绪)续修浦城县志》卷二二,7a。

[52]　柏清韵《宋元时期的女性、财产与儒家反应》,第 105 页。

[53]　王平宇对于《清明集》中与婢女相关的案件研究表明,基层法官没有因
为婢女的附属身份而歧视她们,而婢女有时也会为自己的利益而积极
参与诉讼。王平宇《〈名公书判清明集〉中所见的女使诉讼——传统妇
女法律地位的一个侧面》,第 213—236 页。

[54]　伊沛霞《内闱——宋代的婚姻和妇女生活》,第 250—260 页。

[55]　同上,第 258 页。

[56]　陈让编《(嘉靖)邵武府志》卷一二,3b—4a。

[57]　许多宋代地方官员要求诉状应符合某些模板,这表明女性原告必须得
到讼师的帮助,才能提出申诉。在宋朝,不管有没有被正式雇佣,讼师
活跃于基层社会,他们既不是官员也不是吏,而是社会认同的平民。
参见郭东旭《宋代法律与社会》,第 145—149 页;郭东旭主编《宋代民
间法律生活》,第 196—200 页。尽管尚不清楚宋代的女性在哪里以及
如何寻求专业支持,但她们可能有合适的人脉和渠道来获取信息,这
是另一种形式的技术知识。

[58]　她一定希望收到当地官员的一些正式文件,以证明他们对她再婚的支
持。但是由于相关史料的缺乏,我们无法知道是否存在一个公式化的
再婚证书。

[59]　陈襄《州县提纲》卷二，第 19 页。

[60]　一些宋代官箴书清楚地表达了对女性正式诉状的特殊要求。相关例
　　　子，参见李元弼《作邑自箴》卷六，34a。

[61]　关于拐卖的原始史料要么同时提到男性和女性受害者，要么专门针对
　　　女性的不幸。

[62]　窦仪《宋刑统》卷二〇，第 356—362 页。

[63]　例如，参见史继刚《宋代严禁拐卖人口》，第 33 页；余贵林《宋代买卖妇
　　　女现象初探》，第 102 页。

[64]　梁克家《(淳熙)三山志》卷三九，6b。

[65]　赵汝愚(1140—1196)曾任福建安抚使。在一份奏疏中，他告知宋孝宗　303
　　　(1162—1189 在位)福州和泉州发生的拐卖妇女事件。杨士奇《历代
　　　名臣奏议》卷一一七，第 1545 页。

[66]　史浩《鄮峰真隐漫录》卷八，6a。关于杀婴现象，请参阅下文的讨论。

[67]　梁克家《(淳熙)三山志》卷三九，6b。

[68]　脱脱等《宋史》卷一九二，第 4767 页。

[69]　史浩《鄮峰真隐漫录》卷八，6a。

[70]　宋代杀婴行为一直是中国学术界社会史研究者关注的一个热点问题。
　　　它在多个地区成为一种流行的做法，甚至在宋代文本中它被称为福建
　　　的一种当地习俗。但是杀婴行为似乎根据地点不同而程度有所不同，
　　　笔者接下来会讨论这个问题。

[71]　傅尔泰《(乾隆)延平府志》卷四六，6b—7a。刘静贞做了一个表，列出
　　　据说分别在北宋和南宋杀婴行为都很流行的所有地区。刘静贞《不举
　　　子——宋人的生育问题》，第 95—96 页。这项对全国范围的调查显
　　　示，在经济欠发达地区，杀婴现象很可能发生。包括建州、南剑州、汀
　　　州和邵武在内的内陆地区，在整个宋代，一直都是臭名昭著的杀婴行
　　　为发生地区。相比之下，像漳州、泉州、兴化军这样的沿海地区，尽管
　　　在北宋史料(11 世纪的前半叶)中有所提及，但在整个南宋，大概由于
　　　它们在 11 世纪空前的经济发展，我们没有找到任何关于杀婴的记录。

[72]　刘静贞在对宋代史料中关于杀婴行为全面探讨的基础上，总结出导致
　　　杀婴行为经济原因的三种类别。第一，基本生活资源的短缺；第二，税

收负担过重;第三,对未来家庭财产划分的考虑。刘静贞《不举子——宋人的生育问题》,第 84 页。所有这些原因在福建地方史料中都被提及。

[73] 金·米歇尔(Michelle King)认为,"只有在明清时期,婴儿的性别似乎才成为了中国杀婴行为的决定性动机"。金·米歇尔(Michelle King)《生死之间: 中国 19 世纪的弑女婴现象》,第 5 页。

[74] 欧阳修《欧阳文忠公文集》卷三〇,6a。

[75] 杨士奇《历代名臣奏议》卷一〇八,第 1447 页。

[76] 发布戒谕文是宋代地方官员用以改善当地习俗所采用的一种流行策略。参见高柯立《宋代州县官府的榜谕》。

[77] 朱松《韦斋集》卷一〇,10a。

[78] 虽然没有原始资料告诉我们女性杀婴行为者的感受,但似乎有理由猜想她们在执行犯罪行为(杀死孩子) 的负罪感和悲伤(失去孩子) 中挣扎。

304 [79] 在他关于杀婴的文章中,朱松慨叹:"人固不可以法胜。"但他相信,官员可以教化他们。朱松《韦斋集》卷一〇,11a。

[80] 徐松辑《宋会要辑稿》食货五九之四五,第 150 册,第 5861 页。

[81] 毕沅《续资治通鉴》卷一五四,第 4135 页。

[82] 在给宋孝宗的奏疏中,赵汝愚指出了杀婴带给福建的三个不利因素。首先,它违反了人类的道德,危及了朝廷的仁慈,破坏了宇宙的和谐。第二,造成严重的男女比例失衡,导致了大量的犯罪。第三,它导致了拐卖人力。杨士奇《历代名臣奏议》卷一一七,第 1545 页。

[83] 刘静贞认为,与北宋的官员相比——他们强调在解决杀婴问题上法律和道德说服的重要性,那些南宋官员则更多地依赖于经济援助,尽管这些策略在北宋和南宋时期都存在。刘静贞《不举子——宋人的生育问题》,第 106—122 页。

[84] 王得臣《麈史》卷一,第 14 页。

[85] 杨时《杨龟山集》卷三,第 49—50 页。

[86] 徐景熙《(乾隆)福州府志》卷四九,第 992 页。

[87] 刘静贞收集了中国南方一些地区建立举子仓数年间的资料,其中福建

是首倡,率先在 1178 年启动这件事。刘静贞《不举子——宋人的生育问题》,第 101—103 页。似乎一些福建人或者在福建做官的人,把这一策略推广到他们任职的其他地区。在林光裔于江南西路推行这一策略之前,举子仓只存在于福建、江南东路和荆湖南路。江南东路转运副使真德秀(1178—1235)是福建本地人。而荆湖南路提举常平是真德秀的好友赵崇度(1175—1230),他的父亲赵汝愚是福建举子仓的主要倡导者。

[88] 黄仲昭编《八闽通志》卷四,第 261 页。

[89] 同上,卷五,第 284 页。王应山《闽都记》卷二八,6b—7a。

[90] 邵有道《(嘉靖)汀州府志》卷二,7a;黄仲昭编《八闽通志》卷八,第 437—438 页。

[91] 地方史料显示,宋代福建的精英士人喜欢温泉,有时还会推广温泉浴。其中一些人甚至赋诗歌颂"自然汤"带给人非同一般的舒适感。黄仲昭编《八闽通志》卷七三,第 4034 页;郑一崧编《(乾隆)永春州志》卷一六,4a。当地官员不接受的是,当地居民可能早就习惯了混杂的公共洗浴的做法。因此,他们建造了公共浴池,并为男女分别修筑了封闭的建筑,但从未禁止过温泉浴。

第五章　信仰:性别化的宗教空间

[1] 陆游《渭南文集》卷二四,12a。

[2] 吴潜《宋特进左丞相许国公奏议》卷二,第 123 页。

[3] 金相范通过考虑一系列文化和经济因素来解释福建的宗教繁荣,包括其悠久的崇拜鬼神的传统、新移民的到来、农田开垦、和平的社会环境以及由此带来的经济增长。金相范《宋代祠庙政策的变化与地域社会——以福州地域为中心》,第 144—145 页。

[4] 王象之《舆地纪胜》卷一二八,第 3685 页。(译者按:"三山鼎峙,疑海上之仙家;千刹星联,实人间之佛国"据《舆地纪胜》小字注释,出自《陈师尚贺徐中丞启》,并非王象之所言。)

[5] 同上,卷一三三,第 3733 页。根据福建地方志记载,漳州也被称作"佛

305

国"。沈定均《(光绪)漳州府志》卷二四,9a。

[6]　韩森《变迁之神》,第 29 页。

[7]　黄榦《勉斋集》卷三七,16b。

[8]　关于福建道教发展历史,参见何绵山《福建宗教文化》,第 116—144 页;徐晓望《宋代福建史新编》,第 344—357 页。

[9]　黄仲昭编《八闽通志》卷七五,第 4121 页。

[10]　这一统计数据是基于中国学者徐晓望从《宋会要辑稿》中收集的相关资料。参见徐晓望《宋代福建史新编》,第 378—382 页。

[11]　梁克家《(淳熙)三山志》卷九,17b。

[12]　康僧会《六度集经》卷五,1a。

[13]　何复平(Mark Halperin)考察了中国宋代士人对佛教的看法,并揭示出宋代士人与僧侣圈之间的联系比唐代更紧密。他考查了致力于古典复兴的有影响力的儒士撰写的佛教相关著作,他们其中一些人来自福建,例如杨时(1053—1135)、朱熹(1130—1200)、真德秀(1178—1235)和黄震(1213—1280),并总结道:"在古典复兴的叙述中,佛教以为人所不喜和不被承认的模式加入进来。"何复平(Mark Halperin)《寺庙之外》,第 7 页。关于宋代地方精英积极参与道教活动,参见韩明士《道与庶道:宋代以来的道教民间信仰和神灵模式》。

[14]　伊沛霞《内闱——宋代的婚姻和妇女生活》,第 171 页。

[15]　在整个明清时期,精英男性接受女性的宗教信仰是一种普遍现象。白馥兰认为,"在某些时代,士大夫积极地参与佛教,有时粗通佛教的哲学和象征符号被认为是有修养的标志;而在另外一些时代,他们对佛教则保持一种冷淡的距离。但是,即便在这时,他们也不禁止自己的母亲、妻子或女儿信奉佛教"。参见白馥兰《技术与性别:晚期帝制中国的权力经纬》,第 135 页。

[16]　伊沛霞《内闱——宋代的婚姻和妇女生活》,第 170 页。

[17]　同上,第 171 页。

[18]　卢建荣考察了从汉朝到宋朝中国墓志的演变,指出唐宋变革时期墓志的公开性有了相当大程度的提高。越著名的作家,他们撰写的墓志流传得越广。卢建荣《北魏唐宋死亡文化史》,第 49—50 页。

[19]　何复平《家庭生活与佛法》,第 63 页。

[20]　柏清韵《朱熹与女性教育》,第 359 页。尽管柏清韵在这一叙述中只提到了佛教,但她的结论也适用于一般宋代女性的宗教信仰。

[21]　据说有些女性因为宗教虔诚而忽视了她们的女性义务。例如,陆游在一方墓志铭中抱怨:"近世闺门之教略,(女子)妄以学佛自名,则于祭祀宾客之事皆置不顾,惟私财贿以徇其好。"陆游《渭南文集》卷三三,4b。

[22]　刘宰《漫塘文集》卷三〇,26b。

[23]　同上,卷三〇,10b—17b。

[24]　袁说友《东塘集》卷二〇,20b。

[25]　李纲的父亲痴迷于佛教,并与许多高僧大德成为朋友。李纲幼年便成为了一名虔诚的佛教徒。他的母亲是否相信佛教在其墓志中并没有记载,但在母亲去世后,李纲住在她的墓地附近,"书释氏《妙法莲花经》七卷置椁中"。考虑到李纲准备了手写的佛经陪伴母亲在地下世界里,她很可能也是一名佛教徒。李纲著,王瑞明点校《李纲全集》附录一《李纲年谱》,第 1680 页。

[26]　在李纲过世 60 年后,朱熹在邵武军撰文歌颂了官方对李纲的祭祀,并将其再现为彰显崇高的儒家价值观的道德楷模。李纲著,王瑞明点校《李纲全集》附录四《邵武军学丞相李公祠堂记》,第 1775—1776 页。

[27]　李清馥《闽中理学渊源考》卷七,12b—23b。

[28]　李纲著,王瑞明点校《李纲全集》卷一四三,第 1361 页。

[29]　"Pāramitā"(中文作"波罗密"),译作"六种行持",指"菩萨完成的修行"。六波罗密包括檀那(布施)、尸罗(持戒)、羼提(忍辱)、毗离耶(精进)、禅那(静思)、般若(智慧)。见巴斯韦尔(Buswell)编《佛教百科全书》卷二,第 631—632 页。

[30]　李纲著,王瑞明点校《李纲全集》卷一七〇,第 1570 页。李纲只留下两方为女性撰写的墓志铭。这篇纪念岳母黄氏的文字,便是其中一篇。

[31]　汪藻《浮溪集》卷二四,20b。

[32]　李纲著,王瑞明点校《李纲全集》卷一七〇,第 1571 页。

[33]　同上。

[34] 伊沛霞深入研究了刘克庄的生活经历，以及与家庭中女性的关系。参见伊沛霞《刘克庄家中的女性》，第 89—106 页。

[35] 刘克庄著，辛更儒笺校《刘克庄集笺校》卷一五七，第 6152 页。

[36] 同上。

[37] 贝叶经指在印度佛教的传统中，在干棕榈叶上书写佛经。

[38] 槐树起源于中国。它们经常种植在佛教寺庙的庭院里，并靠近宝塔。

[39] 磬是一种由金属制成的碗状乐器。它被广泛应用于佛教寺庙。

[40] 刘克庄著，辛更儒笺校《刘克庄集笺校》卷二，第 88 页。

[41] 谢东华（Ding-wha Hsieh）《宋代禅宗文学中的女性形象》，第 178—179 页。管佩达（Beata Grant）也认为，"女性寻求传统上属于男性的精神上的成就是有问题的"，"性别化的男性气质保留了特权的地位，而女性的状态则保留了次等的含义"。管佩达《大丈夫：17 世纪禅学语录中英雄主义和平等主义的性别辞令》，第 180 页。

[42] 刘克庄著，辛更儒笺校《刘克庄集笺校》卷一五二，第 6010 页。

[43] 李纲著，王瑞明点校《李纲全集》卷一七〇，第 1571 页。

[44] 钱南秀《"列女"与"贤媛"：中国妇女传记书写的两种传统》，第 72 页。

[45] 何复平《家庭生活与佛法》，第 69 页。

[46] 朱熹著，陈俊民校编《朱子文集》卷九二，第 4477 页。

[47] 何复平《家庭生活与佛法》，第 69 页。

[48] 关于李石的研究，见蔡方鹿《宋代四川理学研究》，第 141—153 页。

[49] 曾枣庄、刘琳主编《全宋文》卷四五七一，第 206 册，第 126 页。对这一史料文本的完整引用，参见何复平《家庭生活与佛法》，第 65 页。

[50] 朱熹著，陈俊民校编《朱子文集》卷九二，第 4477 页。

[51] 柏清韵《朱熹与女性教育》，第 359 页。

[52] 同上。

[53] 例如，陆九渊批评朱熹使用佛教术语。朱熹回应说，尽管使用了共同的术语，但他的思想与佛教思想完全不同。参见田浩《朱熹的思维世界》，第 200 页。朱熹批评陆九渊强烈的佛教倾向，但后者则阐述了他的理论和佛学之间的不同，并抨击佛教的自私。田浩《朱熹的思维世界》，第 198 页。

[54] 韩明士《宋代社会与社会变迁》,第 619 页。

[55] 田浩《朱熹的思维世界》,第 30 页。

[56] 胡寅《斐然集》卷二六,第 578—579 页。

[57] 同上,卷二〇,第 409—413 页。

[58] 刘宰《漫塘文集》卷三二,17b—18a。

[59] 笔者在第四章中已经讨论过一些丈夫如何将妻子视作友侣。

[60] 谢东华《宋代禅宗文学中的女性形象》,第 179 页。

[61] 参见何复平《家庭生活与佛法》,第 61—64 页。

[62] 同上,第 56 页。

[63] 除了静思和诵念,低成本的苦修,如斋戒和素食,不论她们的阶层身 308
份,也被宋代女性广泛地运用。参见吕慧慈《宋代女性的禁欲修行》。

[64] 李纲著,王瑞明点校《李纲全集》卷一七〇,第 1570 页。

[65] 心觉《别尊杂记》,收入高楠顺次郎、渡边海旭监修《大正藏》诸宗部卷
三,209b—c,转引自于君方《观音:菩萨中国化的演变》,第 244 页。
(按:"诸宗部"当为"图像部"之误记。)

[66] 刘克庄著,辛更儒笺校《刘克庄集笺校》卷 153,第 6014 页。

[67] 祝穆《方舆胜览》卷一〇,9a。

[68] 黄庭坚《山谷集》外集卷八,18a。

[69] 田海(ter Haar)《佛教启示的选择:1100 到 1340 年长江中下游宗教生
活的面面观》,第 101 页。

[70] 同上,第 129 页。

[71] 库恩(Dieter Kunhn)指出:"在净土宗看来,不断念佛能使本人达到自
我拯救之境。"参见库恩《儒家统治的时代》,第 109 页。在宋代,这种
"念佛"的做法受到了目不识丁的佛教信众的欢迎。

[72] 库恩指出:"在宋代,建立在系统化的和正式技术基础之上文学的(不
同于精神的)静思被提倡用来作为实现顿悟的一种方式。"因此,与不
识字的女性相比,有文化的和半文盲的女性投入了更多的资源来达到
静思的目的。库恩《儒家统治的时代》,第 109 页。

[73] 杨万里《诚斋集》卷一二九,5a。

[74] 黄庭坚《山谷集》外集卷八,18a。

[75] 杨万里《诚斋集》卷一三二,9a。

[76] 她们有时会将自己吟诵的内容进行传播。例如,林氏"年三十,悟生理
不足恃,诵佛书。欲其乡人为善,语因缘感应事以动之"。作为一名出
自学者家庭的女儿,林氏能够阅读和理解宗教文本。她不仅阅读这些
书,还背诵这些书,并把这些文本知识传递给了不识字的读者。《演山
集》卷三四,5a。

[77] 惠氏的故事,虽然她不是福建当地人,给我们提供了一个例子来理解
宋代有文化女性的诵念。惠氏"未筓,通《法华》义,遇暇日然诵,一字
不舛落"。袁说友《东塘集》卷二〇,31a。惠氏在娘家接受了良好的教
育,能够接触和解读佛教教义。诵读《法华经》是她深厚文化修养和智
慧的象征,这在墓志铭作者的眼中,是值得记载的。在惠氏墓志铭中
所使用的"诵"这个词,其真实意思是"背诵",而不是"大声朗读"。然
而,考虑到惠氏的例子不寻常,以及精英女性在与平民女性相比较中
所表现出的优越文化素养,精英阶层女信众的诵念活动很可能是这两
种方法的结合。

[78] 罗梅如(Levering, Miriam)《佛经及其接受：一个佛教的例子》,第
73页。

[79] 刘克庄著,辛更儒笺校《刘克庄集笺校》卷一五一,第5953页。

[80] 李纲的岳母对佛教和道教都有很深的了解。吕慧慈使用了"混合修
养"这个词来指"一些宋代女性混合了不同宗教传统的实践"。吕慧慈
《宋代女性的禁欲修行》,第83页。

[81] 朱熹著,陈俊民校编《朱子文集》卷九一,第4437页。

[82] 贾晋珠(Lucille Chia)认为,尽管现存史料匮乏,但在宋代福建寺观参
与印制简短的经文和宗教画。他们似乎是当地传播宗教文本和图像
的广泛的书籍市场的一部分。贾晋珠《为利而印：11至17世纪福建
建阳的商业出版者》,第72—73页。

[83] 例如,惠氏年轻时就能准确背诵《法华经》,结婚后,她"绘佛图蓄经
卷"。惠氏在病床上留下遗嘱："吾死后,其归我所诵佛书于棺。"惠氏
毕生对佛教教义的热情从未消退。尽管并无现存史料记载,但很有可
能她的遗嘱会得到尊重。袁说友《东塘集》卷二〇,31b。虽然根据考

古报告记载,在福建宋墓中还没有发现宗教书籍,但根据文献资料,一些宗教书籍可能已经根据墓主人的喜好与他们一并被埋葬在墓里。

[84]　关于孙四娘子墓的考古报告与研究,参见苏州博物馆、江阴文化馆《江阴北宋瑞昌县君孙四娘子墓》;朱瑞熙《关于江阴北宋墓的墓主孙四娘子》。

[85]　曾枣庄、刘琳主编《全宋文》卷一〇二二,第 47 册,第 259 页。

[86]　苏州博物馆、江阴文化馆《江阴北宋瑞昌县君孙四娘子墓》,第 29 页。

[87]　题记的日期是至和(1054—1056)元年十一月。

[88]　例如,蔡诜之的母亲徐氏,是江西一位公认的书法家。她抄录了 95 卷佛经。陈傅良《止斋先生文集》卷四二,2b。

[89]　许多宋代佛教和道教书籍都有插图,这为不识字的读者提供了另一种途径来获取由书面记载传递的信息。在黄士珊对杭州早期佛教插图的研究中,她指出插图本佛教和道教印刷品的流行,评价了“文本和插图之间的关联”,并称在中古中国,“在印刷时代中,印刷的图像成为宗教的新媒介”。黄士珊《杭州早期的佛教插图印刷品》,第 135—165 页。印刷术的普及和它的低成本可能也促成了在普通的信众百姓中印刷宗教文本的流行。格里高利(Gregory)、伊沛霞《宗教与历史景观》,第 4 页。

[90]　柯嘉豪《佛教对中国物质文化的影响》,第 24 页。

[91]　同上。

[92]　黄榦《勉斋集》卷三七,16b—17a。

[93]　前文讨论过的惠氏痴迷于佛经,并“绘佛图”。她可以说是一位非凡的女性,掌握了所有同时代精英士人的技能,包括阅读、写作和绘画。袁说友《东塘集》卷二〇,31a—b。

[94]　刘宰《漫塘文集》卷三二,17b。

[95]　格里菲斯·福克(Griffith Foulk)和罗伯特·沙夫(Robert Sharf)讨论了中国早期“像”的各种意义。这个词的意思是“相似”“肖像”“形象”“形”“形象”“画像”等等。爱德华·沙夫(Edward Sharf)则倾向于把“像”解释为“肖像”“拟像”“相似”“副本”“同等”或“他者一致性”。他们同意爱德华·沙夫的看法。他们认为“‘像’的词源,以及在文本中

使用这个词……在中国古代,暗示了与对现实的标志性复制相关联的神秘性和创造力"。笔者认为这种基于中国早期应和论的解释同样适用于对宋代文本中"像"的理解。格里菲斯·福克(Griffith Foulk)、罗伯特·沙夫(Robert Sharf)《中古中国禅像的仪式使用》。

[96]　魏玛莎(Weidner)《中国绘画史上的女性》,第21页。

[97]　李雨航(Yuhang Li)研究了刺绣者的性别身份,指出与刺绣佛教图案有关的大多数文本史料都讲述了女性的刺绣,但那些记载唐宋时期男信众和僧侣的佛像刺绣的材料也保存下来了。参见李雨航《性别的物质化:晚期帝制中国观音的女性艺术和文学再生产的调查研究》,第97—99页。

[98]　王庭珪《卢溪文集》卷二五,2b。

[99]　白馥兰《技术与性别:晚期帝制中国的权力经纬》,第237页。

[100]　在明清时期,有很多女性刺绣佛教图案的例子。参见李雨航《性别的物质化:晚期帝制中国观音的女性艺术和文学再生产的调查研究》。

[101]　宋代史料显示,刺绣的女性来自不同的家庭背景。比丘尼偶尔也会参与到刺绣作品的创作和交易中。例如,在北宋都城最大的市场上,佛教比丘尼一边售卖绣品,一边又在卖饰品。孟元老《东京梦华录》卷三,第88页。

[102]　方秀洁《女性之手:晚期帝制中国和民国初期女性日常生活中作为知识领域的刺绣》,第19页。

[103]　同上。

[104]　李纲著,王瑞明点校《李纲全集》卷一四〇,第1336页。

[105]　同上,卷一四〇,第1337页。

[106]　曼素恩《1900—1936年宁波地区女性的工作》,第260页。

311　[107]　李雨航《性别的物质化》,第106页。

[108]　伊沛霞《内闱——宋代的婚姻和妇女生活》,第128页。伊沛霞没有细致描述上层社会女性和佛教比丘尼之间的互动,这可能是因为宋代相关资料匮乏。对于明清时期这个问题的深入讨论,参见管佩达《禅宗友人》。

[109]　李纲著,王瑞明点校《李纲全集》卷一七〇,第1570页。

[110] 吕慧慈《宋代女性的禁欲修行》,第 79 页。她认为"在传记和其他资料中有很多这样的例子,包括母亲对儿女在其成熟岁月里的宗教影响——也包括一些苦行的例子"。

[111] 陈宓《复斋先生龙图陈公文集》卷二一,26b。

[112] 同上,卷二一,27a。

[113] 杨万里《诚斋集》卷一二九,3b。

[114] 刘克庄著,辛更儒笺校《刘克庄集笺校》卷一五四,第 6050 页。

[115] 黄公度《知稼翁集》下,61b。

[116] 她名"冲虚",来自一部古老的道教经典《冲虚真经》。

[117] 张世南《游宦纪闻》卷八,第 67 页。

[118] 根据黄铢的记载,母亲的作品被烧毁。他四处打听,并拜访收到过母亲诗作的人以收集她的作品。张世南《游宦纪闻》卷八,第 67 页。收集母亲文学作品的过程表明,黄铢对母亲的社交网络很熟悉。

[119] 洪迈《夷坚志》甲志卷一九,第 173 页。

[120] 程晓雯(Hsiao-wen Cheng)研究了宋代道教女性之间的亲密关系,并将其呈现为"酷儿空间"。程晓雯《旅行故事与不为人知的欲望》,第 186—191 页。

[121] 高彦颐《闺塾师:明末清初江南的才女文化》,第 198 页。

[122] 她在两个方面解释了"家庭宗教"的概念:首先,"'家'实际上是一个人进行宗教活动的场域";第二,"借由圆满达成个人应负的家庭责任而达到宗教上圣洁地位的现象"。于君方《观音:菩萨中国化的演变》,第 336—338 页。

[123] 万志英《左道》,第 153 页。

[124] 谢肇淛编《(万历)永福县志》卷四,第 246 页。

[125] 洪迈《夷坚志》支乙卷一〇,第 872 页。

[126] 张师正《括异志》卷九,第 97 页。

[127] 例如,在中国中古时期,观音菩萨被转变为女性神。在她的 32 个化身中,白衣观音被推崇为"生育女神"。于君方《观音:菩萨中国化的演变》,第 251 页,第 253 页。

[128] 赵与泌、黄岩孙《仙溪志》卷三,16b。

[129] 寺庙所提供的娱乐，可能在吸引女性走出家的过程中发挥了重要作用。正如王才强所言，在宋朝，庙会"一般都是在集镇里，和戏剧表演一起举行"。"佛教聚会，道教聚会，以及在当地神祇祭坛的聚会，通常与一些定期举行的宗教庆祝活动结合在一起，加上集市和流行的娱乐"。王才强《贵族与官僚的城市：中古中国城市景观的发展》，第165页。

[130] 沈定均《（光绪）漳州府志》卷二四，9a。

[131] 王绍沂《永泰县志》（1922）卷一二，8a。这个女人可能把他的鞋子看作是圣物。

[132] 刘永松、郭柏苍《乌石山志》卷六，11b。

[133] "厢"是宋代城市中一种标准的居住单位。

[134] 郑振满、丁荷生（Kenneth Dean）《福建宗教碑铭汇编：泉州府分册》，第23页。

[135] 林宗鸿《泉州开元寺发现五代石经幢等重要文物》，第24页。

[136] 比较这两篇铭文的书法，可能有助于分辨出外面的那个是否也是梁安镌刻。可惜的是，雕像铭文的图像还没有公布。

[137] 刘一止《苕溪集》卷五一，20b。

[138] 黎靖德编《朱子语类》卷一二六，第3037页。

[139] 汪大经《（乾隆）兴化府莆田县志》卷三一，1b。

[140] 窦仪《宋刑统》卷一二，第198页。参见柏清韵关于宋代户绝财产权的研究。柏清韵《宋元时期的女性、财产与儒家反应》，第98页。

[141] 梁克家《（淳熙）三山志》卷三三，2a。

[142] 洪迈《夷坚志》支丁卷一〇，第1050页。

[143] 度牒的价值一直受到宋史学者的激烈争论。例如，来自中国大陆的汪圣铎将度牒视为宝贵的有价证券，宋代政府经常用于支付交易和劳动服务，并作为官方的奖励。在某些情况下，它们被商人当作有利可图的股票进行交易，并像货币一样流通。汪圣铎《两宋财政史》，第348—349页。关于中国、日本和欧美学界有度牒的学术成果的简单回顾，参见柳立言《红尘浪里难修行——宋僧犯罪原因初探》，第580—581页；廖咸惠《探索祸福》，第378页。

[144]　例如,张子正在当地的寺庙里为生病的妻子祈福。在她康复后,他们一起去那里挑选了一个皈依者并给了他一份度牒。洪迈《夷坚志》支戊卷四,第 1079 页。

[145]　柏清韵《朱熹与女性教育》,第 359 页。

[146]　何复平《家庭生活与佛法》,第 79 页。

[147]　白馥兰《技术与性别》,第 144 页。

[148]　周逸群(Yiqun Zhou)《炉灶与寺庙》,第 142—143 页。

[149]　徐景熙编《(乾隆)福州府志》卷二四,第 516 页。

[150]　脱脱等《宋史》卷三二〇,第 10398 页。

[151]　曾枣庄、刘琳主编《全宋文》卷二三八一,第 110 册,第 95 页。

[152]　朱熹著,陈俊民校编《朱子文集》卷一〇〇,第 4864 页。

313

[153]　实际上,当朱熹在谈到她们不恰当的交流时,将其归咎于佛教僧侣而不是女信众。黎靖德《朱子语类》卷一二六,第 3037 页。

[154]　宋代史料文本显示,除福建外,其他地区的女信众也有类似的行为。

[155]　陈淳《北溪大全集》卷四三,14a。

[156]　地方宗教游行也在福建以外进行。来自其他地区的精英也表达了他们对于这种仪式的关注,这种仪式被称为"淫祀"。参见王见川、皮庆生《中国近世民间信仰——宋元明清》,第 126—129 页;王章伟《在国家与社会之间——宋代巫觋信仰研究》,第 284—291 页;林富士《"旧俗"与"新风"——试论宋代巫觋信仰的特色》,第 31—38 页。

[157]　关于从宋朝到清朝福建的非佛教或道教寺庙的研究,参见小岛毅《正祠与淫祠:福建地方志中的记述与论理》。

[158]　朱熹于 1200 年去世。陈淳写这封信时,赵汝谠任知漳州(1212—1213)。参见李之亮《宋福建路郡守年表》,第 173 页。

[159]　关于赵汝谠的传记,参见脱脱等《宋史》卷四一三,第 12393—12397 页。

[160]　陈淳《北溪大全集》卷四三,14a—b。

[161]　方铨 1201—1203 年知漳州。参见李之亮《宋福建路郡守年表》,第 171—172 页。

[162]　朱熹著,陈俊民校编《朱子文集》卷一九,第 685 页。

[163] 从 1192 至 1211 年知漳州的完整名单，参见李之亮《宋福建路郡守年表》，第 170—173 页。

[164] 例如，参见何素花《清初士大夫与妇女——以禁止妇女宗教活动为中心》；高万桑（Vincent Goossaert）《不可抑制的女性虔诚：晚期帝制中国禁止女性参拜寺庙》。

[165] 高万桑《不可抑制的女性虔诚：晚期帝制中国禁止女性访问寺庙》，第 241 页。

[166] 不像后来的明清统治者，宋代皇帝基本上没有禁止女性参拜寺庙。1089 年，宋哲宗应臣僚的要求，曾经颁布诏令，规范女性参拜寺庙。但它只禁止都城中的女性在禅寺没有向大众开放的时候去参拜。李焘《续资治通鉴长编》卷四二四，第 10249—10250 页。它并不认为女性在寺庙里的存在是不合适的，但它的目的是保护禅宗僧侣不受到女信众随意拜访的打扰。

[167] 廖咸慧《存想冥界：宋代士人的死后世界观》，第 405 页。

[168] 有影响力的儒家道德人士，如司马光、程颐和朱熹，都留下了详细描述葬礼仪式的作品。关于他们对葬礼异端化和庸俗化的斗争，参见伊沛霞《帝制中国的儒学与家礼》，第 68—101 页。

[169] 尽管朱熹的《家礼》成为明清社会正统的和最流行的家庭指南，但正如卜正民（Timothy Brook）所指出的那样："在明清时期的绝大多数社会阶层中，佛教传统几乎是自动的，最受欢迎的殡葬仪式的选择。"卜正民在例证明清中国佛教葬礼的主导作用时使用了一些出自福建地方志的资料。卜正民《明清中国的丧葬仪式和家族的建立》，第 477 页，第 482 页。

[170] 黄榦《勉斋集》卷三八，8a—b。

[171] 在她关于宋代火葬的研究中，伊沛霞讨论了儒家对"佛教实践的污染仪式"的反对。伊沛霞《宋代的火葬》，第 157—159 页。

[172] 朱熹著，陈俊民校编《朱子文集》卷六三，第 3123 页。

[173] 同上。

[174] 朱熹著，陈俊民校编《朱子文集》卷六三，第 3148 页。

[175] 卜正民《晚期帝制中国的丧葬仪式和家族的建立》，第 490 页。

314

[176] 明清时期的男性作者将各种与宗教相关的问题归咎于女性是正常现象。笔者愿意相信,这种反差是精英士人为了免去他们自己这类麻烦而做出的假设。在明清中国男性士人所留下的带有偏见的材料的基础上,得出女性比男性更有宗教信仰的结论是草率的。在中国传统中,男性也同样积极地参与宗教活动,尽管他们的参与可能与其同时代女性有不同的表现。笔者在本章中所讨论过的宗教实践者大多是女性,但这绝不意味着女性比男性更有可能成为佛教徒。部分原因是现存的资料主要反映了那些对佛教没有好感的精英士人的观点。

[177] 黎靖德编《朱子语类》卷八九,第 2281 页。

[178] 廖咸惠《存想冥界:宋代士人的死后世界观》,第 407 页。与佛教葬礼相比,"理学家葬礼规范的心理局限性",参见卜正民《明清中国的丧葬仪式和家族的建立》,第 491—492 页。

[179] 楼钥(1125—1210)称,朱熹有大约一千名弟子。现代学者已经确认出他的 467 名弟子。参见田浩《朱熹的思维世界》,第 235 页。关于朱熹弟子的研究,参见市来津由彦《朱熹门人集团形成的研究》。

[180] 黄榦《勉斋集》卷三八,8b。

[181] 尽管他个人反对佛教,但当他为女信众撰写墓志时,黄榦忠实地展现了一些女信众的佛教虔诚。但在吴氏的墓志中,却找不到这样的叙述。

[182] 根据俞文豹(13 世纪)的记载,儿子默认为父母举行佛教葬礼,否则就算不孝。俞文豹《吹剑录全编》卷四,第 125 页。

[183] 黄榦《勉斋集》卷三八,8b。

[184] 儒家学者试图从葬礼中去除佛教或者道教元素的做法经常遭到家人和亲属的反对。例如,黄榦(1151—1211)的儿子,一位江西的模范官员,在其家族成员的联合反对下不得不妥协,使父亲的葬礼混合大众实践和古典仪式。俞文豹《吹剑录全编》卷四,第 125 页。除了来自江西的黄榦的例子,田海关于宋元时期长江中下游地区居士宗教生活的研究也表明,"佛教葬礼仪式并不局限于任何社会团体;这是非常普遍的,以至于有着严格儒家思维的士人,认为有必要明确禁止在

［185］　他们死后进行佛教葬礼"。田海《佛教启示的选择：1100 到 1340 年
　　　　长江中下游宗教生活的面面观》，第 118 页。

［185］　刘克庄著，辛更儒笺校《刘克庄集笺校》卷一五四，第 6050 页。

［186］　典型的宋代女性的墓志，为了荣耀逝者的家庭，详细描述她们的家庭
　　　　背景和个人德行。除了这些共同的特征之外，在很多情况下能够找
　　　　到的不寻常的信息，为我们提供了研究男性作者的宝贵资料和视角，
　　　　他们利用这些写作机会在预想的精英读者中传播其思想。

［187］　黄榦《勉斋集》卷三八，8b。

［188］　俞文豹声称，对于男人来说，按照儒家的仪式来举行妻子和子女的葬
　　　　礼是合适的，但是如果儿子以同样的方式安排父母的葬礼，儿子会受
　　　　到谴责。俞文豹《吹剑录全编》卷四，第 125 页。与妻子相比，母亲的
　　　　家庭权威决定了她们的宗教倾向不仅在日常实践中更有可能得到尊
　　　　重（正如笔者在本章中所讨论的），而且在葬礼安排上也是如此。

［189］　关于福建的一个具体例子，参见何淑宜《明代士绅与通俗文化——以
　　　　丧葬礼俗为例的考察》，第 197—202 页。

第六章　归宿：女性与墓葬

［1］　巫鸿详述了建造一座精品墓漫长而复杂的过程，并指出，建造一座坟
　　　　墓取决于"出资人、建造者和工匠"之间的通力合作。巫鸿《黄泉下的
　　　　美术》，第 8—9 页。

［2］　同上，第 9 页。

［3］　裴志昂《中古中国的婚书：8 至 14 世纪的文本与仪式实践》，第
　　　　246 页。

［4］　吉迪恩·希拉（Gideon Shelach）认为："我们有充分的理由使用殓葬数
　　　　据来探讨性别配置：只有在这些数据中，我们可以将个体的性别，与
　　　　成组的物质属性关联起来，包括他或者她的陪葬品、坟墓的规模和仪
　　　　式处理的遗迹；另一方面，正如许多人指出的那样，因为坟墓是仪式活
　　　　动的结果，在它们的发掘中恢复出来的资料并不能直接反映逝者生前
　　　　所拥有的社会政治地位和经济地位。"他建议："我们必须将殓葬的资

料放在更大的考古语境中,并通过对考古数据的其他维度的分析来检验我们的结论。"吉迪恩·希拉(Gideon Shelach)《新石器时代的马克思主义和后马克思主义范式》,第25—26页。

[5] 参见中国科学院考古研究所《新中国的考古收获》,第104—110页;中国社会科学院考古研究所《新中国的考古发现和研究》,第595—650页;文物出版社《新中国考古五十年》,第163—230页;邹厚本、吴建民、谷建祥《江苏考古五十年》,第350—373页。

[6] 一般来说,福建宋墓可分为券顶砖室墓、砖室石顶墓、砖石混筑墓和石室墓。参见秦大树《宋元明考古》,第137—162页。

[7] 同上。

[8] 20世纪80年代以后发掘的那些福建宋墓的考古报告,通常在国家和地方考古期刊上发表;然而,从20世纪50年代到70年代那些发掘的考古报告很多并没有及时发表。感谢福建省博物馆领导的支持,笔者被允许进入他们的档案室,接触到许多珍贵的早期考古报告。这些褪色的纸张、优美的钢笔字和详尽的记录不仅展现了早期考古学工作者的努力,也拓宽了笔者对福建宋墓的了解。

[9] 据在线新闻报道,2012年在宁德县(福州地区)发掘出一座带有甬道的双室墓。由于目前还没有发布官方的考古报告,所以笔者在表6.1中没有把它包括在内。

[10] 这些墓葬所提供的数据框架是不完整的,因为这些墓中有一些是没有断代的,在这种情况下,它们的价值被限制在墓型学的问题上。

[11] 福建地区多山,古墓通常位于山中,因此不易找到。现代考古学者的工作通常是无计划的抢救性发掘。他们利用专业知识去探索那些在现代建筑和土木工程项目中被当地人偶然发掘出来的古墓。例如,在南剑州发现的50座古墓中,有21座是在2003年被挖掘出来的,原因是国家高速公路的建设。根据现代福建考古发掘的环境,这些资料可能只表明了在当代中国这两个地区的相对经济发达。

[12] 在对宋代精英墓葬的解析中,库恩(Dieter Kuhn)认为"宋代的士大夫遵循了简葬的传统理解","作为一种规则,他们为个人的安葬建造了简单的棺室,作为单室墓"。然而,根据中国考古学者相对全面的地区

317　　　分析，他的说法大致只符合中国北方的情况。参见库恩（Dieter Kuhn）《解析宋代精英的坟墓》，第 20 页。

[13]　孔颖达《毛诗正义》卷四，第 65 页。在引用《诗经》的经典文本后，孔颖达阐述了他对这些诗句的评注："（依礼）生在于室，则外内异，死则神合，同为一也。"

[14]　关于合葬墓的转型，参见太田由子著、杨凌译《中国古代的夫妻合葬墓》，第 103—110 页；蒋廷瑜《汉代同坟异穴夫妻合葬墓浅议》，第 82—88 页；陈弱水《唐代的一夫多妻合葬与夫妻关系——从景云二年〈杨府君夫人韦氏墓志铭〉谈起》，第 282—288 页。

[15]　从北宋到南宋时期福建安葬方式的变化，并不是独特的地方现象。邓小南对于宋墓考古发掘的广泛考察显示，在北宋中期以后，尤其是在南宋时期，夫妻双室墓在中国南方越来越普遍。邓小南《出土材料与唐宋女性研究》，第 312 页。

[16]　司马光《司马氏书仪》卷七，第 78 页。

[17]　朱熹在《家礼》中引用了司马光的话，并推动双室墓的模式。然而，作为一名礼仪专家，朱熹仔细研究了福建的葬礼习俗，他注意到北方（司马光住在那）和福建（朱熹生活在那里）地理条件的不同。朱熹的一个弟子说道，为了防止盗墓，把棺材深埋，在实效上和仪式上都是正确的。朱熹在礼书中也提出了类似的观点，他是在没有地域区别的情况下针对普通受众。然而，在朱熹与这位弟子的私人谈话中，他说："不然，深葬有水。尝见兴化漳泉间坟墓甚高。问之，则曰，棺只浮在土上，深者仅有一半入地，半在地上，所以不得不高其封。后来见福州人举移旧坟稍深者，无不有水，方知兴化漳泉浅葬者，盖防水尔。北方地土深厚，深葬不妨。岂可同也？"黎靖德《朱子语类》卷八九，第 2286—2287 页。墓室有地下通道导向石室或者土室，则需要大空间并要求深埋，这与朱熹在闽东观察到的地下地理条件不相符。与东部沿海地区相比，闽西是山区，这使得深葬也不可行。

[18]　库恩（Dieter Kuhn）《解析宋代精英的坟墓》，第 92 页。

[19]　孔颖达《礼记正义》卷十，第 89 页。

[20]　同上。

[21] 根据伊沛霞和库恩的研究,虽然在其他著作中有大量关于宋代葬仪的 318
简短描述,例如《大唐开元礼》《政和五礼新仪》《大汉原陵秘葬经》,但
它们不像司马光和朱熹的描述那样精确。这两部作品"基于作者的经
验,在宋代无与伦比"。参见伊沛霞《朱熹的〈家礼〉》,第107页;库恩
《解析宋代精英的坟墓》,第21—23页。

[22] 见伊沛霞《内闱——宋代的婚姻和妇女生活》,第23—24页。

[23] 在她对《家礼》英译的导论中,伊沛霞详细阐述了朱熹为普通人编写一
本合适礼书,以取代司马光难行的《司马氏书仪》的动机。参见伊沛霞
《朱熹的〈家礼〉》。

[24] 朱熹著,陈俊民校编《朱子文集》卷六三,第3144—3145页。

[25] 苏轼《东坡志林》卷七,第31页。英译文部分参考斯塔尔(Stahl)《苏轼
的正统葬礼》,第161—162页。

[26] 苏轼《东坡志林》卷七,第31页。

[27] 赫尔加·斯塔尔(Stahl)《苏轼的正统葬礼》,第163页。

[28] 在中国南方其他地区也发现了有相互关联通道的宋代双室墓,如贵
州、湖北、江西、广州、浙江。根据赫尔加·斯塔尔(Helga Stahl)的说
法,"在长江下游地区,尤其是在福建,沿用了与四川墓葬形式类似但
简化了的传统"。同上。

[29] 在表6.1中36座宋代福建双室墓中,除了那些内部结构已经遭到破
坏,通道无法确认外,有10座墓有通道。

[30] 在36座双墓室中,10座墓有通道,20座墓没有通道。剩下的6座墓
情况不详。除此之外,所有4座三室墓都没有通道。

[31] 王文禄《葬度》,6a。

[32] 伊沛霞《朱熹的〈家礼〉》,第121—122页。

[33] 事实上,在福建宋墓中,那些保存良好的墓都是朱熹葬法的例子,尽管
它们的密封材料稍有不同。考古发掘表明,没有连接通道的双室墓比
那些有通道的双墓室保存得更好。

[34] 朱熹著,陈俊民校编《朱子文集》卷六三,第3145—3146页。

[35] 关于与性别有关的左右等级制度的仪式和象征意义,参见彭美玲《古
代礼俗左右之辨研究——以三礼为中心》,第161—210页。

[36]　尽管彭美玲认为"男左女右"的概念在中国传统中很流行，但她注意到在礼书和实践中存在大量"男右女左"的证据。同上。

[37]　黎靖德编《朱子语类》卷八九，第 2286 页。

　[38]　朱熹知漳州时，他欣赏李唐咨的学术，并邀请李唐咨在官学指导学生。

[39]　见本章注释 34。

[40]　明代丧葬文章中关于丈夫和妻子在墓中位置的矛盾观点，参见彭美玲《古代礼俗左右之辨研究——以三礼为中心》，第 195—196 页。

[41]　在这 11 座墓中，通过对墓穴布局的原始图纸的分析，可以确定两座墓中夫妇的相对位置（1 号墓和 6 号墓），第一座墓是"男左女右"类型，第二座墓则正好相反。在正式的考古报告中，记录了其他 9 座墓中夫妇的相对位置。其中有 6 座墓（10 号墓、13 号墓、21 号墓、32 号墓、37 号墓、71 号墓）是"男左女右"类型。而另外 3 座墓（22 号墓、29 号墓、44 号墓）是"男右女左"类型。然而，对于 44 号墓，当笔者将考古报告与墓穴的布局图相对比时，发现其所谓的"男右女左"的安排是在从考古工作者面对尸体的角度来理解的。但是在原始文本中，男性和女性的相对位置是依据主人公自己的视点来讨论的，而一个标准的考古报告也应该以同样的方式来描述它。鉴于 44 号墓的考古报告的这一错误，以及在其他考古报告中这一错误重复出现的可能性，很难确定 9 座双室墓中究竟有多少座墓分别确切属于"男左女右"或者"男右女左"类型。

[42]　在宋代，风水术被广泛地运用于福建。在宋代最著名的志怪小说集《夷坚志》中，许多故事描述了福建精英积极参与风水实践。例如，南宋初宰相陈俊卿（1113—1186），从一个接受了风水先生建议的商人那里购买了一块土地作为自己父亲的墓地。见洪迈《夷坚志》支戊卷二，第 1065 页。一位风水先生在看到叶颙家祖宅的方位后，预测叶颙（1100—1167）会擢升为宰相，因此他受到当地狂热士大夫的热烈追捧。见洪迈《夷坚志》支戊卷二，第 1064 页。在陈进国的学位论文中，他将宋代风水放置在福建当地历史的语境中进行研究，阐述了福建风水两大学派的发展，探索他们对构建宋代福建整体地方文化的贡献。陈进国《事生事死：风水与福建社会文化变迁》。气的流动和墓穴的

适当位置是风水领域的两个主要关注点。有些人可能按照风水的考虑,建造了通道,或者安排了夫妇的左右位置。然而,到目前为止,笔者在现存的宋代风水指南中还没有发现讨论这些话题的任何说法。这些问题有待进一步研究。(译者按:陈俊卿故事中并不一定"商人",原文做"富民")。

[43]　从表 6.1 中,我们知道截至目前出土的 5 座三室墓(3 号墓、4 号墓、8 号墓、11 号墓、17 号墓)都位于福州地区。虽然 4 号墓是父母与子女的合葬墓,但其他四座墓都是由一夫两妻所占据。在这些三墓室中,4 号墓是一个特例,因为夭折的子女还在父母的保护下,在墓坑中被放置在父母的尸体之间。

[44]　8 号墓和 11 号墓都有墓志铭,这证实了墓中人之间的夫妻关系。金蕙涵对江南地区明代墓葬的研究表明,丈夫有时会与妾妻一并安葬。但在唐宋时期,并没有任何文本或者实物资料证明丈夫与妾合葬的存在。金蕙涵《情与德:论明代江南地区的侧室合葬墓》。笔者因此假设 3 号墓和 17 号墓安置的是丈夫和妻子,尽管他们的身份不明。

[45]　朱熹著,陈俊民校编《朱子文集》卷六二,第 3101 页。张载论点的完整版本可见于卫湜《礼记集说》卷六七,20b—21a。

[46]　朱熹著,陈俊民校编《朱子文集》卷六二,第 3102 页。

[47]　同上。

[48]　金蕙涵通过对唐朝两京墓葬考古发掘的集中考察,研究了唐代合葬的复杂性。在西京长安,合葬墓主要是丈夫和他的第一任妻子,而第二任妻子则被葬在旁边一座单独的墓中。与此相反,在东都洛阳,一夫两妻的合葬是很普遍的。前者反映了世家大族坚持一夫一妻模式的古老传统,而后者是由于社会环境的变化和由此引发的对旧仪式的修改而产生的。金蕙涵《游走礼法的边缘:唐代两京地区的继室墓》。

[49]　朱熹著,陈俊民校编《朱子文集》卷六二,第 3102 页。

[50]　刘宰《漫塘文集》卷二六,14b。

[51]　夫妻合葬可能偶尔会由第二任妻子代替他们的后人来安排。陈弱水对于唐代合葬墓的研究表明,一些第二任妻子为丈夫和第一任妻子安排了合葬,同时在其他地方建立了自己的坟墓。陈弱水将这种不寻常

的做法解读为第二任妻子能动性的努力。陈弱水《唐代的一夫多妻合葬与夫妻关系——从景云二年〈杨府君夫人韦氏墓志铭〉谈起》，第288—296 页。虽然笔者在宋代没有遇到类似的史料，但笔者猜测陈弱水的发现可能也适用于一些宋代女性。

[52] 在《黄泉下的美术》中，巫鸿将汉语的"明器"翻译成英文"spirit article"。他对古代儒家经典进行了研究，并得出结论说："一般来说，明器是便携的墓室陈设，主要是物品和俑像，这些都是专门为逝者设计和制作的。"在中国古代，明器是"更大规模的墓室陈设中一个独立的物品类别；另外两种分别是生器和祭器，这两种物品都是原本属于墓中人的物品"。参见巫鸿《黄泉下的美术》，第 87—88 页。然而，随葬品，无论它们是为逝者制作的，还是曾经被逝者使用过的，在许多宋代文献中都被不加区别地称为"明器"。似乎在某些情况下，宋人将移入坟墓环境的随葬品不加区别的视作来世的物品。笔者认为，明器的概念在中古中国的一些话语中被泛化。因此，在笔者对宋墓的讨论中，明器不再是其原来含义中的一种特定的物品类别，而是指为墓主人埋在地下的所有随葬品。

[53] 见阿诺德（Arnold）、威克（Wicker）《性别和死亡考古学》xv；裴志昂《中古中国的婚书：8 至 14 世纪的文本与仪式实践》，第 225 页。

[54] 阿诺德（Arnold）、威克（Wicker）《性别和死亡考古学》xv。

[55] 对于明清中国女性艺术作品的探索使笔者相信，在视觉艺术中既没有"男性风格"，也没有"女性风格"。对于图像资料的详尽对比分析，如魏玛莎（Weidner）《阴影中的盛开》，清楚表明男人和女人本质上共享，并实践了同样的艺术传统。绘画和书法作品不能通过对主题、技巧和图案的考查而可靠地归于男人或女人。

[56] 裴志昂认为，"合葬墓的物质遗迹只是历史实践一种不同的痕迹"。"建筑、石雕、壁画、墓葬物品以及人类遗骸的无声的共时性以及静默的歧义，让我们可以将被确定文本所排除的时间、空间、身体和书写这些不相容的概念并置"。参见裴志昂《中古中国的婚书：8 至 14 世纪的文本与仪式实践》，第 19 页。因此，在合葬中最典型的墓葬物品——明器，比文本文献更胜一筹，为我们提供了一个有价值的视角

去理解性别和空间。

[57] 参见章国任《江西新余市发现南宋墓》,第 25 页。

[58] 笔者在 2005 年和 2006 年的夏天前往福建,并与在福建工作数十年的考古学者们建立了私人交流。

[59] 很容易从墓主人的骨骼或者衣服分辨出他或她的性别。然而,在大多数情况下,这些材料在墓葬发掘前就已经腐烂分解了。

[60] 在福州市博物馆展出的 13 号墓也以其服装藏品而闻名。然而,它的藏品仍然比黄昇墓的藏品要少得多。此外,在 13 号墓中,丈夫和妻子的衣服数量大致相等。

[61] 宋祁《景文集》卷四八,5a。

[62] 正如宋祁所做的那样,有些宋代女性确实写有遗嘱,但她们的作品没有被保存下来。例如,当王氏意识到自己已经准备好死亡的时候,她"摇手却药,索笔书身后事"。刘克庄著,辛更儒笺校《刘克庄集笺校》卷一六三,第 6352 页。

[63] 洪适《盘洲文集》卷七七,第 509 页。

[64] 刘宰《漫塘文集》卷二六,15b。

[65] 范祖禹《太史范公文集》卷四五,11b。

[66] 刘宰《漫塘文集》卷三五,16a。

[67] 叶适《水心先生文集》卷二二,第 592 页。

[68] 刘克庄在赵氏的墓志铭中赞扬了她,因为赵氏说自己不希望她的丧葬成为子女的负担,所以她亲自安排了坟墓的修建以及随葬品。刘克庄著,辛更儒笺校《刘克庄集笺校》卷一五八,第 6201 页。

[69] 虽然没有文献资料证明黄昇曾经使用过这些物品,但它们作为明器出现在她的墓室里,表明它们是她的私人物品。此外,它们中的一些有被使用过的迹象。

[70] 将曾经属于墓主人的生活物品作为随葬品埋葬的习俗,在中国上古已经存在。随葬品的 3 种类型(本章注释 52)和它们不同的功能都记载在早期儒家经典《仪礼》中。巫鸿《明器的理论和实践——战国时期礼仪美术中的观念化倾向》,第 71—81 页。

[71] 宋代女性所使用的文具,得到一些视觉资料的证明。例如,在河南出

土的一座北宋墓中，有许多壁画描绘了女性墓主人的日常生活。有一组壁画展示她在读书写字。桌、椅、书、笔和砚作为基本道具构筑了像书房一样的场景。郑州市文物考古研究所《河南新密市平陌宋代壁画墓》，第26—32页。关于英文学术成果，见李慧漱《宋代的皇后、艺术与能动性》，第107—109页。

[72] 河南省文物局文物工作队《河南方城盐店庄村宋墓》，第75—76页。

[73] 合肥市文物管理处《合肥北宋马绍庭夫妻合葬墓》，第26—38页。

[74] 笔者还没有找到展现福建当地明器市场的原始资料。但记录两宋都城繁荣景象的两部著作，揭示了城市中明器市场（专业生产者和供应商）的存在，笔者认为这普遍适用于宋代社会的城镇。参见孟元老《东京梦华录》卷八，第211页；吴自牧《梦粱录》卷一三，第112页。

[75] 参见导论注释19。

[76] 脱脱等《宋史》卷八九，第2208—2209页。

[77] 裴珍妮（Jennifer Purtle）对于尤溪壁画墓的研究让她得出结论："财富和理学学说倡导的孝道文化，包括那些早于朱熹理学的，造就了独特的艺术遗产：一种理学墓葬壁画的模式，由几十座宋代墓体现出来，这些墓葬装饰着壁画或者壁画和/或雕塑相结合的程式，它们的装饰展现了孝道模范人物。"裴珍妮《宋元时期福建的绘画作品、空间和身份认同》，第163页。笔者怀疑这种所谓的"理学墓葬壁画模式"的存在。孝道模范人物，只是在一些尤溪墓里能找到的一种主题而已。作为一种与传统儒家价值观有关而长期存在的壁画主题，它们在中国北方的同期墓葬中也很普遍，绝不是一个地方性的主题。虽然朱熹及其弟子可能在尤溪有很大的思想影响力，但并没有直接的证据表明他们对墓葬壁画主题的影响。

[78] 根据艺术史学家裴珍妮的研究，尽管宋代尤溪壁画墓"在大小、结构和装饰媒介上"都有差异，但它们的"画像程式"是统一的。"墓的绘画不同，人物画的风格略有差异，水平参差不齐；一些墓把绘画和雕塑融入它们的装饰程式中。""在尤溪县宋墓中发现的风格和表现模式的差异，使得建立一种基于绘画风格的年表变得不可能。""不清楚是什么力量塑造了生产，例如，风格上的变化是由不同的工匠和作坊生产的

结果,还是不同层次的经济花费的结果,或者是来自顾客的个人品位的结果。"裴珍妮《宋元时期福建的绘画作品、空间和身份认同》,第164页。裴珍妮列举了一些可能导致宋代尤溪墓壁画风格变化的原因。实际上,性别也可能是影响生产的因素——虽然不包括在她的考虑范围内。然而,这些原因都仅仅是假设。

[79] 徐芸应该是男性墓主人的名字。"乙亥"是他去世或者下葬的年份,这可能是整个宋代六个"乙亥"年中的任何一个年份——公元975年、1035年、1095年、1155年、1215年和1275年。

[80] 考古报告显示,在尤溪县有几座单室壁画墓是这一风格,例如30号墓。

[81] 在其考古报告中,没有详细阐述32号墓壁画中卧室上半部分。然而,在其他的尤溪墓里,类似的卧室壁画显示,在床顶有像太阳、月亮和飞鸟的吉祥符号(25号墓和33号墓)。此外,站在床前的两个婢女被吉祥动物如鸡、狗(30号墓)和龟(41号墓)所取代。

[82] 在宋代福建壁画墓中,后墙的卧室壁画很流行。虽然一些后墙壁画被严重损坏,但25号墓(尤溪)、30号墓(尤溪)、32号墓(尤溪)和41号墓(南平)的卧室壁画,在其考古报告中被专门记录下来。30号墓里的卧室壁画是这些例子中保存最好的。参见图6.7。

[83] 在两座保存完好的壁画墓中(30号墓和32号墓),在丈夫和妻子的墓室中所描绘的卧室,除了一些细微的差别,几乎是一样的,看不出任何的性别暗示。关于32号墓中两张床及其附属品的摹本,参见杨琮《试论尤溪宋墓壁画反映出的一些问题及其艺术特色》,第18—19页。

[84] 刘氏是一位泉州精英的女儿,在南宋初与丈夫一并被葬在四川。在她的墓室里,有两大块浮雕,描绘她在公共空间的娱乐生活。在其中一幅里,两组护卫和侍从正抬着一顶轿子前进。在另一幅中,10名侍从正在野外用他们随身携带的餐具准备食物和饮料。正如这些视觉材料所显示的,在宋代,女性和男性一样享受着家外的闲暇;然而,她们隐身在有遮蔽的轿子里的图像,揭示出她们的外部活动受到了一些限制。参见四川省文物管理委员会《南宋虞公著夫妇合葬墓》,第383—402页。

[85]　在宋墓的壁画或雕塑中，骑马、阅读和书写作为代表女性日常生活的
　　　　主题出现，尽管这情况很少。例如，在四川昭化一座南宋中叶墓中，有
　　　　一幅浮雕，描绘了一个骑驴的女人，后面跟着一个拿伞的婢女。参见
　　　　沈仲常、陈建中《四川昭化县曲回乡的宋墓石刻》，第52—54页。在河
　　　　南新密的一座北宋晚期墓中，有两幅壁画，描绘的是在闺闱内由婢女
　　　　服侍，在书桌旁读书和写字的女性。郑州市文物考古研究所《河南新
　　　　密市平陌宋代壁画墓》，第26—32页。
[86]　高彦颐《闺塾师：明末清初江南的才女文化》，第7页。

结　语

[1]　关于宋元明期间女性财产权的萎缩，参见柏清韵《宋元明女性与
　　　儒学》。
[2]　在14世纪初，元朝政府采用了朱熹对四书（四部古代儒家经典）的评
　　　注，作为科举考试的标准教材。明朝政府和随后的清政府延续了这一
　　　政策，直到20世纪初才终结。

附 录

福建宋墓发掘报告目录

1号墓　　陈仲光《福州东门晋安河东面金鸡山西坡疗养院工地墓》，福建省博物馆档案室未出版手稿，1966。

1号墓　　张焕新《福建博物院藏南宋陈元吉墓出土器物》，《文物》7(2011)：第71—84页，第87页。

2号墓　　杨启成《福州马江区亭江公社亭头后门山宋墓》，福建省博物馆档案室未出版手稿，1973。

3号墓　　赖俊哲《福州西门外文林山宋墓清理简报》，福建省博物馆档案室未出版手稿，1980。

4号墓　　赖俊哲《福州西门外文林山宋墓清理简报》，福建省博物馆档案室未出版手稿，1980。

5号墓　　林钊《福州市黎明大队斗池山宋墓》，福建省博物馆档案室未出版手稿，1973。

6号墓　　杨启成《宋嘉定二年黄氏墓清理记》，福建省博物馆档案室未出版手稿，1973。

7号墓　　福建省文管会《福州市发现宋代砖墓一座》，《文物考古资料》1(1956)：第63—64页。

8号墓　　福建省博物馆《福州南宋黄昇墓》，北京：文物出版社，1982。

9号墓　　福州市文物考古工作队《福州大庙山宋墓发掘简报》，《福建

　　　　　　　文博增刊》(2005)，第86—87页。

10号墓　　　福建省博物馆《福建福州郊区清理南宋朱著墓》，《考古》9
　　　　　　　(1987)，第796—802页。

11号墓　　　福建省博物馆《福州茶园山南宋许峻墓》，《文物》10(1995)，
　　　　　　　第21—33页。

12号墓　　　福建省博物馆《福州市北郊胭脂山宋墓清理简报》，《文物资
　　　　　　　料丛刊》2(1978)，第123—128页。

13号墓　　　黄荣春《茶园山宋代无名氏墓》，收入《福州市郊区文物志》，
　　　　　　　福州：福建人民出版社，2009，第31—32页，第606—609页。

14—15号墓　福州市文物考古工作队《福州市仓山区虾蟆山宋墓发掘简
　　　　　　　报》，《福建文博》4(2012)，第49—52页。

16号墓　　　谢子源《闽侯县怀安村的一座宋墓》，《文物》3(1962)，第59—
　　　　　　　60页。

17号墓　　　杨启成《连江宋墓清理简况》，福建省博物馆档案室未出版手
　　　　　　　稿，1973。

18号墓　　　曾凡《福建连江宋墓清理简报》，《考古》5(1958)，第27—
　　　　　　　30页。

19号墓　　　曾凡《福建连江宋墓清理简报》，《考古通讯》5(1958)，第27—
　　　　　　　30页。

20号墓　　　张文崟《福建南平店口宋墓》，《考古》5(1992)，第428—
　　　　　　　430页。

21号墓　　　南平市博物馆《福建南平市西芹镇宋墓》，《考古》8(1991)，第
　　　　　　　722—726页，第712页。

22号墓　　　南平市博物馆《福建南平大凤发现宋墓》，《考古》12(1991)，
　　　　　　　第1143—1145页。

23号墓　　　南平市博物馆《福建南平宋代壁画墓》，《文物》12(1998)，第
　　　　　　　33—37页。

24号墓　　　福建省博物馆、尤溪县文管会《福建尤溪宋代壁画墓》，《文
　　　　　　　物》6(1985)，第43—44页，第54页。

25号墓　　　福建省博物馆、尤溪县文管会、尤溪县博物馆《福建尤溪城关

　　　　　　　　宋代壁画墓》,《文物》4(1988),第71—75页。

26号墓　　　尤溪县博物馆《尤溪发现宋代壁画墓》,《东南文化》3(1990),
　　　　　　　　第141页。

27号墓　　　尤溪县文管会《尤溪发现宋代墓群》,《东南文化》2(1991),第
　　　　　　　　190页。

28号墓　　　尤溪县文管会《尤溪发现宋代墓群》,《东南文化》2(1991),第
　　　　　　　　190页。

29号墓　　　尤溪县博物馆《福建尤溪县城关镇埔头村发现北宋纪年壁画
　　　　　　　　墓》,《考古》7(1995),第668—671页。

30号墓　　　福建省博物馆、尤溪县博物馆《福建尤溪发现宋代壁画墓》,
　　　　　　　　《考古》4(1991),第346—351页。

31号墓　　　尤溪县博物馆《福建尤溪拥口村发现宋代壁画墓》,《东南文
　　　　　　　　化》5(1994),第103页。

32—35号墓　福建博物院、尤溪县博物馆《福建尤溪梅仙宋代壁画墓》,《福
　　　　　　　　建文博》1(2008),第3—14页。

36号墓　　　沙县文化馆《沙县万能火车站宋墓》,福建省博物馆档案室未
　　　　　　　　出版手稿,1973。

37号墓　　　福建博物院、沙县博物馆《沙县宋代驸马墓考古发掘报告》,
　　　　　　　　《福建文博》4(2009),第1—6页。

38—39号墓　沙县博物馆《沙县琅口中堡宋墓清理简报》,《福建文博》1
　　　　　　　　(2013),第19—23页。

40号墓　　　余生富《三明莘口宋墓》,《福建文博》2(2001),第77—79页。

41号墓　　　福建省博物馆、三明市文管会《福建三明市岩前村宋代壁画
　　　　　　　　墓》,《考古》10(1995),第909—914页。

42号墓　　　许清泉《顺昌县洋墩宋墓清理简报》,福建省博物馆档案室未
　　　　　　　　出版手稿,1962。

43号墓　　　曾凡《福建顺昌大坪林场宋墓》,《文物》8(1983),第35—
　　　　　　　　39页。

44号墓　　　陈建标、林长程《顺昌宋墓出土青瓷家俱明器》,《福建文博》2
　　　　　　　　(1990),第49—51页。

| 45 号墓 | 福建省博物馆《福建顺昌宋墓》，《考古》6(1979)，第 504—507 页，第 268 页附录。 |

46 号墓　　　福建省博物馆《福建顺昌宋墓》，《考古》6(1979)，第 504—507 页。

47 号墓　　　福建博物院、将乐县博物馆、三明市文管办《将乐县万全乡吴地宋墓》，《福建文博》2(2004)，第 37—38 页。

48 号墓　　　将乐县博物馆、将乐县文体局《将乐县水南镇龙灯山宋墓》，《福建文博》2(2004)，第 39—41 页。

49—53 号墓　福建博物院、将乐县博物馆《将乐县梅花井宋代墓群发掘简报》，《福建文博》2(2012)，第 21—25 页。

54—69 号墓　福建博物院、将乐县博物馆《将乐县积善宋元墓群发掘简报》，《福建文博》4(2009)，第 7—18 页。

70 号墓　　　福建博物院、邵武市博物馆《邵武宋代黄涣墓发掘报告》，《福建文博》2(2004)，第 16—20 页，第 7 页。

71 号墓　　　福建省博物馆、邵武市博物馆《邵武四都宋墓清理简报》，《福建文博》1‑2(1991)，第 67—71 页。

72 号墓　　　三明市文管会、泰宁县博物馆《泰宁梅口宋墓清理简报》，《福建文博》2(1995)，第 35—37 页。

73 号墓　　　张家、徐冰《福建建瓯县水南宋元墓葬》，《考古》2(1995)，第 187—190 页。

74 号墓　　　张家、徐冰《福建建瓯县水南宋元墓葬》，《考古》2(1995)，第 187—190 页。

75 号墓　　　建瓯市博物馆《福建建瓯市迪口北宋纪年墓》，《考古》4(1997)，第 73—75 页。

76 号墓　　　崇安县文化馆《崇安出土宋墓文物》，《福建文博》1‑2(1989)，第 11—13 页。

77 号墓　　　陈寅龙《浦城万安宋墓》，《福建文博》1(1988)，第 34—35 页。

78 号墓　　　陈寅龙、桑子文《浦城宋墓清理简报》，《福建文博》2(1990)，第 52—57 页。

79 号墓　　　陈寅龙、桑子文《浦城宋墓清理简报》，《福建文博》2(1990)，第 52—57 页。

80 号墓	陈寅龙、桑子文《浦城宋墓清理简报》,《福建文博》2(1990),第 52—57 页。
81 号墓	黄炳元《南安县水头乡山前村奎峰山宋墓》,福建省博物馆档案室未出版手稿,1958。
82 号墓	泉州市博物馆《晋江铁灶山宋墓清理简报》,《福建文博》3(2007),第 42—44 页。

参考书目

中日文

《爱日斋丛钞》，丛书集成初编本。上海：商务印书馆，1936。

《名公书判清明集》，北京：中华书局，1987。

班固：《汉书》，北京：中华书局，1995。

鲍家麟、吕慧慈：《妇人之仁与外事——宋代妇女和社会公共事业》，收入《唐宋女性与社会》，邓小南、高世瑜、荣新江主编。上海：上海辞书出版社，2003，第263—274页。

毕沅：《续资治通鉴》，北京：中华书局，1979。

蔡方鹿：《宋代四川理学研究》，北京：线装书局，2003。

蔡襄：《荔枝谱》，四库全书本。

晁补之：《鸡肋集》，四库全书本。

陈朝羲编：《长汀县志》（乾隆47），故宫珍本丛刊，海口：海南出版社，2000。

陈池养：《莆田水利志》，1875年版。

陈淳：《北溪大全集》，四库全书本。

陈傅良：《止斋先生文集》，四部丛刊初编本。

陈进国：《事生事死——风水与福建社会文化变迁》，厦门大学博士学位论文，2002。

陈荣捷：《朱子新探索》，台北：台湾学生书局，1988。

陈弱水：《唐代的一夫多妻合葬与夫妻关系——从景云二年〈杨府君夫人韦

氏墓志铭〉谈起》，收入《唐代的妇女文化与家庭生活》，台北：允晨文化，2007，第273—304页。

陈弱水：《中晚唐五代福建士人阶层兴起几点观察》，《中国社会历史评论》3（2001）：88—106。

陈宓：《复斋先生龙图陈公文集》，续修四库全书本。

陈棨仁：《闽中金石略》，台北：新文丰出版公司，1982。

陈让等编：《邵武府志》（嘉靖22），天一阁藏明代方志选刊，台北：新文丰出版股份有限公司，1985。

陈汝咸等编：《漳浦县志》（康熙39），中国方志丛书，台北：成文出版社，1968。

陈师道：《后山谈丛》，北京：中华书局，2007。

陈寿祺编：《重纂福建通志》（道光9），台北：华文书局，1968。

陈襄：《州县提纲》，丛书集成初编本，上海：上海商务印书馆，1939。

陈渊：《默堂集》，四库全书本。

陈造：《江湖长翁集》，四库全书本。

程颐、程颢：《二程全书》，四部备要本。

邓小南：《出土材料与唐宋女性研究》，收入《中国史新论——性别史分册》，李贞德主编，台北：台湾"中研院"，2010，第283—332页。

邓小南：《"内外"之际与"秩序"格局——兼谈宋代士大夫对于〈周易·家人〉的阐发》，收入《唐宋女性与社会》，邓小南、高世瑜、荣新江主编，上海：上海辞书出版社，2003，第97—126页。

邓小南：《宋代士人家族中的妇女——以苏州为例》，《国学研究》5（1997）：519—555。

邓小南：《掩映之间——宋代尚书内省管窥》，《汉学研究》27，no. 2（2009）：5—42。

丁传靖：《宋人轶事汇编》，北京：中华书局，1981。

窦仪编：《宋刑统》，北京：中华书局，1984。

杜正胜：《内外与八方：中国传统居室空间的伦理和宇宙观》，收入《空间、力与社会》，黄应贵主编，台北：中研院民族学研究所，1995，第213—268页。

范晔：《后汉书》，北京：中华书局，1995。

范祖禹：《太史范公文集》，《宋集珍本丛刊》第 24 册，北京：线装书局，2004。

方大琮：《铁庵集》，四库全书本。

方鼎编：《晋江县志》（乾隆 30），中国方志丛书，台北：成文出版社，1967。

费丝言：《从典范到规范：从明代贞节烈女的辨识与流传看贞节观念的严格化》，台北：台大出版中心，1998。

冯继科编：《建阳县志》（嘉靖 32），天一阁藏明代方志选刊，台北：新文丰出版股份有限公司，1985。

傅尔泰编：《延平府志》（乾隆 30），1873 年版。

福建省博物馆：《福州南宋黄昇墓》，北京：文物出版社，1982。

福建省博物馆、将乐县文化局、将乐县博物馆：《福建将乐元代壁画墓》，《考古》no. 1(1995)：32—36。

冈元司：《南宋期の地域社会における 友》（《南宋时期地域社会的"友"》），收入《宋代沿海地域社会史研究：ネットワークと地域文化》（《宋代沿海地区社会史研究：网络与地域文化》），东京：汲古书院，2012。

高承：《事物纪原》，北京：中华书局，1989。

高柯立：《宋代州县官府的榜谕》，《国学研究》17(2006)：77—108。

高桥芳郎：《宋代中国の法制と社会》（《宋代中国的法制与社会》），东京：汲古书院，2002。

高彦颐（Ko, Dorothy）：《"空间"与"家"——论明末清初妇女的生活空间》，《近代中国妇女史》3(1995)：21—50。

宫崎市定：《漢代の里制と唐代の坊制》（《汉代里制与唐代坊制》），《东洋史研究》21, no. 3 (1962)：271—294。

郭东旭：《宋代法律与社会》，北京：人民出版社，2008。

郭东旭、高楠、王晓薇、张利：《宋代民间法律生活》，北京：人民出版社，2012。

郭松义：《伦理与生活——清代的婚姻关系》，北京：商务印书馆，2000。

郭彖：《睽车志》，北京：中华书局，1985。

韩元吉：《南涧甲乙稿》，四库全书本。

何绵山：《闽文化概论》，北京：北京大学出版社，1996。

何绵山：《福建宗教文化》，天津：天津社会科学院出版社，2004。

何乔远：《闽书》，福州：福建人民出版社，1995。

何淑宜：《明代士绅与通俗文化——以丧葬礼俗为例的考察》，台北：台湾师范大学历史研究所，2000。

何素花：《清初士大夫与妇女——以禁止妇女宗教活动为中心》，《清史研究》3（2003）：62—72。

合肥市文物管理处：《合肥北宋马绍庭夫妻合葬墓》，《文物》3（1991）：26—38。

河南省文物局文物工作队：《河南方城盐店庄村宋墓》，《文物考古资料》11（1958）：75—76。

洪适：《盘洲文集》，宋集珍本丛刊，北京：线装书局，2004。

洪迈：《夷坚志》，北京：中华书局，1981。

胡太初：《昼帘绪论》，丛书集成初编，上海：商务印书馆，1939。

胡寅：《斐然集》，四库全书珍本初集，上海：商务印书馆，1935。

黄榦：《勉斋集》，四库全书本。

黄公度：《知稼翁集》，四库全书本。

黄宽重：《从中央与地方关系互动看宋代基层社会的演变》，收入《10—13世纪中国文化的碰撞与融合》，张希清主编，上海：上海人民出版社，2006，第314—349页。

黄宽重：《科举经济与家族兴衰——以宋代德兴张氏为例》，收入《第二届宋史学术研讨会论文集》，台北：中国文化大学史学研究所，1996，第127—146页。

黄宽重：《南宋地方武力——地方军与民间自卫武力的探讨》，台北：东大图书公司，2002。

黄宽重：《宋代的家族与社会》，台北：东大图书公司，2006。

黄宽重：《宋代基层社会的权利结构与运作——以县为主的考察》，收入《中国史新论——基层社会分册》，黄宽重主编，台北：联经出版事业股份有限公司，2009，第273—326页。

黄任：《鼓山志》，中国佛寺史志汇刊，台北：明文书局，1980。

黄任等编：《泉州府志》（乾隆28），中国地方志集成，上海：上海书店出版社，2000。

黄荣春：《福州摩崖石刻》，福州：福建美术出版社，1999。

黄荣春：《福州十邑摩崖石刻》，福州：福建美术出版社，2008。

黄裳：《演山集》，四库全书本。

黄庭坚：《山谷集》，四库全书本。

黄仲元：《四如集》，四库全书本。

黄仲昭编：《八闽通志》，台北：台湾学生书局，1987。

蒋廷瑜《汉代同坟异穴夫妻合葬墓浅议》，《南方文物》1（1993）：82—88。

金蕙涵：《情与德：论明代江南地区的侧室合葬墓》，《政治大学历史学报》37
　　（2012）：1—42。

金蕙涵：《游走礼法的边缘——唐代两京地区的继室墓》，《成大历史学报》44
　　（2013）：1—42。

金鸣凤编：《光泽县志》（康熙22），清代孤本方志选，北京：线装书局，2001。

金相范：《宋代祠庙政策的变化与地域社会——以福州地域为中心》，《台湾
　　师大历史学报》46（2011）：141—68。

康僧会译：《六度集经》，福州东禅寺版，1085，哈佛燕京图书馆特藏。

康与之：《昨梦录》，学海类编本，第71册。

孔文仲等编：《清江三孔集》，四库全书本。

孔颖达：《礼记正义》，十三经注疏，阮元编，北京：中华书局，1980。

孔颖达：《毛诗正义》，收入《十三经注疏》，阮元编，北京：中华书局，1980。

昆冈编：《大清会典事例》，北京：中华书局，1991。

黎靖德：《朱子语类》，北京：中华书局，1986。

李拔等编：《福宁府志》（乾隆27），1880版。

李伯重：《从"夫妇并作"到"男耕女织"——明清江南妇女劳动问题探讨之
　　一》，《中国经济史研究》3（1996）：99—107。

李伯重：《"男耕女织"与"妇女半边天"角色的形成——明清江南妇女劳动问
　　题探讨之二》，《中国经济史研究》3（1997）：10—22。

李纲著，王瑞明点校：《李纲全集》，长沙：岳麓书社，2004。

李诫：《营造法式》，上海：商务印书馆，1954。

李清馥：《闽中理学渊源考》，四库全书本。

李焘：《续资治通鉴长编》，北京：中华书局，1995。

李心传：《建炎以来朝野杂记》，北京：中华书局，2013。

李心传：《建炎以来系年要录》，北京：中华书局，2013。

李元弼：《作邑自箴》，四部丛刊续编本，上海：上海书店，1984。

李之亮：《宋福建路郡守年表》，成都：巴蜀书社，2001。

梁庚尧：《从宋代的官箴书看〈名公书判清明集〉的性质》，收入《永久的思念——李埏教授逝世周年纪念论文集》，武建国、林文勋、吴晓亮主编，昆明：云南大学出版社，2011，第104—173页。

梁庚尧：《豪横与长者——南宋官户与士人居乡的两种形象》，《新史学》4，no. 4 (1993)：45—93。

梁克家编：《淳熙三山志》，收入《宋元方志丛刊》，北京：中华书局，1990。

廖刚：《高峰文集》，四库全书本。

林策等编：《嘉靖萧山县志》（嘉靖22），收入《明清萧山县志》，杭州市萧山区人民政府地方志办公室编，上海：远东出版社，2012，第1—148页。

林奋等编：《仙游县志》（乾隆36），台北：莆仙同乡会，1963。

林富士：《"旧俗"与"新风"——试论宋代巫觋信仰的特色》，《新史学》24，no. 4 (2013)：1—54。

林国举等编：《木兰陂水利志》，北京：方志出版社，1997。

林拓：《文化的地理过程分析——福建文化的地域性考察》，上海：上海书店，2004。

林希逸：《竹溪鬳斋十一稿续集》，四库全书本。

林亦之：《网山集》，四库全书本。

林忠干：《福建五代与宋代墓葬出土明器神煞考》，《福建文博》1 (1990)：50—54。

林宗鸿：《泉州开元寺发现五代石经幢等重要文物》，《泉州文史》9。

刘静贞：《不举子——宋人的生育问题》，台北：稻乡出版社，1998。

刘静贞：《女无外事？——墓志碑铭中所见之北宋士大夫社会秩序理念》，《妇女与两性学刊》4 (1993)：21—46。

刘克庄著，辛更儒笺校：《刘克庄集笺校》，北京：中华书局，2011。

柳立言：《红尘浪里难修行——宋僧犯罪原因初探》，《"中研院"历史语言研究所集刊》79，no. 4 (2008)：575—635。

柳立言：《南宋在室女分产权探疑——史料解读及研究方法》,《"中研院"历史语言研究所集刊》83, no. 3(2002)：445—504。

柳立言：《宋代女儿的法律权利和责任》,收入《家庭史研究的新视野》,张国刚编,北京：三联书店,2004,第 155—205 页。

刘向：《列女传》,上海：中华书局,1936。

刘馨珺：《明镜高悬——南宋县衙的狱讼》,北京：北京大学出版社,2007。

刘馨珺：《南宋狱讼判决文书中的健讼之徒》,《中西法律传统》(2008)：165—221。

刘一止：《苕溪集》,四库全书本。

刘永松、郭柏苍：《乌石山志》,1842 版。

刘佑等编：《南安县志》(康熙 11),台北：南安同乡会,1973。

刘宰：《漫塘文集》,宋集珍本丛刊,第 72 册,北京：线装书局,2004。

刘增贵：《门户与中国古代社会》,《"中研院"历史语言研究所集刊》68, no. 4(1997)：817—97。

柳田节子：《宋代の女戶》(《宋代的女户》),收入《柳田节子先生古稀记念の伝统社会と家族》(《柳田节子先生古稀纪念文集：中国的传统社会与家族》),伊原弘主编,东京：汲古书院,1993,第 89—106 页。

楼庆西：《中国建筑的门文化》,台北：艺术家出版社,2000。

卢华语编：《〈全唐诗〉经济资料辑释与研究》,重庆：重庆出版社,2006。

卢建荣：《北魏唐宋死亡文化史》,台北：麦田出版社,2006。

陆游：《老学庵笔记》,北京：中华书局,2011。

陆游：《渭南文集》,四库全书本。

吕祖谦：《东莱集》,四库全书本。

吕祖谦：《宋文鉴》,北京：中华书局,1992。

梅原郁：《宋代の地方都市》(《宋代的地方城市》),《历史教育》14, no. 12(1966)：52—58。

梅原郁：《宋代司法制度研究》,东京：创文社,2006。

孟元老：《东京梦华录》,北京：中华书局,1985。

闵文振：《嘉靖宁德县志》,天一阁藏明代方志选刊续编,上海：上海书店,1990。

欧阳修：《欧阳文忠公文集》，四部丛刊初编本。

欧阳修：《文忠集》，四库全书本。

欧阳修、宋祁编：《新唐书》，北京：中华书局，1975。

彭美玲：《古代礼俗左右之辨研究——以三礼为中心》，台北：台湾大学出版社，1997。

齐东方：《浓妆淡抹总相宜——唐俑与妇女生活》，收入《唐宋女性与社会》，邓小南、高世瑜、荣新江编，上海：上海辞书出版社，2003，第 322—337 页。

秦大树：《宋元明考古》，北京：文物出版社，2004。

秦振夫编：《重修邵武县志》(1937)，中国地方志集成，上海：上海书店出版社，2000。

邱景雍等编：《连江县志》，1928 年版。

邱仲麟：《不孝之孝——唐以来割股疗亲现象的社会史初探》，《新史学》6，no. 1 (1995)：49—94。

全汉升：《宋代女子职业与生计》，《食货月刊》1，no. 9 (1935)：5—10。

饶安鼎等编：《福清县志》(乾隆 12)，福州：福建省福清县志编纂委员会，1989。

荣新江：《女扮男装——唐代前期妇女的性别意识》，收入《唐宋女性与社会》，邓小南、高世瑜、荣新江编，上海：上海辞书出版社，2003，第 723—750 页。

阮元编：《十三经注疏》，北京：中华书局，1980。

森正夫：《中国前近代史研究における地域社会の视点》(《中国前近代史研究地域社会的视点》)，《名古屋大学文学部研究论集》83（史学 28）(1982)：201—23。

邵博：《邵氏闻见录后录》，北京：中华书局，1983。

邵伯温：《邵氏闻见录》，北京：中华书局，1983。

邵晓峰：《中国宋代家具——研究与图像集成》，南京：东南大学出版社，2010。

邵有道等编：《汀州府志》(嘉靖 6)，天一阁藏明代方志选刊续编，上海：上海书店，1990。

沈定均等编：《漳州府志》（光绪 4），中国地方志集成，上海：上海书店，2000。

沈仲常、陈建中：《四川昭化县曲回乡的宋墓石刻》，《文物参考资料》12
　　　（1957）：52—54。

沈作宾等编：《嘉泰会稽志》，收入《宋元方志丛刊》，北京：中华书局，1990，第
　　　6711—7090 页。

史浩：《鄮峰真隐漫录》四库全书本。

史继刚：《宋代严禁拐卖人口》，《西南师范大学学报》（哲学社会科学版）2
　　　（1991）：33—35。

史家珍：《富弼家族墓地发掘简报》，《中原文物》6（2008）：2，6—19，120。

市来津由彦：《朱熹門人集團形成の研究》（《朱熹门人集团形成的研究》），东
　　　京：创文社，2002。

斯波义信：《10—13 世紀に於ける中国都市の転换》（《10—13 世纪中国城市
　　　的变迁》），《世界史研究》14（1966）：22—37。

四川省文物管理委员会：《南宋虞公著夫妇合葬墓》，《考古学报》3（1985）：
　　　383—402。

司马光：《司马氏书仪》，北京：中华书局，1985。

司马迁：《史记》，北京：中华书局，1982。

宋代史研究会：《宋代人の認識——相互性と日常空間》（《宋代人的认
　　　识——相互性与日常空间》），东京：汲古书院，2001。

宋祁：《景文集》，四库全书本。

宿白：《白沙宋墓》，北京：文物出版社，1957。

苏轼：《东坡志林》，丛书集成初编本。

苏颂：《苏魏公集》，四库全书本。

孙承泽：《春明梦余录》，北京：北京古籍出版社，1992。

孙应时：《烛湖集》，四库全书本。

苏州博物馆、江阴文化馆：《江阴北宋瑞昌县君孙四娘子墓》，《文物》12
　　　（1982）：28—35。

太田有子、杨凌：《中国古代的夫妻合葬墓》，《华夏考古》4（1989）：
　　　103—110。

陶宗仪编：《说郛》，上海：上海古籍出版社，1988。

铁爱花：《宋代士人阶层女性研究》，北京：人民出版社，2011。

脱脱等编：《宋史》，北京：中华书局，1977。

汪大经等编：《兴化府莆田县志》（乾隆23），中国方志丛书，台北：成文出版社，1967。

汪圣铎：《两宋财政史》，北京：中华书局，1995。

汪圣铎：《宋代社会生活研究》，北京：人民出版社，2007。

汪应辰：《文定集》，四库全书本。

汪藻：《浮溪集》，四库全书本。

王得臣：《麈史》，北京：中华书局，1985。

王棣：《宋代乡里两级制度质疑》，《历史研究》4（1999）：99—112。

王见川、皮庆生：《中国近世民间信仰——宋元明清》，上海：上海人民出版社，2010。

王珏等编：《长泰县志》（康熙26），清代孤本方志选，北京：线装书局，2001。

王令：《广陵集》，四库全书本。

王平宇：《名公书判清明集中所见的女使诉讼——传统妇女法律地位的一个侧面》，收入《宋代社会与法律——名公书判清明集讨论》，宋代官箴研读会编，台北：东大图书公司，2001，第213—236页。

王辟之：《渑水燕谈录》，北京：中华书局，1981。

王善军：《宋代宗族和宗族制度研究》，石家庄：河北教育出版社，2000。

王绍沂等编：《永泰县志》（1922），中国方志丛书，台北：成文出版社，1967。

王庭珪：《卢溪文集》，四库全书本。

王文禄：《葬度》，北京：中华书局，1991。

王象之：《舆地纪胜》，北京：中华书局，1992。

王应山：《闽都记》，1831年版。

王章伟：《在国家与社会之间——宋代巫觋信仰研究》，香港：中华书局，2005。

卫泾：《后乐集》，四库全书本。

卫湜：《礼记集说》，四库全书本。

翁天祐等编：《续修浦城县志》（光绪26），中国方志丛书，台北：成文出版社，1967。

文物出版社：《新中国考古五十年》，北京：文物出版社，1999。

巫鸿：《明器的理论和实践——战国时期礼仪美术中的观念化倾向》，《文物》
　　6（2006）：71—81。

巫仁恕：《明代士大夫与轿子文化》，《"中研院"近代史研究所集刊》38
　　（2002）：1—69。

吴潜：《宋特进左丞相许国公奏议》，续修四库全书本。

吴旭霞：《浅谈宋代妇女的就业》，《学术研究》10（1997）：59—61。

吴雅婷：《不安的邂逅——宋人于旅宿场所的互动与其空间印象》，《新史学》
　　21，no. 4（2010）：141—202。

吴雅婷：《回顾一九八零年以来宋代的基层社会研究——中文论著的讨论》，
　　《中国史学》（日本）12（2002）：65—93。

吴裕成：《中国的门文化》，天津：天津人民出版社，2004。

吴自牧：《梦粱录》，北京：商务印书馆，1939。

伍芳：《庭院深深》，北京大学硕士学位论文，2007。

夏维中：《宋代乡村基层组织衍变的基本趋势》，《历史研究》4（2003）：137—
　　43，191—192。

小川快之：《伝統中国の法と秩序——地域社会の視点から》（《传统中国的
　　法与秩序——从地域社会的视角出发》），东京：汲古书院，2009。

小岛毅：《正祠と淫祠：福建の地方誌における記述と論理》（《正祠与淫祠：
　　福建地方志中的记述与论理》），《东洋文化研究所纪要》114（1991）：
　　87—213。

小林义广：《宋代の割股の風習と士大夫》（《宋代的割股风习与士大夫》），
　　《名古屋大学东洋史研究报告》19（1995）：88—106。

小野泰：《宋代の水利政策と地域社会》（《宋代水利政策与地域社会》），东
　　京：汲古书院，2011。

谢道承等编：《福建通志》（乾隆 2），扬州：江苏广陵古籍刻印社，1989。

谢维新：《古今合璧事类备要》，台北：新兴书局，1969。

谢肇淛等编：《永福县志》（万历 40），台北：台湾学生书局，1987。

辛竟可等编：《古田县志》（乾隆 16），中国方志丛书，台北：成文出版
　　社，1967。

徐景熹等编：《福州府志》（乾隆 19），中国方志丛书，台北：成文出版社，1967。

徐松辑：《宋会要辑稿》，北京：中华书局，1957。

徐晓望：《宋代福建史新编》，北京：线装书局，2013。

许景衡：《横塘集》，四库全书本。

许曼：《「内事」と「外事」——宋代福建路地域社会での女性の経済活動》（《"内事"与"外事"——宋代福建路地域社会的女性经济活动》），《中国女性史研究》20（2011）：1—19。

杨琮：《福建宋元壁画墓初步研究》，《考古》1（1996）：75—81。

杨琮：《闽赣宋墓壁画比较研究》，《南方文物》4（1993）：69—77。

杨琮：《试论尤溪宋墓壁画反映出的一些问题及其艺术特色》，《福建文博》1（2008）：15—20。

杨琮：《尤溪宋代壁画墓综述》，《福建文博》1/2（1991）：84—90。

杨时：《杨龟山集》，丛书集成初编本。

杨士奇等编：《历代名臣奏议》，上海：上海古籍出版社，1989。

杨思谦等编：《泉州府志》（万历 40），台北：台湾学生书局，1987。

杨万里：《诚斋集》，四库全书本。

姚勉：《雪坡舍人集》，宋集珍本丛刊，北京：线装书局，2004。

叶适：《水心先生文集》，宋集珍本丛刊，北京：线装书局，2004。

伊原弘：《宋代中国を旅する》（《宋代中国之旅》），东京：NTT 出版，1995。

易素梅：《唐宋时期的"女户"与国家》，收入《社会性别》，杜芳琴、王政编，第 1 辑，天津：天津人民出版社，2004，第 35—61 页。

游惠远：《宋代妇女的职业类别所反映的妇女社会地位》，收入《宋元之际妇女地位的变迁》，台北：台北新文丰出版公司，2003，第 53—79 页。

余贵林：《宋代买卖妇女现象初探》，《中国史研究》3（2000）：102—112。

虞世南：《北堂书钞》，北京：中国书店，1989。

俞文豹：《吹剑录全编》，上海：古典文学出版社，1958。

袁采：《袁氏世范》，北京：北京图书馆出版社，2003。

袁说友：《东塘集》，四库全书本。

远藤隆俊：《北宋士大夫の寄居と宗族》（《北宋士大夫的寄居与宗族——乡

　　里与移居者的信息交流》），收入《宋代社会の空間とコミュニケーショ
　　ン》（《宋代社会的空间与交流》），平田茂树、远藤隆俊、冈元司主编，东
　　京：汲古书院，2006，第155—184页。

远藤隆俊：《宋代の地域社会と宗族》（《宋代的地域社会与宗族》），高知大学
　　学术研究报告51（2002）：1—12。

臧健：《宋代家法的特点及对家庭中男女性别角色的认定》，收入《唐宋女性
　　与社会》，邓小南、高世瑜、荣新江编，上海：上海辞书出版社，2003，第
　　275—300页。

曾巩：《元丰类稿》，四库全书荟要。

曾枣庄、刘琳编：《全宋文》，上海：上海辞书出版社，2006。

战秀梅：《宋代妇女经济活动探析》，《中国社会经济史研究》1（2010）：
　　98—103。

章国任：《江西新余市发现南宋墓》，《南方文物》4（1992）：17，18，25。

张光祖：《言行龟鉴》，四库全书本。

张淏：《宝庆会稽续志》，收入《宋元方志丛刊》，北京：中华书局，1990。

张金花：《宋代女性经商探析》，《中国史研究》4（2006）：101—110。

张世南：《游宦纪闻》，北京：中华书局，1981。

张师正：《括异志》，北京：中华书局，1996。

张廷玉等编：《明史》，北京：中华书局，1974(1991年重印)。

张文昌：《制礼以教天下：唐宋礼书与国家社会》，台北：台湾大学出版中
　　心，2012。

张孝祥：《于湖集》，四库全书荟要本。

张元幹：《芦川归来集》，四库全书本。

赵与泌、黄岩孙等编：《仙溪志》，收入《宋元方志丛刊》，北京：中华书
　　局，1990。

真德秀：《西山先生真文忠公文集》，四部丛刊本。

郑方坤：《全闽诗话》，四库全书本。

郑刚中：《北山集》，四库全书本。

郑樵：《夹漈遗稿》，四库全书本。

郑庆云等编：《延平府志》（嘉靖4），天一阁藏明代方志选刊，台北：新文丰出

版股份有限公司,1985。

郑侠:《西塘集》,四库全书本。

郑一崧等编:《永春州志》(乾隆52),台北:永春文献社,1973。

郑振满、丁荷生(Dean, Kenneth)主编:《福建宗教碑铭汇编:兴化府分册》,福州:福建人民出版社,1995。

郑振满、丁荷生(Dean, Kenneth)主编:《福建宗教碑铭汇编:泉州府分册》,福州:福建人民出版社,2003。

郑州市文物考古研究所:《河南新密市平陌宋代壁画墓》,《文物》12 (1998):26—32。

中国科学院考古研究所:《新中国的考古收获》,北京:文物出版社,1961。

中国社会科学院考古研究所:《新中国的考古发现和研究》,北京:文物出版社,1984。

周孚:《蠹斋铅刀编》,四库全书本。

周辉:《清波杂志》,北京:中华书局,1995。

周凯等编:《厦门志》(道光12),台北:成文出版社,1967。

周密:《浩然斋雅谈》,北京:中华书局,1985。

祝穆:《方舆胜览》,四库全书本。

朱瑞熙:《关于江阴北宋墓的墓主孙四娘子》,《文物》9 (1984):85—87。

朱松:《韦斋集》,四部丛刊续编本。

朱熹著,陈俊民校编:《朱子文集》,台北:德富文教基金会,2000。

朱熹:《家礼》,四库全书本。

庄绰:《鸡肋编》,北京:中华书局,1983。

邹厚本、吴建民、谷建祥:《江苏考古五十年》,南京:南京出版社,2000。

佐伯富:《近世中国の都市と農村》(《近世中国都市与农村》),《历史教育》14, no. 12(1966):66—72。

佐竹靖彦:《清明上河图为何千男一女》,收入《唐宋女性与社会》,邓小南、高世瑜、荣新江编,上海:上海辞书出版社,2003,第785—826页。

佐竹靖彦:《〈作邑自箴〉の研究その基礎的再構成》(《〈作邑自箴〉的研究——其基础性重组》),《都立大学人文学报》238 (1993):234—269。

佐竹靖彦:《宋代建州地域的土豪和地方行政》,收入《佐竹靖彦史学集》,北京：中华书局,2006,第 216—233 页。

佐竹靖彦：《唐宋期福建の家族と社会——閩王朝の形成から科挙体制の展
　　開まで》(《唐宋时期福建的家庭与社会——从闽王朝的形成到科举体制
　　的发展》),收入《中国近世家族与社会学术研讨会论文集》,"中研院"历
　　史语言研究所出版品编辑委员会编,台北："中研院"历史语言研究所,
　　1998,第 371—473 页。

英 文

Arnold，Bettina（贝蒂娜·阿诺德），and Nancy Wicker（南希·威克），eds.
　　Gender and the Archaeology of Death（《性别和死亡考古学》）. Walnut
　　Creek，CA：AltaMira Press，2001.

Barnhart，Richard M（班宗华）. *Li Kung-lin's Classic of Filial Piety*（《李公
　　麟〈孝经图〉》）. New York，NY：The Metropolitan Museum of
　　Art，1993.

Bell，Catherine（凯瑟琳·比尔）. *Ritual Theory，Ritual Practice*（《仪式理
　　论,仪式实践》）. New York，NY：Oxford University Press，1992.

Birge，Bettine（柏清韵）. "Chu Hsi and Women's Education."（《朱熹与女性
　　教育》）In *Neo-Confucian Education: The Formative Stage*，edited by
　　Theodore de Bary and John Chaffee，325 - 367. Berkeley：University of
　　California Press，1989.

———. "Women and Confucianism from Song to Ming：The
　　Institutionalization of Patrilineality."（《宋元明女性与儒学：父系制的制
　　度化》）In *The Song-Yuan-Ming Transition in Chinese History*，edited by
　　Paul Smith and Richard von Glahn，212 - 240. Cambridge，MA：
　　Harvard University Asia Center，2003.

———. *Women，Property，and Confucian Reaction in Sung and Yüan
　　China（960 -1368）*（《宋元时期的女性、财产与儒家反应》）. Cambridge，
　　UK：Cambridge University Press，2002.

Bol，Peter K（包弼德）. "Local History and Family in Past and Present."
　　（《过去与现在的地方史和家庭》）In *The New and the Multiple: Sung*

[]

Senses of the Past，edited by Thomas H. C. Lee，307 - 348. Hong Kong：Chinese University Press，2004.

———. "Neo-Confucianism and Local Society，Twelfth to Sixteenth Century：A Case Study."（《12 至 16 世纪的理学与基层社会：一个个案研究》）In *The Song-Yuan-Ming Transition in Chinese History*，edited by Paul Jakov Smith and Richard von Glahn，241 - 283. Cambridge，MA：Harvard University Asia Center，2003.

———. *Neo-Confucianism in History*（《历史上的理学》）. Cambridge，MA：Council on East Asian Studies，Harvard University Press，2008.

———. "The 'Localist Turn' and 'Local Identity' in Later Imperial China."（《晚期帝制中国的"地方主义转向"与"地方认同"》）*Late Imperial China* 24，no. 2（2003）：1 - 51.

———. "The Rise of Local History：History，Geography，and Culture in Southern Song and Yuan Wuzhou."（《地方史的崛起：南宋和元朝婺州的历史、地理与文化》）*Harvard Journal of Asiatic Studies* 61（2001）：37 - 76.

Bossler，Beverly J（柏文莉）. "'A Daughter is a Daughter All Her Life'：Affinial Relations and Women's Networks in Song and Late Imperial China."（《女儿终生是女儿：宋元明清时期的姻亲关系与女性关系网》）*Late Imperial China* 21，no. 1（2000）：77 - 106.

———. *Courtesans，Concubines，and the Cult of Female Fidelity*（《妓、妾与女性贞节观》）. Cambridge，MA：Harvard University Asia Center，Harvard University Press，2013.

———. "Faithful Wives and Heroic Maidens：Politics，Virtue，and Gender in Song China."（《节妇烈女和宋代的政治、道德和性别观念》），收入《唐宋女性与社会》，邓小南、高世瑜、荣新江主编，上海：上海辞书出版社，2003，第 751—784 页。

———. *Powerful Relations: Kinship，Status，and the State in Sung China（960 - 1279）*（《权力关系：宋代中国的家族、地位与国家》）. Cambridge，MA：Council on East Asian Studies，Harvard University

Press，1998.

————. "Women's Literacy in Song Dynasty China：Preliminary Inquiries. "
（《宋代女性的读写能力》）收入《庆祝邓广铭教授九十华诞论文集》，田余
庆主编，石家庄：河北教育出版社，1997，第 322—352 页。

Bray，Francesca（白馥兰）. *Technology and Gender: Fabrics of Power in
Late Imperial China*（《技术与性别：晚期帝制中国的权力经纬》）.
Berkeley：University of California Press，1997.

Brook，Timothy（卜正民）. "Funerary Ritual and the Building of Lineages in
Late Imperial China. "（《晚期帝制中国的丧葬仪式和家族的建立》）
Harvard Journal of Asiatic Studies 49，no. 2（1989）：465－499.

Buswell，Robert（罗伯特・巴斯韦尔），ed. *Encyclopedia of Buddhism*（《佛
教 百 科 全 书》）. vol. 2. New York，NY：Macmillan Reference
USA，2003.

Carlitz，Katherine（柯丽德）. "Shrines，Governing-Class Identity，and the
Cult of Widow Fidelity in Mid-Ming Jiangnan. "（《明中叶江南地区的祠
堂、统治阶级身份与节妇崇拜》）*The Journal of Asian Studies* 56，no. 3
（1997）：612－640.

Chaffee，John（贾志扬）. *Branches of Heaven: The History of the Imperial
Clan of Sung China*（《天潢贵胄：宋代宗室史》）. Cambridge，MA：
Harvard University Asia Center，1999.

Chan，Alan K. L.（庄锦章），and Sor-hoon Tan（陈素芬），eds. *Filial Piety
in Chinese Thought and History*（《中国思想和历史上的孝》）. New
York，NY：RoutledgeCruzon，2004.

Chen Jo-shui（陈弱水）. *Liu Tsung-yüan and Intellectual Change in T'ang
China*（《柳宗元与唐代思想变迁》）. Cambridge，UK：Cambridge
University Press，1992.

Cheng Hsiao-wen（程晓雯）. "Traveling Stories and Untold Desires：Female
Sexuality in Song China. "（《旅行故事与不为人知的欲望：宋代女性的
性欲》）PhD diss.，University of Washington，2011.

Chia，Lucille（贾晋珠）. *Printing for Profit: The Commercial Publishers of*

Jianyang, *Fujian* (*11th - 17th Centuries*)(《为利而印：11 至 17 世纪福建建阳的商业出版者》). Cambridge，MA：Harvard University Asia Center，Harvard University Press，2003.

Clark，Hugh R（柯 胡）. *Community*，*Trade*，*and Networks: Southern Fujian Province from the Third to the Thirteenth Centuries*(《社区、贸易和关系网：3 至 13 世纪福建闽南》). Cambridge，UK：Cambridge University Press，2002.

————. "Overseas Trade and Social Change in Quanzhou Through the Song."(《宋代泉州的海外贸易与社会变迁》) In *The Emporium of the World: Maritime Quanzhou*，*1000 - 1400*，edited by Angela Schottenhammer，67 - 102. Leiden：E. J. Brill，2001.

————. *Portrait of a Community: Society*，*Culture*，*and the Structures of Kinship in the Mulan River Valley* (*Fujian*) *from the Late Tang Through the Song*(《社区的写照：晚唐至宋木兰河谷的社会、文化与亲属关系结构》). Hong Kong：The Chinese University Press，2007.

de Pee，Christian（裴志昂）. "Purchase on Power：Imperial Space and Commercial Space in Song-Dynasty Kaifeng，960 - 1127."(《权力交易：北宋开封的帝国空间与商业空间》)*Journal of the Economic and Social History of the Orient* 53 (2010)：149 - 184.

————. *The Writing of Weddings in Middle-Period China: Text and Ritual Practice in the Eighth Through Fourteenth Centuries*(《中古中国的婚书：8 至 14 世纪的文本与仪式实践》). Albany：State University of New York Press，2007.

Deng Xiaonan（邓小南）. "Women in Turfan During the Sixth to Eighth centuries：A Look at Their Activities Outside the Home."(《6 至 8 世纪的吐鲁番妇女：特别是她们在家庭以外的活动》)*The Journal of Asian Studies* 58，no. 1 (1999)：85 - 103.

Du Fangqin(杜芳琴)，and Susan Mann（曼素恩）. "Competing Claims on Womanly Virtue in Late Imperial China."(《晚期帝制中国女德的竞争主张》) In *Women and Confucian Cultures in Premodern China*，*Korea*， *and Japan*，edited by Dorothy Ko，Jahyun Kim Haboush，and Joan R. Piggott，219‐247. Berkeley：University of California Press，2003.

Ebrey，Patricia B（伊沛霞）. *Chu Hsi's Family Rituals: A Twelfth-Century Chinese Manual for the Performance of Cappings，Weddings，Funerals，and Ancestral Rites*（Translation of *Jia li*）.（《朱熹的〈家礼〉：一部 12 世纪中国的冠礼、婚礼、丧礼及祭礼手册》）Princeton，NJ：Princeton University Press，1991.

———. "Conceptions of the Family in the Sung Dynasty."（《宋代家的概念》）*The Journal of Asian Studies* 43，no. 2（1984）：219‐245.

———. *Confucianism and Family Rituals in Imperial China: A Social History of Writing About Rites*（《帝制中国的儒学与家礼》）. Princeton，NJ：Princeton University Press，1991.

———. "Cremation in Song China."（《宋代的火葬》）In *Women and the Family in Chinese History*，144‐164. New York，NY：Routledge，2003.

———. *Family and Property in Sung China: Yuan Ts'ai's Precepts for Social Life*（Translation of *Yuanshi shifan*）（《宋代家庭与财产：袁采的社会生活格言》）. Princeton，NJ：Princeton University Press，1984.

———. *The Inner Quarters: Marriage and the Lives of Chinese Women in the Sung Period*（《内闱——宋代的婚姻和妇女生活》）. Berkeley：University of California Press，1993.

———. "The Women in Liu Kezhuang's Family."（《刘克庄家中的女性》）In *Women and the Family in Chinese History*，89‐106. New York，NY：Routledge，2003.

———. "Women，Money，and Class：Sima Guang and Song Neo-Confucian Views on Women."（《女性、金钱与阶级：司马光和宋代理学家对女性的观点》）In *Women and the Family in Chinese History*，10‐38. New York，NY：Routledge，2003.

Egan，Ronald（艾朗诺）. *The Burden of Beauty: The Poet Li Qingzhao and Her History in China*（《才女之累：李清照及其接受史》）. Cambridge，

MA：Harvard University Asia Center，2013.

Elvin，Mark（伊懋可）. "Female Virtue and the State in China." (《中国的女德与国家》)*Past & Present* 104 (1984)：111 – 152.

Feng Jiren（冯继仁）. *Chinese Architecture and Metaphor: Song Culture in the Yingzao fashi Building Manual* (《中国的建筑与隐喻：〈营造法式〉建筑手册中的宋文化》). Honolulu：University of Hawai'i Press，2012.

Fong，Grace（方秀洁）. "Engendering the Lyric：Her Image and Voice in Song." (《有感而发：词中的女性形象与声音》) In *Voices of the Song Lyric in China*，edited by Pauline Yu，107 – 144. Berkeley and Los Angeles：University of California Press，1994.

———. "Female Hands：Embroidery as a Knowledge Field in Women's Everyday Life in Late Imperial and Early Republican China." (《女性之手：晚期帝制中国和民国初期女性日常生活中作为知识领域的刺绣》) *Late Imperial China* 25，no. 1 (June 2004)：1 – 58.

Fong，Grace（方秀洁），and Ellen Widmer（魏爱莲），eds. *The Inner Quarters and Beyond: Women Writers from Ming Through Qing* (《跨越闺门：明清女性作家论》). Leiden：Brill，2010.

Foulk，Griffith（格里菲思·福克），and Robert Sharf（罗伯特·沙夫）. "On the Ritual Use of Chan Portraiture in Medieval China." (《中古中国禅像的仪式使用》) In *Chan Buddhism in Ritual Context*，edited by Bernard Faure，74 – 150. London，New York：RoutledgeCurzon，2003.

Gerritsen，Anne（何安娜）. *Ji'an Literati and the Local in Song-Yuan-Ming China*. (《宋元明时期江西吉安士人与地方社会》)Leiden：Brill，2007.

Goossaert，Vincent（高万桑）. "Irrepressible Female Piety：Late Imperial Bans on Women Visiting Temples." (《不可抑制的女性虔诚：晚期帝制中国对女性参拜寺庙的禁令》)*Nan Nü* 10 (2008)：212 – 241.

Grant，Beata（管佩达）. "Chan Friends：Poetic Exchanges Between Gentry Women and Buddhist Nuns in Seventeenth-Century China." (《禅宗友人：17 世纪中国精英女性与比丘尼的诗情交流》) In *The Inner Quarters and Beyond: Women Writers from Ming Through Qing*，edited by

Grace Fong and Ellen Widmer，215 - 248. Leiden：Brill，2010.

———. "*Da zhangfu*：The Gendered Rhetoric of Heroism and Equality in Seventeenth-Century Chan Buddhist Discourse Records. "(《大丈夫：17世纪禅学语录中英雄主义和平等主义的性别辞令》)*Nan Nü* 10 (2008)：177 - 211.

Gregory，Peter（皮特·格里高利），and Patricia Ebrey（伊沛霞）. "The Religious and Historical Landscape. "(《宗教与历史景观》)In *Religion and Society in T'ang and Sung China*，edited by Peter Gregory and Patricia Ebrey，1 - 44. Honolulu：University of Hawai'i Press，1993.

Halperin，Mark（何复平）. "Domesticity and the Dharma：Portraits of Buddhist Laywomen in Sung China. "(《家庭生活与佛法：宋代佛教女性居士肖像》)*T'oung Pao* 92 (2006)：50 - 100.

———. *Out of the Cloister: Literati Perspectives on Buddhism in Sung China*，*960 - 1279*(《寺庙之外：宋代士人对佛教的看法》). Cambridge，MA：Harvard University Asia Cener，Harvard University Press，2006.

Hansen，Valerie（韩森）. *Changing Gods in Medieval China*，*1127 - 1276*(《变迁之神：南宋时期的民间信仰》). Princeton，NJ：Princeton University Press，1990.

———. "The Mystery of the Qingming Scroll and Its Subject：The Case Against Kaifeng. "(《〈清明上河图〉的神秘性及其主题：关于开封的个案研究》)*The Journal of Song-Yuan Studies* 26 (1996)：183 - 200.

Harrist，Robert E（韩文彬）. *The Landscape of Words: Stone Inscriptions from Early and Medieval China*(《言语的景观：中国上古中古时期的石刻碑铭》). Seattle：University of Washington Press，2008.

Hartwell，Robert M（郝若贝）. "Demographic，Political，and Social Transformations of China，750 - 1550. "(《750 - 1550 年期间中国的人口、政治和社会变迁》)*Harvard Journal of Asiatic Studies* 42，no. 2 (1982)：365 - 442.

Hay，John（约翰·海伊）. "'Along the River During Winter's First Snow'：A Tenth-Century Handscroll and Early Chinese Narrative. "(《江行初雪

图：一幅 10 世纪的卷轴画与早期中国叙事》》*The Burlington Magazine* 114，no. 830（1972）：294 - 303.

———. ed. *Boundaries in China*（《中国的边界》）. London：Reaktion Books，1994.

Hirata Shigeki（平田茂树）. "Bibliography of Song Studies in Japan (2007)." 《日本宋史研究书目（2007）》》*Journal of Song-Yuan Studies* 38 （2008）：203 - 228.

Hsieh，Ding-wha E（谢东华）. "Images of Women in Ch'an Buddhist Literature of the Sung Period."（《宋代禅宗文学中的女性形象》）In *Buddhism in the Sung*，edited by Peter N. Gregory and Daniel Getz，Jr. , 148 - 87. Honolulu：University of Hawai'i Press，1999.

Hu Pin-ching（胡品清）. *Li Ch'ing-chao*（《李清照》）. New York，NY：Twayne，1966.

Huang，Susan Shih-shan（黄士珊）. "Early Buddhist Illustrated Prints in Hangzhou."（《杭州早期的佛教插图印刷品》）In *Knowledge and Text Production in an Age of Print: China，900 - 1400*，edited by Lucille Chia and Hilde de Weerdt，135 - 165. Leiden：Brill，2011.

Hucker，Charles O（贺凯）. *A Dictionary of Official Titles in Imperial China*（《中国古代官名辞典》）. Stanford，CA：Stanford University Press，1985.

Hymes，Robert P（韩明士）. "Review of *The Inner Quarters: Marriage and the Lives of Chinese Women in the Sung Period*."（《〈内闱：宋代女性的婚姻与生活〉书评》）*Harvard Journal of Asiatic Studies* 57，no. 1 （1997）：229 - 261.

———. "Sung Society and Social Change."（《宋代社会与社会变迁》）In *The Cambridge History of China*，vol. 5，*The Sung Dynasty，960 -1279*，part 2，edited by John Chaffee and Denis Twitchett，526 - 664. Cambridge：Cambridge University Press，2015.

———. *Statesmen and Gentlemen: The Elite of Fu-Chou，Chiang-hsi，in Northern and Southern Sung*（《官僚与士绅：两宋江西抚州精英》）.

Cambridge，MA：Cambridge University Press，1986.

————. *Way and Byway: Taoism，Local Religion，and Models of Divinity in Sung and Modern China*（《道与庶道：宋代以来的道教民间信仰和神灵模式》）. Berkeley：University of California Press，2002.

Idema，Wilt（伊维德）. "Male Fantasies and Female Realities：Chu Shu-chen and Chang Yü-niang and their Biographers."（《男性幻想与女性现实：朱淑真、张玉娘及其传记》）In *Chinese Women in the Imperial Past: New Perspectives*，edited by Harriet T. Zurndorfer，19 – 52. Leiden：Brill，1999.

Inglis，Alister D（英格尔斯·阿历斯特）. *Hong Mai's Record of the Listener and Its Song Dynasty Context*（《洪迈〈夷坚志〉及其宋代语境》）. Albany：State University of New York Press，2006.

Ji，Xiaobin（冀小斌）. *Politics and Conservatism in Northern Song China: The Career and Thought of Sima Guang（1019 – 1086）*（《北宋政治与保守主义》）. Hong Kong：The Chinese University Press，2005.

Kiang，Heng Chye（王才强）. *Cities of Aristocrats and Bureaucrats: The Development of Medieval Chinese Cityscapes*（《贵族与官僚的城市：中古中国城市景观的发展》）. Honolulu：University of Hawai'i Press，1999.

Kieschnick，John（柯嘉豪）. *The Impact of Buddhism on Chinese Material Culture*（《佛教对中国物质文化的影响》）. Princeton，NJ：Princeton University Press，2003.

King，Michelle T（金·米歇尔）. *Between Birth and Death: Female Infanticide in Nineteenth-Century China*（《生死之间：中国 19 世纪的弑女婴现象》）. Stanford，CA：Stanford University Press，2014.

Knapp，Keith（南恺时）. *Selfless Offspring: Filial Children and Social Order in Medieval China*（《无私的后代：中古中国的孝子与社会秩序》）. Honolulu：University of Hawai'i Press，2005.

Ko，Dorothy（高彦颐）. *Cinderella's Sisters: A Revisionist History of Footbinding*（《缠足："金莲崇拜"盛极而衰的演变》）. Berkeley：

University of California Press，2007.

———. "In Search Footbinding's Origins. "(《从唐宋身体文化试论缠足起源》)，收入《唐宋女性与社会》，邓小南、高世瑜、荣新江编，上海：上海辞书出版社，2003，第 375—414 页。

———. "Pursuing Talent and Virtue：Education and Women's Culture in Seventeenth and Eighteenth-Century China. "(《追求德才：十七十八世纪中国的教育和女性文化》)*Late Imperial China* 13，no. 1（1992）：9‑39.

———. *Teachers of the Inner Chambers: Women and Culture in Seventeenth-Century China* (《闺塾师：明末清初江南的才女文化》). Stanford，CA：Stanford University Press，1994.

Ko，Dorothy（高彦颐），JaHyun Kim Haboush（金忠贤 • 哈布斯），and Joan R. Piggott（琼 • 皮格特），eds. *Women and Confucian Cultures in Premodern China，Korea，and Japan*(《古代中国、韩国和日本的女性与儒家文化》). Berkeley：University of California Press，2003.

Kuhn，Dieter（库恩）. "Decoding Tombs of the Song Elite. "(《解析宋代精英的坟墓》)In *Burial in Song China*，edited by Dieter Kuhn，11‑160. Heidelberg：Edition Forum，1994.

———. *The Age of Confucian Rule: The Song Transformation of China* (《儒家统治的时代：宋的转型》). Cambridge，MA：Harvard University Press，2009.

Laing，Ellen Johnston（梁庄爱伦）. "Women Painters in Traditional China. "(《传统中国的女性画家》)In *Flowering in the Shadows: Women in the History of Chinese and Japanese Painting*，edited by Marsha Smith Weidner，81‑101. Honolulu：University of Hawai'i Press，1990.

Lee，Hui-shu（李慧漱）. *Empresses，Art，and Agency in Song Dynasty China* (《宋代的皇后、艺术与能动性》). Seattle：University of Washington Press，2010.

Legge，James（理雅各）. *The Sacred books of China: The texts of Confucianism* (《中国圣书：儒家文本》). Delhi：MotilalBanarsidass，1966.

Levering，Miriam（罗梅如）. "Scripture and Its Reception: A Buddhist Case." (《佛经及其接受：一个佛教的例子》) In *Rethinking Scriptures: Essays from a Comparative Perspective*, edited by Miriam Levering, 58 – 101. Albany: State University of New York，1989.

Li Guotong（李国彤）. "Imaging History and the State: Fujian Guixiu (Genteel Ladies) at Home and on the Road." (《想象历史和王朝：福建闺秀之居家与羁旅》) In *The Inner Quarters and Beyond: Women Writers from Ming Through Qing*, edited by Grace Fong and Ellen Widmer，315 – 38. Leiden: Brill，2010.

Li Wai-yee（李惠仪）. "Heroic Transformations: Women and National Trauma in Early Qing Literature." (《英雄主义的转型：清初文学中的女性与民族创伤》) *Harvard Journal of Asiatic Studies* 59，no. 2（1999）：363 – 443.

Li Xiaorong（李小荣）. *Women's Poetry of Late Imperial China: Transforming the Inner Chambers*（《晚期帝制中国的女性诗歌：转变闺闱》）. Seattle: University of Washington Press，2012.

Li，Yuhang（李雨航）. "Gendered Materialization: An Investigation of Women's Artistic and Literary Reproductions of Guanyin in Late Imperial China." (《性别的物质化：晚期帝制中国观音的女性艺术和文学再生产的考察》) PhD diss. , University of Chicago，2011.

Liao Hsien-huei（廖咸惠）. "Encountering Evil: Ghosts and Demonic Forces in the Lives of the Song Elite." (《遭遇邪恶：宋代精英生活中的怪力乱神》) *Journal of Song-Yuan Studies* 37（2007）：89 – 134.

———. "Exploring Weal and Woe: The Song Elite's Mantic Beliefs and Practices." (《探索祸福：宋代精英的占卜信仰与实践》) *T'oung Pao* 91（2005）：347 – 395.

———. "Visualizing the Afterlife: The Song Elite's Obsession with Death，the Underworld，and Salvation." (《存想冥界：宋代士人的死后世界观》)《汉学研究》20，no. 1（2002）：399 – 440.

Liu，James T. C（刘子健）. "Polo and Cultural Change: From T'ang to Sung

China. "(《马球与文化变迁：从唐到宋》) *Harvard Journal of Asiatic Studies* 45，no. 1 (1985)：203 – 224.

Lü Huitsu（吕慧慈）. "Women's Ascetic Practices During the Song. "(《宋代女性的禁欲修行》)*Asia Major*15，no. 1 (2002)：73 – 108.

Macauley，Melissa（梅丽莎·麦柯丽）. *Social Power and Legal Culture： Litigation Masters in Late Imperial China*（《社会权力与法律文化：晚期帝制中国的讼师》）. Stanford，CA：Stanford University Press，1998.

Mann，Susan（曼素恩）. *Precious Records： Women in China's Long Eighteenth Century*（《缀珍录：18 世纪及其前后的中国妇女》）. Stanford，CA：Stanford University Press，1997.

———. "The Virtue of Travel for Women in the Late Empire. "(《晚期帝制中国女性的旅行之德》) In *Gender in Motion： Divisions of Labor and Cultural Change in Late Imperial and Modern China*，edited by Bryna Goodman and Wendy Larson，55 – 74. Oxford，UK：Rowman & Littlefield，2005.

———. "Women's Work in the Ningbo Area，1900 – 1936. "(《1900—1936 年宁波地区女性的工作》) In *Chinese History in Economic Perspective*，edited by Thomas Rawski and Lillian Li，243 – 270. Berkeley：University of California Press，1992.

Mann，Susan（曼素恩），and Yu-yin Cheng（程玉茵），eds. *Under Confucian Eyes： Writings on Gender in Chinese History*（《以儒家的眼光：中国历史中的性别》）. Berkeley：University of California Press，2001.

McDermott，Joseph（周绍明）. "Family Financial Plans of the Southern Sung. "(《南宋家庭理财计划》)*Asia Major*4，no. 2 (1991)：15 – 52.

McKnight，Brian（马伯良）. *Law and Order in Sung China*（《宋代的法律与秩序》）. Cambridge，UK：Cambridge University Press，1992.

Murray，Julia（孟久丽）. *Mirror of Morality： Chinese Narrative Illustration and Confucian Ideology*（《道德镜鉴：中国叙述性图画与儒家意识形态》）. Honolulu：University of Hawai'i Press，2007.

Purtle，Jennifer（裴珍妮）. "The Production of Painting，Place and Identity in

Song-Yuan（960 – 1368）Fujian. ”《宋元时期福建绘画场所和身份的制造》）PhD diss. , Yale University, 2001.

Qian，Nanxiu（钱南秀）. "*Lienü* versus *Xianyuan*：The Two Biographical Traditions in Chinese Women's History. ”《"列女"与"贤媛"：中国妇女传记书写的两种传统》）In *Beyond Exemplar Tales: Women's Biography in Chinese History*，edited by Joan Judge and Hu Ying，70 – 87. Berkeley：University of California Press，2011.

Raphals，Lisa（瑞丽）. *Sharing the Light: Representations of Women and Virtue in Early China*（《和光共享：中国早期女性与德行的表现》）. Albany：State University of New York Press，1998.

Rexroth，Kenneth（王红公），and Ling Chung（钟玲）. *Li Ch'ing-chao, Complete Poems*（《李清照诗全集》）. New York，NY：New Directions，1979.

Rosenlee，Li-Hsiang（罗莎莉）. *Confucianism and Women: A Philosophical Interpretation*.（《儒学与女性》）Albany：State University of New York Press，2007.

Samei，Maija Bell（梅杰·贝尔）. *Gendered Persona and Poetic Voice: The Abandoned Woman in Early Chinese Song Lyrics*（《性别角色和诗意的声音：早期词中的弃妇》）. Lanham：Lexington Books，2004.

Sand，Jordan（乔丹·桑德）. *House and Home in Modern Japan: Architecure, Domestic Space, and Bourgeois Culture, 1880 –1930*（《现代日本的房屋和家》）. Cambridge，MA：Harvard University Asia Center，Harvard University Press，2003.

Shelach，Gideon（吉迪恩·希拉）. "Marxist and Post-Marxist Paradigms for the Neolithic. ”《新石器时代的马克思主义和后马克思主义范式》）In *Gender and Chinese Archaeology*，edited by Katheryn M. Linduff and Yan Sun，11 – 27. Walnut Creek，CA：AltaMira Press，2004.

So，Billy K. L（苏基朗）. *Prosperity, Region, and Institutions in Maritime China: The South Fukien Pattern, 946 –1368*（《刺桐梦华录：近世前期闽南的市场经济》）. Cambridge，MA：Harvard University Asia Center，

Harvard University Press，2001.

Stahl，Helga（希尔加·斯达尔）. "Su Shi's Orthodox Burials: Interconnected Double Chambered Tombs in Sichuan. "（《苏轼的正统葬礼：四川地区相通的双室墓》）In *Burial in Song China*，edited by Dieter Kuhn，161 – 214. Heidelberg: Edition Forum，1994.

Sturman，Peter C（石慢）. "The Donkey Rider as Icon: Li Cheng and Early Chinese Landscape Painting. "（《作为图标的骑驴者》）*Artibus Asiae* 55，no. 1/2（1995）: 43 – 97.

Szonyi，Michael（宋怡明）. *Practicing Kinship: Lineage and Descent in Late Imperial China*（《践行亲属关系：晚期中华帝国的家族与世系》）. Stanford，CA: Stanford University Press，2002.

ter Haar，Barend J（田海）. "Buddhist-Inspired Options: Aspects of Lay Religious Life in the Lower Yangzi from 1100 until 1340. "（《佛教启示的选择：1100 到 1340 年长江中下游居士宗教生活的面面观》）*T'oung Pao* 87，Fasc. 1/3（2001）: 92 – 152.

Tillman，Hoyt（田浩）. *Confucian Discourse and Chu Hsi's Ascendancy*（《朱熹的思维世界》）. Honolulu: University of Hawai'i Press，1992.

Tsao Hsingyuan（曹星原）. "Unraveling the Mystery of the Handscroll 'Qingming shanghetu.' "（《揭开〈清明上河图〉画卷的神秘面纱》）*Journal of Song-Yuan Studies* 33（2003）: 155 – 179.

Twitchett，Denis（杜希德）. "The Fan Clan Charitable Estate，1050 – 1760. "（《范氏义庄》）In *Confucianism in Action*，edited by David S. Nivison and Arthur F. Wright，97 – 133. Stanford，CA: Stanford University Press，1959.

von Glahn，Richard（万志英）. "Community and Welfare: Chu Hsi's Community Granary in Theory and Practice. "（《社区与财富：朱熹义仓的理论与实践》）In *Ordering the World: Approaches to State and Society in Sung Dynasty China*，edited by Robert Hymes and Conrad Schirokauer，221 – 254. Berkeley: University of California Press，1993.

———. *The Sinister Way: The Divine and the Demonic in Chinese*

Religious Culture（《左道：中国宗教文化中的神灵与恶魔》）. Berkeley：
University of California Press，2004.

———. "Towns and Temples：Urban Growth and Decline in the Yangzi
Delta，1100 - 1400. "（《城镇与寺庙：长江三角洲地区城市的发展与衰
落，1100—1400》）In *The Song-Yuan-Ming Transition in Chinese
History*，edited by Paul Smith and Richard von Glahn，176 - 211.
Cambridge，MA：Harvard University Asia Center，2003.

Walton，Linda（万安玲）. "Charitable Estates as an Aspect of Statecraft in
Southern Sung China. "（《南宋作为治国方略的义庄》）In *Ordering the
World：Approaches to State and Society in Sung Dynasty China*，edited
by Robert Hymes and Conrad Schirokauer，255 - 279. Berkeley：
University of California Press，1993.

Wang Qijun（王其钧）. *Vernacular Dwellings: Ancient Chinese Architecture*
（《民居：中国古代建筑》）. New York，NY：Springer-Verlag
Wien，2000.

Weidner，Marsha（魏玛莎）. *Flowering in the Shadows: Women in the
History of Chinese and Japanese Painting*（《阴影中的盛开：中日绘画
史上的女性》）. Honolulu：University of Hawai'i Press，1990.

———. "Women in the History of Chinese Painting. "（《中国绘画史上的女
性》）In *Views from Jade Terrace: Chinese Women Artists 1300 - 1912*，
edited by Marsha Weidner et al. ，13 - 29. Indianapolis and New York：
Indianapolis Museum of Art and Rizzoli，1988.

Wixted，John T（魏世德）. "The Poetry of Li Ch'ing-chao：A Woman Author
and Women's Authorship. "（《李清照诗歌：女性作家与女性作者》）In
Voices of the Song Lyric in China，edited by Pauline Yu，145 - 168.
Berkeley：University of California Press，1994.

Wu Hung（巫鸿）. *The Art of the Yellow Springs: Understanding Chinese
Tombs*（《黄泉下的美术：宏观中国古代墓葬》）. Honolulu：University of
Hawai'i Press，2010.

Xu，Man（许曼）. "Gender and Burial in Imperial China：An Investigation of

Women's Space in Fujian Tombs of the Song Era (960 - 1279). "(《中华帝国的性别与葬礼：福建宋墓中女性空间的调查研究》) *NAN NÜ: Men, Women and Gender in China* 13 (2011)：1 - 51.

———. "Review of *Courtesans, Concubines, and the Cult of Female Fidelity*."(《〈妓、妾与女性贞节观〉书评》) *Journal of Song-Yuan Studies* 44 (2014)：519 - 528.

Xu, Yinong（徐亦农）. *The Chinese City in Space and Time: The Development of Urban Form in Suzhou*(《时空经纬中的中国城市：苏州城市形态的发展》). Honolulu：University of Hawai'i Press, 2000.

Yang, Xiaoshan（杨晓山）. *Metamorphosis of the Private Sphere: Gardens and Objects in Tang-Song Poetry*(《私人领域的变形：唐宋诗歌中的园林与玩好》). Cambridge, MA：Harvard University Asia Center, Harvard University Press, 2003.

Yao, Ping（姚平）. "Until Death Do Us Unite：Afterlife Marriages in Tang China, 618 - 906. "(《死后结合：唐代的冥婚》) *Journal of Family History* 27, no. 3 (2002)：207 - 226.

Yu, Chun-fang（于君方）. *Kuan-yin: The Chinese Transformation of Avalokitesvara*(《观音：菩萨中国化的演变》). NewYork, NY：Columbia University Press, 2000.

———. "P'u-t'o Shan：Pilgrimage and the Creation of the Chinese Potalaka. "(《普陀山：中国人普陀的朝圣与创造》) In *Pilgrims and Sacred Sites in China*, edited by Susan Naquin and Yu Chunfang, 190 - 245. Berkeley：University of California Press, 1992.

Yu, Jimmy（俞永峰）. *Sanctity and Self-Inflicted Violence in Chinese Religions, 1500 - 1700*(《中国宗教的神圣性与自我暴力, 1500—1700》). New York, NY：Oxford University Press, 2012.

Zeitlin, Judith（蔡九迪）. "Disappearing Verses：Writing on Walls and Anxieties of Loss. "(《消失的诗句：题壁与失去的焦虑》) In *Writing and Materiality in China: Essays in Honor of Patrick Hanan*, edited by Judith T. Zeitlin, Lydia H. Liu, and Ellen Widmer, 71 - 132.

Cambridge, MA: Harvard Asia Center, Harvard University Press, 2003.

———. *The Phantom Heroine: Ghosts and Gender in Seventeenth-Century Chinese Literature* (《女鬼：17 世纪中国文学中的鬼怪与性别》). Honolulu: University of Hawai'i Press, 2007.

Zhang, Cong（张聪）. "Communication, Collaboration, and Community: Inn-Wall Writing During the Song (960‑1279)."（《交流、协作与社区：宋代旅店题壁》）*Journal of Song-Yuan Studies* 35 (2005): 1‑27.

———. *Transformative Journeys: Travel and Culture in Song China* (《行万里路：宋代的旅行与文化》). Honolulu: University of Hawai'i Press, 2011.

Zhou, Yiqun（周逸群）. "The Hearth and the Temple: Mapping Female Religiosity in Late Imperial China, 1550‑1990."（《炉灶与寺庙：图绘晚期帝制中国女性的宗教性》）*Late Imperial China* 24, no. 2 (2003): 109‑155.

Zito, Angela（司徒安）. "Ritualizing *Li*: Implications of Studying Power and Gender."（《仪式化的礼：权力与性别研究的含义》）*Positions: Asia Critique* 1, no. 2 (1993): 321‑348.

Zito, Angela, and Tani E. Barlow, eds. *Body, Subject and Power in China* (《中国的身体、主体与权力》). Chicago, IL: University of Chicago Press, 1994.

索引

（本索引页码为英文原版页码，现以边码形式标于相应译文旁；斜体页码表示插图，带有 t 的表示表格）

A

abandonment complaint 被遗弃的哀怨，76–79

abductions of females 拐卖女性，151–153，262

agricultural labor by women 女性农业劳动力，95–96

ancestor worship 祖先崇拜，96，103，202，213，271n1，306n21

Ancient-Style Prose Movement 古文运动，21

Anguo Temple 安国寺，197

Arhats 罗汉 195，196

Arnold, Bettina 贝蒂娜·阿诺德，236

B

bao（security cooperatives）报，153–154

Bao Jialin 鲍家麟 298n145

Bathhouses 浴室，6，33，158–160，162，262，263，304n91

Bell, Catherine 凯瑟琳·比尔，37

Birge, Bettine 柏清韵，99，291n22，292n40；on women's property rights 女性财产权，143，148，274n35；on women's religious practices 女性宗教活动，167，175，201

Bol, Peter 包弼德，9，103，271n1；on local society 基层社会，290n2；on "local voluntarism" "地方志愿主义"，10，298n150；on neo-Confucianism 理学，10，270n14

Bossler, Beverly 柏文莉，5，62，262；妓，43，62，68；道德典范，

20，25，274n35，275n36；女性教育，132；女性墓志铭，94，291n22

Bray, Francesca 白馥兰，16，185，187－188；on Buddhist women 女佛教徒，305n15；on emotional religiosity 虔诚的情感，202

Brook, Timothy 卜正民，208，314n169

Buddhism 佛教，163－178；Chan 禅宗，174，178，189；Confucian critiques of 儒士批评，166－167；Ebrey on 伊沛霞，166，182，189；funeral ritual of 葬仪，206－211，278n81；Hymes on 韩明士，176；laywomen's views of 女信徒的观点，168－174；Liu Kezhuang on 刘克庄，170－175，180；male scholars of 男性学者，170－174；meditation in 静思，179－181；monks' networks of 僧侣的关系网，199－200；six perfections of 六如，170－171，306n29；women's excursions and 女性的远足与佛教，194－206；Zhu Xi on 朱熹的佛教态度，203，204，305n13，307n53

burial customs 丧葬习俗，183，213－214；body placement and 尸体安置，230－233，259，319n41；funerary accessories and 随葬品，236－250，237－239t，243－245t；for multiple wives 多妻，6－7，233－236；tomb murals and 壁画墓，250－259，252，254－257，322n77，323n78；tomb structures and 墓室结构，214－230，215，216，217－223t.

See also funeral rituals 亦见丧葬礼仪

C

Cai Bian 蔡卞，296n111

Cai Jing 蔡京，117，296n111

Cai, Ms. (sister of Chen Chun) 蔡氏(陈淳的姐姐)，107

Cai, Ms. (wife of Liu Wanshu) 蔡氏(刘万枢的妻子)，128－129

Cai Tuan 蔡湍，190

Cai Xiang 蔡襄，104，202－203；*Lizhi pu* by《荔枝谱》，120；on Sun Siniangzi 孙四娘子，183

Cao Fu 曹辅，156

carriages (*che*) 车，55，67－70，69，73－74

celibacy 独身，163，178，201

Chaffee, John 贾志扬，66，104

Chan, Alan 庄锦章，271n10

Chanting 诵经，179－181，

308n77

Chen Baniang 陈八娘，124

Chen Chun 陈淳，204－205，231，232

Chen Fuliang 陈傅良，123

Chen Hongjin 陈洪进，297n126

Chen Huishu 陈晦叔，185

Chen Ji 陈玑，120-121

Chen Jingren 陈景仁，81

Chen Junqing 陈俊卿，104，118，191，319n42

Chen Liuniang 陈六娘，197－198

Chen Mi 陈宓，105

Chen, Ms.（Buddhist woman）陈氏（佛教女信徒），180－182，187，188

Chen, Ms.（donor of Zhou Cuo bridge）陈氏（周厝桥的捐赠者），122

Chen, Ms.（mother of Qiu Licao）陈氏（丘李曹的母亲），128

Chen, Ms.（wife of Gao Tianyi）陈氏（高天宜的妻子），122

Chen, Ms.（wife of Yan Bohe）陈氏（严伯和的妻子），125

Chen, Ms.（witch）陈氏（女巫），196

Chen Qian 陈迁，48－49

Chen Rubao 陈如宝，200

Chen Wei 陈韡，113

Chen Xiang 陈襄，299n15；Zhouxian tigang by《州县提纲》，144，145，150，301nn41－44

Chen Yuan 陈渊，108

Cheng brothers 二程，98－99

Cheng, Hsiao-wen 程晓雯，311n120

Cheng Yi 程颐，55，230，233－235

Chia, Lucille 贾晋珠，27，309n82

Chunxi Sanshan zhi《淳熙三山志》，95－96，165

chuoxie gates 绰楔门，26－28，30，275n48

City God Temple 城隍庙，195－196

Clark, Hugh R. 柯胡，4，117，137，296n109

Confucian revivalists 儒学复兴主义者，11，40，175－177，210；gender ideals of 性别观念，8，32，38，264；Halperin on 何复平，305n13

Confucianism 儒学，165－178；Buddhist critiques by 对佛教的批评，166－167；funeral rituals in 葬

礼仪式，207‑210；women and 女性与儒学，7‑10；on women's piety 对于女性的虔诚，202；on women's religious pursuits 对于女性的宗教追求，9，172‑174.

　　See also neo-Confucianism 亦见理学

Conversations of Master Zhu《朱子语类》，55

courtesans 妓，43，62，68；sedan chairs of 轿，59‑62

D

Daoism 道教，164，189；Confucianism and 儒学与道教，166；funeral rites in 道教葬仪，208；Hymes on 韩明士，176；male scholars of 男性学者，170；meditation in 静思，179，181；women excursions and 女性远足，194；women's devotion to 女性虔诚信道，190‑192，309n80

daoxue 道学，19，205，269n7；funeral rites and 葬仪，207；Zhu Xi and 朱熹与道学，86，99，172，176.

　　See also neo-Confucianism 亦见理学

de Pee, Christian 裴志昂，36；on burial customs 丧葬习俗，214，236，321n56；on sumptuary laws 禁奢令，283n26

Deng Xiaonan 邓小南，280n3，300n18，317n15

Ding, Ms. (wife of Liu Yuanmo) 丁氏（刘元默的妻子），105‑106

divorce 离异，149‑150，192.

　　See also marriage 亦见婚姻

Dong, Mount 东山，200

Dongchan Temple 东禅寺，165，201

Du Fangqin 杜芳琴，46‑47，274n35

E

Ebrey, Patricia 伊沛霞：on burial 丧葬，318n21；on companionate marriage 伴侣型婚姻，300n16；on family law cases 家庭法，149；on footbinding 缠足，65；on gender segregation 性别区隔，32，34‑35，45；on household management 打理家务，97‑99，103；on jia 家，97，270n1；on Sima Guang 司马光，32，34，40；on textile business 纺织业，123‑124；on women Buddhists 女性佛教徒，166，182，189；on Zhu Xi 朱熹，226

Egan, Ronald 艾朗诺，80，

288n87，289n93

Elvin, Mark 伊懋可，25

Embroidery 刺绣，185 – 188，197，310n97

Endo, Takatoshi 远藤隆俊，293n59

F

famine relief 饥荒救济，108 – 110，295n86

Fan Zhongyan 范仲淹，103

Fang Dacong 方大琮，129 – 130

Fang Quan 方铨，205

Fang Song 方崧，190

Fang Tianruo 方天若，296n111

Feng Kang 冯伉，141

Fengshui 风水，319n42

flial piety 孝道

　See *xiao* 见孝

Fong, Grace 方秀洁，85，186

footbinding 缠足，65，281n20

Foulk, Griffith 格里菲思·福克，310n95

Fu Bi 富弼，39 – 41

Fu Zide 傅自得，140

Fujian Circuit 福建路，1 – 4，*3*，65，89，194，203，250，269n3.

　See also *Min* 亦见闽

funeral rituals 葬仪，183；Buddhist 佛教，206 – 211，278n81；cremation and 火葬，207；*zhong men* in 中门，36 – 37，42；Zhu Xi on 朱熹，207 – 210.

　See also burial customs 亦见丧葬习俗

funerary accessories 随葬品，236 – 250，237 – 239t，243 – 245t，320n52

G

Ganying Temple 感应寺，196

Gao Cheng 高承，71

Gaozong, Emperor 宋高宗，55 – 56，66

gender norms 性别规范，128，261 – 264；bathhouses and 浴室，158 – 160，162，262，263，304n91；of burial customs 丧葬习俗，227 – 235，259 – 260；of Confucian revivalists 儒学复兴主义者，8，32，38，264；criminal behavior and 犯罪行为，139，147 – 148；embroidery and 刺绣，185 – 186，310n97；friendship and 友谊，129 – 130，191 – 193；of funerary accessories 随葬品，236 – 243，237 – 239t，245，249；within government buildings 政府建筑内，139 – 142；infanticide and 杀婴，153 – 154，157 – 158；lawsuits and 诉讼，

142‑151；religious excursions and 宗教远足，201‑202；of religious practices 宗教实践，9‑10，167‑169；in tomb murals 壁画墓，253‑254，256，258

　　geomancy 占卜风水，319n42

　　Gerritsen, Anne 何安娜，89

　　Goossaert, Vincent 高万桑，205

　　government: gender norms and 政府：性别规范，139‑142；local women in 当地女性，127‑139，151‑158

　　Grant, Beata 管佩达，307n41

　　Gu, Ms. (mother of Lin Baijia) 顾氏(林百嘉的母亲)，107

　　Guan Qianer 官千二，136‑139

　　Guan Qianyi 官千乙，136‑138

　　Guanyin Bodhisattva 观音菩萨，186，311n127；cult of 观音信仰，179；statue of 观音像，198‑199

　　Gujin hebi shilei beiyao (encyclopedia)《古今合璧事类备要》(类书)，16‑17

　　Guo Shuyun 郭叔云，207‑208，231‑232

　　Guo Tuan 郭彖，41‑42

H

　　Halperin, Mark 何复平，179，305n13；on women pilgrims 女性朝

圣，202，279n2；on women's epitaphs 女性的墓志铭，167，175，178

　　Han Yuanji 韩元吉，101

　　Han Yunu 韩玉奴，75‑79

　　Hansen, Valerie 韩森，164，282n22

　　Harrist, Robert 韩文彬，84，289n95

　　He Qiaoyuan 何乔远，95‑96

　　Hong Mai 洪迈，79‑80，192

　　Hong, Ms. (wife of Zhu Zhu) 洪氏(朱著的妻子)，240

　　Hongwu, Emperor 洪武帝，67

　　hot springs and bathhouses 温泉浴室，158‑160，162，262，263，304n91

　　Hou Han shu《后汉书》，24

　　Hsieh, Ding-wha 谢东华，173，178

　　hu jue ("cut-off household") 户绝，148

　　Hu Shiwen 胡师文，110

　　Hu Taichu 胡太初，144‑146

　　Hu Yin 胡寅，176‑178

　　Hu Yong 胡泳，207，209

　　Huang Chong 黄崇，182‑183

　　Huang Fu 黄垺，111‑112

　　Huang Gan 黄榦，7，101，184，

207，209，210

Huang Gongdu 黄公度，191

Huang Huan 黄涣，248

Huang Kuanzhong 黄宽重，94，294n79

Huang Kuo 黄廓，195

Huang Luo 黄莘，315n184

Huang, Ms.（wife of Ye Chuan）黄氏(叶传的妻子)，105

Huang, Ms.（wife of Zhang Gen）黄氏(张根的妻子)，170－171，179，182，189

Huang, Ms.（wife of Zheng Decheng）黄氏（郑德称的妻子），97

Huang Pu 黄朴，7

Huang Shang 黄裳，44－45

Huang Sheng 黄昇，7，245－249

Huang, Shih-shan Susan 黄士珊，309n89

Huang Zhen 黄震，305n13

Huang Zhongyuan 黄仲元，96

Huang Zhu 黄铢，191－192，311n118

Hui, Ms.（Buddhist woman）惠氏（女佛教信徒），308n77，309n83，310n93

Huizong, Emperor 宋徽宗，59－60，281n14，283n28

Hymes, Robert 韩明士，9，92－93，282n22，298n1；on Buddhism 佛教，176；on famine relief 灾荒救济，109，295n86；on gentlemanly virtue 士绅德行，108；on independent women 依附的女性，102；on weavers 纺织女，298n142；on women's property rights 女性财产权，102，293n63

I

Idema, Wilt 伊维德，287n79

Ihara Hiroshi 伊原弘，58

Infanticide 杀婴，151，153－158，262，263，304n82

Inglis, Alister 英格尔斯·阿历斯特，286n59

inheritance rights 继承权，148－149

inner/outer（nei/wai）内外，9，11－13，51，90；burial customs and 丧葬习俗，230－233；household management and 家庭管理，90－96，99－102；neo-Confucianism on 理学，98－99.

See also private/public affairs 亦见公私事务

inn-wall poems 题壁诗，75－80，87，88

irrigation projects 水利工程，115－

121，130 - 31

J

jia（house，family）家，15 - 16，81 - 82，193；Ebrey on 伊沛霞，270n1；economics of 经济，94 - 102；gates of 门，16 - 19，23 - 24，53，91，160；religion and 宗教，163 - 165，169；women's excursions from 女性离家远足，58 - 88，194 - 206

Jia Ne 贾讷，23

Jilei bian （*Chicken Rib Collections*）《鸡肋编》，64 - 66

Jin Huihan 金蕙涵，320n44，320n48

Jin Xiangfan 金相范，305n3

K

Kaiyuan Temple 开 元 寺，198，199

Ke Shu 柯述，110

Kiang，Heng Chye 王 才 强，311n129

Kieschnick，John 柯嘉豪，121 - 122，184

Ko，Dorothy 高彦颐，46，260；on "domestic communities" 家庭社 区，83；on domestic religion 家庭 宗教，193；on women's culture 女 性 文 化，289n102；on women's

travel 女性旅行，54

Kong Wuzhong 孔武仲，57

Kong Yingda 孔颖达，225 - 226，317n13

Kuhn，Dieter 库恩，224 - 225，308nn71 - 72，316n12，318n21

L

Lady Wenji's Return to China: Wenji Arriving Home《文姬归汉 图》，31

Lantian Shrine 蓝 田 宫，194 - 195

Lee，Hui-shu 李慧漱，289n93

Levering，Miriam 罗梅如，181

Li Bozhong 李伯重，291n27

Li Gang 李纲，170 - 171，174，179，189，191，280n13；as Buddhist 作 为 佛 教 徒，306n25；embroidery 刺绣，186 - 187

Li Ge 李格，159

Li Gongqian 李公谦，146 - 147

Li Hong 李 宏，116 - 117，296n111

Li Hui 李辉，233 - 234

Li Qingzhao 李 清 照，76 - 77，288n83

Li Shi 李石，175

Li Tangzi 李唐咨，231

Li，Wai-yee 李惠仪，77

Li Yuanbi 李元弼，144 - 146

Li，Yuhang 李雨航，188，310n97

Li Ji（*Book of Rites*）《礼记》，33 - 34，90，159

Liang An 梁安，198 - 199

Liang Gengyao 梁庚尧，137，301n44

Liang Kejia 梁克家，95，96，200 - 201

Liang，Ms.（wife of Liu Zai）梁氏（刘宰的妻子），184 - 185

Liao Gang 廖刚，108

Liao，Hsien-huei 廖咸慧，206，208

Lin Congshi 林从世，116，118

Lin Danai 林大鼐，116

Lin Fuzhi 林复之，168

Lin Gongdu 林公度，209 - 210

Lin Guangyi 林光裔，157 - 158

Lin，Ms.（mother of Guo Tang）林氏（郭隚的母亲），96 - 97

Lin，Ms.（wife of Fang Dacong）林氏（方大琮的妻子），129 - 130

Lin Xiaoqian 林小倩，104

Lin Xiyi 林希逸，128，129

Lin Yizhi 林亦之，108

Liu Gong 刘珙，134 - 135

Liu，James 刘子健，55，281n20

Liu Jingzhen 刘静贞，291n9，291n22；infanticide 杀婴，303nn71 - 72，304n87

Liu Kezhuang 刘克庄，95，101，107，118，276n48；on Buddhist women 女佛教徒，170 - 175，180；on funeral rituals 葬仪，210，322n68

Liu Mianzhi 刘勉之，270n8

Liu，Ms.（mother of Guan Qianyi）刘氏（官千乙的母亲），136 - 139

Liu，Ms.（wife of Weng Fuqing）刘氏（翁福清的妻子），98

Liu Ping 刘坪，134 - 135

Liu Ruzhou 刘汝舟，148 - 149

Liu Sanniang 柳三娘，198 - 199

Liu Zai 刘宰，168，169，177 - 178，184 - 185，235

Liu Zao 刘藻，23

Liu Zenggui 刘增贵，17

Liu Zihui 刘子翚，133，134

Liu Ziyu 刘子羽，4，133 - 134

Liu Zongyuan 柳宗元，21

local society 基层社会，89 - 90，102 - 103，262，290nn1 - 2

Lotus Sutra 法华经，306n25，308n77，309n83

Lu Huayu 卢华语，298n142

Lu Jianrong 卢建荣，305n18

Lu Jiuyuan 陆九渊，307n53

Lu，Lady（wife of Chen Huishu）卢氏（陈晦叔的妻子），185

Lu，Ms.（mother of Cai Xiang）卢氏（蔡襄的母亲），104

Lu You 陆游，68，70，163 - 164，285n53

lü（lane gate）闾，16，18，19，22 - 23，272n24

Lü，Huitzu 吕慧慈，44 - 45，189，298n145，309n80

Lü，Ms.（wife of Ma Shaoting）吕氏（马绍庭的妻子），249

Lü，Ms.（wife of Rao Wei）吕氏（饶伟的妻子），107

Lü，Ms.（wife of Zhang Che）吕氏（张澈的妻子），110

Lü，Ms.（daughter of Lü Zhu）吕氏（吕洙的女儿），18 - 23，272n13

Lü Zhu（Luwang）吕洙（鲁望），20 - 21

M

Ma Shaoting 马绍庭，249

Macauley，Melissa 梅丽莎·麦柯丽，301n37

Mann，Susan 曼素恩，46 - 47，82，274n35；on embroidery 刺绣，187 - 188；on women writers 女性作者，287n77，288n87

Mao，Ms.（mother of Zhao Shanshen）毛氏（赵善深的母亲），95

marriage 婚姻，6 - 7，149 - 150，192，233 - 236，302n58；companionate 伴侣，172，300n16；divorce and 离异，192

McDermott，Joseph 周绍明，94，292n42

McKnight，Brian 马伯良，295n93

meditation 静思，179 - 181，308n77

men（house gate）门，16 - 19，23 - 24，30，53，91，160；*zhong men* and 中门，30 - 46，31

Meng Yuanlao 孟元老，67 - 68

Min（geographical cultural unit）闽（地理文化单位），10，250，270n19

Min shu（*Book of Min*）《闽书》，67，95

Minggong shupan qingmingji（legal cases）《名公书判清明集》，136，143，200，300n23

ming qi 明器.

See funerary accessories 见随葬品

Mo，Ms.（mother of Zhang Jun）

莫氏（张浚的母亲），201

mortuary rites 丧葬礼仪

See funeral rituals 见葬仪

Mount Gu 鼓山，81 - 83

Mount Wushi 乌石山，197

Mount Wuyi 武夷山，4，83，164

Mulan Pi dam project 木兰陂，115 - 119，296n111

mural tombs 壁画墓，250 - 259，*252 - 257*，322n77，323n78.

See also burial customs 亦见葬俗

murder cases 谋杀案，146 - 148，150

N

Nanjian Temple 南涧寺，197

neo-Confucianism 理学，4，7，8，10，269n7，322n77；Buddhism and 佛教，171 - 176；on burial 丧葬，230 - 236；on communal welfare 社区公益，107 - 110，298n150；exemplary biographies and 典范传记，19 - 20，274n35；on family lineages 家族，103；on gentlemanly virtue 士绅德行，108；on property rights and household management 财产权与家庭管理，98 - 99，102，287n68，292n42；on innate potential 天生潜力，270n14；on women's religious pursuits 女性宗教追求，172，173 - 175.

See also individuals，*e. g.*，Zhu Xi 亦见个人、朱熹

Ni Ju 倪据，104

Nie Rouzhong 聂柔中，190

O

Oka Motoshi 冈元司，299n7

ordination certifcates 度牒，197，201，312n143

P

paifang（memorial arches）牌坊，27 - 28

palanquins 肩舆.

See sedan chairs 见轿

Peng Meiling 彭美玲，318n36

Pilgrimage 朝圣，53，163；Halperin on 何复平，279n2；to Lantian Shrine 蓝田宫，194 - 195

private/public affairs 公/私事，92 - 93

prostitutes 妓，59，61，286n65

public works projects 公共工程事务，115 - 125，131，158 - 160，162

Purtle，Jennifer 裴珍妮，322n77，323n78

Q

Qian，Nanxiu 钱南秀，174

Qian Siniang 钱四娘，115 - 119，131，296n109，297n123

Qin Dashu 秦大树，214

Qin empire 秦朝，270n19

Qingming shanghe tu scroll《清明上河图》，57 - 58，*59*，68 - 73，*69*，*71*，281n22，282n23

Qiu Licao 丘李曹，128

Qiu, Ms. (wife of Chen Yan) 丘氏（陈晏的妻子），110 - 111，295n93

R

Raphals, Lisa 瑞丽，33

Ren Daozong 任道宗，104

Renzong, Emperor 宋仁宗，27；as Buddhist patron 佛教支持，203；on carriages 车，284n51；on sedan chairs 轿，60，280n14

reproductive deities 生育神，196

S

Samei, Maija Bell 梅杰·贝尔，77

Sand, Jordan 乔丹·桑德，15 - 16

Satake Yasuhiro 佐竹靖彦，4，282n22，300n30，301n35

Schirokauer, Conrad 谢康伦，92 - 93

sedan chairs (*jiao*) 轿，55 - 67，58，59，63，73 - 75，262

Shangguan Chao 上官超，17 - 19，272n13

Shao Bowen 邵伯温，40 - 41

Shao Xiaofeng 邵晓峰，281n16

Shao Yong 邵雍，40

Sharf, Robert 罗伯特·沙夫，310n95

Shelach, Gideon 吉迪恩·希拉，315n4

Shen Derou 沈德柔，247

Shenzong, Emperor 宋神宗，153，285n51，296n113

Shi Hao 史浩，152，153

Shi jing (*Book of Songs*)《诗经》，224，225，227 - 229

Shi Jiwen 史季温，82

shou (longevity) 寿，47 - 48

Shu yi (*Notes on the Yi li*)《书仪》，32 - 36，40，224，226

Shuiyue guanzizai gongyangfa《水月观自在供养法》，179

Shungu Temple 顺姑寺，200

Sima Guang 司马光，41；on burial 丧葬，224，226；family regulations of 家规，90，159；on gender segregation 性别区隔，32 - 36，40，45，97；on household management 治家，97，98

So，Billy K. L. 苏基朗.，22

Song huiyao jigao《宋会要辑稿》，164 – 165，274n34

Song Qi 宋祁，68 – 70，246 – 247

Song shi（*Song History*）《宋史》：

  on carriages 车，70，284n51；

  on sedan chairs 轿，55 – 57，59，66

Song xingtong（*Song Penal Laws*）《宋刑统》，200

Stahl，Helga 希尔加·斯达尔，228，318n28

Su Shi 苏轼，227 – 228

Suicide 自杀，24，118，119

sumptuary laws 禁奢令，87，284n51；de Pee on 裴志昂，283n26；sedan chairs and 轿，56，59 – 62，280n14

Sun Fengji 孙逢吉，24

Sun，Ms.（wife of Lin Dong）孙氏（林栋的妻子），96

Sun Siniangzi 孙四娘子，183

T

Taizong，Emperor 宋太宗，67，297n126

ter Haar，Barend J. 田海，181，315n184

Tillman，Hoyt 田浩，19，176

tomb murals 墓室壁画，250 – 259，*252*，*254 – 257*，322n77，323n78.

  See also burial customs 亦见葬俗

Torture 折磨，150

travel writings 旅行写作，75 – 88

Tsao Hsingyuan 曹星原，282n22

V

vegetarianism 素食主义者，308n63

vehicles 交通工具，54 – 75，*58*，*59*，*63*，*69*，*71*

veils 恶魔，71，71 – 73，74

"voluntarism，local" "志愿主义，基层"，109，110，119，125；Bol on 包弼德，10，298n150

  von Glahn，Richard 万志英，106 – 107，194；on settlement patterns 安置模式，294n78

W

Walton，Linda 万安玲，105

Wang Anshi 王安石，55，110，153

Wang Di 王棣，294n79

Wang Gai 王陔，41 – 42

Wang Huizhen 王惠真，189

Wang，Ms. （mother of Wu Kequan）王氏(吴可权的母亲)109

Wang，Ms. (mother of Wu Yu) 王氏(吴与的母亲)，140

Wang，Ms. （wife of Chen Rubao）王氏(陈如宝的妻子)，200

Wang，Ms. （wife of Zhao Yanlai）王氏(赵彦骙的妻子)，105

Wang Pingyu 王平宇，302n53

Wang Qijun 王其钧，271n7

Wang Sheng 王胜，197 - 198

Wang Shengduo 汪圣铎，312n143

Wang Shenzhi 王审之，164

Wang Tao 王绹，41

Wang Tinggui 王庭珪，185

Wang Wenlu 王文禄，228 - 229

Wang Xiangzhi 王象之，164

Wang Yang 王洋，149 - 150

Weaving 纺织，122 - 124，297n140；embroidery and 刺绣，185 - 188，197，310n97

Wei Jing 卫泾，109，113 - 114

Weidner，Marsha 魏玛莎，185

Wen Shupi 温叔皮，192

Wen Tong 文同，38 - 39

Wen Yi 温益，151 - 153

Wicker，Nancy 南希·威克，236

Women：abduction of 女性：拐卖，151 - 153，262；communal welfare projects of 社区公益项目，102 - 125；education of 教育，132；excursions of 远足，53 - 88，194 - 206；household management by 治家，94 - 102；lawsuits of 诉讼，142 - 151；local government and 地方政府，127 - 139，151 - 158；professions of 职业，53，280n3；public works projects and 公共工程事务，115 - 125；religious practices of 宗教活动，163 - 194

Wu Hung 巫鸿，213，320n52

Wu Liuniang 吴六娘，125

Wu，Ms. （mother of Lin Gongdu）吴氏（林公度的母亲），209 - 210

Wu Qian 吴潜，164

Wu Renshu 巫仁恕，281n17

Wu Shugao 吴叔告，118

Wu Tuyi 吴土逸，253

Wu，Ya-ting 吴雅婷，77

Wu Yu 吴与，140

X

Xia Weizhong 夏维中，294n79

xian (worthy) 贤，174 - 175

Xiang，Ms. （Buddhist woman）项氏(女佛教徒)，168，169

xiao (flial piety) 孝，17 - 23，

25，46 - 50，140 - 142，172；
funeral rituals and 葬 仪，207 -
208，210，229；as ideal relationship
理想关系，271n10；of Ms. Lü 吕
氏，18 - 23，272n13；Purtle on 裴
珍妮，322n77；Shangguan Chao 上
官超，17 - 18

Xiaozong, Emperor 宋 孝 宗，
269n4

xin（pure heart）心，20

Xiyun Temple 栖云寺，187

Xu Duo 徐铎，118

Xu Jun 许峻，245，248

Xu, Ms. （ mother of Cai
Shenzhi） 徐 氏 （ 蔡 诜 之 的 母
亲），309n88

Xu Shichang 许世昌，24

Y

Yan Huihuai 严蕙怀，82 - 83

Yan, Ms. （ widow from
Tingzhou）晏氏（汀州的孀妇），
111 - 113

Yang Jian 杨戬，42 - 43

Yang Pu 杨濮，141，142

Yang Shi 杨时，99，130 - 131，
170，299n10，305n13

Yang Shiyi 杨十一，138

Yang Xingzong 杨兴宗，123

Yang Zhen 杨缜，123

Yao Mian 姚勉，83 - 86

Ye, Ms. （mother of Shan Kui）
叶氏（单夔的母亲），96

Ye, Ms. （wife of Zhang Cundao）
叶氏（章存道的妻子），44 - 45

Ye Nong 叶侬，110

Ye Yi 叶 猗，141 - 142

Ye Yong 叶颙，319n42

Yi jian zhi （*Record of the
Listener*）《夷坚志》，192，282n24，
283n32，286n59，319n42

Yi jing （*Book of Changes*）《易
经》，32

Yi li （*Ceremonies and Rites*）《仪
礼》，30，225，322n70

You, Ms. （ wife of Huang
Chong）游氏（黄崇的妻子），182 -
183

Yu, Ms. （wife of Yang Shi）余氏
（杨时的妻子），130 - 131，299n10

Yu Shen 余深，23

Yu Wei 俞伟，156 - 157

Yu Wenbao 俞文豹，315n188

Yu Xiang 俞 向，49，193，35，
100 - 101，149 - 150，169

Yü, Chün-fang 于君方，193

Yuan Cai 袁采，35，100 - 101

Yuan, Ms. （murderer）袁氏（杀
人犯），149 - 150

Yuan Shuoyou 袁说友，169

Z

Zeitlin，Judith 蔡九迪，79

Zeng Gong 曾巩，91，203

Zeng Gongliang 曾公亮，41

Zeng Xiaochun 曾孝纯，41

Zhang，Cong 张聪，78

Zhang Duanshu 章端叔，99

Zhang Gen 张根，170‐171

Zhang Guangzu 张光祖，41

Zhang Jilan 张季兰，176‐177

Zhang Jun 张浚，47，201

Zhang，Ms.（mother-in-law of Wei Jing）章氏.（卫泾的母亲），109‐110，114

Zhang Shengzhe 张圣者，196‐197

Zhang Shuo 张硕，18

Zhang Wenchang 张文昌，38

Zhang Xianwu 张宪武，47

Zhang Zai 张载，233，235

Zhang Zeduan 张择端，58，59，69，71

Zhao Banzhi 赵颁之，282n24

Zhao Chongdu 赵崇度，304n87

Zhao Gan 赵幹，285n58

Zhao Rudang 赵汝谠，204

Zhao Ruyu 赵汝愚，303n65，304n82

Zhao Shishu 赵师恕，7

Zhao Xiuan 赵秀安，293n47

Zhao Yanlai 赵彦逨，105

Zhao Yujun 赵与骏，6‐7，245，270n11

Zhao Zixiao 赵子潚，147

Zhen Dexiu 真德秀，128‐129，304n87，305n13；on awarding moral exemplars 旌表道德典范，19‐23，26，29，274n31

Zheng，Lady 郑夫人，172‐173

Zheng Qiujian 郑秋鉴，296n111

Zheng Xia 郑侠，109‐110

Zheng Zizhuang 郑子庄，24

Zheng Zongqi 郑宗器，48‐49

Zhezong，Emperor 宋哲宗，313n166

zhong men（middle gate）中门，30‐46，31

Zhou Hui 周煇，71‐72

Zhou li（*Rites of Zhou*）《周礼》，30

Zhou，Ms.（donor of Zhou Cuo bridge）周氏（周厝桥的捐建者），122

Zhou，Ms.（mother of Xiong Dajing）周氏（熊大经的母亲），101‐102

Zhou，Yiqun 周逸群，202

Zhouxian tigang《州县提纲》，

144，145，150，301nn41 - 44

Zhu An 朱安，24

Zhu Ding 朱定，159

Zhu Shuzhen 朱淑真，287n79

Zhu Song 朱松，4，133，154 - 155，304n79

Zhu Xi 朱熹，4 - 5，26；achievements of 成就，208 - 209，272n12；on Buddhism 佛教，203，204，305n13，307n53；on burial customs 葬俗，226 - 227，229 - 235，317n17；on communal welfare 社区公益，105 - 107；on family lineages 家族，103；*Family Rituals* by《家礼》，36，38，86，210，232；on funeral rituals 葬仪，207 - 210；on household management 家庭管理，98 - 99；Liu Kezhuang and 刘克庄，174；on monks' networks 僧侣人际网，199 - 200；on offceseekers 求仕者，133 - 135；on sedan chairs 轿，55，62；Sima Guang and 司马光，35，226 - 227；on veils 面纱，72；on "worthy" women 贤女，174 - 175；Zhen Dexiu and 真德秀，19.

See also neo-Confucianism 亦见理学

Zhu Zhu 朱著，240

Zhuang Chuo 庄绰，64 - 66

Zhuo, Ms. (mother of Chen Junqing) 卓氏.（陈俊卿的母亲），104

Zhuo, Ms. (wife of Liu Ziyu) 卓氏（刘子羽的妻子），134 - 135

Zito, Angela 司徒安，35

Zou Miaozhuang 邹妙庄，83 - 86

译后记

2011 年前后，我翻译了美国学者柏文莉教授(Beverly Bossler)的 *Powerful Relations*(《权力关系》)。在翻译过程中，柏文莉教授告诉我，许曼教授曾经将她著作前言中的一部分翻译成中文，发表在《宋史研究通讯》上。当时，我恰好正负责编辑《宋史研究通讯》，便赶紧找到那一期，因此记住了许曼教授的名字。后来机缘巧合，我在中国宋史研究会第十五届年会(2012 年)和"九至十五世纪的中国"学术研讨会(2014 年)上两次见到许曼教授。

2017 年 3 月，我从微信公众号上得知许曼教授大作 *Crossing the Gate*(《跨越门闾》)出版，看过图书简介后，我感觉这是一部优秀的宋代女性史研究著作。10 月份左右，许曼教授告诉我，上海古籍出版社已经将她的这部书纳入出版计划，询问我有无兴趣承担翻译工作。感谢许曼教授的信任，让我有机会在第一时间拜读到这部优秀著作。

虽然我忝为译者，在本书翻译过程中，许曼教授付出了大量心血。中本版的书名是许曼教授取的，许曼教授还在百忙之中细致地审定了译稿，并用中文直接校订译文，订正了初译稿中的许多错误。

初译稿是我在浙江大学人文高等研究院访学期间完成的。特别感谢高研院的全体工作人员,他们细致周到的工作,让我在访学期间享受到宾至如归的感觉。还有一起驻访的来自不同高校不同学科的诸位老师们,让我真正体会到跨学科交流的兴奋。

在浙大高研院期间,我时常想念远在他乡的内子和女儿。没有内子的默默支持,我不可能暂时离开家心无旁骛地在浙大高研院访学,因此,包括本书在内的其他著作的完成,都渗透着内子浓浓的爱意和无私的奉献。

最后,特别感谢上海古籍出版社的余鸣鸿、虞桑玲两位编辑老师,他们为本书的出版费心尽力,不辞辛苦悉心校订译文,指出了许多疏误之处。但书中可能还会存在问题,欢迎大家不吝指正,以便将来再版时修订。

刘云军

2017 年平安夜完稿于浙大玉泉求是村公寓
2018 年 9 月修订于河北大学宋史研究中心
2019 年 1 月再次修订于河北大学宋史研究中心